广视角·全方位·多品种

皮书系列为

"十二五"国家重点图书出版规划项目

信托市场蓝皮书
BLUE BOOK OF TRUST MARKET

中国信托业市场报告（2013~2014）

ANNUAL REPORT ON THE DEVELOPMENT OF CHINA'S TRUST MARKET (2013-2014)

顾　问／朱　宇
主　编／李　旸
副主编／闵青华

社会科学文献出版社
SOCIAL SCIENCES ACADEMIC PRESS (CHINA)

图书在版编目（CIP）数据

中国信托业市场报告. 2013～2014/李旸主编. —北京：社会科学文献出版社，2014.1
（信托市场蓝皮书）
ISBN 978－7－5097－5282－1

Ⅰ.①中… Ⅱ.①李… Ⅲ.①信托业－研究报告－中国－2013～2014 Ⅳ.①F832.49

中国版本图书馆 CIP 数据核字（2013）第 272540 号

信托市场蓝皮书
中国信托业市场报告（2013～2014）

主　　编／李　旸
副 主 编／闵青华

出 版 人／谢寿光
出 版 者／社会科学文献出版社
地　　址／北京市西城区北三环中路甲 29 号院 3 号楼华龙大厦
邮政编码／100029

责任部门／皮书出版中心（010）59367127　　责任编辑／吴　敏
电子信箱／pishubu@ ssap. cn　　责任校对／韩海超
项目统筹／吴　敏　　责任印制／岳　阳
经　　销／社会科学文献出版社市场营销中心（010）59367081　59367089
读者服务／读者服务中心（010）59367028

印　　装／北京画中画印刷有限公司
开　　本／787mm×1092mm　1/16　　印　　张／31.5
版　　次／2014 年 1 月第 1 版　　字　　数／511 千字
印　　次／2014 年 1 月第 1 次印刷
书　　号／ISBN 978－7－5097－5282－1
定　　价／198.00 元

信托市场蓝皮书编委会

主编简介

李　旸　用益信托工作室创始人、首席研究员、南昌用益投资理财顾问有限公司执行董事、总裁。主导研发国内第一个信托行业景气指数——用益信托景气指数、信托公司综合评价体系和信托型阳光私募评价体系，并率先在国内推出了固定收益类信托产品评价体系，该评价体系得到业内外广泛认可和推崇，成为投资者购买信托产品的重要参考依据。

用益信托工作室

用益信托工作室创立于2004年，是由一批长期在信托公司工作的专业人士、信托经理、理财专家和热心投身于我国信托业发展的业内外资深人士共同组成的专业咨询机构。经过多年来的辛勤耕耘和不懈努力，用益信托工作室不断发展壮大，已被业内外所认可和推崇，成为国内最具权威和影响力的信托咨询机构。

用益产品与服务——信托研究

The Product & Service of USE：Trust Research

作为独立于信托公司和官方的信托研究和咨询机构，用益以自身的专业、权威和客观，致力于信托行业的跟踪和分析，从日报到周刊，从月度分析到年度报告，努力为客户提供及时和全面的信托咨询、深度的市场评述和专业的研究成果。我们还可以根据客户的需求撰写信托及相关内容的研究/分析报告。

行业数据

用益信托工作室作为行业内最早进行信托数据统计的专业研究机构，经过多年磨砺，得到行业内广泛赞誉。国内主流信托机构长期与我们保持良好的数据合作关系，瑞士信贷、巴克莱银行、蒙特利尔银行、野村证券、毕马威等国际机构对我们的数据予以高度评价并开展相关合作。

研究报告

用益的行业统计数据和研究报告，得到各家主流媒体网站的转载与引用，受到社会广泛赞誉。传统的专业定期报告业务和针对各家机构要求开展的研究报告定制服务是用益历史最悠久的传统业务之一。

信托咨询服务

用益与金融机构、主流媒体深入合作，为相关机构提供全面、深入的行业动态和趋势分析。同时，为业内外机构或人士提供个性化的信托培训服务。

摘　要

经过六年的高速增长，信托业管理的信托资产已经超过证券业和保险业，仅次于银行业，成为中国金融市场的一匹“黑马”。根据中国信托业协会最新统计数据，截至2013年三季度，信托业管理的信托资产余额（存量）已超过10万亿元。在短短7年的时间里，信托公司管理的信托资产就从不到1万亿元发展到现在的10万亿元以上，信托公司是如何做到的？如何看待这10万亿元？要回答这些问题，需要对信托业这些年来的发展脉络，尤其是信托市场的发展和变化做更全面、深入的分析和总结。本书从市场的角度出发，通过中国信托市场的演变折射出中国信托业的发展变化。全书以数据为基础，以市场为准绳，多一些数据分析，少一些个人评论，力求将一个全面、多维的信托市场展现在读者面前。

未来，面对政策的不利因素和竞争主体的增加，信托业资产规模的扩张面临巨大的压力，信托公司需要进行调整和反思。2007年以来，受益于信托新政和与银行的亲密合作，信托业新增信托资产规模从2007年的近7986亿元增长到2012年的53383亿元，预计2013年将突破6000亿元，而新增单一类信托资产规模的占比也从当初的不到50%增加到现在的75%左右。由于单一类信托业务的资金主要来自银行的理财资金和自有资金，因此，信托资产规模的快速扩张主要得益于与银行的业务往来。而随着银行改革的深入，特别是利率市场化的进一步放开，银信合作面临着新的形势和问题，而银证合作的加入，使得银信合作又遇到了新的挑战，信托业如何在银、信、证的合作与竞争中找准自身的定位，成为左右信托业未来发展的关键。

Abstract

After 6-year rapid development of the domestic trust market, the trust asset under management has exceeded the Insurance's in size. Trust has turned into the second-largest financial industry after the banking industry. At the end of the third quarter of 2013, the trust asset under management has exceeded 10000 billion yuan. According to the latest statistics, this number was less than 1000 billion yuan 7 years ago. How was the trust market able to get there? How does the market view this increase? An in-depth and thorough analysis of development processes of the trust market as well as the market status and trends through these years will be required to address these questions. From the overall viewpoint of the market, this book provides an introduction and thorough explanation of this field by analyzing the actual data. By providing more statistical analysis and less personal comment, this book aims present to present a comprehensive multi-dimensional study to its rdaders.

Faced with policy adjustments and continuous increase of the number of new entrants, the scale expansion of Trust market will be a real challenge in the future. Trust companies need to reconsider and reorganize to adapt to this unprecedented situation. Benefiting from the new Trust policies and the close collaborations with banks since 2007, asset of Trust market has increased from 798 billion yuan in 2007 to 5338 billion yuan in 2012, and is expected to exceed 6000 billion yuan this year. Moreover, the percentage of single trust asset under management has increased from 50% to about 75%. Along with the deepening of the reform of the banking industry, especially with opening-up the interest-rate liberalization, bank-trust cooperation faces new situation and troubles. In addition, more challenges appeared after bank-stock cooperation joined the market. How trusts find their own market position by cooperating and competing with banks and stock companies? The answer will be the decisive factor in future development of Trust.

前　言

尽管中国信托业发展已有 34 个年头，但真正开展信托业务也不过 11 年。在这 11 年中，信托业务从无到有，从小到大，现在已发展为仅次于银行的第二大资产管理行业。特别是自 2007 年“新两规”颁布以来，在短短 7 年的时间里，信托公司管理的信托资产就从不到 1 万亿元发展到现在的 10 万亿元以上，信托公司是如何做到的？如何看待这 10 万亿元？要回答这些问题，需要对信托业这些年来的发展脉络，尤其是信托市场的发展和变化做更全面、深入的分析和总结。

从目前中国信托业的发展来看，反映信托市场变化的统计数据并不十分完整和统一，加上统计口径的不同，往往容易引起外界的误读。根据我们十年来对中国信托市场的观察和跟踪，认为反映当前市场状况的统计数据主要来自以下三个方面。

一是监管层的统计数据。该数据是以季度的形式由中国信托业协会发布。这层数据具有权威性和完整性，涵盖了整个行业的主要业务和财务情况，是观察和了解信托业市场整体发展情况的最权威信息。但这层数据也有以下缺陷：首先，统计数据以季度的形式发布，时间滞后明显，不能及时反映信托业的最新状况，如果采用月度统计的方式公布效果将更好；其次，统计数据的信息量有限，一些相关的业务和财务数据没有包括进来，影响到对行业的完整评估，特别是一些关键数据，如产品期限、到期收益、各信托机构的经营情况等。

二是信托公司的年度报告。该报告涵盖的信息比较全面和准确，是了解信托公司和信托业年度发展概貌的主要信息来源。但一些公司可能因自身经营需要而回避了一些关键数据或指标，还有一些公司对上年度业务或财务数据的调整缺少必要的备注。尽管这些问题不会对整个行业的评估造成很大的影响，但对个别公司的评价会造成一定的影响。同时，早期对年度报告披露没有硬性规定，使得部分公司因没有披露年报而影响到整个行业统计数据的完整性。另外，年度报告披露的频率也有一个时效性问题，建议改成半年一次。

三是社会机构所做的统计数据。主要是一些研究机构、媒体和网站所做的市场统计。这些统计数据主要集中在集合信托产品领域，对单一信托产品几乎没有涉足。集合信托产品只是信托业务或信托市场的一小部分，占整个信托市场的规模不足30%。显然，这些统计数据并不能真实反映信托市场的整体情况，但该统计数据被媒体引用时经常因没有必要的说明而被人们理解为信托市场的整体情况，导致信托市场被失真，甚至被误读。但由于这类统计数据能够比较全面、深入地对集合信托产品进行统计和分析，因此，是人们了解信托市场的一个不可或缺的窗口，毕竟对个人投资者来说，主要关注的还是集合信托产品市场。

本书数据主要源自于以上三个部分，希望能更全面、完整地将信托市场统计数据展现给读者，以帮助大家了解信托业市场的真实情况，同时，也可以成为一部不可或缺的工具书。

本书从市场的角度出发，通过中国信托市场的演变折射出中国信托业的发展变化。全书以数据为基础，以市场为准绳，多一些数据分析，少一些个人评论，力求将一个全面、多维的信托市场展现在读者面前。

本书共分三个部分，第一部分以监管层的统计数据为基础（该数据于2010年开始对外发布），重点介绍2010年以来信托市场的发展状况。第二部分以信托公司披露的年报数据为基础，重点从六个方面剖析2012年信托行业的整体情况，包括资产状况、业务状况、盈利情况、理财情况、风险情况和机构状况。第三部分介绍2012年各信托机构的发展状况，数据资料主要来自各信托公司披露的年度报告和用益信托工作室收集的集合信托产品统计数据。

伴随着中国信托业的正本清源，用益信托工作室有幸见证了中国信托行业发展的十年，用自身的点滴积累，忠实记录信托行业成长的印迹，在不断尝试和探索中，发布了自己的统计数据，也形成了自己的独特视角，并在业内率先推出了包括行业景气指数、信托公司综合实力评价体系、固定收益类集合信托产品评价体系等研究成果，得到了行业内外的关注和支持。与行业研究的要求、市场的期盼相比，我们还有不小的差距，还需要更多的努力和不断的坚持。回顾过去是为了更好地总结和发展，目前，对整个行业的市场数据进行全面、深入梳理的归集著作不多，身处其中，我们觉得有一份责任和使命去还原和记录信托行业近十年来的发展印迹，并为今后的发展提供借鉴。鉴于此，我们怀着一份责任和敬畏梳理了信托行业十年来的市场数据，尽可能地力求完整和全面，力求为读者提供一个认识和了解信托行业的窗口。

由于时间匆忙，加上是第一次以蓝皮书的形式为社会提供如此重要而全面的信息，惶恐之至，难免有差错或谬论，欢迎批评指正。同时，也希望读者就其中的架构和内容提出宝贵的意见或建议。我们将不断改进工作，希望能为中国信托市场发展尽自己的一份努力，衷心祝愿信托行业能持续健康发展。

用益信托工作室

2013年9月

目录

𝔹 Ⅰ 总报告

B.1 2010～2013年中国信托业市场发展状况 …………………………… 001

一 深入解析信托资产规模持续高增长态势的原因………………… 002

二 政策和市场竞争加剧对信托资产增量的影响…………………… 006

三 信托资产分布情况分析………………………………………… 009

四 各类特色信托业务发展分析…………………………………… 029

五 固有资产总量增长迅速的原因及面临的问题…………………… 036

六 信托公司盈利能力提升的原因及未来面临的挑战……………… 043

𝔹 Ⅱ 信托市场篇

B.2 信托资产高速增长背后的"隐忧" …………………………… 049

B.3 信托公司的业务发展变化………………………………………… 067

B.4 反映信托公司盈利能力的主要相关财务指标分析……………… 107

B.5 反映信托公司理财能力的主要相关财务指标分析……………… 138

B.6 信托公司管理状况分析…………………………………………… 155

B.7 反映信托公司风险管理能力的主要相关财务指标分析………… 175

BⅢ 信托公司篇

B.8 2012 年中国 66 家信托公司运行状况探析 …………………………… 197

BⅣ 附录

B.9 用益 2012 年信托公司实力排行 ………………………………………… 460
B.10 2012 年度用益阳光私募评级报告 ……………………………………… 468

索引 2012 年中国 66 家信托公司 ………………………………………… 482

CONTENTS

𝔹 I General Report

𝔹.1 China's Trust Market Development in 2010-2013 / 001

1. In-depth analysis of the reason for the sustained growth of Trust / 002

2. Impacts of the policies and increased competitions in Trust market / 006

3. Analysis of distribution situation of Trust assets / 009

4. Analysis of the state of different Trust products / 029

5. The reasons for the rapid increase of proprietary asset and the problems it can cause / 036

6. The reasons for and the future challenges of improved profitability of Trust companies / 043

𝔹 II Trust Market

𝔹.2 Concerns for the Sustained Development of the Trust Assets / 049

𝔹.3 Development Phases of Trust Business / 067

𝔹.4 Analysis of Indicators that Reflect the Profitability of Trust Companies / 107

𝔹.5 Analysis of Indicators that Reflect the Financial Ability of Trust Companies / 138

𝔹.6 Analysis of Management Status of Trust Companies / 155

B.7 Analysis of Indicators that Reflect the Administrative Capacity of Trust Companies / 175

BⅢ Trust Company

B.8 Analysis of the Development of Trust Companies in 2012 / 197

BⅣ Appendix

B.9 Rankings of Trust Companies in 2012 / 460
B.10 Ranking Report of Sunshine Private Funds in 2012 / 468

Index Trust Companies Analysis Index / 482

B I 总报告

General Report

B.1
2010～2013年中国信托业市场发展状况

摘 要：

目前信托业资产规模依然延续了近年来的高速增长态势，尽管2013年增长的势头有所放缓，但2013年全行业信托资产规模超过10万亿元已成事实。70%的单一信托占比表明，信托行业的资产规模和业务依然严重依赖于银行等金融机构通道业务，离监管部门期盼的提升自主管理能力还有很长的路要走。2010～2013年，集合信托业务的发展明显加快，虽然暂时还难以撼动单一信托资产的强势地位，但对整个行业的发展来说意义非凡。从2013年二季度的数据来看，集合类信托新增规模达到3339亿元，而单一类信托资产新增规模从一季度的13103亿元下降到二季度的11229亿元，这“一升一降”反映出当前信托资产新增规模的来源构成变化，表明中央对银行业去杠杆化和证券基金大举开展资管业务并涉足银行通道业务对信托业的冲击开始显现。可以预见，随着金融市场改革的不断深化，信托公司将在家族财富管理、资产证券化、企业年金、股权托管、动产不动产、公益服务、企业公司债等领域提供全面的信托服务，并发挥不可替代的作用。

关键词：

集合类信托　资产总量　固有资产　单一信托

一　深入解析信托资产规模持续高增长态势的原因

根据中国信托业协会统计数据，截至2013年三季度末，信托业管理的信托资产余额（存量）突破10万亿元大关，达到101314.64亿元，较上季度增长7.16%，环比涨幅回落1.14个百分点，与上年同期相比增长60.30%，同比涨幅较二季度回落10.42个百分点。

突破10万亿元对信托业发展历程来说是一个具有里程碑意义的事件。自2012年7月第一单信托业务以来，从0到1万亿元的信托资产，信托公司花了6年的时间，从1万亿元到5万亿元，信托公司只用了3年多的时间，而从5万亿元到10万亿元，信托公司仅用了1年半的时间。总体来看，信托业的高速发展既有制度的红利因素，也得益于自身的开拓进取、敢为人先的创新精神，同时也抓住了中国社会近十年快速发展的历史机遇。

目前，信托业资产规模已经达到了一个历史高度，未来之路该如何走是摆在信托业面前的重要课题，是延续以往的粗放式扩张，还是转变发展模式，提升信托的制度优势和功能价值。从当前市场环境来看，信托业也难以维持平均50%的发展速度。事实上，从2013年一季度开始，在券商基金资管业务的冲击下，信托资产扩张势头就已放缓，而随着银行资管业务的全面铺开，信托业将迎来真正的考验，但这是否意味着信托业发展的拐点已经到来还有待于进一步观察。

从信托资产的主要构成——单一类信托与集合类信托资产的增长来看，也表现了类似的增长趋势。统计数据显示，2010年以来，信托业管理的信托资产余额就以平均每季度11%的速度递增，从而使信托资产总规模从2010年初

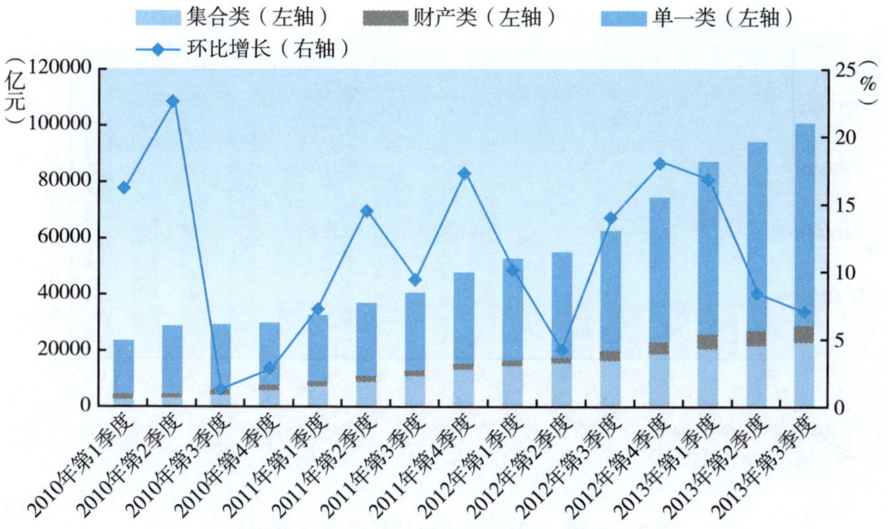

图1　2010～2013年信托资产余额季度变化趋势

资料来源：中国信托业协会，用益信托工作室整理、制作。

的近2万亿元增加到现在的10万亿元，而带动信托业高速增长的主要动力来源于集合信托和单一信托。其中，集合信托资产规模从2010年初的2381亿元增加到2013年三季度的2.36万亿元，增长近9倍，净增2.12万亿元；单一信托资产规模从2010年初的1.64万亿元增加到2013年三季度的7.22万亿元，增长3.4倍，净增5.58万亿元。

从集合信托与单一信托在2010～2013年各自的环比增长态势来看，则出现了截然不同的增长路径。集合信托由于2010年初始资产规模体量较小，其增长过程表现为从高速到正常（10%左右）的回归过程，而单一信托的初始资产规模已经有1.64万亿元，故其增长过程正好相反，呈现盘整上升的态势。当然，造成这两类信托不同增长路径的另一个重要原因是政策的变化和市场的需求，尽管单一信托受政策变化的直接影响较集合信托要小（监管层对集合信托业务的政策远远多于单一信托业务），但间接影响不容忽视。从目前情况来看，由于市场主体的增加，特别是银行的加入，单一信托的通道业务将受到极大的影响，未来单一信托业务的增长将面临严峻的挑战。

由此可见，从2013年开始，在政策和市场的双重影响下，信托资产余额

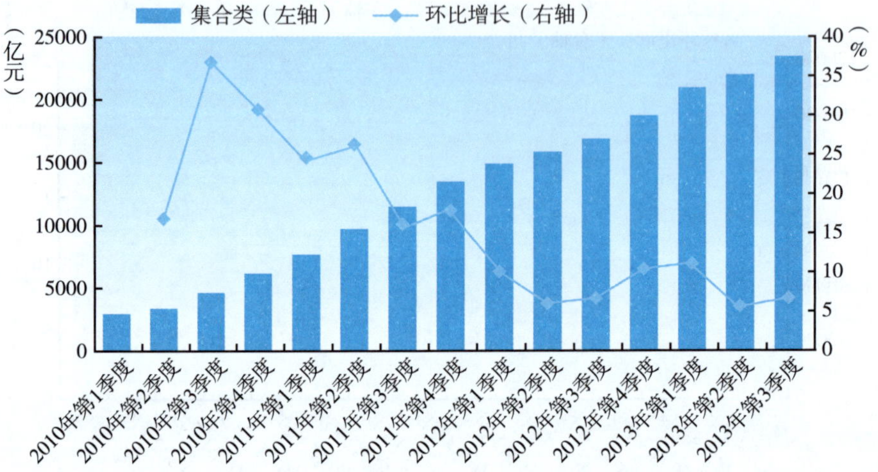

图 2　2010～2013 年集合信托资产存量走势

资料来源：中国信托业协会，用益信托工作室整理、制作。

的增长势头放缓，虽然我们不能就此认为信托业发展已经出现拐点，但根据国家宏观经济走势及金融改革的进一步深化，特别是高层的表态及银行、券商基金的强势加入，可以肯定的是，泛资管行业将迎来群雄并起的局面，信托业将面临一个前所未有的艰难时期。

与此同时，经过六年的高速增长，信托业管理的金融资产（信托资产）已经超过证券业和保险业，达到仅次于银行业的规模，成为中国金融市场的一匹“黑马”。在业内外诧异和羡慕的同时，也引起了质疑和担心。在短短五六年的时间里，信托业从一个不起眼的边缘行业一下子成为一个众人瞩目的“明星”，的确有值得思考和总结的地方。信托业经过这几年的快速发展和急速扩张，也需要放慢脚步，花一段时间来梳理和消化这些年积累下来的问题和风险，否则将不利于信托业的健康、可持续发展。

由 2010～2013 年信托资产来源构成变化可以看出，截至 2013 年三季度末，集合信托资产余额为 2.36 万亿元，占整个信托资产的比重为 23.3%，较 2010 年一季度增加了 10.7 个百分点；单一信托资产余额为 7.22 万亿元，占整个信托资产的比重为 71.3%，较 2010 年一季度下降 9.2 个百分点；财产类信托资产余额是 5508 亿元，占比仅为 5.4%，较 2010 年一季度下降 1.5 个百

表 1　2010～2013 年各季度信托资产存量及占比

单位：亿元，%

季度	集合类		单一类		财产类		信托总资产
	规模	占比	规模	占比	规模	占比	
2010 年第 1 季度	2986	12.6	19116	80.5	1643	6.9	23745
2010 年第 2 季度	3500	12.0	24276	83.3	1377	4.7	29152
2010 年第 3 季度	4794	16.2	23388	79.1	1388	4.7	29570
2010 年第 4 季度	6267	20.6	22656	74.5	1477	4.9	30400
2011 年第 1 季度	7813	23.9	23435	71.7	1432	4.4	32680
2011 年第 2 季度	9887	26.4	25900	69.2	1632	4.4	37420
2011 年第 3 季度	11496	28.1	27923	68.1	1558	3.8	40978
2011 年第 4 季度	13590	28.2	32818	68.2	1706	3.5	48114
2012 年第 1 季度	14996	28.3	36026	68.0	1995	3.8	53016
2012 年第 2 季度	15882	28.7	36809	66.5	2691	4.9	55382
2012 年第 3 季度	16994	26.9	42643	67.5	3565	5.6	63202
2012 年第 4 季度	18827	25.2	51023	68.3	4856	6.5	74706
2013 年第 1 季度	20948	24.0	60944	69.8	5421	6.2	87302
2013 年第 2 季度	22099	23.4	66969	70.8	5480	5.8	94548
2013 年第 3 季度	23587	23.3	72220	71.3	5508	5.4	101315

资料来源：中国信托业协会，用益信托工作室整理、制作。

百分点。统计数据表明，近三年来集合信托业务明显加快了发展，虽然暂时还难以撼动单一信托资产的强势地位，但对整个行业的发展来说意义非凡。因为集合信托业务的扩张不仅说明信托业自主管理能力的增强，也意味着赢利能力的提高，并使信托业朝着良性的健康发展轨道运行。但 71.3% 的单一信托占比表明，信托行业的资产规模和业务依然严重依赖于银行等金融机构通道业务，离监管部门期盼的提升自主管理能力还有很长的路要走。而随着券商、基金资管业务的全面铺开，必然会对信托公司单一信托业务，特别是通道业务造成巨大冲击，但同时，这或许能成为促成信托业进行业务结构调整的一个关键因素。

分析信托资产来源构成的另一个重要目的，就是帮助我们进一步揭开信托资产膨胀的内生动力。从集合信托资产来看，尽管近年来出现了大量的“伪集合”产品，但大部分的集合信托投资者依然是个人（即高净值客户），由此推测，2013 年上半年，23.37% 的集合产品中至少有 20% 是个人，即有 1.89 万亿元以上资金来源于个人投资者；对于 70.83% 的单一信托资产来源而言，主要由下列三部分构成：银行理财资金、银行等金融机构自有资金、其他企业或组织的闲置资金。已知的信托资产构成中，银信理财资金占比为 22.05%，而银信理财产品主要投资于单一类信托产品，因此，大部分银信理财资金是单一类信托资产，这部分资产占到整个单一类信托资产的 31.13%，而其余的单一类信托资产则主要来源于银行等金融机构的自有资金，企业的资金只占到整个单一类信托计划的 30% 以内。由此可见，单一类信托资产与银行有关的资金几乎占到了整个规模的 60% ~70%，加上集合类和财产类的银行资金，可以判断来源于银行的资金至少占到整个信托资产总量的一半。事实上，在银行信贷政策趋紧的近一两年，正是银行与信托紧密合作使得信托资产规模急速膨胀的重要时期，最终引起管理层的警觉，并开始对银行实行史上最严的去杠杆化政策；同时，券商与基金的乘虚而入，又使得信托公司腹背受敌。单一类信托资产规模的增长自 2013 年以来开始明显放缓，正是这两方面因素共同作用的结果，可以肯定的是，这种作用和影响还将持续。

二　政策和市场竞争加剧对信托资产增量的影响

信托资产存量的增长显然来自于信托资产增量的快速扩张。从 2010 ~ 2013 年各季度信托资产增量的情况来看，2010 年前三季度新增的信托资产仅为 3500 亿 ~9000 亿元，而 2013 年前三季度信托资产的新增规模已经到 13000 亿 ~ 17000 亿元。尽管现在单季信托资产增量已经超过 1.5 万亿元，但受政策和市场竞争加剧的影响，这种增长势头从 2013 年开始得到了一定程度的遏制。统计数据显示，2013 年一季度新增信托资产规模的环比增长率仅为 7.59%；而二季度出现负增长，为 -9.01%；三季度下降幅度继续扩大，为 -12.91%。这种趋势会持续多久还有待观察，但综合当前信托业的市场情况和外部环境来看，未来信托业发展速度放缓的趋势已成定局，甚至有可能出现萎缩。

表2　2010～2013年信托资产季度新增情况

单位：亿元，%

季度	集合类		单一类		财产类		新增信托资产合计	环比增长
	规模	占比	规模	占比	规模	占比		
2010年第1季度	739	8.46	7898	90.38	101	1.16	8739	
2010年第2季度	674	12.13	4589	82.60	293	5.27	5556	-36.42
2010年第3季度	1257	33.55	2326	62.08	164	4.38	3747	-32.56
2010年第4季度	1659	37.48	2565	57.95	201	4.54	4426	18.12
2011年第1季度	1588	30.33	3531	67.44	117	2.23	5236	18.30
2011年第2季度	2553	29.98	5588	65.63	374	4.39	8515	62.62
2011年第3季度	2459	32.50	4929	65.16	177	2.34	7565	-11.16
2011年第4季度	2996	28.72	7236	69.37	199	1.91	10431	37.88
2012年第1季度	2249	26.51	5881	69.32	354	4.17	8484	-18.67
2012年第2季度	2636	25.55	6787	65.81	891	8.64	10314	21.58
2012年第3季度	2617	23.41	7549	67.51	1015	9.08	11181	8.41
2012年第4季度	2659	17.33	11256	73.34	1432	9.33	15347	37.26
2013年第1季度	2611	15.81	13103	79.35	798	4.83	16512	7.59
2013年第2季度	3339	22.22	11229	74.74	457	3.04	15025	-9.01
2013年第3季度	3138	23.98	9498	72.59	449	3.43	13085	-12.91

资料来源：中国信托业协会，用益信托工作室整理、制作。

分析各季度新增信托资产来源的增长情况有助于进一步了解信托资产新增规模增长乏力的原因。统计数据显示，2012年二季度至2013年一季度，集合信托资产的季度新增规模在2600亿元徘徊，而同期单一信托资产的季度新增规模却从6787亿元增长到13103亿元，增长近一倍。显然，这期间拉动季度信托资产增长的主要动力来自于单一类信托。但从2013年二季度的数据来看，集合类信托资产新增规模摆脱了前四个季度的徘徊局面，季度新增规模达到了3339亿元，而单一类信托资产季度新增规模却从一季度的13103亿元下降到二季度的11229亿元，这"一升一降"反映出当前信托资产新增规模的来源构成变化，表明中央对银行业去杠杆化和证券基金开展资管业务并涉足银行通道业务对信托业的冲击开始显现。

面对政策的不利因素和竞争主体的增加，信托业资产规模的快速扩张已经走到了尽头，未来信托业发展将面临新的压力，信托公司需要进行一次调整和反思。2007年以来，受益于信托新政和与银行的亲密合作，信托业新增信托

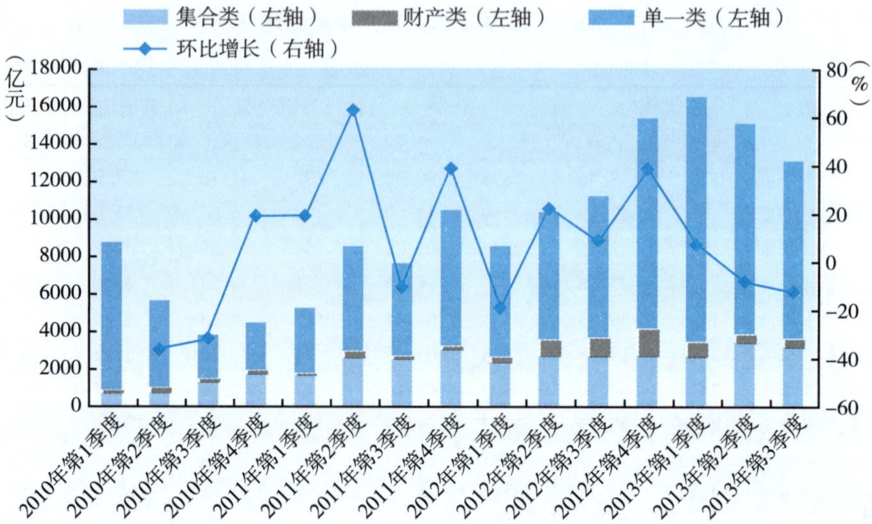

图3　2010～2013年各类信托资产季度新增趋势

资料来源：中国信托业协会，用益信托工作室整理、制作。

资产规模从2007年的近7986亿元增长到2012年的53383亿元，预计2013年将突破6000亿元，而新增单一类信托资产规模的占比也从当初的不到50%增加到现在的75%左右。由于单一类信托业务的资金来源主要是银行的理财资金和自有资金，因此，信托资产规模的快速扩张主要得益于与银行的业务往来。但随着银行改革的深入，特别是利率市场化的全面放开，银信合作将面临新的形势和问题，而银证合作的深入，银行资管业务的放开，又使得银信合作的通道业务遇到了前所未有的挑战，信托业如何在银、信、证的合作与竞争中找准自身的定位，将成为左右信托业未来发展的关键。

从新增信托资产的构成比例来看，尽管2013年以来新增单一类信托的规模占比从最高的一季度79.35%下降到三季度的72.59%，但其仍然处于绝对优势地位，这主要是因为政策因素导致集合类信托业务的增长缺乏动力，而财产类信托受制度缺陷影响难有大的突破。

可以预见，在未来相当长的一段时期内，单一类信托依然是信托资产的主要来源构成，但集合类信托业务和财产类信托业务仍有巨大的发展空间。信托资产合理的构成比例应该是单一类信托业务占比重新回到50%，而集合类信托与财产类信托的占比之和达到或超过50%。尽管目前离这一理想比例结构还有相当的距离，但相信未来信托业发展将朝这一目标不断接近。

三　信托资产分布情况分析

（一）信托功能：融资类信托资产占比将不断缩小

信托资产的投资管理是信托公司实现主动管理、提高投资管理水平和抗风险能力的重要体现。从信托资产的功能分类来看，投资类产品的比例是体现信托行业投资管理水平的一个重要指标。如表3所示，2010年一季度，融资类信托资产的占比达到了61.60%，而到2013年二季度，这个比例已经下降至48.57%，下降了约13个百分点。尽管目前融资类信托资产的占比下降速度有所趋缓，但下降的趋势仍将持续一段时间，这对于信托业实现业务结构转型，提升主动管理能力都是非常有利的。

表3　2010～2013年各功能类信托资产余额统计

单位：万亿元，%

季度	投资类		融资类		事务管理类		合计
	余额	占比	余额	占比	余额	占比	
2010年第1季度	0.42	17.72	1.46	61.60	0.49	20.68	2.37
2010年第2季度	0.51	17.47	1.86	63.70	0.55	18.84	2.92
2010年第3季度	0.60	20.27	1.83	61.82	0.53	17.91	2.96
2010年第4季度	0.73	24.01	1.79	58.88	0.52	17.11	3.04
2011年第1季度	0.91	27.74	1.88	57.32	0.49	14.94	3.28
2011年第2季度	1.24	33.16	2.03	54.28	0.47	12.57	3.74
2011年第3季度	1.38	33.74	2.15	52.57	0.56	13.69	4.09
2011年第4季度	1.72	35.76	2.48	51.56	0.61	12.68	4.81
2012年第1季度	2.01	37.92	2.63	49.62	0.66	12.45	5.3
2012年第2季度	2.09	37.79	2.72	49.19	0.72	13.02	5.53
2012年第3季度	2.32	36.71	3.10	49.05	0.90	14.24	6.32
2012年第4季度	2.68	35.88	3.65	48.86	1.14	15.26	7.47
2013年第1季度	2.95	33.79	4.26	48.80	1.52	17.41	8.73
2013年第2季度	3.11	32.91	4.59	48.57	1.75	18.52	9.45
2013年第3季度	3.31	32.67	4.88	48.15	1.94	19.18	10.13

资料来源：中国信托业协会，用益信托工作室整理、制作。

通过考察非融资类产品的走势也可以看出，投资类和事务管理类信托产品的增加是导致融资类产品占比下降的直接因素。尽管近几个季度以来投资类信托资产的比例一度从最高的37.92%下降到32.67%，但从2013年前三季度的表现来看，下降的势头有所减缓，且这些下降的部分并没有转移到融资类产品中，而是转到事务管理类信托资产中。对于这一变化的后续走向我们需要密切关注，因为若这一变化能持续更长时间，将对信托业实现产品的结构转型和自主管理能力的提高起到非常关键的作用。

至于这三类功能型信托资产的构成比例到底多少合适，目前很难下定论。融资类产品作为信托公司的传统资金运作模式，具有操作简便、管理规范的特点。但由于融资类信托是一种债权投资方式，资金的安全及风险的控制都比较被动，而且与银行相比，其在融资成本、风险管控方面都不具备任何优势，只能作为银行信贷的一种替代或补充。而随着银行利率市场化改革的深入，信托贷款的替代作用将会越来越弱。因此，从信托业长远发展来看，融资类信托资产的占比将会不断缩小。

从2010～2013年各功能类型的信托资产存量占比的变化趋势来看，如图4所示，虽然融资类信托资产的占比在缩减，但最近一年来缩减的步伐有所放缓。月投资类信托资产的占比在上升的同时，出现增长乏力而回调的情况。造成这种回调的直接原因是，近段时间银行利用自有资金和委托贷款方式与信托展开了新一轮合作，导致单一类（其中主要是通道类）信托贷款产品猛增。目前，这类产品已引起监管层的注意，加上券商资管通道业务的介入，这类产品的回落将不可避免。

投资类信托作为体现信托公司投资管理能力的主要业务，代表了信托行业或信托公司的真实资产管理水平，也是提升信托公司盈利水平的重要途径。长期以来，由于种种原因，投资类信托业务走入了一个误区，即很大一部分投资类信托业务是一种“伪投资”，其实质还是一个变相“融资类”信托业务。事实上，体现投资类信托业务的主要形式是类基金型信托，它需要信托公司拥有自己的投资管理团队与完善的投资策略和风险管理能力，但由于满足这些条件需要信托公司具备一定的实力和付出长期的努力，面对快速变化的市场和政策，在眼前利益的驱使下，多数信托公司放弃了发展主动管理型信托业务的努力，转而

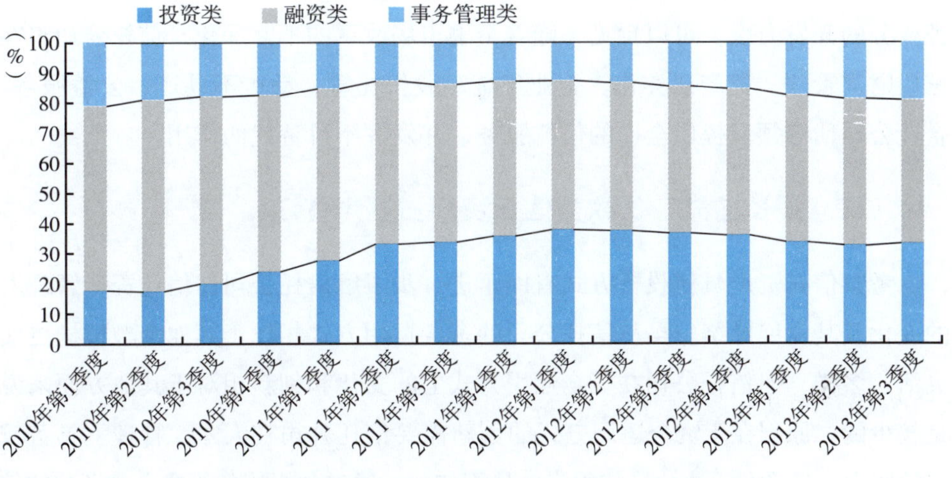

图4　2010～2013 年各功能类信托资产占比变化

资料来源：中国信托业协会，用益信托工作室整理、制作。

走向能带来短期效益的融资项目，从而导致投资类信托业务发展受阻。

尽管当前国内信托制度的功能主要体现在企业融资和投资理财上，但近年来，一些具雄厚实力的信托公司认识到信托业发展面临的瓶颈和转型的重要性，加大了对信托产品服务功能的开发和设计，直接的体现就是自 2012 年以来事务管理类信托资产的快速增长。2012 年以来，事务管理类信托资产余额从 6627 亿元猛增到 2013 年三季度的 19431 亿元，增长 193.21%，占比也从 2012 年一季度的 12.45% 增长到 2013 年三季度的 19.18%，提高了 6.73 个百分点。

事务管理类信托主要是指委托人交付资金或财产给信托公司，指令信托公司为完成信托目的，从事事务性管理的信托业务。而事务管理类信托业务则是利用信托权益重构、名实分离、风险隔离、信托财产独立性等制度优势，为法人和个人委托人提供的信托事务管理服务并获得收益。不过，由于事务管理类信托主要还是收取管理费，目前管理费用较低，而开发事务管理类信托业务需要信托公司有一定的投入，加上初期业务量较小，可能导致投入产出不匹配，且事务管理类信托业务属于创新业务，受到法律缺陷、制度不健全、政策不配套等多重因素的影响，无疑对信托公司开展这类业务增加了更大的不确定性和风险。尽管如此，广阔的发展空间和现实的市场环境将驱使信托公司加大对这类业务的开发力度。可以预见，随着金融市场改革的不断深化，信托公司将在家族财富管理、资产证券化、企业年金、股权托管、动产不动产、公益服务、企业公司债等领域提供全面的信托服务，并发挥不可替代的作用。

（二）投资方式：贷款类信托资产占据半壁江山

考察信托资产具体投资方式有助于进一步了解信托公司在信托资产管理上的变化及其发展脉络。虽然信托公司的资金运用方式相较于其他金融机构更加灵活、多样，但信托公司在资金运用方式上的变化和创新相对于其他方面来说是较少的，原因在于资金运用方式的创新需要信托公司在人才、管理上具备较强的实力，且受政策变化影响很大。尽管如此，通过分析按各投资方式划分的信托资产变化情况，我们可以基本了解信托公司在信托资金运用方式上的变化。

统计数据显示，截至2013年三季度，在所有10.13万亿元的信托资产存量中，贷款类信托资产的余额是4.62万亿元，几乎占整个信托资产总量的半壁江山，与前述融资类信托资产48.15%的比例也基本吻合；其后是可供出售及持有至到期投资类信托资产，余额为1.73万亿元；其余投资方式的信托资产占比均不超过10%，其中租赁类信托资产的余额甚至不到1个百分点，仅0.11%。以上数据表明，虽然信托资金的运用方式种类繁多、灵活多变，但真正经常使用的方式并不多，且主要以贷款为主。

信托贷款作为信托公司的传统投资方式，一直以来就处于举足轻重的地位。早期的信托业务，由于信托贷款受监管政策的影响比较大，特别是银监会新颁布的《集合资金信托业务管理办法》中明确规定，信托公司向他人提供贷款不得超过其管理的所有信托计划实收余额的30%，这使得贷款在信托项目中的被采用频率受到了限制。但银信合作业务的兴起很快打破了这一局面，由于银信合作业务主要集中在单一信托业务，而30%的限制只针对集合信托业务，因此，信托贷款很快在银信合作业务中被广泛采用。尤其是2009年至2010年上半年，受监管政策及银行贷款额度的限制，银行便将大量贷款业务通过信托平台来实现，从而逃避了监管的限制和管理，使得信托贷款沦为银行规避监管的工具，给管理层的监管带来了盲区和风险隐患，为此，银监会于

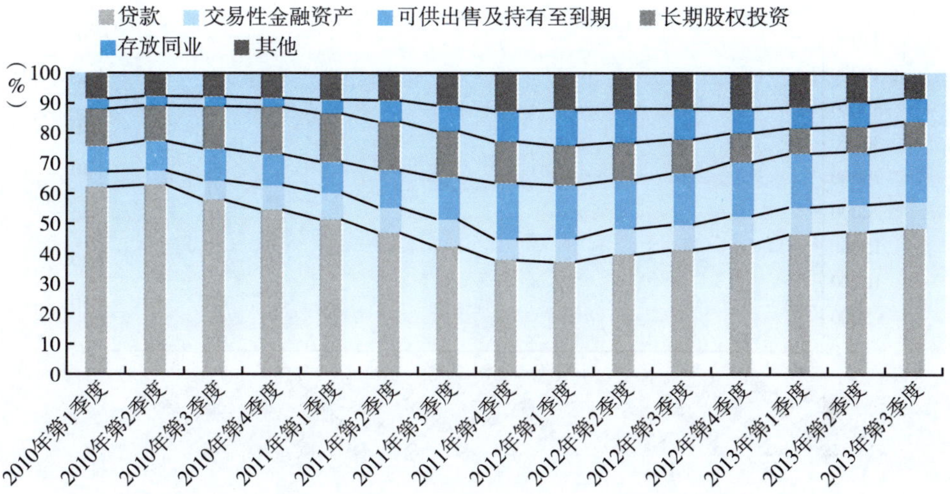

图5　2010～2013年按投资方式分信托资产余额构成比例变化

资料来源：中国信托业协会，用益信托工作室整理、制作。

2010年8月紧急下文叫停该类业务，并限定融资类业务余额占银信理财合作业务余额的比例也不得高于30%。

显然，两个针对信托贷款30%的余额限制对这类信托资产的影响是非常明显的。如图6和图7所示，至2011年四季度，信托贷款占新增信托资产和存量信托资产的比重都创下了新低。其中，新增信托资产中贷款类资产的比重降至35.76%，而在信托资产存量中，贷款类信托资产的比重也降至37.40%，接近37.35%的历史最低点。但简单便捷的资金运用方式对信托业务的扩张至关重要，随着信托业务的快速扩张，贷款方式再度被信托公司频繁采用，而这次的突破就在非银信合作的单一信托业务中，因为这是所有信托业务中唯一的贷款方式没有被设置限制的业务。可以看出，尽管监管层一再对贷款类信托业务加以限制，但信托贷款依然是信托公司无法摆脱的投资选择。

从图6可以更清晰地看到贷款类信托资产余额近四年的走势，而对照2010～2013年各季度新增贷款类信托资产的走势（见图7）又可以找到贷款类信托资产余额变化的原因。在贷款类信托资产变化的背后，我们不得不担心未来信托业转型将面临的困难和曲折。

信托公司的交易性金融资产投资主要集中在债券、股票和基金三大类。该

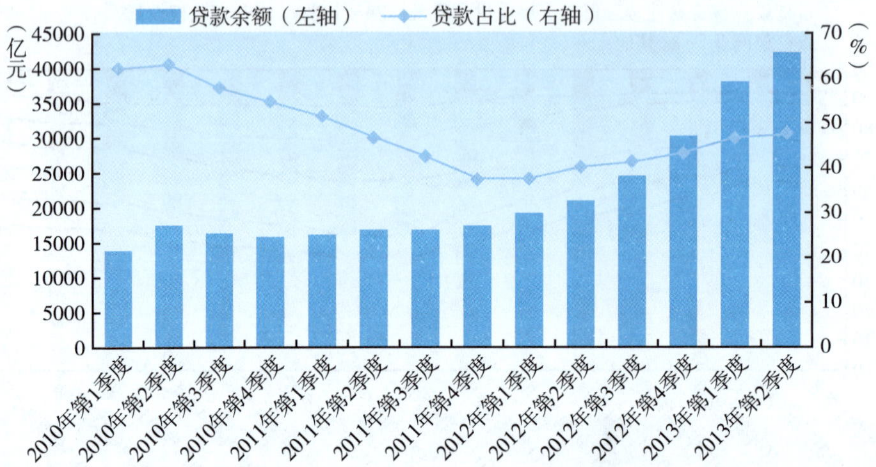

图 6　2010～2013 年贷款类信托资产余额变化

资料来源：中国信托业协会，用益信托工作室整理、制作。

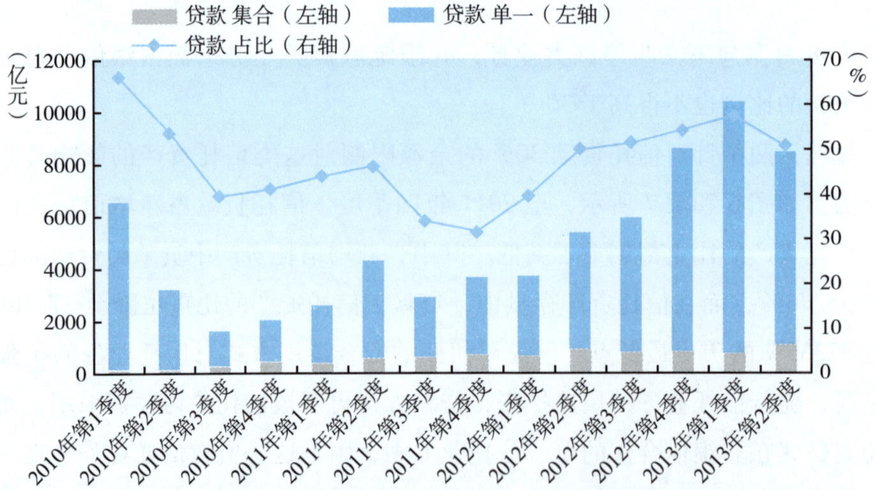

图 7　2010～2013 年贷款类信托资产季度新增规模走势

资料来源：中国信托业协会，用益信托工作室整理、制作。

类投资业务自 2010 年以来取得了长足的发展，其占比从 2010 年初的 4.83% 增加到 2012 年末的 9.44%，提高 4.61 个百分点，信托资产余额也从 2010 年初的 1181 亿元增加到 2012 年末的 6593 亿元，净增 5412 亿元，增加了 4.58 倍。

值得注意的是，当统计 2012 年交易性金融资产投资类信托余额在 2012 年

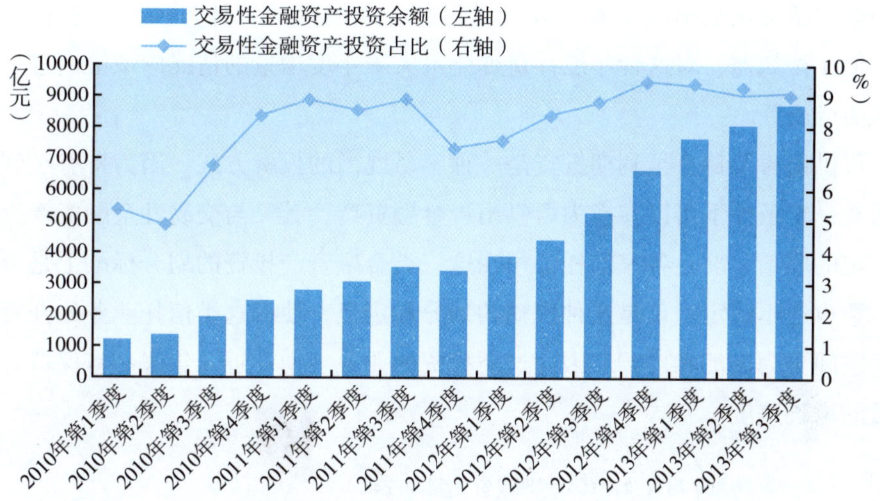

图 8　2010～2013 年投资于交易性金融资产的信托资产余额变化

资料来源：中国信托业协会，用益信托工作室整理、制作。

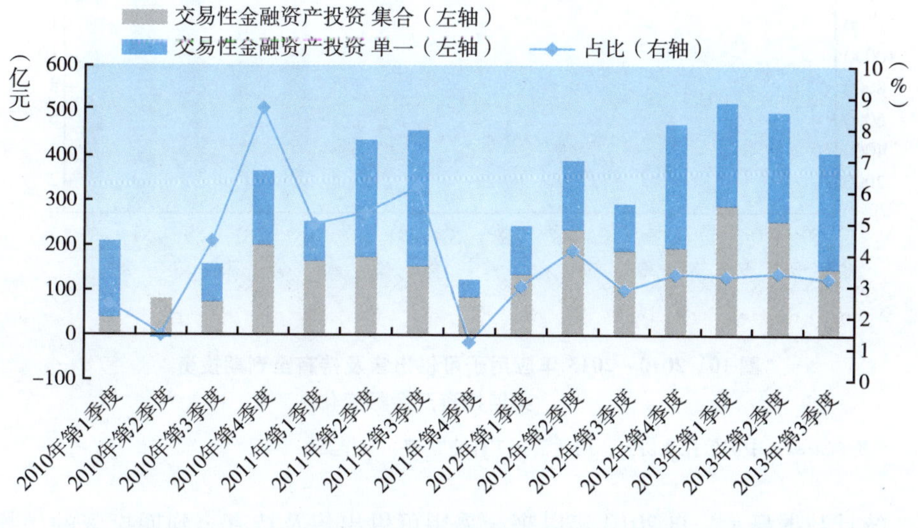

图 9　2010～2013 年交易性金融资产投资信托季度新增规模走势

资料来源：中国信托业协会，用益信托工作室整理、制作。

的净增额和 2012 年交易性金融资产投资年度累计新增的规模时，前者得到的数据是 3200 亿元，后者是 1412 亿元。一般情况下，年度新增量应该大于存量的年度净增量，可能的解释是交易性金融资产投资类信托资产的年度存量变化与年度增量变化数据至少有一处是错误的，或两处的统计口径不同或有所调整。但无论如何，对这种年度存量变化量大于年度增量的情况应该给出进一步的说明或解释。

可供出售及持有至到期投资是一种容易混淆的投资方式，因为持有至到期投资在一定条件下可以转换为可供出售金融资产，其又与交易性金融资产投资有一定的联系，况且各家信托公司在这三类金融资产投资的划分标准上是否完全一致也还不确定。正是这种模糊的划分和定义，使得这类信托业务的开发和创新空间更为灵活和广阔，因而这类投资的业务规模在近几年来一直保持着两位数的增长速度。

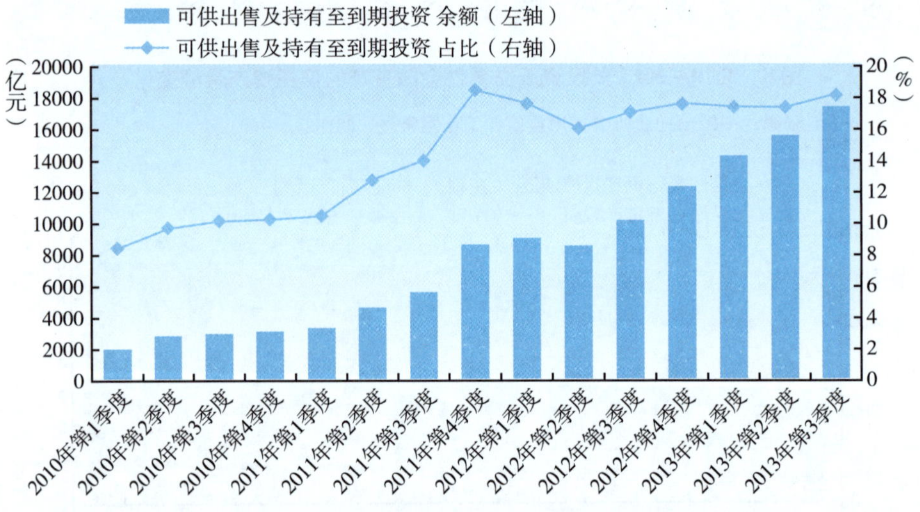

图 10　2010～2013 年应用于可供出售及持有至到期投资类信托资产余额变化

资料来源：中国信托业协会，用益信托工作室整理、制作。

统计数据显示，自 2010 年以来，采用可供出售及持有至到期投资的信托资产规模从 1858 亿元增加到 17321 亿元，增加了 8.32 倍，同期占比也从 8.41% 上升到 18.08%。从该类业务的年度新增规模来看，2010 年新增规模为 2366 亿元，2011 年新增规模上升到 7108 亿元，尽管 2012 年受政策影响其发展速度放缓，仅新增 7156 亿元，但 2013 年以来，该类业务再次回暖，上半年的新增规模已达 4942 亿元，显示了明显的复苏迹象。

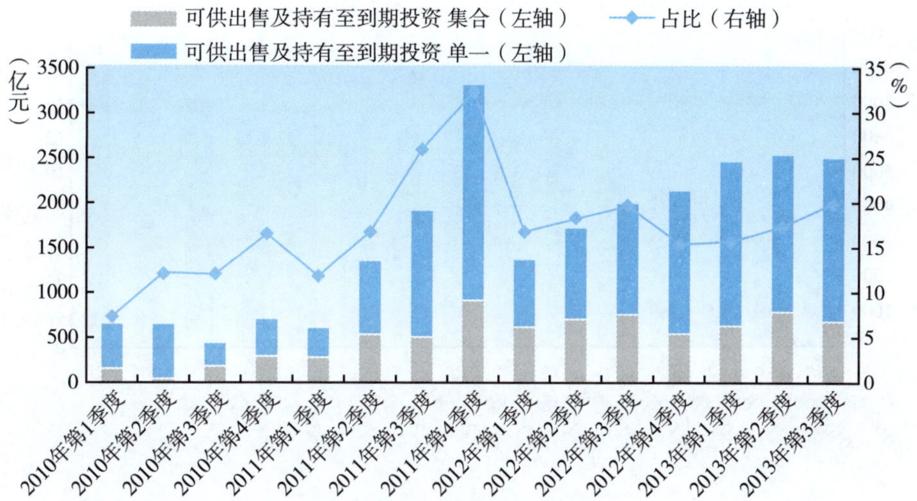

图11 2010~2013年可供出售及持有至到期投资类信托资产季度新增规模走势

资料来源：中国信托业协会，用益信托工作室整理、制作。

长期股权投资作为信托资金的传统投资方式，一直以来饱受争议，主要表现在以下两个方面：一方面，由于该投资方式经常被冠以“名不符实”之名（即假股权、真融资），以至于监管层曾针对“股权+回购”信托融资模式专门出台相应政策来规范这类业务的操作方式；另一方面，来自其他行业的监管，如证监会对PE（私募股权投资）信托业务的限制，则是因为信托资产持有人不是财产所有者无法作为IPO发起人而被排斥在PE业务之外。尽管出现上述问题，但股权投资依然是信托投资中不可或缺的资金运用方式。

统计数据显示，2010~2011年，长期股权投资类信托资产规模增长迅猛，余额从2010年初的2755亿元上升到2011年末的6542亿元。2012年，由于贷款类信托业务的增加，以股权方式来融资的模式被贷款方式所替代，长期股权投资类信托务发展放缓，导致该类资产的占比从14.1%下降到8.63%。2013年以来，单一类信托贷款业务的下滑让股权投资业务再次恢复，其资产规模占比下降的势头得到有效遏制，并出现了企稳回升的迹象。但信托股权投资这种“偏融资、轻投资”的倾向让该方式的前景并不乐观。

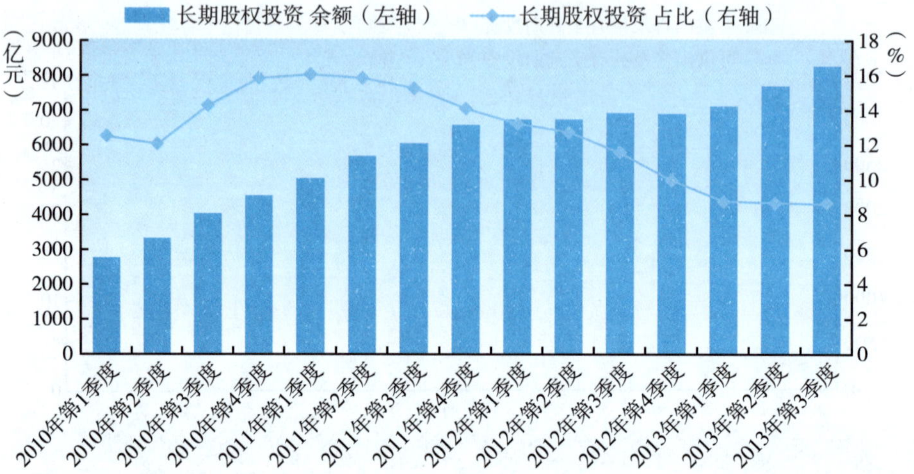

图 12　2010～2013 年长期股权投资类信托资产余额变化

资料来源：中国信托业协会，用益信托工作室整理、制作。

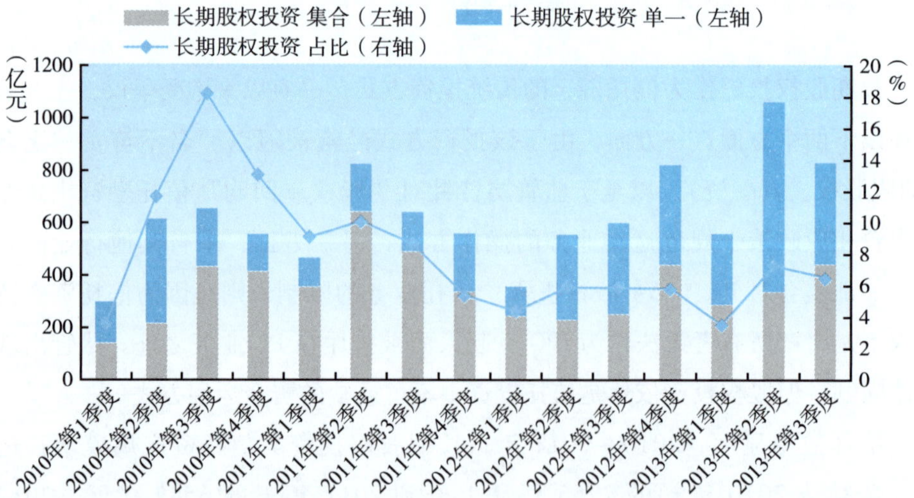

图 13　2010～2013 年长期股权投资类信托资产季度新增规模走势

资料来源：中国信托业协会，用益信托工作室整理、制作。

早期的信托业务中融资租赁是时常用到的一种投资方式，但受市场容量有限的影响，该类业务难以形成一定的规模，已经逐渐被边缘化。统计数据显示，截至 2013 年三季度，融资租赁类信托资产余额 102 亿元，较上季度下降

12.64 亿元，占整个信托资产的比重降至 0.11%，且 2013 年前三季度融资租赁类信托业务也仅累计新增 6.3 亿元，表明该业务已完全没落。

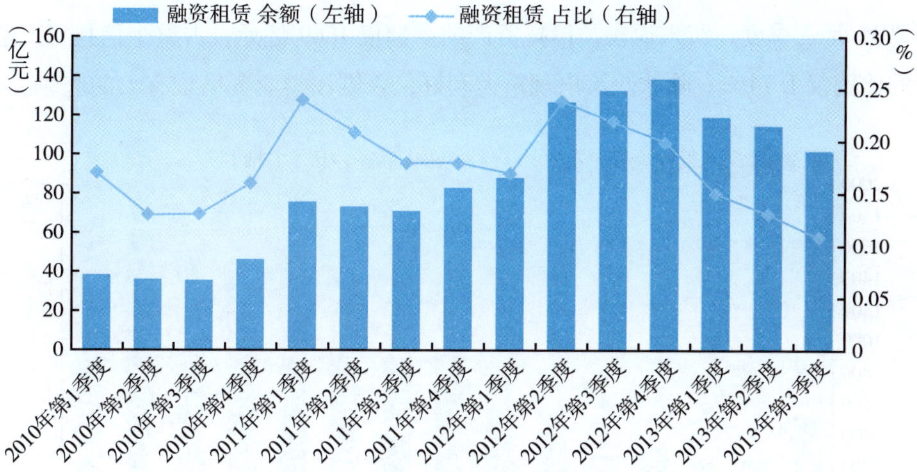

图 14　2010～2013 年融资租赁类信托资产变化

资料来源：中国信托业协会，用益信托工作室整理、制作。

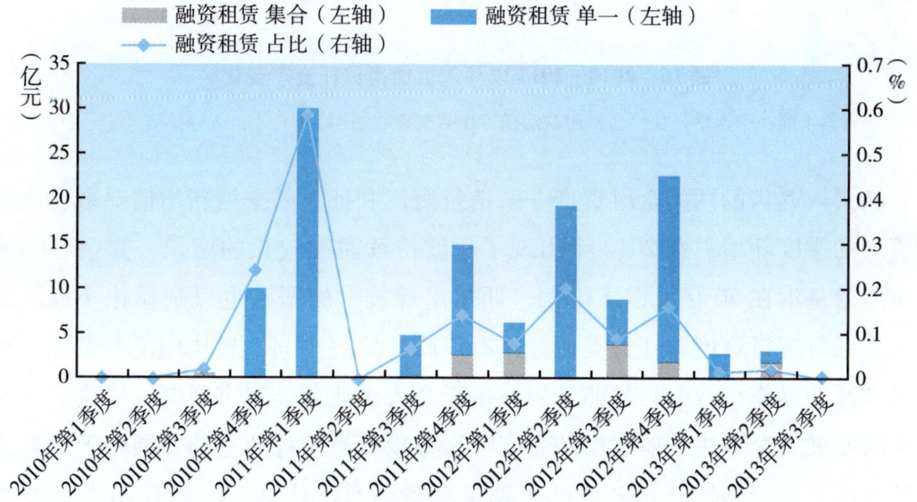

图 15　2010～2013 年融资租赁类信托季度新增规模走势

资料来源：中国信托业协会，用益信托工作室整理、制作。

信托公司买入返售的金融资产主要包括银行信贷资产和证券。受 2008 年银信合作业务新政的影响，银行信贷资产处置业务已经逐渐退出了银信合作的业务范围，而证券资产的买入返售业务规模相对较小，故对整个信托业务的影响有限。如图16所示，尽管自2011年以来该类信托资产处于一个稳步上升的阶段，但总量还是偏小，无法与其他主流投资类资产规模相提并论。统计数据显示，截至2013年三季度，买入返售类信托资产的余额仅1669亿元，占整个信托资产总量的比例仅1.74%。除非政策出现重大利好，否则该类业务仍难有大的起色。

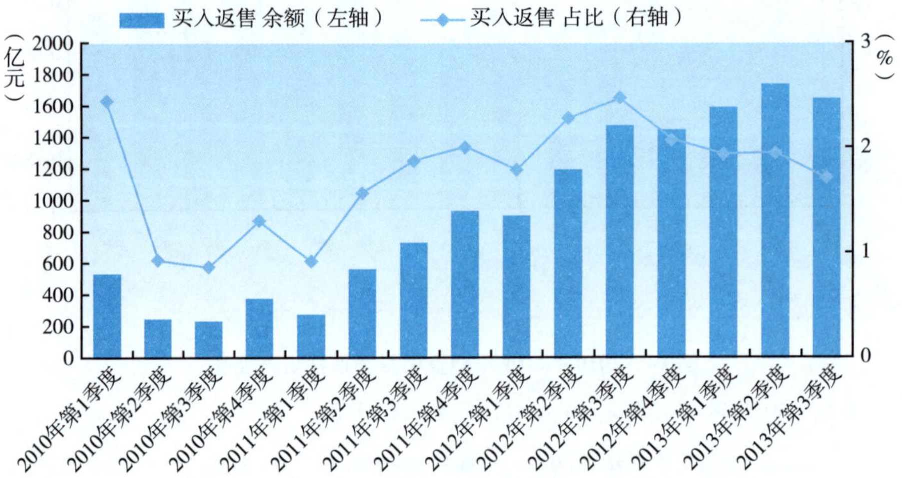

图16　2010~2013年买入返售类信托资产变化

资料来源：中国信托业协会，用益信托工作室整理、制作。

从买入返售的两类金融资产——信贷资产和证券的季度新增情况来看，信贷资产的季度新增只在2012年出现了一波持续时间较长的增长，其余时间的单季增量基本在50亿元以下徘徊，偶尔出现较大的增量也只是昙花一现。事实上，银行信贷资产转让这类业务具有广阔的发展空间，且从理论上来说，其是最合适的操作平台，只是监管层对信托介入该业务还存有疑虑，故这类业务未来的发展完全取决于监管层的态度。证券投资类信托业务的发展由于分类监管的原因，对于信托公司来说已经越来越难以有所作为，况且在阳光私募领域，信托公司的作用大多仅限于平台支持，这也是信托公司难以在证券投资领域发挥作用的另一个障碍，并且随着《中华人民共和国基金法》（以下简称《基金法》）的重新修订，留给信托公司的时间已经不多了，如果没有积极的应对策略，未来该类业务将继续萎缩。

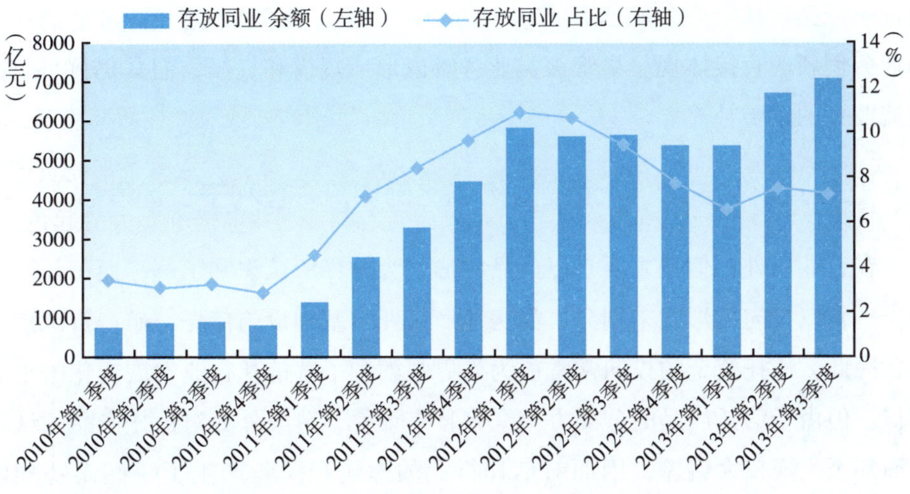

图 17　2010～2013 年存放同业类信托资产变化

资料来源：中国信托业协会，用益信托工作室整理、制作。

所谓同业存款，是指信托公司在银行开立的信托资金存款业务，一般情况，同业存款利率可以与银行协议定价，期限和利率都没有限制。信托公司存放同业主要以单一信托计划形式出现，并与银行理财产品挂钩。由于这类产品有变相高息揽存的嫌疑，2012 年初曾经被银监会紧急叫停过，目前该类业务处于平稳发展阶段。

同业存款信托业务曾在 2011 年出现过一轮快速增长行情，到 2012 年一季度，该类信托资产余额已达 5896 亿元，占比也创下新高，达 10.70%，但从 2012 年二季度开始，受政策影响其开始逐步萎缩，到 2013 年一季度，已降至 6.60%。受 2013 年二季度银行出现的“钱荒”影响，该类业务出现了明显的反弹，其资产规模迅速攀升，二季度超过 6000 亿元，三季度已达 7082 亿元，再创历史新高。随着银行利率市场化改革的深入，对存款利率的限制将逐步放开，这为同业存款信托业务未来的发展创造了良好的机会。我们认为该类业务的前景非常值得期待。

其他投资类信托资产尽管没有以上传统投资方式的市场规模和聚集效应，但自 2011 年以来，随着信托业务规模的快速扩张，一些边缘化、另类的投资逐渐增多，导致这类资产规模也逐步扩大。统计数据显示，2013 年一季度，其他投资类信托资产余额已到了一个历史最高位，达7859亿元，这是信托公司业务创新的直接体现。尽管该类业务难以形成规模和气候，但其仍将是信托主流业务的重要补充。

（三）投资方向：资金投向构成比例均衡，有利于长远发展

在行业以外，信托主要是以产品的形式为外界所认识和了解，而信托产品的类别常以投向的形式来划分，如房地产信托、基础设施信托、矿产资源信托等，因此，信托资金的投向常常成为外界观察和了解信托行业发展变化的重要窗口。但由于信托产品的分类方式众多且有重叠，造成外界对信托产品的认识片面甚至出现较大偏差，因而对信托行业的影响和风险产生了一些误解和偏见。因此，本节将在全面解读信托资金投向统计数据的同时，重点对社会关注的热点业务进行深入的分析和阐述，让读者对信托资金投向有一个全面、准确、客观的了解，以化解或消除外界对信托业的误解和疑问。

表4 2010～2013年信托资产存量资金投向分布

单位：亿元，%

季度	基础产业		房地产		证券市场		金融机构		工商企业		其他	
	余额	占比	余额	占比	余额	占比	余额	占比	余额	占比	余额	占比
2010年第1季度	8877	40.16	2351	10.64	1359	6.15	2160	9.77	3263	14.77	4091	18.51
2010年第2季度	10637	38.29	3154	11.35	1631	5.87	2137	7.69	5191	18.69	5026	18.10
2010年第3季度	10012	35.53	3778	13.41	2359	8.37	1743	6.18	5279	18.73	5011	17.78
2010年第4季度	9946	34.39	4324	14.95	2745	9.49	1509	5.22	5369	18.56	5030	17.39
2011年第1季度	9940	31.81	4869	15.58	3081	9.86	1727	5.53	5692	18.21	5940	19.01
2011年第2季度	10127	28.30	6052	16.91	3579	10.00	2368	6.62	6923	19.34	6739	18.83
2011年第3季度	9771	24.79	6798	17.24	3555	9.01	3438	8.72	8202	20.81	7655	19.42
2011年第4季度	10155	21.88	6882	14.83	4229	9.06	5900	12.71	9471	20.41	9794	21.11
2012年第1季度	11150	21.85	6866	13.46	4596	9.02	7082	13.88	11012	21.58	10315	20.22
2012年第2季度	11918	22.62	6751	12.81	5313	10.08	6362	12.07	12850	24.39	9496	18.02
2012年第3季度	13918	23.34	6765	11.34	6742	11.30	6559	11.00	14942	25.06	10711	17.96
2012年第4季度	16502	23.62	6881	9.85	8065	11.55	7134	10.21	18612	26.65	12656	18.12
2013年第1季度	21115	25.78	7702	9.40	9097	11.11	7720	9.43	22722	27.75	13536	16.53
2013年第2季度	23906	26.84	8119	9.12	9308	10.46	9513	10.68	26189	29.40	12033	13.51
2013年第3季度	24879	25.97	8942	9.33	10325	10.78	10899	11.38	28257	29.49	12504	13.05

资料来源：中国信托业协会，用益信托工作室整理、制作。

信托业务自2002年开展以来，经过不断发展和演变，信托资金的投向分类也逐渐从模糊到清晰。现在，无论官方统计还是民间统计，对投向分类尽管还有一些分歧，但已趋于一致，主要包含五大领域：基础产业、房地产、金融（包括货币市场、资本市场和金融机构）、工商企业及其他领域。

最新统计数据显示，截至2013年三季度末，在信托总资产中，投在工商企业的信托资产规模达2.83万亿元，占全部信托总资产的29.49%，列第一位；投向基础产业的信托资产余额为2.49万亿元，占信托总资产的25.97%，列第二位；投在金融领域（含证券市场和金融机构）的信托资产余额为2.12万亿元，占信托总资产的22.16%，列第三位；投向其他领域的信托资产为1.25万亿元，占全部信托总资产的13.05%，列第四位；列第五位（也是最后一位）的才是房地产，投向该领域的信托资产仅0.89万亿元，占比不到10%，为9.33%。

统计数据表明，房地产信托并没有在信托资金投向中占据主要位置，与外界对房地产信托的看法和印象有较大出入。另外需要指出的是，投向基础产业的2.49万亿元并不是全部投资于政信合作的地方城市基础设施项目。事实上，投资于政信合作的基础设施仅为0.82万亿元，只占整个基础产业总规模的32.93%，不到三分之一。从以上数据可以得出，信托资金真正投资于房地产和地方城市基础设施项目的总和是1.71万亿元，仅占全部信托资产总量的17.85%。另外，在房地产融资总规模和地方债务总规模中信托资金的占比也都很小，显然没有外界夸大的那样：信托资金主要集中在这两个领域，并对这两个领域的风险产生了非常大的影响。当然，少数信托公司在信托资金投向分类或产品设计上有意避开敏感领域，将部分信托资金的真实投向做了一些隐瞒，但这部分的数据应该不会很大，对市场总体的统计结果的影响也有限。

另一个需要搞清的重要问题是：目前信托业的信托资产中，到底有多少资金投向实体经济？从现有的官方统计数据来看，要准确回答这个问题确有一定的难度，但并不妨碍对这个问题的研究和探讨。可以对现有的统计数据做一些梳理：首先，投向工商企业的信托资金应该全部属于实体经济的范畴，而投资于金融领域的信托资产可以基本排除在实体经济以外；其次，投资于基础产业的资金，除去0.8万亿元的城市基础设施项目，剩余的资金主要分布在能源、交通、电力及与此配套的相关企业，应该说，这些项目绝大多数属于实体领域；最后，其他领域由于缺乏投向分布规模及比例的具体数据，难以准确估算有多少投资于实体经济。故根据以上推算，直接投资于实体经济的信托资产规模应该不低于5万亿元，占整个信托总资产的比例超过一半。

从信托资金主要投向的构成比例来看，分布较为均衡，没有哪个投向占有绝对的优势。目前信托资金投向的构成比例比较合理，对信托业务的长远发展非常有利，这样就不会由于市场或政策因素导致某类投向的信托业务出现大起大落，从而影响到整个行业的运行。

从近几年信托资金投向的变化来看，变化较大的当属工商企业和基础产业这两大领域。统计数显示，投资于工商企业的信托资产占比由 2010 年一季度的 14.77% 提高到 2013 年三季度的 29.49%，提高了 14.72 个百分点，占比扩大了近一倍；而投资于基础产业的信托资产占比则由 2010 年一季度的 40.16% 下降到 2013 年三季度的 25.97%，下降了 14.19 个百分点，其中的政信合作业务规模占比也由 2010 年一季度的 12.91% 下降到 2013 年三季度的 8.13%。以上数据表明，虽然 2010 ~ 2013 年以基础设施为主的政信合作项目规模由 3816 亿元增长到 8042 亿元，但其占比是下降的，说明政信合作业务的增长速度要低于信托业总资产规模的扩张速度。只是由于政信合作业务的发展总是出现在一些较为敏感的时段，引起了社会及监管部门的高度关注，而实际上政信合作业务的发展或扩张并没有外界所想象的那样大而快。尽管如此，我们不能就此认为信托业在地方政府融资上的作用和角色无足轻重。信托业要改变外界对其的看法，除了增加市场透明度外，还需要做一些必要的公关，同时，需要始终牢记的一点就是：不能做压倒地方政府债务风险的“最后一根稻草”。

房地产信托作为信托业的一项主要业务，一直以来就受到各家信托公司的高度重视，同时，由于房地产与经济发展和人们的生活息息相关，房地产信托始终是外界关注的重点。高度的聚焦和敏感性使房地产信托业务发展曲折往复、一波三折。特别是近三年，房地产信托的风生水起，更使其成为行业内外最受瞩目的焦点。

统计数据显示，受房地产宏观调控政策及银行信贷限制的影响，房地产信

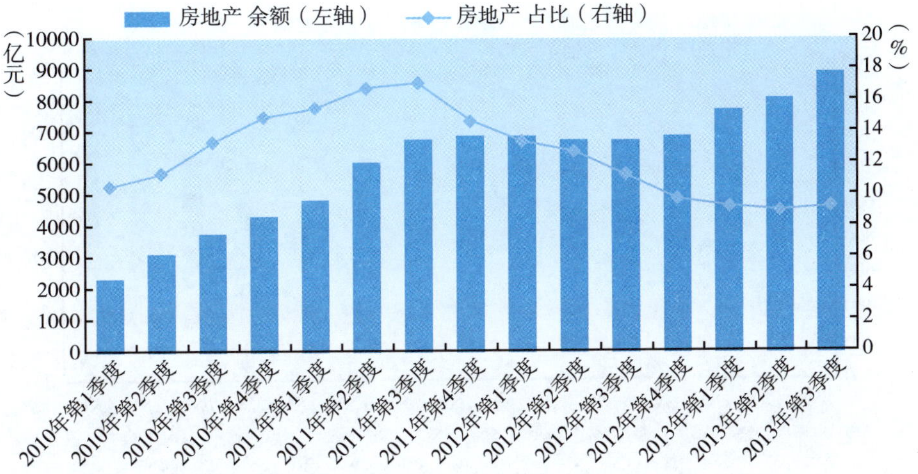

图 18　2010～2013 年房地产信托资产存量走势

资料来源：中国信托业协会，用益信托工作室整理、制作。

托迎来快速发展期，从 2010 年开始，房地产信托资产规模一路攀升，到 2011 年三季度，余额达到 6798 亿元，占信托总资产的比例也上升到 17.24% 的高位。房地产信托的快速增长打乱了国家对房地产市场的调控计划，很快监管层对该业务进行了窗口指导和严格的审查，受此影响，房地产信托业务增长出现了停滞，直到 2013 年才开始恢复，但恢复的进度赶不上信托总资产的扩张速度，其占比持续下滑，到 2013 年三季度，已下滑到 9.33%（见图 18）。因此，我们判断这次房地产信托业务的恢复程度相当有限，未来房地产信托能否有所表现还要看政策和市场的变化。但与 2010～2011 年的增长不同，参与这次房地产信托业务企稳回升的主要是机构投资者而非此前的个人（见图 19）。而对于机构投资者的真实身份，银行等金融机构的身影总是时隐时现。

基础产业作为信托业曾经的第一大投资领域和目前的第二大投资领域，在信托业务的发展过程中占有举足轻重的地位。尽管 2013 年三季度该业务的份额受政策影响比排在第一的工商企业类信托少 3.52 个百分点，但随着国家城镇化建设的深入，基础产业信托融资的市场依然相当广阔。信托公司需要做的就是寻找新的业务增长点，合理控制风险和业务结构。

统计数据显示，2012 年以来，在政信合作业务的带动下，基础产业信托

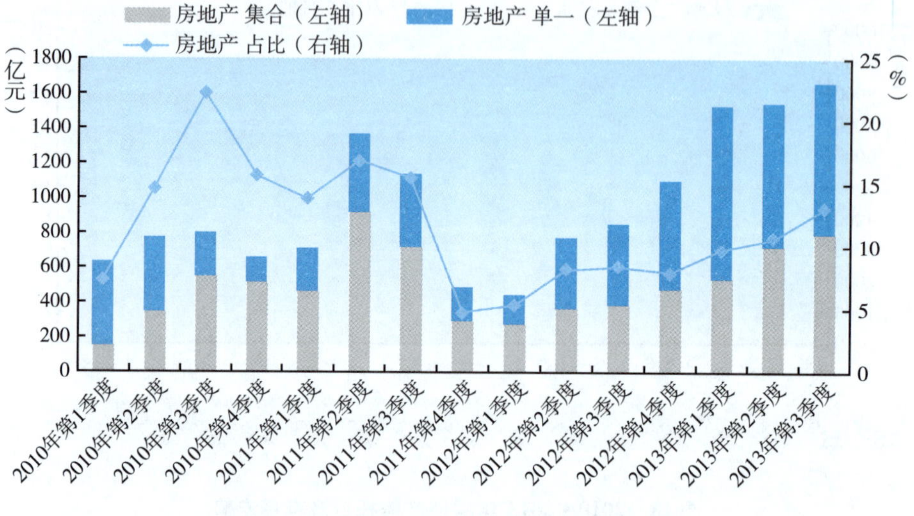

图 19　2010～2013 年房地产信托新增规模走势

资料来源：中国信托业协会，用益信托工作室整理、制作。

资产规模走出了长期徘徊不前的尴尬境地，开始稳步回升，资产规模从 2011 年四季度的 10155 亿元上升到 2013 年三季度的 24879 亿元，增长 144.99%，占比也从同期的 21.88% 上升到 25.97%，增加了 4.09 个百分点。基础产业信托的增长得益于城市基础设施建设项目的大举开展，但同时，也推高了地方政府的债务风险，特别是个别地区超出自身财力或大比例向信托融资，使得信托公司再次被推到了风口浪尖。与房地产信托业务风险不同，基础设施信托业务的风险更具隐蔽性和危害性，是当前信托业需要重点关注的问题之一。

在证券、房地产和基础设施等领域的信托投资纷纷因政策等因素影响而起伏不定时，工商企业类信托业务则稳步上升，占比也不断提高，其角色已从当初的配角跃升为当前信托业投资领域的主角。工商企业类信托的这一角色变化看似意料之外，却也在情理之中。特别是在当前国内经济结构转型和升级的重要时期，信托业务的这一变化具有非常重要的意义。一直以来，信托业又被冠以“实业投行”的美誉，但其真正为实体经济服务的功能并没有得到强化，反而过于追逐短期效益，在证券、房地产等领域投入大量人力、物力，虽然收获颇丰，但风险也不断累积，直至招来监管的强力干预。回归本位，服务于实体经济应该也必须是未来信托业务发展的重点内容。

统计数据显示，2010年一季度，投资于工商企业类的信托资产余额仅3263亿元，占比为14.77%；到2013年三季度，工商企业类信托资产余额已达2.83万亿元，占比为29.49%，排第一位。除了该业务受政策影响较小之外，与银行等金融机构的合作，做企业融资的平台通道是促使该类业务发展迅速的另一个重要原因。事实上，工商企业类信托资产增长迅猛的主要原因是单一类工商企业信托业务的快速增长。统计数据显示，2011年以来，信托业季度新增的工商企业类信托产品中，单一类产品的占比从2011年一季度的76.53%增加到2013年三季度的83.26%。而单一类信托产品的主要资金来源与银行资金密切相关。

证券投资是一个受市场因素影响非常大的业务，也是一个具有较大收益和风险的业务。因此，无论是自营业务还是信托业务，证券市场都是信托公司投资的主要方向之一。统计数据显示，截至2013年三季度，证券投资类信托资产余额为10325亿元，占全部信托资产总量的10.78%，其中，规模较2010年一季度净增8966亿元，增长6.60倍。尽管证券投资类信托资产规模成倍增长，但并不是股票投资业务发展的结果。实际上，阳光私募信托业务规模仅从2010年三季度的976亿元增加到2013年三季度的2627亿元，仅净增1651亿元。究其原因，正是股票类证券信托这个曾经给信托业带来巨大利益和名声的业务，受到市场萧条和环境的影响，市场和人气已经风光不再，而修改后的《基金法》更将使证券投资类信托处于不利的位置。

应该说，经过2012年的高速增长，证券类信托资产无论是规模还是占比都有较大的提高。统计数据显示，2011年四季度，证券类信托资产余额为4229亿元，占整个信托总资产存量的9.06%；至2012年四季度，证券类信托资产余额已达8065亿元，占比也提升至11.55%。具体分析证券类信托资产的构成变化，可以发现证券类信托资产规模上升的真正动力并不来自于股票业务，而是债券业务。事实上，近年来，证券市场一直处于弱势调整状态，而债券市场却冰火两重天，正是债券市场的火爆导致投资于债券市场的信托产品数量和规模激增。表5显示，2010年一季度，股票类和债券类信托资产余额的占全部证券类信托资产的比例分别为64.66%和28.93%，而到2013年三季度，这两类信托资产的占比则分别为29.33%和64.18%。

表5　2010～2013年证券投资信托资产构成统计

单位：亿元，%

季度	股票	占比	基金	占比	债券	占比	合计
2010年第1季度	879	64.66	87	6.41	393	28.93	1359
2010年第2季度	793	48.63	105	6.47	732	44.91	1631
2010年第3季度	1159	49.12	104	4.40	1096	46.48	2359
2010年第4季度	1482	54.00	134	4.86	1129	41.14	2745
2011年第1季度	1753	56.91	176	5.73	1151	37.37	3081
2011年第2季度	1915	53.50	157	4.38	1507	42.11	3579
2011年第3季度	1806	50.81	194	5.47	1554	43.73	3555
2011年第4季度	1717	40.59	248	5.87	2264	53.54	4229
2012年第1季度	1835	39.92	248	5.40	2513	54.68	4596
2012年第2季度	1819	34.24	360	6.78	3134	58.98	5313
2012年第3季度	1850	27.44	408	6.06	4484	66.51	6742
2012年第4季度	2130	26.41	605	7.50	5330	66.09	8065
2013年第1季度	2567	28.21	768	8.44	5762	63.34	9097
2013年第2季度	2554	27.44	592	6.36	6162	66.20	9308
2013年第3季度	3028	29.33	670	6.49	6627	64.18	10325

资料来源：中国信托业协会，用益信托工作室整理、制作。

金融机构类信托业务主要是将信托资金投资于银行等金融机构的股权或股权收益权等。自2007年“新两规”（即《信托公司管理办法》和《信托公司集合资金信托计划管理办法》）颁布以来，信托公司自有资金是投资金融机构的主要资金来源，但随着信托业务的迅猛发展，特别是银信合作业务的创新和深入，投资于金融机构的信托资金规模也迅速膨胀。统计数据显示，截至2010年四季度，金融机构类信托资产仅1509亿元，占整个信托资产总量的比例仅为5.22%，但到2012年一季度，该类信托资产的总量已经跃升到7082亿元，占比提高到13.88%，增加了8.66个百分点。尽管2012年二、三季度出现一次回落，但很快止跌回升。到2013年三季度，投向金融机构的信托资产余额越过万亿元大关，达10899亿元，创下历史新高，占比也回升至11.38%。

金融机构股权作为一种优质资产，其低风险和稳定的收益成为机构投资者的首选，因此，投向金融机构的资金主要来自机构。通过分析金融机构类信托资产季度新增情况，可以明显看出，单一信托占比明显高于集合信托占比，而单一信托的投资者就是机构，在这些机构当中，理财资金的占比同样不可小觑。

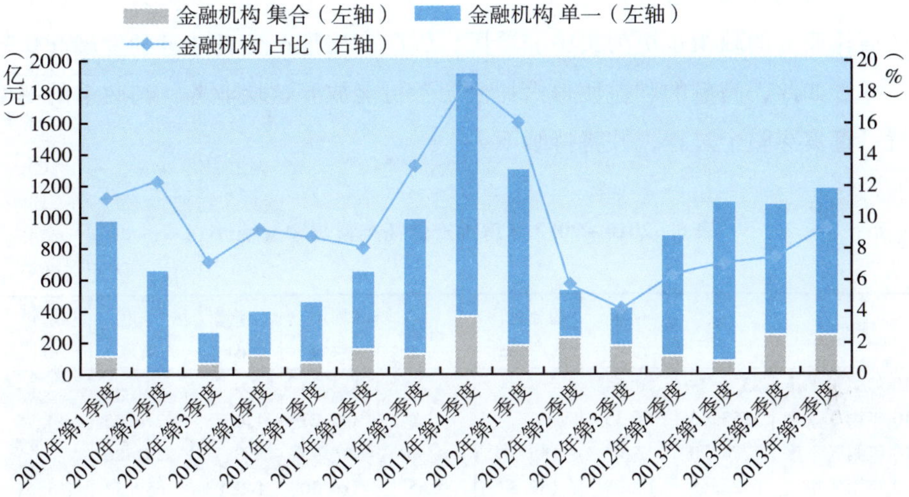

图 20　2010～2013 年金融机构类信托新增规模走势

资料来源：中国信托业协会，用益信托工作室整理、制作。

与各主流投资领域的信托业务相比，其他领域类信托业务由于构成复杂，且具体数据缺乏，很难对其做一个更深入、全面的分析。从近几年该类信托资产规模的走势来看，与信托总资产的增长基本相当，故其占比变化比较稳定。但从 2013 年开始，其他领域类信托业务的规模和占比都出现回落。统计数据显示，该类信托资产的占比自 2012 年底开始突然加速下滑，截至 2013 年三季度，已下滑至 13.05%，创下历史新低。事实上，其他领域的投资由于市场容量小，难以形成规模，信托公司很难投入大量精力进行业务开发和创新，而一些另类投资的专业性和高风险性也导致信托公司对这些业务的兴趣锐减。显然，该类业务被边缘化的趋势越来越明显。

四　各类特色信托业务发展分析

（一）房地产信托业务受政策影响起伏较大

房地产信托一直以来都是信托公司的主要业务，也是信托公司业务收入的重要来源，因此得到绝大多数信托公司的青睐。但由于房地产信托的高风险性和房地产市场的高敏感性，房地产信托特别受到监管层和外界的关注，针对房地产信托业务的政策也更为集中和严厉，因此，房地产信托业务的发展起伏较大。尽管如此，高额的利益使得信托公司不可能放弃这块业务，与政策的博弈也就一直贯穿整个过程，并将持续下去。

表 6　2010～2013 年房地产信托存量与增量统计

单位：亿元，%

季度	存量	存量占比	基金化房地产信托	占比	新增集合	新增单一	季度增量	增量占比
2010 年第 1 季度	2351.29	10.64			152.33	479.11	631.44	7.31
2010 年第 2 季度	3153.63	11.35			345.27	430.78	776.05	14.75
2010 年第 3 季度	3778.20	13.41	135.83	0.46	546.95	250.32	797.26	22.25
2010 年第 4 季度	4323.68	14.95	168.37	0.55	516.30	143.03	659.33	15.61
2011 年第 1 季度	4868.88	15.58	214.23	0.66	463.85	247.13	710.98	13.89
2011 年第 2 季度	6051.91	16.91	284.09	0.76	917.49	449.19	1366.68	16.79
2011 年第 3 季度	6797.69	17.24	325.84	0.80	715.32	423.70	1139.02	15.42
2011 年第 4 季度	6882.31	14.83	335.34	0.70	290.24	197.66	487.90	4.77
2012 年第 1 季度	6865.70	13.46	373.38	0.70	274.16	167.73	441.89	5.44
2012 年第 2 季度	6751.49	12.81	407.96	0.74	364.10	406.71	770.81	8.18
2012 年第 3 季度	6765.12	11.34	394.67	0.62	383.85	466.39	850.24	8.36
2012 年第 4 季度	6880.69	9.85	298.78	0.40	474.42	625.88	1100.30	7.91
2013 年第 1 季度	7701.79	9.40	256.00	0.29	530.60	1001.57	1532.17	9.75
2013 年第 2 季度	8118.63	9.12	184.42	0.20	723.15	820.48	1543.63	10.60
2013 年第 3 季度	8942.01	9.33	157.44	0.16	800.06	874.51	1675.7	13.26

资料来源：中国信托业协会，用益信托工作室整理、制作。

作为未来房地产信托发展的方向和理想模式，基金化房地产信托曾被专家和机构以及业内外人士一致看好，但现实远不如人意。统计数据显示，在经历了 2010 年至 2012 年上半年的高速增长后，该类业务与房地产信托一样陷入了低潮，并一路下滑至当前的不到 200 亿元。回顾房地产信托的发展过程，一直以来基金化房地产信托并没有得到信托公司的认同和重视，即使是最辉煌的 2012 年三季度，基金化房地产信托的规模也只有 408 亿元。究其原因，除了该类业务对投资、管理和人才的要求比较高之外，政策也是一个不可忽视的重要因素。从国外的成功经验来看，目前国内在房地产信托基金方面的法规还是一个空白，信托型房地产基金的模式还远未完善和成熟，需要在制度、税收及其他配套政策等方面给予一定的支持和倾斜，否则，基金化房地产信托的发展只能是一个美好的愿望。

（二）银信合作业务从支柱型业务降为一般的业务

截至 2013 年三季度末，信托公司银信合作业务资产余额为 2.17 万亿元，环比较上季度增长 3.97%，占同期信托资产总量的比例是 21.39%，较上季度回落 0.66 个百分点，也是自 2010 年四季度以来连续第 12 个季度占比下滑，但下滑的幅度有所减缓。统计数据表明，银信合作业务规模虽然有 2 万亿元，但占比持续下降，并再创历史新低，与历史最高位（2010 年三季度的 64.02%）相比已经下降了近 43 个百分点。显然，就目前情况来看，银信合作业务在监管政策的影响下已经从当年的支柱型业务降为一般的业务。另外，与同期 9.08 万亿元的银行理财产品规模相比，2.17 万亿元的银信合作理财产品在银行理财市场中也已经沦为配角，因此，银信合作在当前的银行资产去杠杆化过程中的影响并没有外界说的那样大。

表 7　2010～2013 年各季度银信合作业务余额统计

单位：亿元，%

季度	银信合作业务余额	占比	环比增长
2010 年第 3 季度	18932.20	64.02	
2010 年第 4 季度	16605.30	54.61	-12.29
2011 年第 1 季度	15301.94	46.80	-7.85
2011 年第 2 季度	16113.56	43.06	5.30
2011 年第 3 季度	16732.26	40.83	3.84
2011 年第 4 季度	16709.61	34.73	-0.14
2012 年第 1 季度	17934.32	33.83	7.33
2012 年第 2 季度	17692.21	31.95	-1.35
2012 年第 3 季度	18409.61	29.13	4.05
2012 年第 4 季度	20303.87	27.18	10.29
2013 年第 1 季度	21126.68	24.20	4.05
2013 年第 2 季度	20846.84	22.05	-1.32
2013 年第 3 季度	21675.06	21.39	3.97

资料来源：中国信托业协会，用益信托工作室整理、制作。

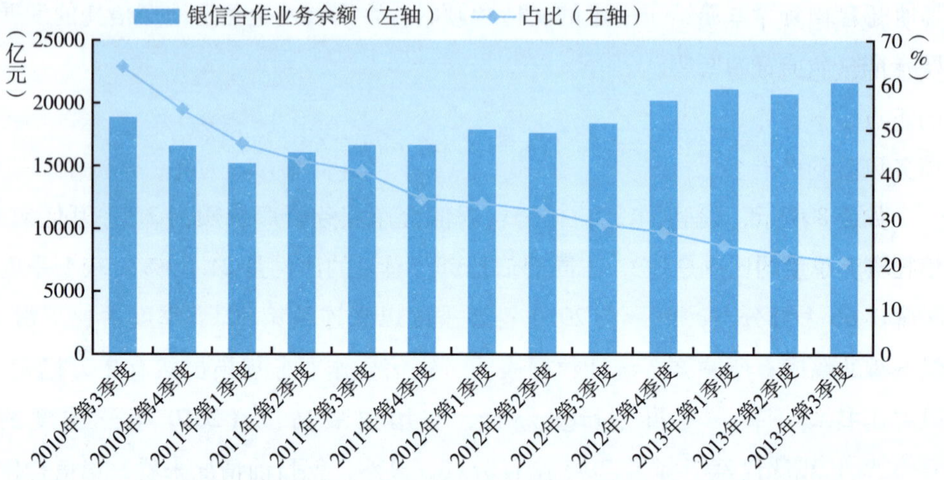

图 21　2010～2013 年银信合作业务存量变化走势

资料来源：中国信托业协会，用益信托工作室整理、制作。

事实上，自银监会 2010 年 8 月下发《关于规范银信理财合作业务有关事项的通知》和 2011 年 1 月下发《关于进一步规范银信理财合作业务的通知》以来，银信合作业务开始由盛转衰，业务总量由 2010 年三季度的 1.8932 万亿元上升到 2013 年三季度的 2.1675 万亿元，仅增 2743 亿元，而同期信托资产总量则从 2.96 万亿元增加到 10.13 万亿元，增长 2.42 倍。显然，银信合作业务在当前信托业发展过程中的地位和作用已日渐式微。如果政策不出现大的改变，未来银信合作业务将有被进一步边缘化的可能。而对于当前正处在深化改革关键时期的银行业来说，银信合作的潜在机会不容错过。信托业若不能从中分享到银行业改革的成果（如当前的信贷资产证券化业务），而被券商、基金或保险行业所替代，无疑将对信托业未来的发展非常不利。建议监管部门摒弃成见，积极将信托业纳入我国金融市场改革的主流当中，至少应该给予平等的机会，而不是排除在外。

（三）地方债务风险制约信政合作业务

信政合作业务对信托业来说，原本只是众多信托资金投向业务中的一种，即使在基础产业类信托业务中也并没有占据主导地位，但自 2012 年以来，该业务规模出现了一波快速增长，而这期间也正是外界对地方政府债务风险累积关注的敏感时期，导致以政信合作为主导的基础设施信托业务成为关注和议论的重点。下面将通过统计数据来分析政信合作业务到底有多大量，对地方政府债务风险到底有多大的影响。

如表 8 所示，截至 2013 年三季度，信政合作业务规模为 8239 亿元，占整个信托资产总量的比重是 8.13%，占基础产业类信托资产的比例是 33.12%。这样一个体量，无论是放到信托业还是地方政府债务总量中（据外界估计在 10 万亿~20 万亿元），都不是一个非常重要的部分，但由于其高收益可能带来的高风险，无论是对地方政府还是信托业来说，都无法回避，在当前地方政府债务风险累积的敏感时期，其可能成为压倒地方政府债务风险的“最后一根稻草”，特别是在当前国家经济结构转型的关键时期，其意义和影响不可小觑。

表 8　2010~2013 年基础设施信托业务统计

单位：亿元，%

季度	基础产业余额	占总资产比例	信政合作余额	环比增长	占总资产比例	占基础产业比例
2010 年第 1 季度	8876.54	40.16				
2010 年第 2 季度	10636.50	38.29				
2010 年第 3 季度	10012.30	35.53	3816.05		12.91	38.11
2010 年第 4 季度	9945.97	34.39	3563.27	-6.62	11.72	35.83
2011 年第 1 季度	9939.56	31.81	3239.32	-9.09	9.91	32.59
2011 年第 2 季度	10126.88	28.30	2946.00	-9.05	7.87	29.09
2011 年第 3 季度	9771.42	24.79	2788.32	-5.35	6.80	28.54
2011 年第 4 季度	10155.27	21.88	2536.85	-9.02	5.27	24.98
2012 年第 1 季度	11150.03	21.85	2510.30	-1.16	4.74	22.51
2012 年第 2 季度	11918.45	22.62	3254.32	29.64	5.88	27.30
2012 年第 3 季度	13917.93	23.34	3903.46	19.95	6.18	28.05
2012 年第 4 季度	16501.84	23.62	5015.50	28.49	6.71	30.39
2013 年第 1 季度	21114.77	25.78	6548.14	30.56	7.50	31.01
2013 年第 2 季度	23905.54	26.84	8041.88	22.81	8.51	33.64
2013 年第 3 季度	24879.01	25.97	8238.78	2.45	8.13	33.12

资料来源：中国信托业协会，用益信托工作室整理、制作。

引起外界关注的不仅是信政合作业务的总量有多大，还有一个因素就是这些量是什么时候生成的，也就决定了其爆发风险的影响力。2012 年以来，信政合作业务增长迅猛，仅短短一年半的时间，信政合作业务规模就从2012年一季度的2510亿元猛增到2013年三季度末的8239亿元，增长2.28倍，环比平均增长率达26%，如果任其发展下去，到2013年底，可能超过1.3万亿元，显然，这个规模对地方债务风险和信托业发展的影响不可同日而语。因此，监管层对政信合作业务的关注和重视不是没有道理，控制政信合作业务的规模和风险已成为当前信托业的一项重要工作。

尽管政信合作在当前地方政府债务危机中有推波助澜的作用，但政信合作业务在信托业中并不是一个高风险业务，只是因为其规模和结构因素对地方政府债务风险产生了一定的作用，因此，建议监管部门在制定针对政信合作业务的政策上不要搞“一刀切”，而应以引导为主，特别是在当前国家大力推进城镇化建设、需要引入更多的民间资金的背景下，信托可以在其中发挥重要的作用。当前政信合作业务的风险主要来源于一些超出财政承受能力或高杠杆融资比例过高的地方政府，而将民间资金引导到一些有实力、有潜力的地方和项目中去是政策和信托公司需要解决的问题。

（四）其他特色信托业务体量不大，对信托业务影响有限

其他特色业务包括阳光私募、QDII（合格境内机构投资者）、PE等业务。从目前情况来看，由于这些业务体量不大，对信托业务影响有限，其中最有影响的当属阳光私募基金业务。阳光私募在2007～2009年的证券市场上异军突起，作为基金市场的一匹“黑马”，以骄人的业绩受到投资者的追捧，也吸引了大批优秀的公募基金经理投身私募，但由于阳光私募自身的缺陷及分业监管现状，其前途和命运注定坎坷难料。

统计数据显示，自2010年以来，阳光私募基金业务从2010年三季度的975.71亿元增加到2013年三季度的2626.83亿元，仅增加1651.12亿元，增长169.22%，而同期信托资产总量增长242.63%。当然，影响阳光私募信托业务增长的因素有很多，包括市场、政策、法规等。从当前情况来看，修改后的《基金法》把私募基金纳入，其发展的环境和条件将大为改观，但对信托型阳光私募基金来说，未必都是利好因素，竞争对手的增加、竞争环境的改变、监管的跨行业等都将使信托公司在开展这类业务时面临新的挑战。未来阳光私募信托业务的发展不容乐观。

表 9　2010～2013 年其他特色信托业务余额统计

单位：亿元，%

季度	阳光私募	占比	PE	占比	QDII	占比
2010 年第 3 季度	975.71	3.30	187.06	0.63	0.73	0.00
2010 年第 4 季度	1263.22	4.15	227.00	0.75	4.43	0.01
2011 年第 1 季度	1418.58	4.34	231.19	0.71	5.15	0.02
2011 年第 2 季度	1369.93	3.66	267.09	0.71	4.68	0.01
2011 年第 3 季度	1442.94	3.52	301.67	0.74	4.13	0.01
2011 年第 4 季度	1677.82	3.49	380.18	0.79	9.01	0.02
2012 年第 1 季度	1795.90	3.39	405.46	0.76	8.84	0.02
2012 年第 2 季度	2015.31	3.64	413.55	0.75	17.82	0.03
2012 年第 3 季度	2189.96	3.47	363.00	0.57	45.49	0.07
2012 年第 4 季度	2570.40	3.44	409.55	0.55	73.74	0.10
2013 年第 1 季度	2705.77	3.10	417.05	0.48	69.73	0.08
2013 年第 2 季度	2551.87	2.70	455.46	0.48	74.40	0.08
2013 年第 3 季度	2626.83	2.59	452.34	0.45	75.48	0.07

资料来源：中国信托业协会，用益信托工作室整理、制作。

与阳光私募基金命运基本相同的还有 PE 业务，由于受限于证监会不允许信托公司作为 IPO 的发起人，信托型 PE 业务自开始起就受到了监管层的不同对待。这一政策导致信托型 PE 业务自开始起就落后于竞争对手，而随着 PE 业务由盛而衰，信托型 PE 业务的前景已经不被信托公司看好。统计数据显示，2010 年以来，信托公司 PE 业务经历了两年的稳步增长，虽然保住了占比不被落下，但也没有取得像样的突破，其占比甚至一直无法超过 1%。尽管 2013 年二季度信托公司 PE 业务总量已经创下新高，达到 455.46 亿元，但其占信托总资产的比重只有 0.48%。

信托公司 QDII 业务由于存在门槛及展业限制，尽管早在 2007 年 4 月就被允许开展，但因信托公司普遍将国内市场作为业务发展的重点，导致 QDII 业务规模始终做不大。统计数据显示，2012 年二季度以前，信托业正在运行的 QDII 业务余额还不到 10 亿元，但随后该业务发展加快，截至 2012 年四季度，QDII 信托业务的规模已上升到近 74 亿元。2013 年以来，受境外金融市场波动的影响，该业务进入了一个调整阶段，但随着我国金融市场和外汇市场改革和开放的深入，未来 QDII 信托业务的发展前景仍被看好。

五　固有资产总量增长迅速的原因及面临的问题

信托公司在大力开拓信托主营业务的同时，自有资金的运用和管理也同样取得了不俗的业绩。根据信托公司年报披露的数据，从 2005 年到 2012 年，信托公司的平均固有资产保持了年均 12.79% 的增长率，从 11.99 亿元增加到 34.75 亿元。信托公司固有资产的提高，不仅能为信托公司带来更多的资产收益，而且提升了自身的资本实力和抵御风险的能力。但信托公司的固有资产水平与银行、证券等金融机构相比，还很弱小，与信托业务的发展和资产规模的膨胀也不相匹配。特别是面对银行、证券和保险的资产管理业务的竞争，信托公司在大力开发主营业务的同时，必须尽快提升自有资产实力。

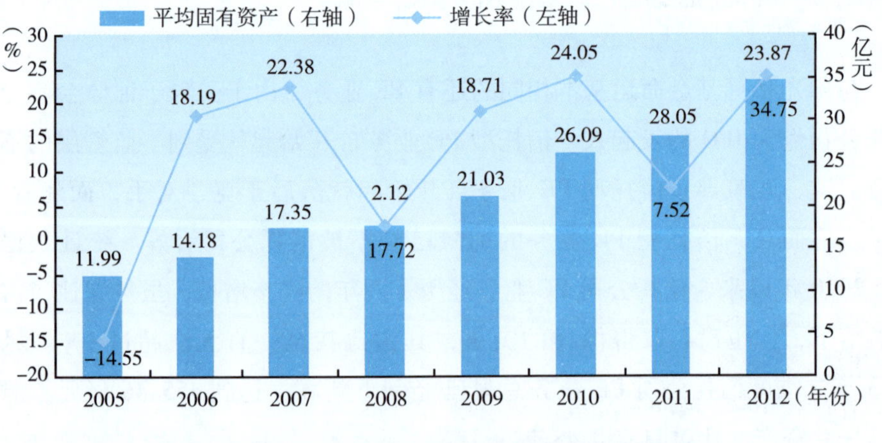

图 22　2005～2012 年信托公司平均固有资产走势

资料来源：信托公司年报，用益信托工作室整理、制作。

（一）固有资产总量提升，投资效率须重视

信托公司固有资产的提升不能把眼睛仅盯在增量上，靠增加注册资本来增加资本实力，更重要的是做好存量文章，即提高自有资金的使用效率。从近几年信托公司自有资产的构成比例及变化情况来看，信托公司固有资产中货币资产、

贷款、投资的比例均趋于稳定，也比较合理。统计数据显示，截至2013年三季度，信托公司固有资产总量为2621.80亿元，较2010年一季度的1231.10亿元净增1390.70亿元，增长112.96%。其中，货币资产规模465.41亿元，占全部固有资产总量的17.75%；贷款余额317.69亿元，占比12.12%；投资规模1541.52亿元，占比58.80%；其他方面的资金占比11.33%。

表10　2010～2013年信托公司固有资产经营情况

单位：亿元，%

季度	固有资产	环比增长	货币资产	占比	贷款	占比	投资	占比	其他占比
2010年第1季度	1231.10	2.96	246.70	20.04	179.00	14.54	697.54	56.66	8.76
2010年第2季度	1239.10	0.65	247.43	19.97	184.76	14.91	669.56	54.04	11.08
2010年第3季度	1314.25	6.06	205.13	15.61	217.70	16.56	628.87	47.85	19.98
2010年第4季度	1483.44	12.87	233.12	15.71	237.88	16.04	852.49	57.47	10.78
2011年第1季度	1535.18	3.49	250.42	16.31	255.46	16.64	897.25	58.45	8.60
2011年第2季度	1614.00	5.13	264.15	16.37	259.07	16.05	956.59	59.27	8.31
2011年第3季度	1645.26	1.94	261.71	15.91	273.82	16.64	962.60	58.51	8.94
2011年第4季度	1825.08	10.93	393.25	21.55	269.84	14.79	1021.67	55.98	7.68
2012年第1季度	1867.35	2.32	371.24	19.88	277.84	14.88	1049.98	56.23	9.01
2012年第2季度	2003.51	7.29	409.71	20.45	297.06	14.83	1099.89	54.90	9.82
2012年第3季度	2082.93	3.96	431.63	20.72	294.10	14.12	1138.83	54.67	10.49
2012年第4季度	2282.08	9.56	474.10	20.78	307.93	13.49	1301.42	57.03	8.70
2013年第1季度	2377.43	4.18	438.01	18.42	330.00	13.88	1399.41	58.86	8.84
2013年第2季度	2517.29	5.88	476.20	18.92	343.04	13.63	1397.93	55.53	11.92
2013年第3季度	2621.80	4.15	465.41	17.75	317.69	12.12	1541.52	58.80	11.33

资料来源：中国信托业协会，用益信托工作室整理、制作。

从近两年信托公司固有资产的季度增长来看，信托公司在固有资产投资回报方面有下降的趋势。通过对比分析2010年、2011年和2012年四季度的固有资产的环比增长率（分别为12.87%、10.93%和9.56%）可以看到，其呈下降趋势。一般固有资产的投资效益在年底时体现，而环比下降则预示这三年信托公司固有资产的投资效率存在下滑的可能，显然，信托公司自有资金的投资效率是下滑的，这应该引起信托公司的高度重视并认真加以解决。

从信托公司固有资产构成比例及变化来看，如图24所示，投资占比主要

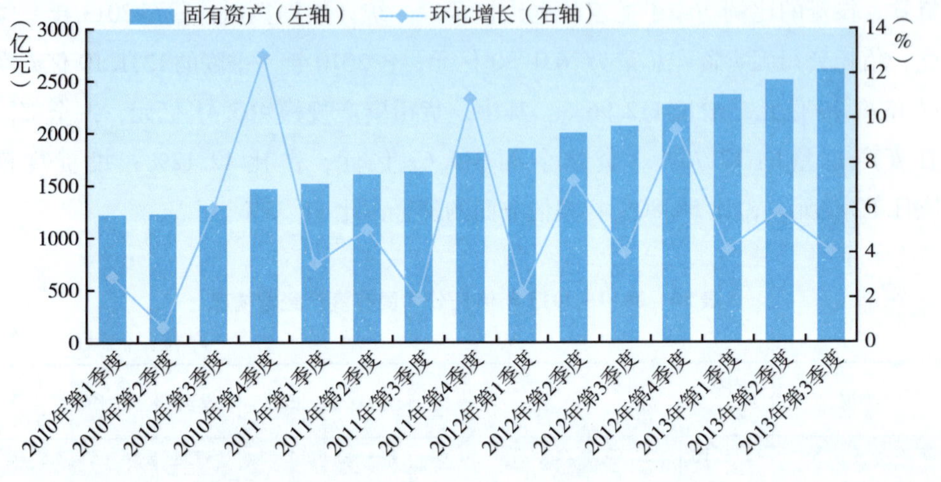

图 23　2010～2013 年信托公司固有资产规模走势

资料来源：中国信托业协会，用益信托工作室整理、制作。

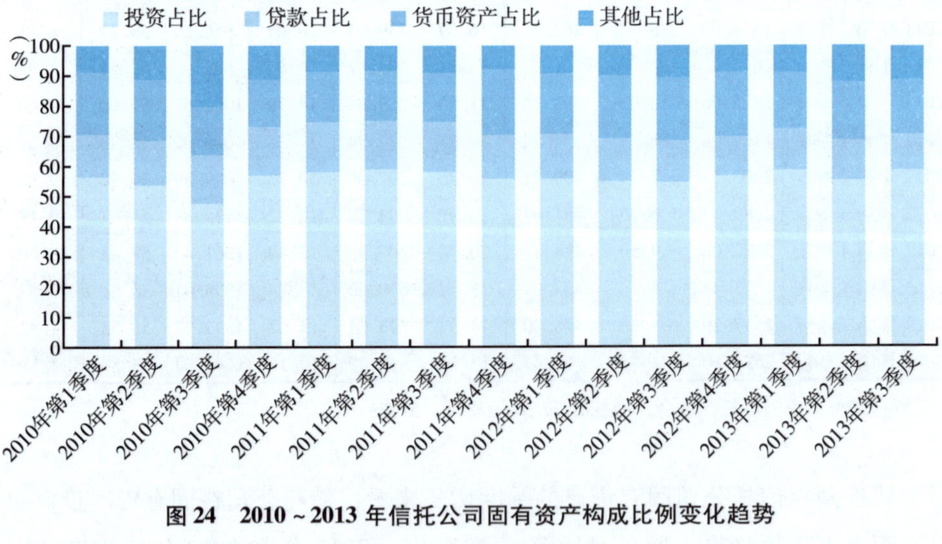

图 24　2010～2013 年信托公司固有资产构成比例变化趋势

资料来源：中国信托业协会，用益信托工作室整理、制作。

在 54%～60% 波动，变化范围在 6 个百分点之内；贷款占比在 12%～17%，波动范围不超过 5 个百分点；货币资产占比在 16%～21%，变化幅度也不超过 5 个百分点。以上统计数据表明，信托公司固有资产中各主要资产的分布比例变化很小，信托公司固有资产的构成比例比较稳定，其不应该是影响信托公司资金使用效率的主要因素。

货币资产作为信托公司流动资金的主要构成，为维持信托公司正常的生产经营活动提供保障。由于信托公司的主营业务——信托业务是独立财务核算，且与信托公司的固有资产是隔离的，因此，货币资产的比例对主营业务并不造成任何影响。另外，信托公司作为金融服务行业，其正常经营活动所需的流动资金与其他行业相比要少得多，因此，信托公司货币资产占其固有资产的比例在 15% ~20% 是比较合理的。

贷款是信托公司自有资金运用的重要手段，但由于信托公司自身资产规模有限，贷款的范围和影响也非常有限。统计数据显示，截至 2013 年三季度，信托公司自有资金贷款余额为 317.69 亿元，占全部自有资金的比例为 12.12%。与银行相比，信托公司在贷款方面并无突出优势，且规模有限，难以形成规模效益，因此，贷款在信托公司自有资金使用中不是一个主流方式，其占比可以尽量缩小。

投资作为信托公司自有资金运用的主要方式，是一个既能发挥制度优势，体现自身特点，又能提高资金效率，为企业带来更多收益的重要方式。从信托公司目前的盈利情况来看，虽然自有资金的利润在信托公司的总利润中占比不断下降，但根据信托公司年报数据，净利润或人均利润排名靠前的信托公司，其固有资产的盈利水平普遍很高。另外，信托公司的投资能力也能对其信托资金的使用有所帮助，从而实现双赢，但由于《信托公司管理办法》对自有资金与信托资金的关联交易有诸多限制，因此，信托公司自有资金的投资效率难以有一个理想的突破。

（二）得益于行业盈利水平的提升，净资产持续快速增长

所有者权益（即净资产）是信托公司资本实力及抵御风险能力的直接体现。随着信托公司信托资产规模的不断扩大，其风险也不断累积，而净资产作为信托公司风险管理的最后一道防线，在信托公司的风险管理中起着关键的作用。统计数据显示，2005 年以来，信托机构的平均净资产以年均 17.66% 的速度增长，高于同期固有资产的增长速度 4.87 个百分点，显然，信托公司的固有资产的质量不断提高，是信托公司固有资产管理水平和能力不断提升的直接体现。而

2013 年三季度，信托全行业净资产 2355.56 亿元，资产负债率 10.15%，表明信托行业的负债水平在一个很低的范围内，对行业的风险管控较为有利。

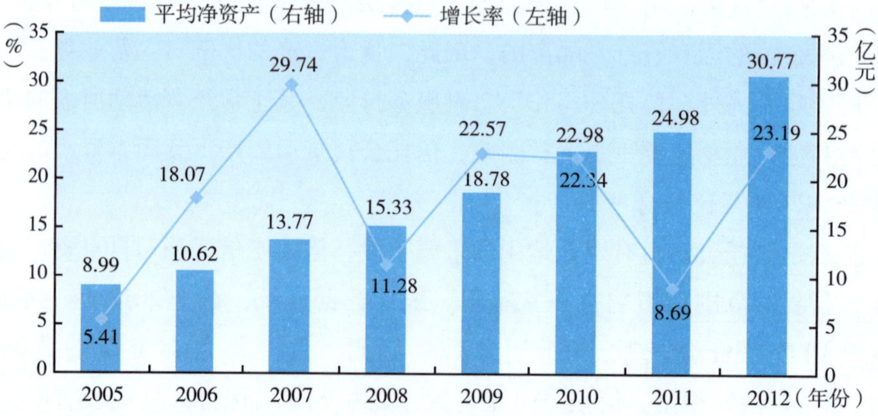

图 25　2005～2012 年信托公司平均净资产走势

资料来源：信托公司年报，用益信托工作室整理、制作。

事实上，信托公司自正式开展信托业务以来，尽管在初期因种种原因有部分信托公司出现了风险，甚至被清产整顿，但大部分信托公司还是实现了稳健经营，盈利情况良好。特别是 2007 年“新两规”颁布之后，信托业进入了长达近 7 年的快速发展期，除期间少数信托公司因内部股权及管理问题没有做业务之外，其他做业务的信托公司全部实现盈利，且经过这几年的积累，信托公司的整体实力有了一个质的飞跃。信托业的这段黄金发展期为信托公司影响力的提升，以及行业的可持续发展奠定了坚实的基础。

表 11　2010～2013 年信托公司净资产及组成情况

单位：亿元，%

季度	所有者权益	环比增长	实收资本	占比	信托风险赔偿准备	占比	未分配利润	占比	其他占比
2010 年第 1 季度	1086.60	1.14	652.88	60.08	24.54	2.26	192.94	17.76	19.90
2010 年第 2 季度	1090.50	0.36	675.22	61.92	25.44	2.33	197.71	18.13	17.62
2010 年第 3 季度	1142.20	4.74	675.22	59.12	25.03	2.19	226.79	19.86	18.83
2010 年第 4 季度	1320.20	15.58	737.82	55.89	28.60	2.17	272.04	20.61	21.33
2011 年第 1 季度	1394.70	5.64	776.97	55.71	31.25	2.24	287.77	20.63	21.42
2011 年第 2 季度	1445.40	3.64	789.49	54.62	31.99	2.21	329.98	22.83	20.34

续表

季度	所有者权益	环比增长	实收资本	占比	信托风险赔偿准备	占比	未分配利润	占比	其他占比
2011年第3季度	1492.80	3.28	814.84	54.59	33.87	2.27	368.01	24.65	18.49
2011年第4季度	1632.80	9.38	871.50	53.38	42.79	2.62	423.51	25.94	18.06
2012年第1季度	1698.10	4.00	873.50	51.44	50.24	2.96	444.61	26.18	19.42
2012年第2季度	1806.83	6.40	913.56	50.56	50.28	2.78	486.35	26.92	19.74
2012年第3季度	1892.15	4.72	934.94	49.41	50.01	2.64	549.85	29.06	18.89
2012年第4季度	2032.00	7.39	980.00	48.23	61.84	3.04	611.99	30.12	18.61
2013年第1季度	2145.09	5.57	1002.21	46.72	69.05	3.22	650.39	30.32	19.74
2013年第2季度	2248.72	4.83	1014.78	45.13	72.78	3.24	726.81	32.32	19.31
2013年第3季度	2355.56	4.75	1053.03	44.70	74.54	3.16	790.42	33.56	18.58

资料来源：中国信托业协会，用益信托工作室整理、制作。

应该说，信托公司净资产的快速增长也是得益于多年来利润的累积，这种全行业赢利的现象即使在改革开放30多年来的金融市场中也不多见。正是由于信托行业的高利润及未来发展的巨大空间，促使与信托类似的券商集合理财计划、私募基金、有限合伙等业务竞相出现，高端理财市场正进入泛资产管理时代。面对证券、基金和保险行业相继开展资管业务的冲击，未来几年信托业将迎来发展史上的关键时期，也是考验信托业竞争能力和可持续发展能力的重要阶段。

从信托公司净资产的构成来看，主要包括实收资本、信托风险赔偿准备、未分配利润等。统计数据显示，截至2013年三季度，信托业净资产规模达2355.56亿元。其中，实收资本1053.03亿元，占44.70%，列第一位；未分配利润790.42亿元，占33.56%，排第二位；信托风险赔偿准备74.54亿元，占比3.16%，列最后一位。

2010年一季度全行业实收资本为652.88亿元，占净资产总量的60.08%，到2013年三季度，实收资产增加到1053.03亿元，占比却下降到44.70%，三年时间下降了15.38个百分点。而同期未分配利润占比提高了15.80个百分点。以上数据表明，尽管实收资本依然是信托公司净资产的主要构成，但其占比一直呈下降趋势。显然，信托公司近年来的盈利在信托公司净资产的增长中起到了关键作用，但随着泛资管时代的到来，信托行业的利润水平必将下滑，未来信托行业的净资产构成变化难以预料。

增加注册资本是信托公司提高资本实力最直接和最有效的手段。近年来，特别是自2010年7月银监会颁布《信托公司净资本管理办法》之后，信托公司就一直把增资扩股作为提升公司实力和信托业务规模的主要手段。同时，资产重组和战略投资者的引进也成为信托业发展道路上的一道亮丽风景线。统计数据显示，2008年以前，信托公司注册资本的年平均增长速度是6%，而2008年之后，年均增长速度提高到近10%。尽管如此，信托公司注册资本的增长速度依然赶不上净资产的增长速度（年均增长17.76%），这也是实收资本在净资产中的占比不断下滑的直接原因。

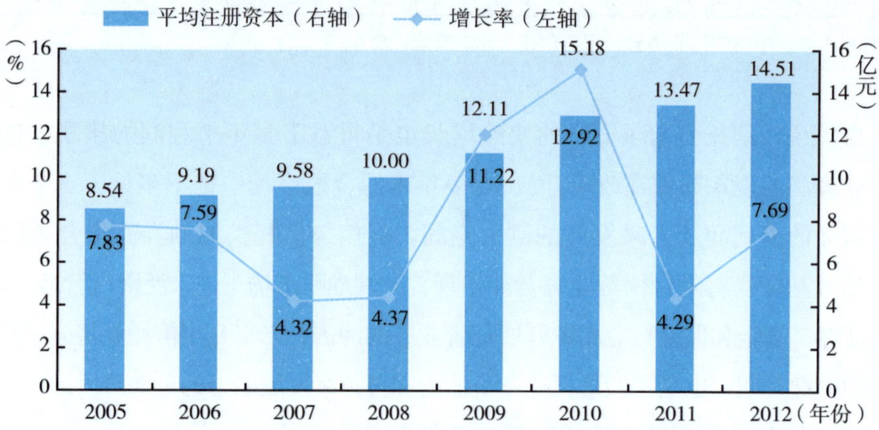

图26　2005～2012年信托公司平均注册资本走势

资料来源：信托公司年报，用益信托工作室整理、制作。

信托风险赔偿准备是信托公司风险管理的一项重要内容。根据新颁布的《信托公司管理办法》，信托公司每年应从信托净利润中提取5%作为信托风险赔偿准备金，直到信托公司注册资本的20%。最新的统计数据显示，截至2013年三季度，信托公司提取的信托风险赔偿准备金余额为74.54亿元，占信托公司实收资本的7.08%，远低于20%的最高比例限制。

近年来，信托公司把主要精力放在了业务发展和赢利上，对行业风险的认识存在盲目乐观情绪和侥幸心理，导致对增加信托风险赔偿准备没有引起足够的重视，这其中可能有以下几个原因：（1）信托风险赔偿准备金的资金使用效率低，不利于发挥更大的作用；（2）当前信托业正处于快速发展期，应以优先发展为主；（3）信托业务风险仍可以控制，即使风险出现，也不会到这一步。的确，当前良好的发展机遇让信托公司放松了警惕，把更多的精力放在业务和发展上，对于可能的风险多报以乐观的态度，但随着信托业信托资产的不断扩大，而信托公司自身实力远远赶不上信托资产的扩张速度，一旦爆发风险，不仅会影响部分项目或机构，而且还可能对整个行业带来难以预料的影响和损失。另外，随着泛资管时代的到来，信托业盈利水平也必将下滑，未雨绸缪是信托公司必须面对和思考的问题。

统计数据显示，截至 2013 年三季度，信托公司未分配利润余额为 790.42 亿元，占信托业全部净资产的 33.56%。信托公司未分配利润的增加，对企业来说是一个值得欣喜的事情，但如何用好这笔资金，是摆在信托公司面前的迫切问题，因为这将直接关系到每家信托公司未来的发展道路和战略选择。从目前情况来看，绝大部分信托公司对未分配利润都并没有一个合理的安排，这是一个非常值得关注的现象。

六 信托公司盈利能力提升的原因及未来面临的挑战

伴随着中国经济的高速增长，信托公司依靠制度优势和不断地创新开拓，在为社会提供投融资服务的同时，也获得了可观的利润。应该说，今天信托行业的局面来之不易，既是制度红利的体现，也是信托业自身努力的结果。特别是“新两规”发布之后，信托业抓住机遇，开拓创新，取得了令整个金融界瞩目的骄人成绩。统计数据显示，2007 年“新两规”颁布以前，信托业的平均资本利润率仅为 5.07%，2007 年之后，信托业的平均资本利润率提高到 17.14%，行业的整体盈利水平大幅提高，而同期，信托业的资产规模从 0.95 万亿元增长到现在（2013 年三季度末）的 10.13 万亿元。

需要说明的是，尽管自 2004 年起，信托公司被要求披露年报信息，但起初几年并不针对所有信托公司，因此，年报数据不是一个完整的行业数据，无法从每年的年报汇总数据中真正掌握信托业的盈利情况。我们只能以中国信托业协会自 2010 年起公布的全行业业务和财务数据来分析近几年信托公司的业务及财务情况。

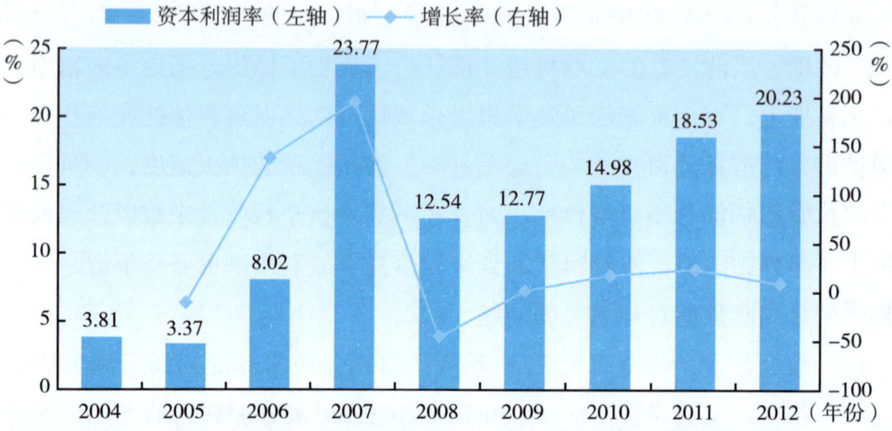

图 27　2004～2012 年信托行业资本利润率指标走势

资料来源：信托公司年报，用益信托工作室整理、制作。

（一）营业收入持续增长，经营情况理想

统计数据显示，截至 2013 年三季度，全行业实现累积营业收入 539.39 亿元，同比增长 34.72%。其中，三季度净增 188.60 亿元，同比增长 33.39%，环比增长 -4.93%（见表 12）。虽然环比增长有季节性因素，但营业收入的累计和单季同比两个 30% 以上的增长率已经说明，当前信托业的经营情况仍是相当理想的。之所以有如此良好的经营业绩，与当前信托公司主营业务（即信托业务）的发展是密不可分的。统计数据显示，截至 2013 年三季度，信托公司累计新增信托资产规模 44621 亿元，与上年同期相比增长 48.84%。其中，三季度净增信托资产规模 13085 亿元，同比增长 17.03%。尽管三季度依然处于增长阶段，但与二季度相比，增速已明显下滑，环比甚至出现负增长，信托业的赢利能力开始出现上涨乏力的状态。

从信托公司营业收入的构成来看，在全部 539.39 亿元的收入中，信托业务收入 398.71 亿元，占比 73.92%，占同期整个行业营业收入的近四分之三；排在第二位的是自有资金投资收益 77.88 亿元，占全部收入的 14.44%；而利息收入为 43.12 亿元，仅占 7.99%，排第三位。统计数据表明，信托业务收入已经完全占据信托公司的主要收入来源，成为当前信托业名副其实的主营业务。

从近几年信托公司业务收入构成比例变化来看，主营业务收入占比从2005年初的35.79%提高到2012年的71.65%，提高了35.86个百分点。显然，主营业务的地位得到加强，而自营业务的收入已经完全处于从属地位。根据最新的统计数据，截至2013年三季度，信托业务收入占比为73.92%，但随着泛资管时代的到来，信托业主营业务的快速扩张将告一个段落，行业的盈利水平也将逐渐下滑。未来信托业在继续发展主营业务的同时，也应该提高自有资金的投资效率。

表12　2010～2013年信托公司经营收入及构成

单位：亿元，%

季度	经营收入	单季度	利息收入	占比	投资收益	占比	信托业务收入	占比	其他收入占比
2010年第1季度	38.80	38.80	5.31	13.70	9.29	23.97	21.71	55.93	6.40
2010年第2季度	96.28	57.48	11.36	11.80	30.76	31.95	53.86	55.93	0.32
2010年第3季度	109.42	13.14	15.31	14.00	31.18	28.50	58.33	53.31	4.19
2010年第4季度	283.95	174.53	29.80	10.49	81.88	28.84	166.86	58.76	1.91
2011年第1季度	70.67	70.67	8.07	11.42	10.77	15.23	53.79	53.31	20.04
2011年第2季度	172.72	102.05	19.41	11.55	31.25	18.62	123.82	73.76	-3.93
2011年第3季度	265.85	93.13	29.95	11.27	41.89	15.76	201.47	53.31	19.66
2011年第4季度	439.29	173.44	45.14	10.28	62.04	14.12	346.06	78.78	-3.18
2012年第1季度	106.17	106.17	10.64	10.02	14.62	13.77	52.42	49.38	26.83
2012年第2季度	259.00	152.83	23.09	8.92	44.44	17.16	180.99	69.88	4.04
2012年第3季度	400.39	141.39	37.12	9.27	58.17	14.53	292.52	73.06	3.14
2012年第4季度	638.42	238.03	53.23	8.34	90.94	14.24	471.93	73.92	3.50
2013年第1季度	152.41	152.41	11.97	7.85	17.80	11.68	119.05	78.11	2.36
2013年第2季度	350.79	198.38	26.52	7.56	48.40	13.80	267.76	76.33	2.31
2013年第3季度	539.39	188.60	43.12	7.99	77.88	14.44	398.71	73.92	3.65

资料来源：中国信托业协会，用益信托工作室整理、制作。

统计数据显示，截至2013年三季度，信托公司主营信托业务收入为398.71亿元，与上年同期相比增长36.30%，明显快于同期信托公司营业总收入34.72%的增长率，更远高于同期固有业务收入30.42%的增长率。信托公司主营业务收入的快速增长表明，目前信托公司仍处在主营业务的高速增长阶段，但这个增长阶段能保持多久，仍有待观察。

尽管近几年信托公司主营业务（信托业务）收入占比处于绝对优势地位，但并不意味着未来信托业务依然能够保持这种优势，特别是在进入泛资管竞争时代后，银行、证券、基金和保险的相继加入，已经对信托业务构成了强大的威胁，即使不能有效蚕食信托业务，也会拉低行业的平均利润水平。同时，银行去杠杆化的政策导致银信合作空间越来越狭窄，信托业务正在经受前所未有的挑战。因此，信托公司在保持信托业务相对优势的同时，应大力开展差异化业务和服务，并积极寻求与竞争对手的业务合作，取长补短。另外，在大力发展主营业务的同时，信托公司应努力提高自有资金的使用效率，以弥补信托业务利润水平下降带来的损失。

截至2013年三季度，信托公司自有资金投资业务收入为77.88亿元，与上年同期相比，仅增长33.88%，增速低于信托公司业务总收入34.72%的增长速度，更低于主营信托业务36.30%的增长速度。一般而言，投资收益增长的快慢主要取决于信托公司固有资产投资规模及其增长速度。统计数据显示，截至2013年三季度，信托公司固有资产中用于投资的资产余额为1541.52亿元，与上年同期相比，增长35.36%，显然，信托公司固有资产投资收益的增长速度也低于投入资金的增长速度，即使投资收益存在一定的滞后性。

统计数据显示，截至2013年三季度，信托公司自有资金的利息收入为43.12亿元，同比增长16.16%，而同期信托公司自有资金新增贷款余额同比增长率为8.02%。利息收入的增长低于其他业务收入的增长是一个合理的状态。利息收入虽然不是信托公司的主要收入，但从企业发展的角度来看，这部分收入应该越少越好，而统计数据也表明，信托业的利息收入占比在逐渐缩减。2010年以来，信托公司的利息收入占比已从13.70%降至当前的7.99%。

（二）盈利水平稳步提高，盈利能力上升势头趋缓

得益于信托公司主营业务的高速增长，信托行业的整体盈利水平也大幅提高。统计数据显示，截至2013年三季度，信托行业累积实现利润389.84亿元，与上年同期相比，增长35.34%。其中，三季度行业净利润净增132.08亿元，与上年同期相比增长34.65%，与上季度相比，环比负增长10.20%。显然，受市场主体增加的影响，信托行业高盈利状态难以持续。尽管2013年全行业信托资

产已突破10万亿元，但这种增长势头还能维持多久？当前经济发展和金融改革的深入是否还有维持高速增长的前提条件？未来信托业转型之路在哪里？这些问题都是摆在信托公司面前需要思考和解决的。

表13　2010～2013年信托公司营业利润统计

单位：亿元，%

季度	利润累计	单季利润	环比增长	人均利润	单季人均利润	环比增长
2010年第1季度	26.10	26.10		35	35	
2010年第2季度	65.47	39.37	50.84	82	47	34.29
2010年第3季度	76.00	10.53	-73.25	134	52	10.64
2010年第4季度	158.76	82.76	685.94	212	78	50.00
2011年第1季度	47.19	47.19	-42.98	54	54	-30.77
2011年第2季度	119.10	71.91	52.38	111	57	5.56
2011年第3季度	184.77	65.67	-8.68	165	54	-5.26
2011年第4季度	298.57	113.80	73.29	250	85	57.41
2012年第1季度	77.18	77.18	-32.18	62	62	-27.06
2012年第2季度	189.96	112.78	46.13	143	81	30.65
2012年第3季度	288.05	98.09	-13.03	202	59	-27.16
2012年第4季度	441.40	153.35	56.34	291	89	51.36
2013年第1季度	110.68	110.68	-27.83	71	71	-20.16
2013年第2季度	257.76	147.08	32.89	156	84	18.32
2013年第3季度	389.84	132.08	-10.20	217	61	-27.22

资料来源：中国信托业协会，用益信托工作室整理、制作。

从反映信托公司盈利趋势的单季利润和单季人均利润走势可以看出，近年来信托公司的盈利水平一直保持着稳步提高的态势。单季人均利润增长速度低于单季利润增长速度，表明虽然信托业的盈利水平在稳步提高，但行业的盈利速度赶不上行业队伍扩充的速度，也表明行业的人均生产率并没有随着行业的盈利水平上升而同步增长。

统计数据显示，2010年信托业的单季平均利润是81.58亿元；2011年上升到162.41亿元，增长99.08%；2012年的单季平均利润是249.15亿元，较2011年增长53.41%。显然，尽管2013年前三季度同比保持着35.34%的单季平均增长速度，但增长的势头明显不如上年。从信托公司单季人均利润的增长情况来看，这种趋势则较为平缓。统计数据显示，2010年信托业单季人均利润为53.00亿元；2011年提高到62.50亿元，较上年增长17.92%；2012年为

72.83亿元，较2011年增长16.53%，仅比上年下降1.4个百分点。

由于信托业的净利润及人均利润不仅受信托业务发展速度的影响，也受信托公司自有资金的投资效益的影响。2008年以来，由于证券市场的长期低迷，信托公司自有资金的投资收益一直难有起色，导致自有资金的业务收入起伏较大。但由于信托公司自有资金的占比不断萎缩，其波动对信托公司的总体盈利水平的影响有限。统计数据显示，2008年以来，信托业人均年度利润仅增长28.14%，年平均增长率仅为7.15%。

受政策及市场的影响，资管业务将迎来更加激烈的市场竞争，竞争的结果将导致信托业务报酬率逐步下滑，信托公司该如何应对？我们认为有两点非常重要：一是提高信托业务自主管理能力，靠通道业务来提高信托公司收入的时代已经一去不复返了，信托公司只有加强对自主业务的开发力度，才能够提高信托报酬率；二是转变观念，加强对基金型信托业务的开发和创新力度，改变单纯依靠提高信托报酬率来增加信托业务收入的模式，转而依托自身的信托投资管理能力提升来增加信托公司的业务收入。

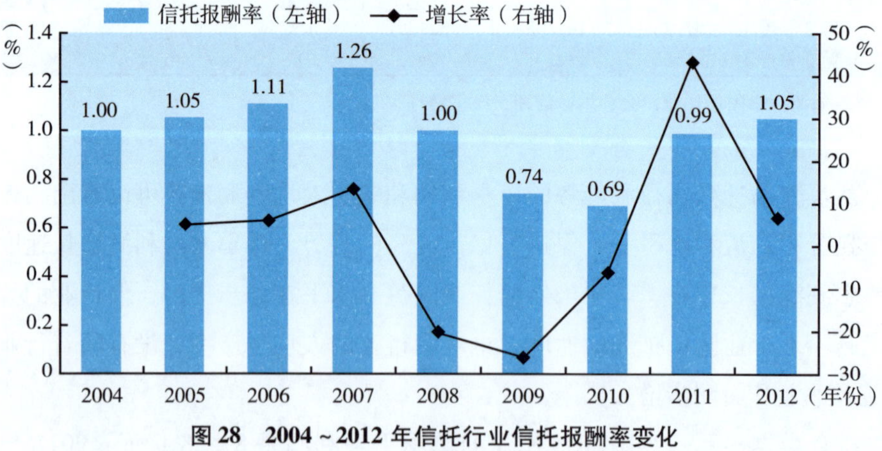

图28　2004～2012年信托行业信托报酬率变化

资料来源：信托公司年报，用益信托工作室整理、制作。

信托公司未来的盈利能力不仅取决于主营信托业务的收入水平，自有资金的投资管理也大有可为。目前信托公司的自有资金投资方式单一、投资管理队伍缺乏，需要通过一段时间的积累和调整来改变自有资金的投资效率，相信信托公司的盈利能力具备较大的发展潜力。

BⅡ 信托市场篇

Trust Market

B.2

信托资产高速增长背后的“隐忧”

摘　要：

随着信托业的发展，新机构的不断加入，信托公司固有资产规模也持续攀升，其中2012年上升幅度尤为明显。从历年的增速来看，除2008年不到30%的增速之外，其余年份的增速几乎都逾50%，2009年的增速更是高达64.52%。资产规模如此快速的扩张不仅在中国信托行业，在中国金融史上也是绝无仅有。

关键词：

固有资产　信托资产存量　信托资产负债率

一　固有资产规模持续攀升，平安信托稳坐首位

1. 固有总资产

随着信托业的发展，新机构的不断加入，信托公司固有资产规模也持续攀升，其中2012年上升幅度尤为明显。根据2013年已披露的66家年报数据统

计，2012 年信托行业自营资产规模已突破 2000 亿元，达 2298 亿元，较 2011 年 64 家公司的自营资产总额 1825 亿元增长 25.92%；平均每家公司的固有资产规模为 34.82 亿元，较 2011 年增长 22.09%，这是继 2005 年后第三次增幅超过 20%（见图 1）。

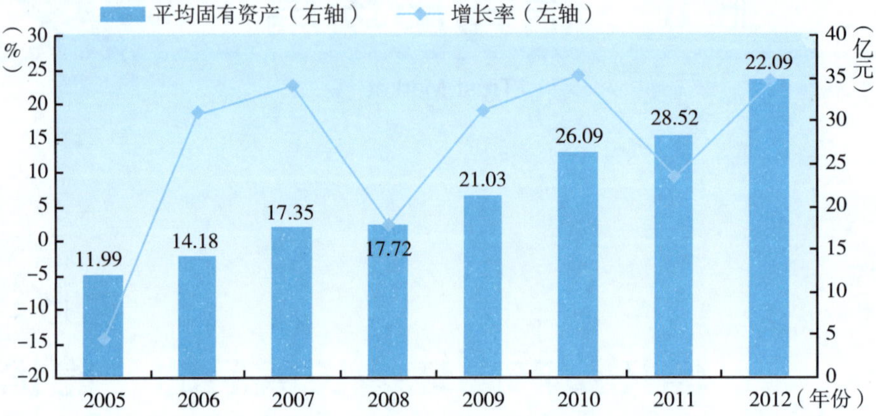

图 1　2005～2012 年信托公司平均固有资产规模变化

资料来源：信托公司年报，用益信托工作室整理、制作。

据年报数据统计，2011 年自营资产超过 100 亿元的公司有 3 家，分别是平安信托、中诚信托和华润信托；2012 年上升为 4 家，中信信托跻身百亿元自营资产规模的行列。自营资产规模分布呈现两极分化，以行业平均值 34.82 亿元为准，低于行业平均值的公司有 43 家。其中，分布最为密集的区间在 20 亿～30 亿元，有 20 家公司；自营资产规模小于 10 亿元的公司有 7 家；而高于行业平均值的公司则分布比较零散，规模在 70 亿～100 亿元的公司仅 1 家，而超过百亿元规模的 4 家公司的资产又远远高于大多数信托公司（见图 2）。

从各机构来看，2012 年平安信托以 160.72 亿元稳坐自营资产规模排名的第一位。这也是平安信托自 2005 年以来，连续第八年占据自营资产总额第一的宝座。此外，排名上升幅度较大的公司有爱建信托和陕西国投，爱建信托由 2011 年的第 60 位上升到第 28 位；陕西国投由 2011 年的第 51 位上升到第 21 位（见表 1）。

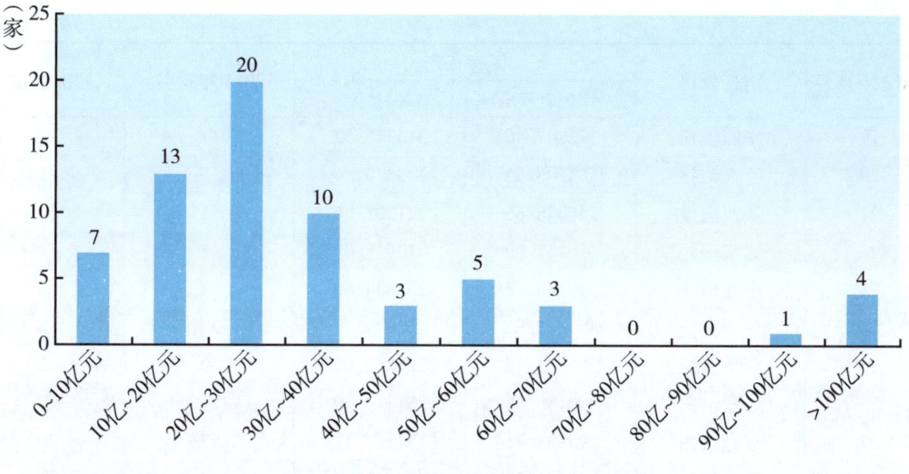

图 2　2012 年信托公司固有资产规模分布

资料来源：信托公司年报，用益信托工作室整理、制作。

表 1　2012 年信托公司固有资产余额排名

单位：万元

2012 年排名	信托公司	固有资产		2011 年排名	名次变化
		2012 年	2011 年		
1	平安信托	1607236.01	1538724.67	1	0
2	华润信托	1192954.41	1015637.91	3	1
3	中信信托	1182097.57	888878.07	4	1
4	中诚信托	1160125.18	1016501.04	2	-2
5	重庆信托	970878.25	856924.24	5	0
6	江苏信托	645770.70	527011.61	7	1
7	上海信托	631495.35	561538.83	6	-1
8	中融信托	622619.00	421186.00	12	4
9	华信信托	568994.53	371696.29	14	5
10	建信信托	548852.53	495208.01	8	-2
11	外贸信托	546768.71	425586.12	11	0
12	昆仑信托	525601.10	483063.31	9	-3
13	吉林信托	504114.32	275781.42	21	8
14	华宝信托	486405.40	401195.15	13	-1
15	兴业信托	413198.33	335726.09	16	1
16	中海信托	400008.78	452982.01	10	-6
17	中铁信托	392045.79	297676.00	20	3
18	国元信托	383702.21	340432.60	15	-3

续表

2012 年排名	信托公司	固有资产		2011 年排名	名次变化
		2012 年	2011 年		
19	华能信托	372807.46	316315.52	17	-2
20	英大信托	363306.95	249370.74	25	5
21	陕西国投	356088.66	121208.86	51	30
22	北京信托	350167.00	312673.00	18	-4
23	中江信托	349733.38	257834.60	23	0
24	华融信托	309303.82	257979.09	22	-2
25	新华信托	302581.15	226832.65	30	5
26	中投信托	300188.56	251414.79	24	-2
27	华鑫信托	293233.71	137557.11	47	20
28	爱建信托	290608.28	62767.26	60	32
29	长安信托	285349.14	169517.52	40	11
30	渤海信托	283310.97	246317.95	26	-4
31	交银信托	282957.86	243570.43	27	-4
32	粤财信托	277646.94	239141.83	28	-4
33	山东信托	276520.30	301747.45	19	-14
34	中航信托	274907.49	200026.33	34	0
35	百瑞信托	273765.57	231930.29	29	-6
36	北方信托	253842.72	204186.83	33	-3
37	国联信托	243671.00	223025.00	31	-6
38	四川信托	242029.38	194216.40	36	-2
39	金谷信托	238619.56	176007.22	38	-1
40	国投信托	236120.95	205366.31	32	-8
41	中粮信托	228143.43	137822.27	46	5
42	天津信托	220362.00	197979.00	35	-7
43	苏州信托	219951.00	114453.00	52	9
44	五矿信托	212929.39	140708.85	44	0
45	中原信托	212087.00	171032.00	39	-6
46	中泰信托	207097.93	177315.95	37	-9
47	方正信托	191784.05	80295.60	57	10
48	厦门信托	181511.00	155905.00	41	-7
49	新时代信托	175439.55	99596.20	55	6
50	国民信托	169968.60	125410.82	48	-2
51	山西信托	168704.26	150308.26	42	-9
52	湖南信托	165280.00	121236.00	50	-2

续表

2012 年排名	信托公司	固有资产		2011 年排名	名次变化
		2012 年	2011 年		
53	西部信托	156733.00	142974.00	43	-10
54	甘肃信托	138892.08	123758.40	49	-5
55	云南信托	127592.00	111102.00	53	-2
56	陆家嘴信托	123541.00	28906.96	64	8
57	华宸信托	117777.00	138042.00	45	-12
58	杭州信托	114963.00	96299.00	56	-2
59	东莞信托	108530.51	104014.53	54	-5
60	安信信托	95114.26	79764.38	58	-2
61	华澳信托	92745.00	76027.00	59	-2
62	大业信托	73473.00	46893.72	62	0
63	西藏信托	72974.15	42570.92	63	0
64	紫金信托	72219.69	55549.25	61	-3
65	浙金信托	60075.38	—	—	—
66	长城信托	32464.70	—	—	—

资料来源：信托公司年报，用益信托工作室整理、制作。

根据信托公司年报披露的数据显示，66 家信托公司中，除 2 家 2013 年未披露年报的信托公司外，仅有 3 家信托公司的自营资产总额有所下降，分别是华宸信托、山东信托和中海信托。其余 61 家信托公司自营资产总额均有不同程度的增长，其中增长幅度超过 100% 的公司有 5 家；爱建信托和陆家嘴信托的自营资产规模增长幅度更是超过了 300%，分别为 363% 和 327%。

表 2　2012 年信托公司自营资产规模增长幅度排名

单位：万元，%

2012 年排名	信托公司	自营资产规模			
		2012 年	2011 年	增长幅度	增长额度
1	爱建信托	290608.28	62767.26	363	227841.02
2	陆家嘴信托	123541.00	28906.96	327	94634.04
3	陕西国投	356088.66	121208.86	194	234879.80
4	方正信托	191784.05	80295.60	139	111488.45
5	华鑫信托	293233.71	137557.11	113	155676.60
6	苏州信托	219951.00	114453.00	92	105498.00

续表

2012 年排名	信托公司	自营资产规模			
		2012 年	2011 年	增长幅度	增长额度
7	吉林信托	504114. 32	275781. 42	83	228332. 90
8	新时代信托	175439. 55	99596. 20	76	75843. 35
9	西藏信托	72974. 15	42570. 92	71	30403. 23
10	长安信托	285349. 14	169517. 52	68	115831. 62
11	中粮信托	228143. 43	137822. 27	66	90321. 16
12	大业信托	73473. 00	46893. 72	57	26579. 28
13	华信信托	568994. 53	371696. 29	53	197298. 24
14	五矿信托	212929. 39	140708. 85	51	72220. 54
15	中融信托	622619. 00	421186. 00	48	201433. 00
16	英大信托	363306. 95	249370. 74	46	113936. 21
17	中航信托	274907. 49	200026. 33	37	74881. 16
18	湖南信托	165280. 00	121236. 00	36	44044. 00
19	中江信托	349733. 38	257834. 60	36	91898. 78
20	金谷信托	238619. 56	176007. 22	36	62612. 34
21	国民信托	169968. 60	125410. 82	36	44557. 78
22	新华信托	302581. 15	226832. 65	33	75748. 50
23	中信信托	1182097. 57	888878. 07	33	293219. 50
24	中铁信托	392045. 79	297676. 00	32	94369. 79
25	紫金信托	72219. 69	55549. 25	30	16670. 44
26	外贸信托	546768. 71	425586. 12	28	121182. 59
27	四川信托	242029. 38	194216. 40	25	47812. 98
28	北方信托	253842. 72	204186. 83	24	49655. 89
29	中原信托	212087. 00	171032. 00	24	41055. 00
30	兴业信托	413198. 33	335726. 09	23	77472. 24
31	江苏信托	645770. 70	527011. 61	23	118759. 09
32	华澳信托	92745. 00	76027. 00	22	16718. 00
33	华宝信托	486405. 40	401195. 15	21	85210. 25
34	华融信托	309303. 82	257979. 09	20	51324. 73
35	中投信托	300188. 56	251414. 79	19	48773. 77
36	杭州信托	114963. 00	96299. 00	19	18664. 00
37	安信信托	95114. 26	79764. 38	19	15349. 88
38	百瑞信托	273765. 57	231930. 29	18	41835. 28
39	华能信托	372807. 46	316315. 52	18	56491. 94
40	华润信托	1192954. 41	1015637. 91	17	177316. 50

续表

2012 年排名	信托公司	自营资产规模			
		2012 年	2011 年	增长幅度	增长额度
41	中泰信托	207097.93	177315.95	17	29781.98
42	厦门信托	181511.00	155905.00	16	25606.00
43	交银信托	282957.86	243570.43	16	39387.43
44	粤财信托	277646.94	239141.83	16	38505.11
45	渤海信托	283310.97	246317.95	15	36993.02
46	国投信托	236120.95	205366.31	15	30754.64
47	云南信托	127592.00	111102.00	15	16490.00
48	中诚信托	1160125.18	1016501.04	14	143624.14
49	重庆信托	970878.25	856924.24	13	113954.01
50	国元信托	383702.21	340432.60	13	43269.61
51	上海信托	631495.35	561538.83	12	69956.52
52	山西信托	168704.26	150308.26	12	18396.00
53	甘肃信托	138892.08	123758.40	12	15133.68
54	北京信托	350167.00	312673.00	12	37494.00
55	天津信托	220362.00	197979.00	11	22383.00
56	建信信托	548852.53	495208.01	11	53644.52
57	西部信托	156733.00	142974.00	10	13759.00
58	国联信托	243671.00	223025.00	9	20646.00
59	昆仑信托	525601.10	483063.31	9	42537.79
60	平安信托	1607236.01	1538724.67	4	68511.34
61	东莞信托	108530.51	104014.53	4	4515.98
62	山东信托	276520.30	301747.45	-8	-25227.15
63	中海信托	400008.78	452982.01	-12	-52973.23
64	华宸信托	117777.00	138042.00	-15	-20265.00
65	长城信托	32464.70	—	—	—
66	浙金信托	60075.38	—	—	—
行业合计		22979982.00	18252721.66		4634720.26
行业均值		348181.55	285198.78	42	70223.03

资料来源：信托公司年报，用益信托工作室整理、制作。

2. 固有净资产

信托公司净资产是指信托公司自有资产减去负债后的所有者权益。信托公司的净资产体现了信托公司的真正实力，而其增量则体现了信托公司的资产经营效益。虽然信托公司自有资产与信托资产是严格分开的，但自有资产的数量和质量仍然会对信托资产的安全性起到积极作用。

从表3信托公司2012年净资产排名（数据取自信托公司年报母公司表）可以看出，前三甲的平安信托、华润信托和中诚信托的净资产都已过百亿元，尤其是平安信托以151亿元遥遥领先。全年净资产增量最大的是中信信托，约为28亿元。全行业净资产总量达2031亿元，新增400亿元，增长率约为25%。此外，有3家信托公司净资产出现了负增长，分别为中海信托、华宸信托和东莞信托。

表3　2012年信托公司净资产排名

单位：万元

2012年排名	信托公司	净资产		
		2012年	2011年	增量
1	平安信托	1514666	1364990	149676
2	华润信托	1015546	879962	135584
3	中诚信托	1004629	878449	126180
4	中信信托	993691	714143	279548
5	重庆信托	811758	788999	22759
6	江苏信托	619291	511417	107874
7	上海信托	582473	522909	59564
8	华信信托	547359	360982	186377
9	建信信托	529041	469724	59317
10	外贸信托	515596	396023	119573
11	昆仑信托	506122	460802	45320
12	中融信托	482927	331597	151330
13	兴业信托	391543	321818	69725
14	中海信托	380022	428349	-48327
15	国元信托	368840	328695	40145
16	华宝信托	338828	307576	31252
17	英大信托	336151	237745	98406
18	吉林信托	330313	248978	81335
19	北京信托	328099	276757	51342
20	陕西国投	326283	84956	241327
21	华能信托	325056	293808	31248
22	华融信托	286477	237232	49245

续表

2012 年排名	信托公司	净资产		
		2012 年	2011 年	增量
23	中江信托	284990	241873	43117
24	中铁信托	279936	194945	84991
25	爱建信托	278735	55805	222930
26	渤海信托	274155	232458	41697
27	中投信托	271955	239552	32403
28	粤财信托	270737	232678	38059
29	交银信托	266011	232067	33944
30	华鑫信托	259458	123106	136352
31	山东信托	258022	188551	69471
32	中航信托	244930	181778	63152
33	国联信托	239505	219735	19770
34	百瑞信托	238175	199902	38273
35	国投信托	227369	200885	26484
36	北方信托	221887	178613	43274
37	中粮信托	221359	132388	88971
38	长安信托	220454	145830	74624
39	四川信托	218530	162253	56277
40	新华信托	207372	163152	44220
41	天津信托	206785	185275	21510
42	金谷信托	202358	149843	52515
43	苏州信托	198772	110245	88527
44	中原信托	197736	164389	33347
45	五矿信托	193690	136334	57356
46	中泰信托	191607	163126	28481
47	新时代信托	169757	93718	76039
48	厦门信托	167413	124670	42743
49	山西信托	154889	140127	14762
50	国民信托	149636	118895	30741
51	方正信托	148435	68834	79601
52	西部信托	134684	120592	14092
53	湖南信托	132627	101820	30807
54	甘肃信托	127195	119652	7543
55	云南信托	116099	100549	15550
56	陆家嘴信托	114634	27144	87490

续表

2012 年排名	信托公司	净资产		
		2012 年	2011 年	增量
57	杭州信托	97493	84079	13414
58	东莞信托	96001	97581	-1580
59	华宸信托	84008	97755	-13747
60	华澳信托	74811	67213	7598
61	紫金信托	65420	53132	12288
62	安信信托	63057	49366	13691
63	西藏信托	59613	41051	18562
64	大业信托	57463	38668	18795
65	浙金信托	54454	50516	3938
66	长城信托	31237	30000	1237
行业合计		20308165	16306056	4002109
行业均值		307699	247061	60638

资料来源：信托公司年报，用益信托工作室整理、制作。

如图 3 所示，通过统计信托公司历年年报披露的数据，信托行业平均净资产近几年实现了稳步快速增长。从 2005 年的 8.99 亿元上升至 2012 年的 30.77 亿元，年平均增长率 17.66%，7 年间增长了 2.42 倍。

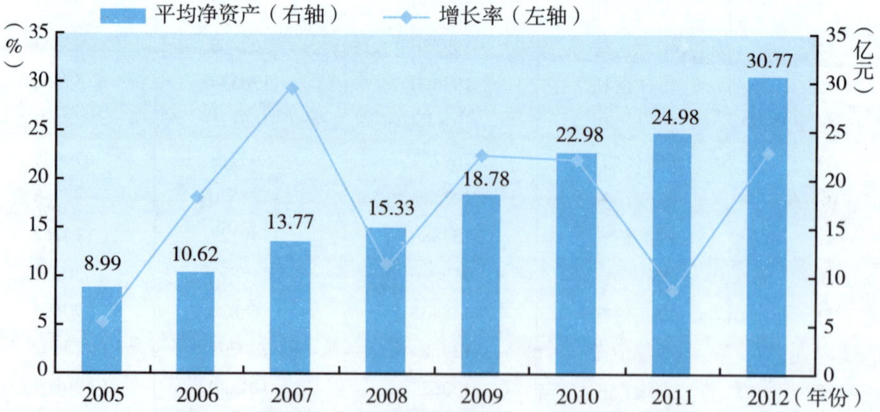

图 3　2005～2012 年信托公司平均净资产走势

资料来源：信托公司年报，用益信托工作室整理、制作。

二　信托资产规模超7万亿元，仅次于商业银行

年报统计数据显示，截至2012年末，信托业管理的信托资产规模已达7.47万亿元。这一规模更是超越了同期保险业的资产规模，成为中国仅次于商业银行的第二大资产管理规模的金融行业。

统计显示，中国信托业自2007年开始进入一个高速增长期。2008年的信托资产规模只有1.23万亿元，此后不断攀升，经过2009年的2万亿元时代，跨过2010年的3万亿元时代，随即迈过了2011年的4万亿元时代，而在2012年更是一跃至7万亿元时代，2013年突破10万亿元已成事实。而从2004～2012年的增速来看，除2008年不到30%之外，其余年份几乎都逾50%，2009年更是高达64%。资产规模如此快速的扩张不仅在中国信托行业，在中国金融史上也是绝无仅有的。这也使得信托业从一个默默无闻、边缘化的金融行业一跃成为仅次于银行的第二大资产管理行业。信托业的快速发展引来了同行的侧目和外界的关注，成为中国近年来金融改革创新的一道亮丽风景线。

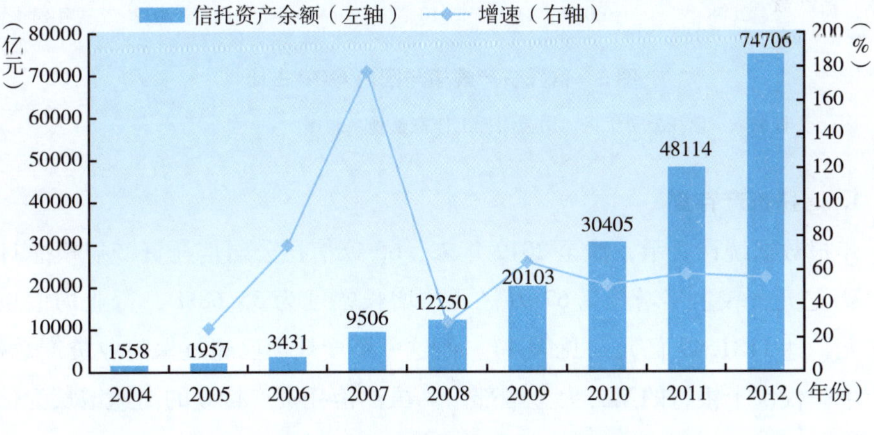

图4　2004～2012年信托行业资产规模对比

资料来源：信托公司年报，用益信托工作室整理、制作。

2008年是信托业发展史上的重要年份，那一年信托资产规模跨过万亿元时代。虽然如此，但当时信托资产的规模只占GDP总量的3.95%，而同期美

国和日本的信托资产占 GDP 的比例分别为 187% 和 154%，差距之大让人乍舌。随着中国经济的高速增长，社会财富的日益累积，越来越多的社会公众意识到财富管理的重要性，而信托业利用自身的制度设计优势及其灵活、敏锐的市场嗅觉迅速地在高端财富市场拥有了一席之地。同时，这种占领的速度还在不断地扩张。2011 年，信托资产占比已经越过 10%。至 2012 年末，占比得到进一步的提升，已达 14.38%。如果 GDP 按照 7% ~8% 的增长速度持续下去的话，信托资产规模的增长速度将大幅超越这个增速，也就是说未来信托资产在 GDP 中的占比将会越来越高，信托资产发挥的作用也会越来越显著。

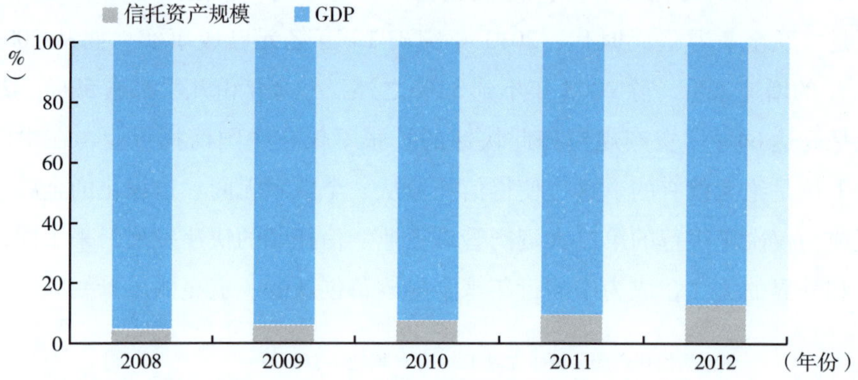

图 5　信托资产规模与国内 GDP 占比

资料来源：信托公司年报，用益信托工作室整理、制作。

1. 信托资产存量

年报数据统计显示，截至 2012 年末，66 家信托公司信托资产规模总计为 7.47 万亿元，较上年增长 2.67 万亿元，增长幅度为 55.68%，行业均值也逾千亿元，达 1131.49 亿元（见表 4）。而这一资产规模已超过保险业资产总额，成为中国仅次于银行的第二大金融部门。虽然信托资产持续的高速增长为信托公司带来了不菲的利润，但同时也必须清醒地认识到，在规模大增背后，风险在不断累积，固有的盈利模式将难以持续。随着券商、基金等资管业务不断涌入，信托业面临的竞争将越来越激烈。信托业应加快转变发展方式，不断丰富产品线，打造核心投资管理能力，形成品牌推动的差异化竞争优势，与同行机构在竞争中合作，不断在危机中寻找机会。

从各家公司的信托资产规模来看，2012 年中信信托依然以 5913.49 亿元的规模排名第一，而上年的规模为 3999.69 亿元，增量近 2000 亿元。中信信托的信托资产规模连年来排名第一与其强大的央企集团背景、丰富的资源优势是密不可分的。排名第二的建信信托的信托资产规模也达到 3507.77 亿元，且较上年有了四个名次的提升。而排名第三的兴业信托与建信信托差距不大，规模也达 3360.49 亿元，且较上年提升了七个名次。此外，提升名次最快的是中粮信托，从上年的排名第 43 位上升到 2012 年的第 22 位，提升了 21 位；而吉林信托的名次下降最快，从上年的第 29 位下降到 2012 年的第 50 位，下降了 21 个名次。

表 4　2012 年各信托公司信托资产增量排名

单位：万元，%

2012 年排名	信托公司	信托资产规模		增量	增幅	增幅排名
		2012 年	2011 年			
1	中信信托	59134914	39996932	19137982	47.85	36
2	兴业信托	33604934	15077742	18527191	122.88	12
3	建信信托	35077677	19072621	16005056	83.92	22
4	长安信托	21868195	8136810	13731384	168.76	8
5	中融信托	29948632	17416867	12531765	71.95	29
6	北方信托	16061877	6814986	9246890	135.68	10
7	中粮信托	12399722	3647790	8751932	239.92	2
8	交银信托	15795038	7476715	8318324	111.26	14
9	五矿信托	12001614	3692694	8308920	225.01	3
10	华能信托	17363030	9335052	8027977	86.00	20
11	国投信托	11829947	3857549	7972398	206.67	6
12	山东信托	18970042	11446549	7523493	65.73	30
13	新时代信托	12653984	5627409	7026575	124.86	11
14	中诚信托	27136747	20381635	6755112	33.14	48
15	四川信托	13678111	7060495	6617616	93.73	17
16	云南信托	7801551	1447634	6353916	438.92	1
17	中铁信托	10564320	4258270	6306050	148.09	9
18	中航信托	13954696	7847395	6107301	77.83	25
19	华润信托	18651922	12640245	6011678	47.56	38
20	甘肃信托	7963141	2588229	5374912	207.67	5
21	陕西国投	10111599	5048430	5063169	100.29	15
22	国元信托	11409304	6535748	4873556	74.57	27

续表

2012 年排名	信托公司	信托资产规模		增量	增幅	增幅排名
		2012 年	2011 年			
23	上海信托	12028616	7734413	4294203	55. 52	34
24	厦门信托	11290726	7172582	4118144	57. 42	33
25	西藏信托	5850950	1829450	4021500	219. 82	4
26	方正信托	7315908	3300264	4015644	121. 68	13
27	中江信托	13613252	10269044	3344207	32. 57	49
28	百瑞信托	7315578	4030842	3284736	81. 49	23
29	中原信托	8036454	4992140	3044313	60. 98	31
30	天津信托	6884009	3891463	2992546	76. 90	26
31	华鑫信托	8557284	5579013	2978271	53. 38	35
32	金谷信托	10183453	7240595	2942858	40. 64	42
33	昆仑信托	9379750	6450505	2929245	45. 41	40
34	华宝信托	21253161	18464254	2788906	15. 10	54
35	陆家嘴信托	2772770	—	2772770	—	—
36	新华信托	9430813	6939968	2490845	35. 89	46
37	江苏信托	7616230	5179313	2436917	47. 05	39
38	湖南信托	5147218	2725771	2421447	88. 84	19
39	华融信托	7101773	4811167	2290605	47. 61	37
40	中泰信托	3160014	1084853	2075161	191. 29	7
41	安信信托	4603600	2542783	2060817	81. 05	24
42	山西信托	4785063	2741844	2043219	74. 52	28
43	中投信托	4387387	2745981	1641406	59. 77	32
44	平安信托	21202473	19621680	1580792	8. 06	56
45	北京信托	12363350	10882506	1480843	13. 61	55
46	大业信托	2990000	1616100	1373900	85. 01	21
47	华信信托	5643940	4285326	1358614	31. 70	50
48	重庆信托	6376362	5090036	1286327	25. 27	52
49	紫金信托	2298539	1181691	1116848	94. 51	16
50	爱建信托	2320717	1204976	1115741	92. 59	18
51	英大信托	20228461	19121713	1106748	5. 79	58
52	浙金信托	1037270	—	1037270	—	—
53	苏州信托	3119891	2169331	950560	43. 82	41
54	国联信托	3091361	2241825	849536	37. 89	45
55	东莞信托	3239928	2430032	809896	33. 33	47
56	西部信托	3115484	2382841	732643	30. 75	51

续表

2012 年排名	信托公司	信托资产规模		增量	增幅	增幅排名
		2012 年	2011 年			
57	杭州信托	1483694	1074727	408967	38.05	44
58	华澳信托	1868743	1602409	266334	16.62	53
59	长城信托	260295	—	260295	—	—
60	国民信托	607935	438216	169719	38.73	43
61	华宸信托	1650121	1539374	110747	7.19	57
62	渤海信托	10035614	10695935	-660321	-6.17	59
63	粤财信托	16550157	17761411	-1211254	-6.82	60
64	吉林信托	4498579	6308677	-1810098	-28.69	63
65	外贸信托	21518618	23877516	-2358898	-9.88	61
66	中海信托	12584698	15020876	-2436178	-16.22	62
行业合计		746781232	479681241	267099992	55.68	
行业均值		11314867	7379711	3935156	53.32	

资料来源：信托公司年报，用益信托工作室整理、制作。

年报数据显示，2012 年度 66 家信托公司信托资产存量净增最多的是中信信托，增量为 1913.80 亿元，增幅 47.85%，但由于中信信托的体量最大，因此这个增幅在同期所有机构中排名并不算高，只列在第 36 位；排在第二位的兴业信托的信托资产存量年度净增量也高达 1852.72 亿元，与中信信托相差不大，但由于其原来的体量不大，故其增幅高达 122.88%，在所有信托公司中的排名也较为靠前，位居第 12，可见 2012 年兴业信托的业务规模扩张非常迅猛；信托资产存量年度净增量排名第三的是建信信托，为 1600.51 亿元，增幅 83.92%，在所有信托公司中增幅位居第 22。

2012 年信托资产存量变化最大的信托公司是云南信托，增幅高达 438.92%，这是由于其 2011 年的信托资产仅 144.76 亿元。增幅排名末位的是吉林信托，仅为 -28.69%，表明吉林信托 2012 年的信托资产规模出现了萎缩。事实上，2012 年对吉林信托来说是不平静的一年，当年 6~8 月，吉林省银监局对吉林信托上半年发生的“骗贷事件”进行了现场检查，得出的结论是：吉林信托部分信托业务在合规性操作、内部管理和信托事务规范化等方面存在薄弱环节，这对其信托业务冲击较大。

2. 信托资产负债率

信托资产负债率是衡量信托公司信托资产管理水平的一项重要指标。信托负债一般包括交易性金融负债、衍生金融负债、应付受托人报酬、应付托管费、应付受益人收益、应缴税费、应付销售服务费、其他应付款项及预计负债等方面。总体来讲，信托负债中的各项负债项目相对于庞大的信托资产规模基数来说，显得非常小，故信托公司的信托资产负债率一般都比较低。由表5可以看出，2012年信托行业的信托资产负债率为0.52%，不到1个百分点。其中，信托资产负债率最高的是爱建信托，为3.69%，较上年减少2.55个百分点。其后是平安信托，其信托资产负债率为2.64%，较上年度增加近2个百分点，这一增幅在所有信托公司中排名第一，表明2012年平安信托的信托资产质量有所下滑，信托资产管理水平需要提升。

表5　2012年信托公司信托资产负债率排名

单位：万元，%，个百分点

2012年排名	信托公司	信托负债		信托资产负债率			
		2012年	2011年	2012年	2011年	增幅	增幅排名
1	爱建信托	84240.03	67544.06	3.69	6.24	-2.55	63
2	平安信托	558724.93	132166.77	2.64	0.67	1.97	1
3	重庆信托	95011.53	75203.37	1.49	1.48	0.01	33
4	新华信托	132400.18	124631.19	1.40	1.80	-0.39	56
5	紫金信托	30480.31	184.13	1.33	0.02	1.31	2
6	华融信托	81488.84	15395.63	1.15	0.32	0.83	3
7	江苏信托	85471.34	135069.49	1.12	2.61	-1.49	61
8	中铁信托	113722.00	25036.00	1.08	0.59	0.49	8
9	吉林信托	46839.18	14684.11	1.04	0.23	0.81	4
10	建信信托	362871.39	109756.54	1.03	0.58	0.46	10
11	方正信托	72543.04	7792.45	0.99	0.18	0.81	5
12	百瑞信托	70984.48	40159.16	0.97	1.00	-0.03	37
13	苏州信托	28603.28	67382.62	0.92	3.11	-2.19	62
14	国民信托	5569.72	843.11	0.92	0.19	0.72	6
15	中原信托	70193.33	16958.51	0.87	0.34	0.53	7
16	杭州信托	12801.00	7584.00	0.86	0.71	0.16	15
17	中泰信托	26109.87	10474.47	0.83	0.97	-0.14	50
18	中信信托	465039.86	123694.33	0.79	0.31	0.48	9

续表

2012年排名	信托公司	信托负债		信托资产负债率			
		2012年	2011年	2012年	2011年	增幅	增幅排名
19	湖南信托	37687.00	12022.00	0.73	0.44	0.29	11
20	中诚信托	182009.62	96884.81	0.67	0.48	0.20	13
21	上海信托	78216.51	113753.19	0.65	1.47	-0.82	60
22	安信信托	28980.81	19408.80	0.63	0.76	-0.13	48
23	大业信托	18229.36	8143.37	0.61	0.50	0.11	21
24	中融信托	178899.67	157706.94	0.60	0.91	-0.31	54
25	华润信托	108730.64	69312.17	0.58	0.55	0.03	28
26	华信信托	31252.87	20666.89	0.55	0.48	0.07	25
27	外贸信托	111858.45	95987.43	0.52	0.40	0.12	20
28	北京信托	48710.64	19705.25	0.39	0.18	0.21	12
29	华鑫信托	32842.99	13106.58	0.38	0.23	0.15	16
30	中航信托	51750.18	34502.63	0.37	0.44	-0.07	42
31	长安信托	79129.57	29083.91	0.36	0.36	0.00	34
32	中海信托	44786.33	70969.77	0.36	0.47	-0.12	47
33	厦门信托	39872.00	35554.00	0.35	0.50	-0.14	51
34	五矿信托	38016.71	11095.07	0.32	0.30	0.02	31
35	华澳信托	5879.00	55962.00	0.31	3.49	-3.18	64
36	粤财信托	43873.44	13460.67	0.27	0.08	0.19	14
37	华能信托	45997.39	31013.24	0.26	0.33	-0.07	41
38	甘肃信托	18536.61	3573.92	0.23	0.14	0.09	22
39	北方信托	36179.08	11984.61	0.23	0.18	0.05	27
40	兴业信托	73828.11	57276.84	0.22	0.38	-0.16	52
41	浙金信托	2018.94	22.25	0.19	0.07	0.13	18
42	华宝信托	41250.90	30570.48	0.19	0.17	0.03	30
43	交银信托	30341.93	14993.55	0.19	0.20	-0.01	35
44	四川信托	25758.14	6902.27	0.19	0.10	0.09	23
45	昆仑信托	15272.16	40652.81	0.16	0.63	-0.47	58
46	云南信托	12347.37	3246.09	0.16	0.22	-0.07	40
47	东莞信托	4759.43	12620.15	0.15	0.52	-0.37	55
48	国元信托	16689.58	213.65	0.15	0.00	0.14	17
49	中投信托	6224.88	9100.60	0.14	0.33	-0.19	53
50	金谷信托	13168.72	178.31	0.13	0.00	0.13	19
51	中江信托	14496.33	5427.33	0.11	0.05	0.05	26
52	山东信托	18016.31	20989.34	0.09	0.18	-0.09	45

续表

2012年排名	信托公司	信托负债		信托资产负债率			
		2012年	2011年	2012年	2011年	增幅	增幅排名
53	华宸信托	1552.16	1242.93	0.09	0.08	0.01	32
54	陕西国投	8998.86	438.09	0.09	0.01	0.08	24
55	国联信托	2747.00	12033.00	0.09	0.54	-0.45	57
56	天津信托	5466.51	21999.21	0.08	0.57	-0.49	59
57	西部信托	1796.32	2094.06	0.06	0.09	-0.03	39
58	中粮信托	5826.93	4831.11	0.05	0.13	-0.09	44
59	陆家嘴信托	938.78	—	0.03	—	—	—
60	西藏信托	1824.15	—	0.03	0.00	0.03	29
61	国投信托	3462.95	2243.31	0.03	0.06	-0.03	38
62	渤海信托	2461.09	3549.92	0.02	0.03	-0.01	36
63	长城信托	50.01	—	0.02	—	—	—
64	新时代信托	1732.79	8359.97	0.01	0.15	-0.13	49
65	英大信托	41.86	13669.96	0.00	0.07	-0.07	43
66	山西信托	-2498.23	1099.43	-0.05	0.04	-0.09	46
行业合计		3913107.17	2172211.84	0.52	0.45	0.07	
行业均值		59289.50	32912.30	0.52	0.45	0.08	

资料来源：信托公司年报，用益信托工作室整理、制作。

整体看来，2012年66家信托公司中，有10家信托公司的信托资产率水平在1.00%以上。同时，有30家信托公司的信托资产负债率是下降的，占到了所有信托公司的一半左右，但整个行业的水平还是较上年上升了0.07个百分点。以上数据表明，尽管2012年信托公司的信托资产管理规模急剧膨胀，但信托资产质量并没有下滑，反而有所提升。这也意味着信托业的发展是健康的，信托风险是可控的，但这与外界对信托行业风险的整体认识有些出入。出现偏差的主要原因是信托资产的快速膨胀，导致信托风险事件发生的频率增大，但与信托资产扩张的速度相比，信托风险事件的发生几率并没有上升，反而是下降的，这就是事件增多而概率下降给人们带来的反差。

B.3

信托公司的业务发展变化

摘　要：

2012 年信托业务发展势头依然强劲，信托项目大幅增加是信托业务收入上涨的主要原因。同时，主动管理型业务占比的提升，也是信托业务收入增长不可忽视的重要因素。从 2007 ~ 2012 年的情况来看，整个行业的信托业务收入是持续增长的。这主要源于信托公司信托业务开拓能力和信托资产管理能力的不断提升。

关键词：

新增信托项目　主动管理资产规模　自营业务

一　新增信托项目涨幅超两成，中融信托业务收入领先

1. 新增信托项目

自 2007 年信托业"新两规"颁布以来，信托公司年度新增信托项目急剧膨胀，随后进入稳定的高速发展期，年度新增量从 2007 年的 7986 亿元增加到 2012 年的 53382 亿元，近 5 年平均增幅高达 48%。正是这种高速增长带动了信托行业资产总量的快速扩张，并先后超越证券业和保险业，成为仅次于银行的第二大金融资产管理行业。

根据年报统计数据，2012 年 66 家信托公司共新增信托产品 16521 款，较 2011 年增加了 2923 款，同比涨幅为 21.50%；而新增信托资产规模达到 53382.1 亿元，突破 5 万亿元大关，较 2011 年增加 13151.9 亿元，增长 32.69%，尽管增幅有所回落，但整体上行业依然处在高速发展阶段。主要得益于以下原因：第一，中国经济在过去 20 年的高增长，使得国民财富迅速积累，对投资理财的需求也迅速增加，而在众多理财产品中，固定收益类信托产品因风险低、收益高而

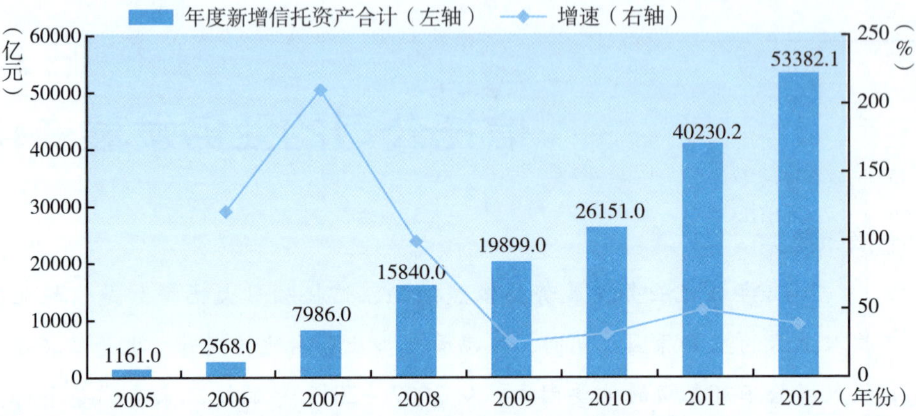

图 1　2005～2012 年信托公司新增信托项目走势

资料来源：信托公司年报，用益信托工作室整理、制作。

受到投资者的认可和追捧；第二，在分业经营、分业监管的金融体制下，信托公司相比其他各类金融机构，独特的制度优势和经营模式赋予其创新动力和适应能力，为其业务发展奠定了坚实的基础；第三，我国金融业改革缓慢，特别是银行改革的滞后为信托业务的创新和发展提供了机会和空间；第四，信托业自身的努力和大批高素质人才的加盟为信托业的发展打下了坚实的基础。

表 1　2012 年信托公司新增信托资产规模排名

单位：万元，%

排名	信托公司	2012 年新增	2011 年新增	增长绝对值	同比涨幅
1	中粮信托	28884369. 79	6219890. 55	22664479. 24	364
2	兴业信托	28526981. 00	14562019. 00	13964962. 00	96
3	粤财信托	28251143. 02	22094741. 81	6156401. 21	28
4	中信信托	23262833. 04	13505770. 07	9757062. 97	72
5	山东信托	21134570. 00	11565957. 00	9568613. 00	83
6	外贸信托	20772385. 60	30433037. 88	-9660652. 28	-32
7	中融信托	20457636. 10	8835297. 70	11622338. 40	132
8	长安信托	19784521. 00	6345636. 00	13438885. 00	212
9	华能信托	17955881. 22	9799592. 58	8156288. 64	83
10	北方信托	17746617. 38	12826056. 00	4920561. 38	38
11	平安信托	14422029. 45	10975297. 47	3446731. 98	31
12	华润信托	14177061. 00	7733805. 00	6443256. 00	83

续表

排名	信托公司	2012 年新增	2011 年新增	增长绝对值	同比涨幅
13	中航信托	14093333. 58	6278575. 18	7814758. 40	124
14	中诚信托	13661607. 83	21143389. 98	-7481782. 15	-35
15	交银信托	12192366. 81	4579945. 00	7612421. 81	166
16	国元信托	12031322. 36	6235204. 35	5796118. 01	93
17	四川信托	11446955. 13	11954323. 84	-507368. 71	-4
18	国投信托	10847120. 29	2311223. 92	8535896. 37	369
19	五矿信托	10542300. 00	2776190. 77	7766109. 23	280
20	新时代信托	9931313. 44	4212273. 3	5719040. 14	136
21	厦门信托	9826833. 00	6816071. 00	3010762. 00	44
22	上海信托	9715754. 73	3913699. 29	5802055. 44	148
23	中铁信托	8922027. 00	3260872. 00	5661155. 00	174
24	金谷信托	8617881. 62	7097786. 88	1520094. 74	21
25	甘肃信托	7687153. 44	2239942. 11	5447211. 33	243
26	中江信托	7220724. 74	7011072. 06	209652. 68	3
27	渤海信托	6961752. 30	15183290. 00	-8221537. 70	-54
28	陕西国投	6907424. 30	4168221. 62	2739202. 68	66
29	中原信托	6749176. 00	4218366. 00	2530810. 00	60
30	新华信托	6471419. 61	3544464. 81	2926954. 80	83
31	方正信托	6265162. 47	6106334. 57	158827. 90	3
32	北京信托	5466689. 15	7373222. 76	1906533. 61	-26
33	昆仑信托	5419220. 00	2286994. 35	3132225. 65	137
34	天津信托	4966807. 68	3240951. 13	1725856. 55	53
35	西藏信托	4882922. 76	2776190. 77	2106731. 99	76
36	百瑞信托	4849331. 64	1814842. 24	3034489. 40	167
37	湖南信托	4441934. 00	2604319. 00	1837615. 00	71
38	华融信托	4303513. 56	3268953. 13	1034560. 43	32
39	中海信托	3755578. 98	8330100. 85	-4574521. 87	-55
40	山西信托	3749838. 50	1591922. 64	2157915. 86	136
41	重庆信托	3732526. 31	3477962. 83	254563. 48	7
42	华信信托	3620455. 38	2169309. 78	1451145. 60	67
43	安信信托	3415136. 00	2307428. 00	1107708. 00	48
44	中投信托	3354276. 47	6830735. 50	-3476459. 03	-51
45	中泰信托	3290199. 00	822821. 62	2467377. 38	300
46	江苏信托	3263781. 62	8571634. 00	-5307852. 38	-62
47	华宝信托	3256943. 51	15015599. 92	-11758656. 41	-78
48	大业信托	3097600. 00	2094741. 81	1002858. 19	48

续表

排名	信托公司	2012 年新增	2011 年新增	增长绝对值	同比涨幅
49	西部信托	2928937.00	2141409.96	787527.04	37
50	陆家嘴信托	2800142.73	—	2800142.73	
51	英大信托	2681114.17	11816824.32	-9135710.15	-77
52	云南信托	2323334.88	1531565.00	791769.88	52
53	紫金信托	2297334.95	1287577.24	1009757.71	78
54	国联信托	2265491.00	2120820.00	144671.00	7
55	苏州信托	2172291.00	1204333.72	967957.28	80
56	建信信托	2124013.09	14202779.21	-12078766.12	-85
57	东莞信托	1941625.20	1429947.67	511677.53	36
58	吉林信托	1826880.00	5723233.00	-3896353.00	-68
59	爱建信托	1539539.76	555939.70	983600.06	177
60	浙金信托	1149963.00	—	1149963.00	
61	华澳信托	1148520.00	1004696.88	143823.12	14
62	杭州信托	934087.00	612884.00	321203.00	52
63	华宸信托	840643.28	815865.74	24777.54	3
64	长城信托	259000.00		259000.00	
65	国民信托	252298.00	130000.00	122298.00	94
66	华鑫信托	1411.88	5198361.81	-5196949.93	-100
合计		533821038.80	402302316.30	131518722.50	32.69

资料来源：信托公司年报，用益信托工作室整理、制作。

从新增信托项目的分类来看，如图 2 所示，以体现信托公司自主管理能力的集合类项目增长尤为引人注目，从 2007 年的 1135.2 亿元增长到 2012 年的 12938.9 亿元，年平均增幅达 80%；单一类信托项目则从 2007 年的 6430.4 亿元增长到 2012 年的 36939.6 亿元，年平均增幅为 45%；而财产类信托项目也从 2007 年的 520.9 亿元增长到 2012 年的 3503.7 亿元，年平均增幅达 81%。

年报数据显示，2012 年新增单一类信托产品 9366 款，占新增产品总数量的 56.69%；新增规模 36939.6 亿元，占新增资产总规模的 69.20%。而 2011 年单一类产品新增 7425 款，占同期新增总数的 54.60%；新增规模 28649.5 亿元，占同期新增资产总规模的 71.21%。虽然单一类信托产品新增数量和规模均较 2011 年有不同程度的增长，但产品规模占比有所下降，表明单一类信托的增长势头有放缓的迹象。

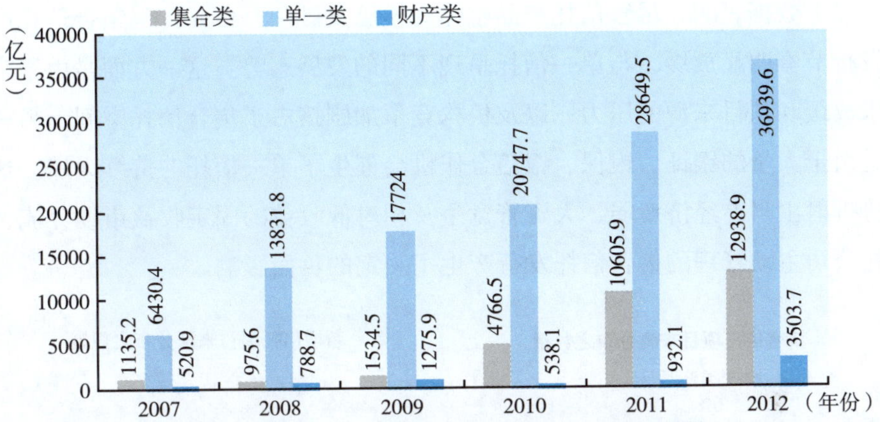

图 2　2007～2012 年新增信托资产资金来源规模变化

资料来源：信托公司年报，用益信托工作室整理、制作。

2012 年新增集合类信托产品 6167 款，占新增总数的 37.33%；新增规模 12938.87 亿元，占新增总规模的 24.24%。而 2011 年集合类产品新增 5852 款，新增资产规模 10606 亿元，分别占同期总数和总规模的 43% 和 26%。统计数据表明，2012 年新增集合类信托产品的数量和规模均较 2011 年有所增长，但占比均出现了较大幅度的回落，说明集合类信托产品的增长势头放缓的迹象更加明显。

2012 年新增财产权类信托产品 988 款，占新增总数的 5.98%；新增规模 3503.7 亿元，占新增总规模的 6.56%。而 2011 年新增财产类产品 321 款，新增规模 932.14 亿元，同期占比分别为 2.36% 和 2.32%。从数据来看，2012 年新增财产类产品数量和占比均有所上升，表明财产类信托产品的增长加快。

表 2　2012 年新增信托资产资金来源

单位：款，万元，%

资金来源	数量	数量占比	资金规模	规模占比	上年数量	上年规模
单一类	9366	56.69	369395733	69.20	7425	286495306
集合类	6167	37.33	129388698	24.24	5852	106058997
财产类	988	5.98	35036607	6.56	321	9321407
合　计	16521	100.00	533821038	100.00	13598	402302316

资料来源：信托公司年报，用益信托工作室整理、制作。

以上数据表明，尽管信托产品整体规模已突破7万亿元，但集合信托产品的发行节奏明显放缓，与单一信托呈现不同的发展态势。这一方面是由于市场需求放缓和项目来源的压力，以及机构竞争加剧挤占了集合信托空间；另一方面是由于大量的银证、银保、银信合作机会催生了单一信托的持续火爆。这一趋势折射出当前经济疲弱、大资管竞争及相对低收益的固定收益市场分流，对信托公司主动管理的集合信托发行产生了一定的负面影响。

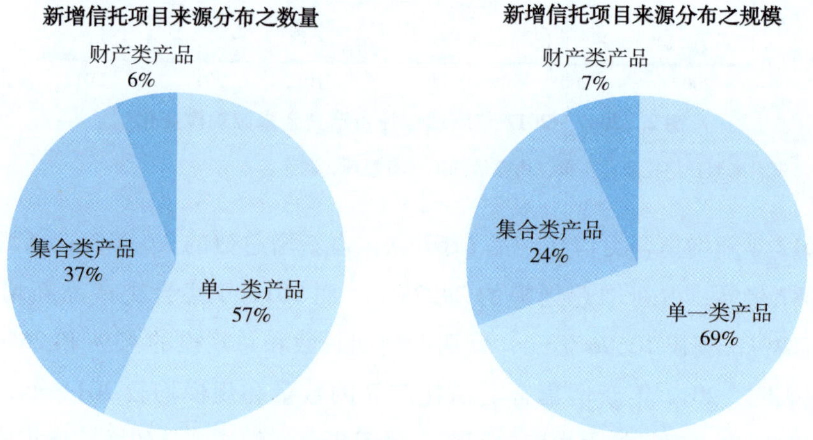

图3　2012年新增信托资产资金来源分布

资料来源：信托公司年报，用益信托工作室整理、制作。

表3　2012年信托公司新增信托资产资金来源分类排名

单位：万元

信托公司	集合资金类		单一资金类		财产管理类	
	信托资产	排名	信托资产	排名	信托资产	排名
外贸信托	12096844.19	1	8463641.41	16	211900	30
中融信托	7351610.7	2	4762122.56	29	8343902.84	1
平安信托	6112541.36	3	8309488.09	17	—	
五矿信托	4732600	4	5187700	27	622000	12
华能信托	4508834.82	5	10325768.7	13	3121277.7	4
中信信托	4410503.55	6	14349179.18	6	4503150.31	2
长安信托	4135141	7	11550576	8	4098804	3
粤财信托	4130867	8	23996434.02	3	123842	34
上海信托	3736304.62	9	5784441.18	24	195008.93	31
中铁信托	3690356	10	4830257	28	401414	19

续表

信托公司	集合资金类		单一资金类		财产管理类	
	信托资产	排名	信托资产	排名	信托资产	排名
四川信托	3651834.1	11	7451268.5	19	343852.53	21
山东信托	3523628	12	17383130	4	227812	29
新华信托	2957126.46	13	3246193.15	34	268100	24
华融信托	2814885	14	1258516.2	48	230112.36	28
北京信托	2615639.3	15	2331049.85	40	520000	15
华润信托	2546620	16	11630441	7	—	
天津信托	2462547.82	17	1393033.33	46	1111226.53	7
昆仑信托	2366576	18	3052644	35	—	
中航信托	2327358.28	19	11222633.3	10	543342	14
中海信托	2222306.93	20	1229623.05	49	303649	22
新时代信托	2031500.45	21	7899812.99	18	—	
大业信托	1972600	22	656200	57	468800	16
中诚信托	1970926	23	10826904.85	11	863776.98	8
华宝信托	1926580	24	1048963.51	53	281400	23
中泰信托	1846699	25	1383500	47	60000	40
北方信托	1763260	26	15280497.38	5	702860	9
金谷信托	1706583	27	6664348.62	21	246950	25
华信信托	1548008	28	2072447.38	42	—	
方正信托	1537734	29	4071309	31	656119.47	11
百瑞信托	1525579.24	30	3263752.4	33	60000	39
国元信托	1516782.06	31	10514529.3	12	11	45
中江信托	1474059.3	32	5506512.24	25	240153.2	27
重庆信托	1426397.6	33	2248128.71	41	58000	41
苏州信托	1393691	34	778600	55	—	
兴业信托	1392506	35	26582175	2	552300	13
陆家嘴信托	1306474	36	1493668.73	44	—	
中原信托	1303901	37	5384898	26	60377	38
东莞信托	1218335	38	673290.2	56	50000	42
中投信托	1199925.01	39	1455229.7	45	699121.76	10
湖南信托	1152682	40	3289252	32	—	
云南信托	1015874.37	41	5859.51	65	1301601	6
紫金信托	1004372	42	839182.95	54	453780	18
山西信托	961824.5	43	2630084	38	157930	32
建信信托	917056	44	1206957.09	50	—	
国投信托	865478	45	9826748.79	14	154893.5	33
交银信托	834862.77	46	11257504.04	9	100000	35

续表

信托公司	集合资金类		单一资金类		财产管理类	
	信托资产	排名	信托资产	排名	信托资产	排名
爱建信托	834211	47	344450	60	360878. 76	20
浙金信托	812778	48	253185	62	84000	36
中粮信托	754623. 09	49	27883548	1	246198. 7	26
国联信托	724287	50	1541204	43	—	
杭州信托	716140	51	217947	63	—	
华澳信托	709020	52	439500	59	—	
陕西国投	702664	53	6204760. 3	23	—	
安信信托	688191	54	2726945	37	—	
甘肃信托	657162	55	7029991. 44	20		
吉林信托	609995	56	1137885	52	79000	37
厦门信托	586904	57	9191446	15	48483	43
西部信托	576552	58	2352385	39	—	
西藏信托	574947. 25	59	4307975. 51	30	—	
江苏信托	470791	60	2792990. 62	36	—	
华宸信托	282700	61	557943. 28	58	—	
渤海信托	236660	62	6264655. 3	22	460437	17
国民信托	125798	63	126500	64	—	
英大信托	117319	64	1143754. 75	51	1420040. 42	5
华鑫信托	140. 6	65	1170. 28	66	101	44
长城信托	0	66	259000	61	—	

资料来源：信托公司年报，用益信托工作室整理、制作。

2012 年新增集合类资金规模排名前五的信托公司分别为外贸信托、中融信托、平安信托、五矿信托和华能信托，其中前四位的集合资金的规模占比均超过 30%，高于行业整体集合资金占比；2012 年新增单一类资金规模最大的五家信托公司分别为中粮信托、兴业信托、粤财信托、山东信托和北方信托，其单一类资金占比均高于行业整体水平，说明这五家公司在保证业务快速发展的同时，通过调整业务结构，业务重心已经逐渐转向单一类业务。2012 年新增财产管理类资金规模最大的五家信托公司分别为中融信托、中信信托、长安信托、华能信托和英大信托，其财产管理类资金也都高于整个行业水平。

2012 年，新增的 16084 款产品中，有 11702 款是信托公司主动管理，占新增总量的 72.76%；新增主动管理规模为 32524.9 亿元，占新增总规模的 61.15%。同期，被动管理的产品新增 4382 款，占新增总数的 27.24%；被动管理规模为 20666.7 亿元，占新增总规模的 38.85%。而 2011 年主动管理类产品增加 10177 款，占同期新增总数的 74.84%；主动管理规模新增 23388.8 亿元，占同期新增总规模的 58.20%。同期，被动管理类产品增加 3421 款，占新增总数的 25.16%；新增被动管理规模 16798.8 亿元，占同期新增总规模的 41.80%。统计数据表明，2012 年新增主动管理类产品数量占比下降，但管理资金规模占比上升，主动管理产品平均规模较大。这说明随着信托制度的不断完善，以及信托相关专业人才的逐步增加，未来信托公司会不断突出其主动资产管理能力。

表 4　2012 年新增信托资产管理类型

单位：款，万元，%

管理类型	数量	数量占比	资金规模	规模占比	上年数量	上年规模
主动管理	11702	72.76	325249077.1	61.15	10177	233888150.91
被动管理	4382	27.24	206667111.2	38.85	3421	167987588.82
合　计	16084	100.00	531916188.3	100.00	13598	401875739.73

资料来源：信托公司年报，用益信托工作室整理、制作。

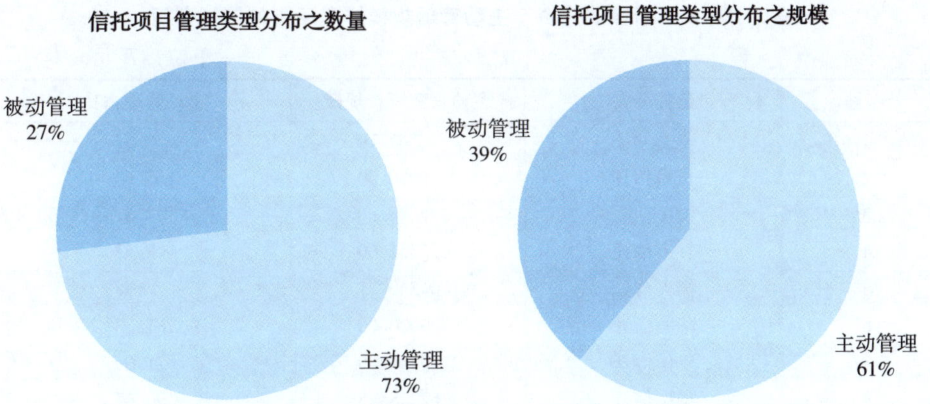

图 4　2012 年新增信托资产管理类型分布

资料来源：信托公司年报，用益信托工作室整理、制作。

表 5　2012 年新增信托资产主动管理规模排名前十的信托公司

单位：万元，%

序号	信托公司	主动管理资产规模	主动管理占比
1	中融信托	20164344. 84	98. 57
2	兴业信托	18686046. 00	65. 50
3	长安信托	17976025. 00	90. 86
4	华能信托	17955881. 22	100. 00
5	外贸信托	15220471. 38	73. 37
6	平安信托	14422029. 45	100. 00
7	华润信托	12665352. 00	100. 00
8	粤财信托	11367076. 87	40. 24
9	国投信托	10667777. 29	98. 35
10	五矿信托	10542300. 00	100. 00

资料来源：信托公司年报，用益信托工作室整理、制作。

主动管理资产规模排名前十的信托公司中，有 8 家公司的主动管理占比高于行业平均水平；而兴业信托和粤财信托的主动管理规模占比较低，均不足 70%。值得注意的是，2012 年新增信托资产全部为主动管理的公司有 11 家，而 2011 年有 21 家。另外，有两家信托公司未披露具体的主动管理和被动管理项目数，分别是西藏信托和大业信托。

表 6　2012 年新增信托资产主动管理规模排名后十的信托公司

单位：万元，%

序号	信托公司	主动管理资产规模	主动管理占比
1	华鑫信托	565. 74	40. 07
2	长城信托	170000. 00	65. 64
3	国民信托	246298. 00	97. 62
4	甘肃信托	655351. 00	8. 53
5	英大信托	704529. 75	26. 28
6	华澳信托	709020. 00	61. 73
7	安信信托	719101. 00	21. 06
8	华宸信托	762228. 28	90. 67
9	杭州信托	934087. 00	100. 00
10	国联信托	1034956. 00	45. 68

资料来源：信托公司年报，用益信托工作室整理、制作。

而主动管理资产规模排名后十的信托公司中，有7家公司的主动管理占比低于行业平均水平；而甘肃信托、英大信托及安信信托的主动管理规模占比均较低，不及主动资产管理占比平均水平的一半。

2. 信托业务收入

从2007～2012年的情况来看，整个行业的信托业务收入是持续增长的。这主要源于信托公司信托业务开拓能力和信托资产管理能力的不断提升。2007年信托业务收入仅51.18亿元，2012年迅速攀升到464.40亿元。如此的巨变仅发生在短短的六年间，这不仅在信托业发展史上，即使在整个金融领域也是极为罕见的。

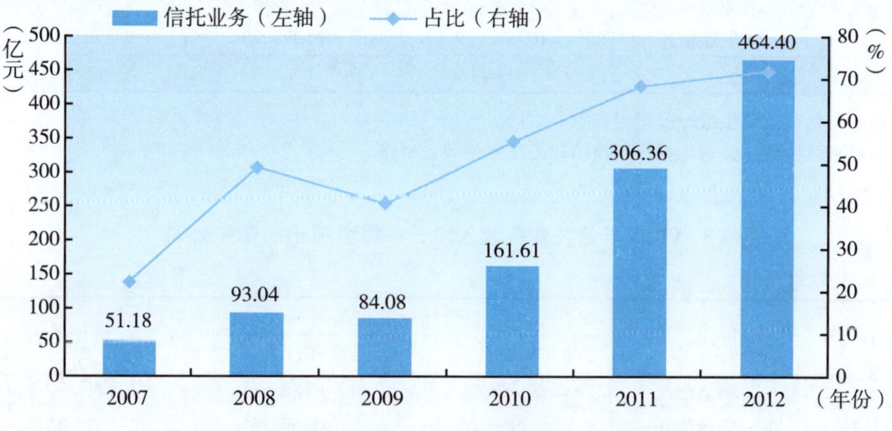

图5　2007～2012年信托公司信托业务收入变化

资料来源：信托公司年报，用益信托工作室整理、制作。

年报数据显示，2012年66家信托业实现信托业务收入464.40亿元，平均每家公司7.04亿元；而2011年64家信托公司共实现信托业务收入为306.36亿元，平均每家公司4.79亿元。对比两年的变化，2012年信托业务收入相比2011年增长51.59%。2012年信托业务发展势头依然强劲，新增信托项目大幅增加是信托业务收入上涨的主要原因。同时，主动管理型业务占比的提升，也是信托业务收入增长不可忽视的重要因素。

从表7可以看出，2012年信托业务最高收入来自中融信托，全年实现业务收入35.34亿元，较2011年增长22.62%，占2012年全行业信托业务收入

表7　2012年信托公司信托业务收入排名前十的信托公司

单位：万元，%

序号	信托公司	信托业务收入		增长率
		2012年	2011年	
1	中融信托	353381.10	288201.40	22.62
2	中信信托	314073.25	244682.84	28.36
3	平安信托	275543.71	180168.99	52.94
4	长安信托	173180.96	65076.14	166.12
5	华融信托	151250.95	125536.45	20.48
6	四川信托	149960.68	59891.71	150.39
7	新华信托	134582.95	132571.11	1.52
8	中诚信托	127594.73	104823.50	21.72
9	华润信托	116623.83	70030.95	66.53
10	中航信托	109812.79	61299.79	79.14
收入合计		1906004.95	1332282.88	43.06

注：取信托公司年报母公司报表财务数据。

资料来源：信托公司年报，用益信托工作室整理、制作。

表8　2012年信托业务收入增长率排名前十的信托公司

单位：万元，%

序号	信托公司	信托业务收入		增长率
		2012年	2011年	
1	浙金信托	8582.29	188.73	4447.39
2	紫金信托	22959.74	5869.76	291.15
3	西藏信托	16010.11	5037.85	217.80
4	五矿信托	67166.54	22071.36	204.32
5	华澳信托	15597.00	55360.00	181.74
6	方正信托	67533.13	24635.92	174.12
7	长安信托	173180.90	65076.14	166.12
8	兴业信托	108950.00	42334.00	157.36
9	四川信托	149960.70	59891.71	150.39
10	甘肃信托	22850.20	9499.84	140.53

注：取信托公司年报母公司报表财务数据。

资料来源：信托公司年报，用益信托工作室整理、制作。

的7.61%；排在第二、第三位的分别是中信信托和平安信托，全年分别实现信托业务收入31.41亿元和27.55亿元；而排名前十的信托公司业务收入总和为190.60亿元，占全年信托业务总收入的41.04%。在信托业务收入增长率方面，除浙金信托是新设立的机构，其他排在前十的信托公司年增长幅度均超过140%，表明行业发展的良好势头给每家信托公司的业务增长都带来了机会，一些后进和重组后的公司均在业务发展方面取得了突破。

尽管2012年全行业信托业务继续保持了快速的发展势头，但仍有部分公司因股权、管理层及业务风险等因素而出现业绩下滑。如表9所示，2012年信托业务出现负增长的信托公司有4家，即华宸信托、吉林信托、安信信托和中海信托。这四家信托公司总业务收入为17.22亿元，而2011年实现业务收入19.85亿元，同比萎缩13.25%。

表9　2012年信托业务收入增长率排名后十的信托公司

单位：万元，%

序号	信托公司	信托业务收入		增长率
		2012年	2011年	
1	华宝信托	62035.67	52690.95	17.73
2	国联信托	27927.00	23926.00	16.72
3	粤财信托	40758.15	38890.86	4.80
4	重庆信托	42768.44	41094.69	4.07
5	新华信托	134582.90	132571.11	1.52
6	中泰信托	12415.74	12333.51	0.67
7	华宸信托	21830.39	22049.88	-1.00
8	吉林信托	52581.86	57106.70	-7.92
9	安信信托	37433.50	42834.32	-12.61
10	中海信托	60311.65	76463.05	-21.12

注：取信托公司年报母公司报表财务数据。

资料来源：信托公司年报，用益信托工作室整理、制作。

3. 信托资产运用方式

信托资产按运用方式可分为：货币资产、贷款及应收款、交易性金融资产、可供出售金融资产、持有至到期投资、长期股权投资及其他方式。据年报数据显示，2012年各运用方式下的信托资产余额如表10所示，贷款及应收款仍为重点运用方式，该类资产规模高达3.12万亿元，占信托总资产规模的

41.75%，较2011年提高了7.21个百分点。其余运用方式的信托资产占则较为均衡。

表10　2012年信托资产资金运用方式统计

单位：万元，%

资金运用方式	2011年余额	占比	2012年余额	占比
货币资产	61871799	13.72	69689411	9.46
贷款及应收款	155792724	34.54	311750045	42.32
交易性金融资产	28395670	6.30	64246055	8.72
可供出售金融资产	37671250	8.35	59923641	8.13
持有至到期投资	56348119	12.49	76696722	10.41
长期股权投资	67112314	14.88	72666307	9.86
其他	43795775	9.71	81789568	11.10

资料来源：信托公司年报，用益信托工作室整理、制作。

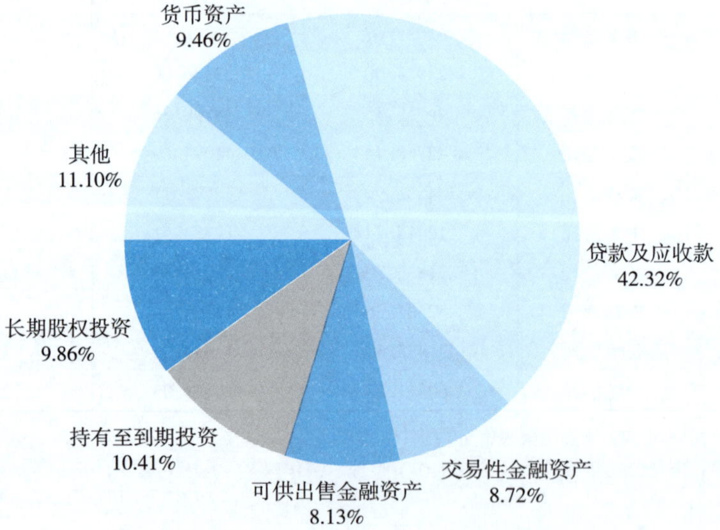

图6　2012年信托资产资金运用方式分布

资料来源：信托公司年报，用益信托工作室整理、制作。

从信托资金运用方式的发展来看，贷款一直以来都是首选，除非受到政策的影响，信托公司并不愿意主动改变这种选择，因为绝大多数信托计划从本质上来说都是融资项目。但过多依赖于贷款对信托业务的长远发展极为不利，与银行相比，信托公司在贷款上并没有优势可言。目前贷款类信托业务的增加只是因为银行业的改革、制度及政策等因素给信托公司留下的机会。随着银行业改革的深化，利率市场化将给贷款类信托业务的发展带来真正的挑战。从近几年的变化来看，虽然信托公司在努力从融资型金融机构向投资型金融机构转变，也取得了一定的成绩，但总体看来，信托业务还是难以摆脱融资市场的诱惑，未来转型之路任重而道远。

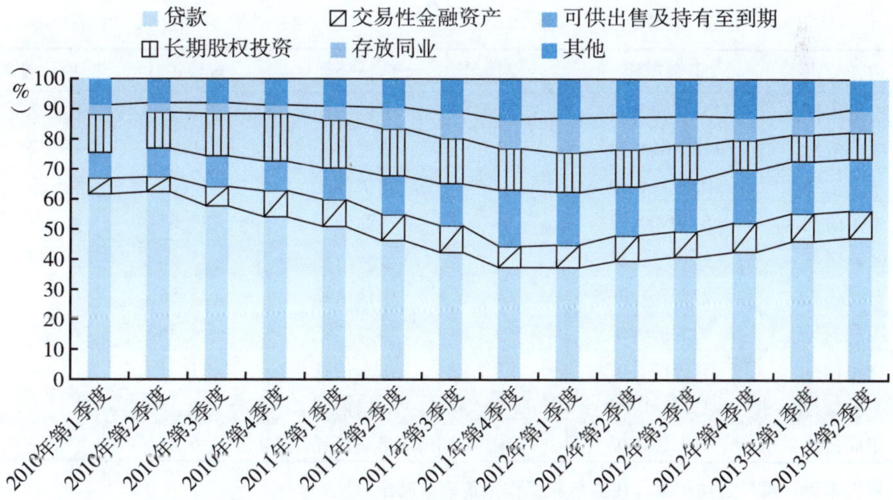

图 7　2010～2013 年信托资产运用方式变化

资料来源：信托公司年报，用益信托工作室整理、制作。

从表 11 可以看出，中信信托的货币资产规模最大，达 1511.49 亿元，排名前三的货币资金规模都已超过千亿元，说明这类信托公司信托资金较为充裕。虽然中信信托的货币资产规模排名第一，但其资产规模占比只有 25.56%，排名第 6。这主要是因为中信信托的信托资产规模比较庞大。规模占比排名第一的是中粮信托，华宝信托紧随其后，且规模占比都超过 50%。

从贷款及应收款类信托资产排名前十的数据来看，兴业信托依托股东背景，其信托业务中贷款及应收款运用方式的规模最大，为 2528.82 亿元，且信托资产规模占信托总资产的比例更高达到 75.25%。这反映出兴业信托的信托资金主要运用方式还是过度依赖于传统的融资型业务。尽管排名第二的中信信托贷款类信托资产也达2239.06亿元，但仅占其信托总资产的37.86%，处于一个较为合理的水平。而融资类信托资产规模占比第一的英大信托则把这个比例做到了80.98%，表明这家公司的业务结构极其单一，如不尽快扭转这个局面，其未来业务发展受政策的影响较大。同时也说明，监管部门对部分信托公司业务结构的监管显然没有做到位。

表11　2012年以货币资产方式投资规模及占比排名前十的信托公司

单位：万元，%

信托公司	资金规模	规模排名	信托公司	规模占比	占比排名
中信信托	15114895.83	1	中粮信托	51.14	1
建信信托	14815864.43	2	华宝信托	51.09	2
华宝信托	10859114.66	3	建信信托	42.24	3
中粮信托	6340900.03	4	江苏信托	39.62	4
江苏信托	3017532.21	5	紫金信托	25.59	5
粤财信托	2359761.99	6	中信信托	25.56	6
山东信托	2183979.64	7	粤财信托	14.26	7
交银信托	1608021.07	8	山东信托	11.51	8
平安信托	1251240.88	9	交银信托	10.18	9
华润信托	1234040.65	10	华润信托	6.62	10

资料来源：信托公司年报，用益信托工作室整理、制作。

表12　2012年以贷款及应收款方式投资规模及占比排名前十的信托公司

单位：万元，%

信托公司	资金规模	规模排名	信托公司	规模占比	占比排名
兴业信托	25288199.00	1	英大信托	80.98	1
中信信托	22390623.74	2	湖南信托	77.05	2
英大信托	16380148.25	3	兴业信托	75.25	3
中诚信托	12100619.62	4	长城信托	69.15	4
平安信托	10625787.36	5	甘肃信托	68.36	5
山东信托	10290808.88	6	中原信托	68.28	6
华润信托	10111458.80	7	金谷信托	67.67	7
中江信托	8537840.35	8	国投信托	66.01	8
北方信托	7870174.64	9	中江信托	62.72	9
国投信托	7808844.22	10	百瑞信托	59.21	10

资料来源：信托公司年报，用益信托工作室整理、制作。

从信托资金的交易性金融资产投资方式来看，如表 13 所示，中诚信托的交易性金融资产运用方式资金规模最大，达 983 亿元，规模占比达 36.22%，表明交易性金融资产投资类信托在中诚信托的业务结构中占有极高的地位；排在第三的外贸信托也是如此；而排在第二的中信信托的这类业务占比则较小。占比排名第一的则是中海信托，高达 38.24%，远高于行业整体水平。

表 13　2012 年以交易性金融资产方式投资规模及占比排名前十的信托公司

单位：万元，%

信托公司	资金规模	规模排名	信托公司	规模占比	占比排名
中诚信托	9830047.34	1	中海信托	38.24	1
中信信托	6085834.73	2	中诚信托	36.22	2
外贸信托	4970587.52	3	西藏信托	24.98	3
中海信托	4812025.00	4	北京信托	24.00	4
华润信托	3964013.31	5	浙金信托	23.98	5
华宝信托	3694358.26	6	外贸信托	23.10	6
北方信托	3204437.25	7	上海信托	21.67	7
北京信托	2967291.69	8	华润信托	21.25	8
上海信托	2606301.45	9	陕西国投	20.71	9
长安信托	2597944.90	10	北方信托	19.95	10

资料来源：信托公司年报，用益信托工作室整理、制作。

按可供出售金融资产运用方式分类的信托资产中，2012 年末该类资产规模最大的是五矿信托，达 792.90 亿元，占其信托总资产比例也排名第一，为 66.07%。这表明五矿信托在此运用方式上投入的信托资金是相当大的。排名第二的是四川信托，2012 年末的余额为 673.15 亿元。紧接着是兴业信托，其该类信托资产的规模是 534.66 亿元。在规模占比中，排名第二的也是四川信托，占比为 49.21%；中泰信托名列第三，占比为 36.93%。

如表 15 所示，2012 年以持有至到期投资运用方式的信托资金规模最大的信托公司是建信信托，为 1521.39 亿元，远高于其他公司，而其规模占比也达 43.37%。规模排名第二的是新时代信托，规模为 717.62 亿元。长安信托紧随其后，规模仅为 544.95 亿元。规模占比排名第一的是新时代信托，高达 56.71%；排名第二的是吉林信托，为 52.92%；昆仑信托排名第三，占比为 48.78%。

表 14　2012 年以可供出售金融资产方式投资规模及占比排名前十的信托公司

单位：万元，%

信托公司	资金规模	规模排名	信托公司	规模占比	占比排名
五矿信托	7929044.10	1	五矿信托	66.07	1
四川信托	6731538.83	2	四川信托	49.21	2
兴业信托	5346639.10	3	中泰信托	36.93	3
上海信托	3059122.20	4	陆家嘴信托	35.89	4
厦门信托	2965292.00	5	长城信托	30.41	5
外贸信托	2832275.31	6	厦门信托	26.26	6
中信信托	2665349.55	7	重庆信托	25.45	7
华宝信托	2664604.51	8	上海信托	25.43	8
中融信托	2523345.07	9	大业信托	25.08	9
金谷信托	1879802.49	10	中投信托	24.34	10

资料来源：信托公司年报，用益信托工作室整理、制作。

表 15　2012 年以持有至到期投资方式投资规模及占比排名前十的信托公司

单位：万元，%

信托公司	资金规模	规模排名	信托公司	规模占比	占比排名
建信信托	15213891.88	1	新时代信托	56.71	1
新时代信托	7176160.00	2	吉林信托	52.92	2
长安信托	5449466.75	3	昆仑信托	48.78	3
昆仑信托	4575364.10	4	建信信托	43.37	4
陕西国投	3776809.00	5	华信信托	42.94	5
北方信托	3479423.78	6	苏州信托	42.32	6
新华信托	3164480.08	7	方正信托	40.86	7
方正信托	2989061.30	8	陕西国投	37.35	8
山东信托	2962289.29	9	新华信托	33.55	9
华鑫信托	2721461.20	10	山西信托	32.84	10

资料来源：信托公司年报，用益信托工作室整理、制作。

截至 2012 年末，信托资金长期股权投资方式中规模最大的是中融信托，达 668.45 亿元；中信信托紧随其后，为 646.28 亿元；排名第三的是中诚信托，仅 359.32 亿元。同期，规模占比排名第一的是西部信托，为 48.45%；苏州信托排名第二，为 31.13%；重庆信托排名第三，为 29.52%。

表 16　2012 年以长期股权投资方式投资规模及占比排名前十的信托公司

单位：万元，%

信托公司	资金规模	规模排名	信托公司	规模占比	占比排名
中融信托	6684521.64	1	西部信托	48.45	1
中信信托	6462813.09	2	苏州信托	31.13	2
中诚信托	3593154.55	3	重庆信托	29.52	3
平安信托	3542657.79	4	新华信托	26.78	4
外贸信托	3033879.75	5	百瑞信托	22.99	5
中江信托	2891089.64	6	北京信托	22.65	6
北京信托	2800419.49	7	华融信托	22.48	7
新华信托	2525815.23	8	中融信托	22.32	8
粤财信托	2435857.34	9	中江信托	21.24	9
中航信托	2298145.88	10	昆仑信托	18.81	10

资料来源：信托公司年报，用益信托工作室整理、制作。

4. 信托资金投向

目前，信托资金的投向一般分为基础产业、房地产业、实业（工商企业）、证券市场、金融机构及其他。年报数据显示，2012 年全行业信托资产中投向最大的领域是工商企业，余额已达 1.98 万亿元，占总信托资产的 26.55%。基础产业信托紧随其后，规模达 1.88 万亿元，占比为 25.23%。而房地产信托的比重则继续下降，在所有投向中排名最后，仅为 9.51%（见表 17）。

表 17　2012 年信托资产投资领域分布

单位：万元，%

投资领域	2011 年信托资产规模	占比	2012 年信托资产规模	占比
基础产业	97957267.74	20.69	188399584.17	25.38
房地产业	70420294.71	14.88	71003502.04	9.56
证券市场	44665199.26	9.44	85132730.47	11.47
工商企业	94292284.90	19.92	198260810.42	26.71
金融机构	58184229.54	12.29	74358604.11	10.02
其　　他	107853287.63	22.78	125127369.86	16.86

资料来源：信托公司年报，用益信托工作室整理、制作。

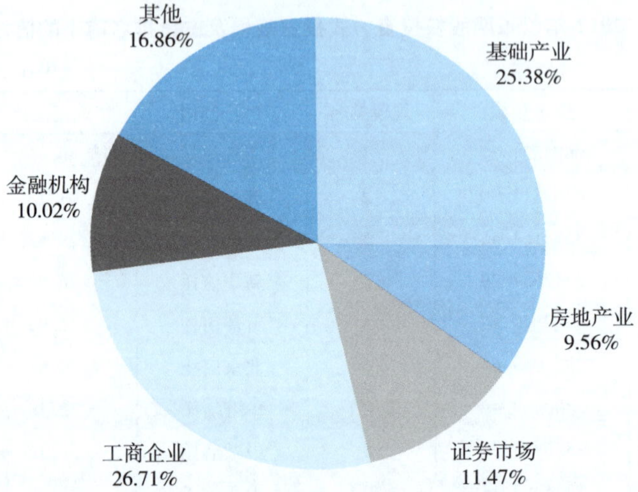

图 8　2012 年度信托资产投向分布

资料来源：信托公司年报，用益信托工作室整理、制作。

2012 年在证券市场持续低迷、房地产信托和银信合作受阻的背景下，信托公司信托资产投向比例发生了一些变化。其中，房地产信托和金融机构类信托比例分别下降 5. 37 个和 2. 23 个百分点，而基础产业信托和工商企业信托分别上涨 4. 54 个和 6. 63 个百分点。信托公司在减少对房地产和金融机构投资的同时，分别加大了对以城市基础设施建设为主的基础产业和实业企业的投资，使得整个信托业 2012 年继续保持了超过 40% 的扩张速度。加大对基础设施建设和实业企业的投资，显示出信托公司对国家经济社会的参与度和贡献度越来越高，这正是信托业持续健康发展的基础。

从表 18 可以看出，截至 2012 年末，投向基础产业的信托资金规模最大的是中信信托，达 1980. 60 亿元。其次是英大信托，规模达 1666. 90 亿元，而英大信托的基础产业规模占比也高居第一，达 82. 40% 。背靠第一大股东国家电网，英大信托本身就以增强服务电网能力为目标，这一特点也在数据上得到体现。资金规模排名第三的则是兴业信托，为 1088. 37 亿元。占比排名第二的是陆家嘴信托，比重高达 69. 31% ；苏州信托排名第三，比重为 51. 39% 。显然，以城市基础设施建设为突破口的基础产业信托是 2012 年各信托公司业务开发的主战场，即使受到监管部门的窗口指导，这类业

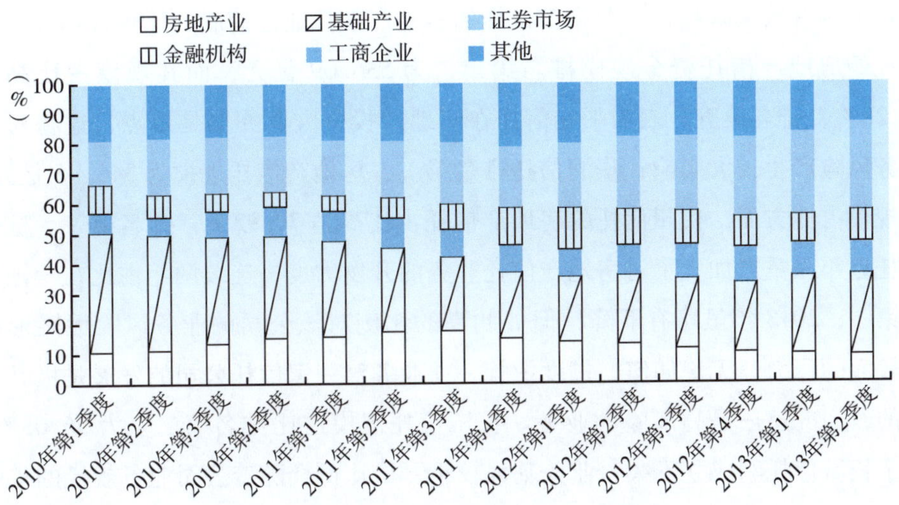

图 9　2010～2013 年信托资产投向分布趋势

资料来源：信托公司年报，用益信托工作室整理、制作。

务也没有放缓的迹象。2013 年以来，基础设施类信托依然保持了较高的增长势头。

表 18　2012 年基础产业领域信托资产规模及占比排名前十的信托公司

单位：万元，%

信托公司	资金规模	规模排名	信托公司	规模占比	占比排名
中信信托	19805978.95	1	英大信托	82.40	1
英大信托	16669011.66	2	陆家嘴信托	69.31	2
兴业信托	10883661.38	3	苏州信托	51.39	3
中融信托	8888135.07	4	百瑞信托	45.10	4
华能信托	5920913.00	5	甘肃信托	42.87	5
中海信托	5186940.00	6	湖南信托	42.80	6
中诚信托	5037571.13	7	中海信托	41.22	7
中江信托	4813452.10	8	金谷信托	40.87	8
平安信托	4764212.88	9	紫金信托	39.56	9
山东信托	4686851.00	10	新华信托	36.58	10

资料来源：信托公司年报，用益信托工作室整理、制作。

表 19 的数据显示，截至 2012 年底，房地产信托存量规模最大的是中信信托，为 633.29 亿元，但其在中信信托总资产的占比并不高，仅为 10.71%，

并较上年有较大降幅，说明中信信托的房地产信托业务控制的比较合理；平安信托的房地产信托资金规模排名第二，为 536.09 亿元，而其规模占比高达 25.28%，排名第五，表明平安信托在房地产投资方面亦然是重点，这将对其业务风险产生较大影响；华润信托排名第三，房地产信托规模为 346.96 亿元。在规模占比方面，杭州信托的房地产信托占比高达 70.92%，排名第一。杭州信托近年来重点加大了对房地产信托业务的开发力度，连续两年占比在全国排名第一，2013 年虽略有下降，但如此高的比例对该公司的业务风险无疑形成了较大的压力，无论如何，过度依赖一项业务对一家信托公司的发展是极其不利的，何况这还是高风险的业务。长城信托规模占比排名第二，为 56.03%。由于长城信托刚成立不久，业务基数较小，该比例会随着公司业务规模的扩张而发生很大的变化，因此，不需要对这个比例过度解读。爱建信托位居第三，其信托的占比是 34.82%，这个比例不算很大，但也不可忽略，特别是对于曾经辉煌过的爱建信托来说尤为重要，毕竟经过一轮沉浮使得公司对企业风险有更深刻的理解。

表 19　2012 年房地产领域信托资产规模及占比排名前十的信托公司

单位：万元，%

信托公司	资金规模	规模排名	信托公司	规模占比	占比排名
中信信托	6332874.71	1	杭州信托	70.92	1
平安信托	5360873.90	2	长城信托	56.03	2
华润信托	3469641.85	3	爱建信托	34.82	3
中融信托	3385210.33	4	大业信托	28.76	4
兴业信托	3171130.24	5	平安信托	25.28	5
中诚信托	2507079.50	6	国民信托	21.49	6
北京信托	2132667.59	7	昆仑信托	20.05	7
昆仑信托	1880642.00	8	江苏信托	19.66	8
厦门信托	1857833.00	9	华宸信托	19.11	9
新华信托	1738208.06	10	华润信托	18.60	10

资料来源：信托公司年报，用益信托工作室整理、制作。

据 2012 年 66 家信托公司的年报数据显示，证券市场投资信托资金规模最大的为建信信托，高达 1475.44 亿元；建信信托的规模占比排名第二，高达

42.06%。中诚信托排名第二，资金规模为946.61亿元；规模占比排名第三，达34.88%。外贸信托规模排名第三，为920.03亿元；规模占比排名第一，高达42.76%。2012年受债券投资信托规模快速扩张和放开证券账户开户的影响，证券类信托的整体资金规模及其占比较上年有所提高，未来这块业务还是有很大的发展空间。

表20　2012年证券市场领域信托资产规模及占比排名前十的信托公司

单位：万元，%

信托公司	资金规模	规模排名	信托公司	规模占比	占比排名
建信信托	14754405.76	1	外贸信托	42.76	1
中诚信托	9466115.91	2	建信信托	42.06	2
外贸信托	9200293.34	3	中诚信托	34.88	3
中信信托	5752801.58	4	中海信托	26.75	4
华宝信托	3726020.50	5	浙金信托	26.19	5
华润信托	3677771.54	6	北京信托	24.44	6
中融信托	3491213.01	7	陕西国投	23.92	7
中海信托	3366629.00	8	北方信托	19.84	8
长安信托	3300273.84	9	上海信托	19.79	9
北方信托	3186993.00	10	华润信托	19.72	10

资料来源：信托公司年报，用益信托工作室整理、制作。

如表21数据显示，信托资金投向工商企业领域规模最大的是兴业信托，资金规模为1090.29亿元，但其规模占比并没有进入前十。排名第二的为新时代信托，资金规模为1069.71亿元，其规模占比排名第一，高达84.54%，而2011年新时代信托此类投资占比也高居第一。规模排名第三的为山东信托，为977.68亿元。另外，规模占比排名第二的是渤海信托，比重为64.77%。中原信托排名第三，比重为63.46%。

如表22数据显示，金融机构投资领域资金规模最大的为建信信托，资金规模过千亿元，高达1628.95亿元，其规模占比则排名第三。华宝信托资金规模及占比都排名第二，分别为1061.10亿元和49.93%。中粮信托的资金规模排名第三，为648.19亿元，其规模占比位居第一，达52.27%。此类排名靠前的信托公司多具有银行、证券或资产管理公司等类似的金融背景，在发行这

表 21　2012 年工商企业领域信托资产规模及占比排名前十的信托公司

单位：万元，%

信托公司	资金规模	规模排名	信托公司	规模占比(%)	占比排名
兴业信托	10902857.86	1	新时代信托	84.54	1
新时代信托	10697086.66	2	渤海信托	64.77	2
山东信托	9776811.00	3	中原信托	63.46	3
长安信托	8786093.18	4	四川信托	62.16	4
中融信托	8649588.74	5	西部信托	58.71	5
四川信托	8502302.67	6	国元信托	51.78	6
渤海信托	6500517.00	7	山东信托	51.54	7
国元信托	5907471.76	8	华澳信托	49.23	8
平安信托	5772622.83	9	厦门信托	48.74	9
中江信托	5549250.68	10	山西信托	47.90	10

资料来源：信托公司年报，用益信托工作室整理、制作。

类项目时无不具有先天的便利条件，然而，这给监管带来难度，且这类业务存在一定的变数和隐性风险。2012 年监管层对此类项目开始进行有针对性的压缩，未来这一类业务势必会进一步下降。

表 22　2012 年金融机构领域信托资产规模及占比排名前十的信托公司

单位：万元，%

信托公司	资金规模	规模排名	信托公司	规模占比	占比排名
建信信托	16289536.07	1	中粮信托	52.27	1
华宝信托	10611032.63	2	华宝信托	49.93	2
中粮信托	6481862.76	3	建信信托	46.44	3
粤财信托	5300396.61	4	江苏信托	38.73	4
陕西国投	3458491.69	5	陕西国投	34.20	5
中诚信托	3427038.54	6	粤财信托	32.03	6
江苏信托	2949749.75	7	长城信托	30.51	7
中融信托	2916862.34	8	甘肃信托	16.97	8
平安信托	2503863.53	9	中诚信托	12.63	9
兴业信托	2158166.20	10	平安信托	11.81	10

资料来源：信托公司年报，用益信托工作室整理、制作。

二　长期股权投资占比逐年下降，金融投资领域保持绝对优势

根据66家信托公司公布的自营资产规模相关数据，2012年，信托行业自营资产规模继续攀升，达到2294亿元，平均每家信托公司自营总资产规模为347602万元，比2011年上升62703万元，上升幅度为22.01%。

信托公司自营资产的运用方式可以分为货币资产、贷款、长期投资及其他方式。从2012年度的年报披露情况来看，有63家信托公司公布了自营资产的运用情况，较2011年增加了渤海信托、陆家嘴信托、长城信托和浙金信托4家公司。

1. 固有业务投资方式

根据66家信托公司披露的年报数据显示，2012年信托公司自营资产运用情况相比2011整体变化不大，但更为均衡；运用方式同2011年一样，主要集中于货币资产、贷款及应收款、可供出售金融资产和长期股权投资。

表23　2012年信托公司自营资产运用方式结构

单位：万元，%

运用方式	2012年资金规模	规模占比	2011年资金规模	规模占比
货币资产	4770726.27	20.76	3929286.13	21.24
贷款及应收款	3850768.29	16.76	3075194.92	17.14
交易性金融资产	985581.70	4.29	875526.63	4.39
可供出售金融资产	5405960.27	23.52	4158013.72	24.07
持有至到期投资	968487.31	4.21	619509.19	4.31
长期股权投资	4878796.56	21.23	4503187.21	21.72
其他	1602654.88	6.97	918953.64	7.13

资料来源：信托公司年报，用益信托工作室整理、制作。

信托公司自营资产运用方式中，可供出售金融资产、贷款及应收款、货币资产与长期股权投资这四个方式所占比例较大。除贷款及应收款所占比例为16.76%外，其余3种运用方式所占比例均超过20%，其中以可供出售金融资产的规模最大，为540.60亿元，占自营资产总规模的23.52%。交易性金融

资产、持有至到期投资及其他运用方式的投资规模较小，三者投资总额占比仅为 15.47%。

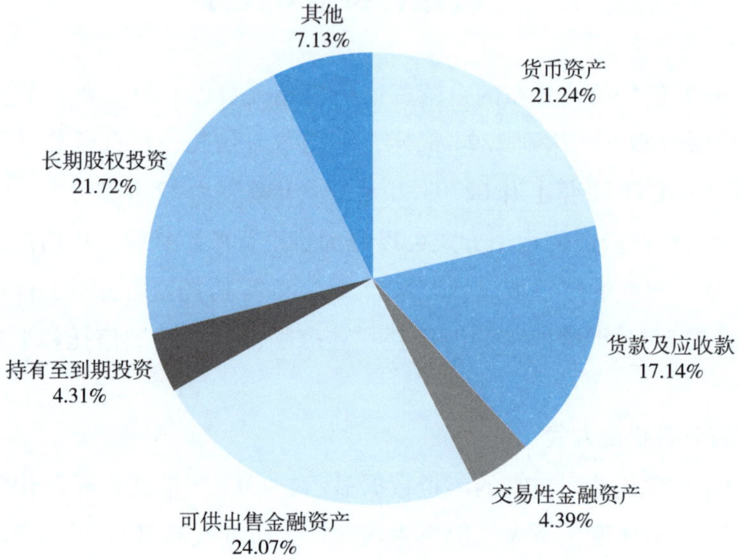

图 10　2012 年信托公司自营资产运用方式结构

资料来源：信托公司年报，用益信托工作室整理、制作。

2009～2011 年，长期股权投资占比逐年下降，但一直是信托公司自营资产的主要投资方式；而 2012 年，这一位置被近年来占比逐步上升的可供出售金融资产运作方式所取代。货币资产也是信托公司主要的自营资产运用方式，比例一般在 20% 左右，2011 年比例为 21.53%，2012 年比例为 20.76%。

从表 24 中可以看出，2011 年华能信托自营资产运用在可供出售金融资产中的占比尚未排进前十名，而 2012 年却位列第一，占比高达 69.85%，相比 2011 年的 34.89% 上升了近 35 个百分点；长期股权投资方面，排名变化不大，江苏信托排名由 2011 年的第二位上升到 2012 年的第一位；货币资产方面，陆家嘴信托 2011 年运用在此方面的资产占其自营资产总额的 93.98%，排名第一，而 2012 年却大幅下降为 53.59%，排名第八；贷款及应收款方面，北方信托 2012 年自营资产运用在此项的占比也大幅上升，由 2011 年的 33.59% 上升为的 60.67%，占比排名升至第一。

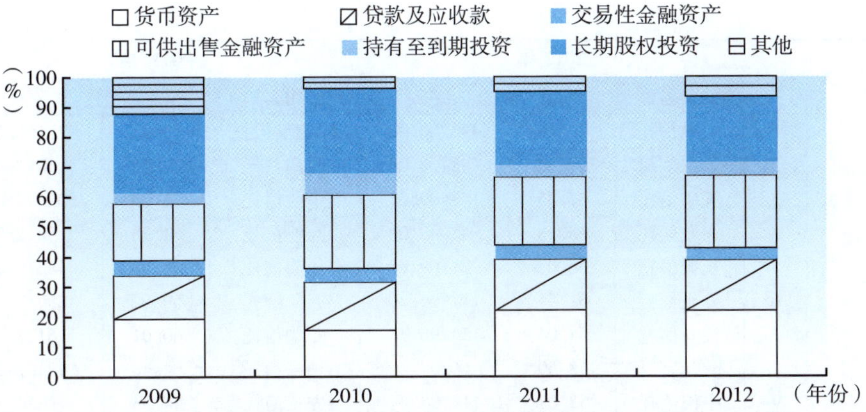

图 11　2009～2012 年信托公司自营资产运用方式占比变化

资料来源：信托公司年报，用益信托工作室整理、制作。

表 24　2011～2012 年信托公司自营资产四大运用方式占比最大的前十名

单位：万元，%

运用方式	排名	2012 年			2011 年		
		公司名称	占比	金额	公司名称	占比	金额
可供出售金融资产	1	华能信托	69.85	260388.05	华宸信托	80.77	111495.00
	2	昆仑信托	69.59	365770.00	国投信托	66.54	136648.96
	3	中航信托	58.93	161993.24	昆仑信托	65.63	317035.77
	4	国投信托	57.45	135662.60	建信信托	62.67	310329.92
	5	华宝信托	54.19	263593.91	华融信托	42.70	110144.84
	6	新时代信托	52.23	91640.00	中粮信托	41.59	57322.40
	7	兴业信托	47.76	197332.07	华润信托	38.70	393032.49
	8	华信信托	47.66	271187.23	华宝信托	38.67	155161.45
	9	华鑫信托	47.08	138048.14	中铁信托	38.21	113754.00
	10	建信信托	45.73	250987.61	西部信托	36.64	52386.00
长期股权投资	1	江苏信托	73.65	475592.53	国元信托	80.53	274153.67
	2	国元信托	72.14	276795.42	江苏信托	76.43	402810.68
	3	中江信托	62.58	218878.43	中江信托	69.72	179767.93
	4	国联信托	58.16	141727.00	国联信托	62.86	140197.00
	5	华润信托	49.29	588045.40	华润信托	52.79	536122.58
	6	粤财信托	41.57	115404.20	平安信托	45.53	700580.71
	7	上海信托	38.37	242299.08	吉林信托	44.49	122685.74
	8	平安信托	38.36	616501.90	新时代信托	43.44	43267.87
	9	中原信托	37.23	78964.00	上海信托	43.15	242284.49
	10	厦门信托	37.09	67327.00	湖南信托	41.66	50509.00

续表

运用方式	排名	2012 年			2011 年		
		公司名称	占比	金额	公司名称	占比	金额
货币资产	1	中融信托	79.29	493700.00	陆家嘴信托	93.98	27166.08
	2	云南信托	69.57	88760.00	云南信托	77.29	85871.00
	3	五矿信托	67.35	143409.61	中融信托	73.05	307674.00
	4	大业信托	65.38	48039.00	兴业信托	64.28	215812.75
	5	长城信托	65.02	21109.85	华澳信托	64.08	48719.00
	6	方正信托	61.51	117964.80	五矿信托	60.92	85719.80
	7	长安信托	54.04	154196.78	新华信托	60.01	136122.14
	8	陆家嘴信托	53.59	66208.00	长安信托	54.48	92361.29
	9	中粮信托	52.07	118798.37	方正信托	54.33	43620.74
	10	粤财信托	48.75	135360.34	中航信托	52.25	104517.65
贷款及应收款	1	北方信托	60.67	154018.43	华鑫信托	65.61	90257.50
	2	爱建信托	53.38	155140.56	紫金信托	53.47	29704.17
	3	中投信托	53.24	159835.33	爱建信托	51.12	32087.39
	4	中诚信托	53.14	616441.55	英大信托	47.10	117441.90
	5	百瑞信托	44.52	121877.18	中诚信托	45.98	467390.55
	6	东莞信托	42.52	46150.16	中投信托	44.95	113018.71
	7	华鑫信托	36.93	108300.51	中粮信托	41.36	57000.00
	8	英大信托	35.70	129684.05	金谷信托	41.21	72541.07
	9	重庆信托	34.50	334973.61	东莞信托	40.27	41889.44
	10	长城信托	34.11	11074.77	苏州信托	40.02	45807.00

资料来源：信托公司年报，用益信托工作室整理、制作。

2. 固有业务投向

根据公司披露的年报数据，2012 年信托公司自营资产主要投向金融机构、其他领域及证券市场，其资金规模分别为 815.22 亿元、613.06 亿元和 365.54 亿元。其中，以投向金融机构的资产规模最大，占自营资产总规模的 35.48%，较 2011 年 38.92% 的占比有所下降；投资于其他领域的资产规模占比也有所下降，由 2011 年的 27.29% 下降为 26.68%；而投向证券市场的资金规模占比则所有上升，由 14.17% 上升为 15.91%。

近年来，分布在基础产业的自营资产占比一直处于最低水平，发展较为缓慢，占比为 3.05%；房地产业占比也较低，但在持续稳定的上升，由 2009 年的 5.1% 上升至 2012 年的 7.32%，因为有些信托公司在开展信托业务时，会将自有资产投入到自主管理的信托计划中，因而使得投资于该领域的资产规模及占比有所上升；投向工商企业的资金占比也在持续下降，由 2009 年的 13% 下降到 2012 年的 7.41%。

表 25　2012 年信托公司自营资产分布领域

单位：万元，%

运用方式	2012 资金规模	规模占比	2011 资金规模	规模占比
基础产业	701723.00	3.19	458797.40	2.59
房地产业	1681445.34	7.63	1129116.84	6.33
证券市场	3655365.54	16.60	2586645.01	14.59
工商企业	1703345.55	7.73	1480263.77	8.35
金融机构	8152156.74	37.02	7103850.43	40.05
其　　他	6130628.59	27.83	4980868.75	28.09

资料来源：信托公司年报，用益信托工作室整理、制作。

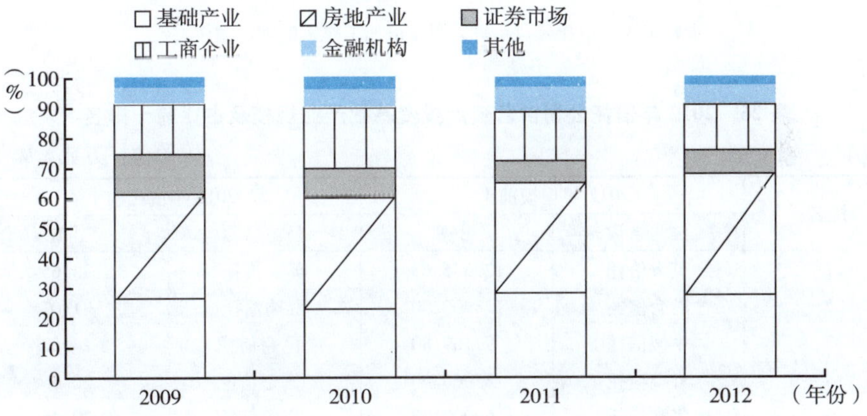

图 12　2009～2012 年信托公司自营资产分布领域占比变化

资料来源：信托公司年报，用益信托工作室整理、制作。

年报数据显示，自营资产投资于基础产业最高的信托公司是英大信托，余额达 12.95 亿元，占比则为 35.65%，位居各信托公司之首。这得益于英大信托强大的股东背景，使其自有资金的很大部分分布于电力、能源等行业。规模排在第二、第三位的分别是昆仑信托和中诚信托，其股东背景分别为石油行业与煤炭行业，都属于基础产业的范畴。

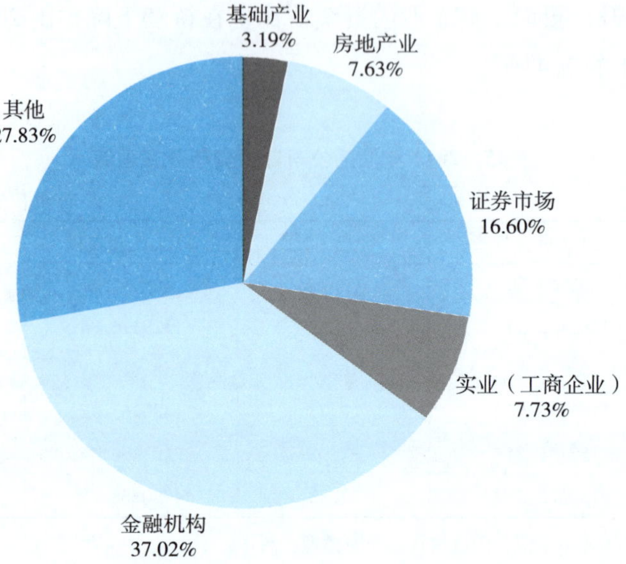

图 13　2012 年信托公司自营资产投向分布

资料来源：信托公司年报，用益信托工作室整理、制作。

表 26　2012 年信托公司自营资产投资基础产业规模及占比前十排名

单位：万元，%

排名	2012 年规模前十		2012 年占比前十	
	公司名称	金额	公司名称	占比
1	英大信托	129535.63	英大信托	35.65
2	昆仑信托	128900.00	百瑞信托	31.07
3	中诚信托	97169.80	昆仑信托	24.52
4	百瑞信托	85060.00	厦门信托	20.66
5	华鑫信托	60000.00	华鑫信托	20.46
6	国元信托	39200.00	国元信托	10.22
7	厦门信托	37502.00	五矿信托	9.39
8	五矿信托	20000.00	湖南信托	8.66
9	外贸信托	18887.99	中诚信托	8.38
10	中投信托	14850.00	中投信托	4.95

资料来源：信托公司年报，用益信托工作室整理、制作。

2012 年自有资金投资于房地产最多的信托公司是中诚信托，余额达 34.80 亿元，资金占比则排在第三位；排名第二位的是昆仑信托，规模为 20.89 亿元，而资金占比则排在所有信托公司之首，达 39.74%；排在第三位的是平安信托，规模为 16.20 亿元，但由于其自有资产规模行业最大，故规模占比仅为 10.08%。总体来看，信托公司投资于房地产的自有资金处于一个合理的范围，最大占比也没有超过 40%，且大多数公司的占比都在 30% 以内。

表 27　2012 年信托公司自营资产投资房地产业规模及占比前十排名

单位：万元，%

排名	2012 年规模前十		2012 年占比前十	
	公司名称	金额	公司名称	占比
1	中诚信托	348042.42	昆仑信托	39.74
2	昆仑信托	208900.00	爱建信托	37.83
3	平安信托	161958.00	中诚信托	30.00
4	中信信托	148989.47	中投信托	28.77
5	爱建信托	109932.47	金谷信托	23.36
6	中投信托	86354.26	交银信托	17.67
7	重庆信托	81000.09	四川信托	17.37
8	金谷信托	55741.83	大业信托	16.79
9	交银信托	50000.00	百瑞信托	13.52
10	兴业信托	48337.93	新华信托	12.89

资料来源：信托公司年报，用益信托工作室整理、制作。

从表 28 可以看出，信托公司自有资金投资于实业的比例较大，其中，投资规模排在第一位的是平安信托，达 47.25 亿元，远超其他公司，比排在第二位的中海信托高出了 34.25 亿元，但其规模占比排在第五，为 29.40%；而占比排在第一位的是北方信托，达到 48.19%，比排在第二位的高出了 14.31 个百分点。

证券市场作为信托公司自营资产的主战场，一直以来都是信托公司自有资金的重点投资领域。如表 29 所示，截至 2012 年末，在证券市场投资最多资金的信托公司是华信信托，达 34.57 亿元，占全部自有资产的 60.76%，占比在所有的信托公司中排名第三位；排第二位的是外贸信托，投入资金 28.49 亿元，占其总资产的 52.10%，占比排在第五位；而占比排在前两位的是陆家嘴信托和中江信托，分别是 76.41% 和 62.58%，规模分别是 9.44 亿元和 21.89 亿元。

表 28　2012 年信托公司自营资产投资实业（工商企业）规模及占比前十排名

单位：万元，%

排名	2012 年规模前十		2012 年占比前十	
	公司名称	金额	公司名称	占比
1	平安信托	472454.41	北方信托	48.19
2	中海信托	130000.00	长城信托	33.88
3	北方信托	122338.38	中海信托	32.50
4	重庆信托	112500.00	华澳信托	32.35
5	兴业信托	105503.30	平安信托	29.40
6	昆仑信托	101042.00	兴业信托	25.53
7	中诚信托	77534.92	甘肃信托	24.39
8	北京信托	70749.00	天津信托	21.94
9	天津信托	48342.00	北京信托	20.20
10	爱建信托	40922.97	昆仑信托	19.22

资料来源：信托公司年报，用益信托工作室整理、制作。

表 29　2012 年信托公司自营资产投资证券市场规模及占比前十排名

单位：万元，%

排名	2012 年规模前十		2012 年占比前十	
	公司名称	金额	公司名称	占比
1	华信信托	345697.97	陆家嘴信托	76.41
2	外贸信托	284875.58	中江信托	62.58
3	华宝信托	273373.49	华信信托	60.76
4	中江信托	218868.43	华宝信托	56.20
5	重庆信托	208108.13	外贸信托	52.10
6	上海信托	166200.31	浙金信托	47.49
7	华鑫信托	137932.98	华鑫信托	47.04
8	华融信托	124486.96	山东信托	42.09
9	山东信托	116392.20	华融信托	40.25
10	江苏信托	98546.31	华宸信托	38.08

资料来源：信托公司年报，用益信托工作室整理、制作。

由表 30 可以看出，粤财信托公司的自营资产投资在金融机构的占比稳居第一，达到 94.98%，远远高于其他信托公司，但其规模仅排在第十位；规模排在第一位的是平安信托，为 78.18 亿元。

表 30　2012 年信托公司自营资产投资金融机构规模及占比前十排名

单位：万元，%

排名	2012 年规模前十		2012 年占比前十	
	公司名称	金额	公司名称	占比
1	平安信托	781817.86	粤财信托	94.98
2	华润信托	693626.82	国元信托	77.80
3	江苏信托	483932.40	华能信托	75.06
4	上海信托	421912.12	江苏信托	74.94
5	中诚信托	396454.65	北京信托	69.46
6	国元信托	298518.23	五矿信托	67.35
7	重庆信托	293619.60	国民信托	67.13
8	华能信托	279822.30	上海信托	66.81
9	建信信托	265417.75	大业信托	65.38
10	粤财信托	263697.57	长城信托	65.02

资料来源：信托公司年报，用益信托工作室整理、制作。

3. 固有业务收入

信托业务固有业务收入主要由利息收入、投资收入、公允价值变动收益、租赁业务收入及其他收入组成。其中，利息收入与投资收入是最主要的两人信托收入来源；由于资本市场的低迷，公允价值变动收益的占比较低；租赁业务一直以来在信托公司中开展甚少，其收入占比亦非常小，而且从事相应业务的公司数目也很少。这说明各公司的利息收入和投资收入的占比差异较大。

（一）利息收入

2012 年 66 家披露年报的信托公司中有 65 家实现了利息收入，仅山东信托的利息收入为零。

根据已披露年报数据显示，2012 年 65 家信托公司共实现利息收入 53.47 亿元，在整个信托公司收入结构中占比为 8.08%，平均每家信托公司实现利息收入 0.82 亿元；而 2011 年 65 家信托公司共实现利息收入 45.09 亿元，在信托公司收入结构中占比为 10.16%，平均每家公司实现利息收入 0.69 亿元。从统计数据来看，2012 年信托公司利息收入益相比 2011 年增长 18.59%。

表 31　2012 年利息收入排名前十的信托公司

单位：万元，%

序号	信托公司	利息收入		增长率
		2012 年	2011 年	
1	中信信托	77955.23	73735.90	5.72
2	中诚信托	60021.74	63668.01	-5.73
3	重庆信托	28685.36	40556.22	-29.27
4	华润信托	19243.12	11108.97	73.22
5	中铁信托	19034.70	13713.31	38.80
6	金谷信托	15986.11	9999.38	59.87
7	北京信托	15547.46	10271.77	51.36
8	吉林信托	15472.43	9039.46	71.17
9	百瑞信托	14742.68	10643.82	38.51
10	华鑫信托	13993.83	8007.97	74.75
收入合计		280682.66	250744.81	11.94

注：取信托公司年报母公司报表财务数据。

资料来源：信托公司年报，用益信托工作室整理、制作。

由表 31 可以看出，2012 年信托公司利息收入最高的是中信信托，全年实现利息收入 7.80 亿元，较 2011 年增长 5.72%，占 2012 年信托公司利息收入总额的 14.59%；而信托业务收入排名前十的信托公司业务收入总额为 28.07 亿元，占全年业务总收入的 52.50%。在利息收入排名前十的信托公司中，有两家信托公司的利息收入同比下降，分别为中诚信托和重庆信托，下降幅度分别为 5.73% 和 29.27%。

2012 年利息收入增长最快的是陕西国投，其增幅超过了六倍，这与其上年利息收入基数较小有关，第 2~5 名的情况也基本与此类似（见表 32）。

（二）股权投资收益

2012 年有股权投资收益的信托公司 58 家，其中 5 家信托公司的股权投资收益为负数，分别为中融信托、山西信托、新华信托、华宸信托及天津信托。15 家信托公司的股权投资收益为零，分别为新时代信托、陆家嘴信托、浙金信托、国民信托、杭州信托、紫金信托、中投信托、云南信托、华鑫信托、交银信托、华澳信托、大业信托、中江信托、方正信托和爱建信托。另外，8 家

表 32　2012 年利息收入增长率排名前十的信托公司

单位：万元，%

序号	信托公司	利息收入		增长率
		2012 年	2011 年	
1	陕西国投	12416.28	1620.65	666.13
2	中泰信托	1701.75	288.11	490.66
3	安信信托	3173.78	581.62	445.68
4	中海信托	11153.99	2084.40	435.12
5	长安信托	4470.40	891.33	401.54
6	爱建信托	11698.76	2946.93	296.98
7	方正信托	5263.76	1782.61	195.28
8	中江信托	1159.69	428.63	170.56
9	大业信托	3539.42	1424.01	148.55
10	粤财信托	5555.06	2314.92	139.97

注：取信托公司年报母公司报表财务数据。

资料来源：信托公司年报，用益信托工作室整理、制作。

信托公司未披露股权投资收益信息，分别是华能信托、五矿信托、中粮信托、西藏信托、金谷信托、长安信托、陕西国投及长城信托。

根据已披露年报数据统计，2012 年 58 家信托公司实现股权投资收益 48.03 亿元，平均每家信托公司实现收益 0.83 亿元；而 2011 年 57 家信托公司共实现股权投资收益 37.78 亿元，平均每家公司实现收益 0.66 亿元。从统计数据来看，2012 年信托股权投资收益相比 2011 年增长 27.14%。

表 33　2012 年信托公司股权投资收益收入排名

单位：万元，%

序号	信托公司	信托股权投资收益		增长率
		2012 年	2011 年	
1	江苏信托	77132.70	64761.68	19.10
2	华润信托	55449.62	54645.75	1.47
3	平安信托	51542.08	47590.57	8.30
4	上海信托	50158.94	36425.49	37.70
5	山东信托	39017.83	5509.44	608.20
6	中海信托	26934.09	13141.85	104.95
7	中诚信托	24781.39	27729.02	-10.63
8	重庆信托	22109.80	14470.68	52.79

续表

序号	信托公司	信托股权投资收益		增长率
		2012 年	2011 年	
9	中泰信托	12106.41	14170.41	-14.57
10	粤财信托	11406.44	16225.06	-29.70
11	中信信托	10945.88	4871.29	124.70
12	吉林信托	10913.41	9167.01	19.05
13	国元信托	9464.07	10657.63	-11.20
14	外贸信托	9456.39	10171.42	-7.03
15	西部信托	8727.79	1768.55	393.50
16	华信信托	8664.79	5047.85	71.65
17	国投信托	7085.52	7050.66	0.49
18	北京信托	6954.00	7.00	99242.86
19	安信信托	6398.35	-3437.25	-286.20
20	厦门信托	5926.00	7629.00	-22.32
21	华宝信托	5610.21	3290.80	70.48
22	国联信托	5553.00	5547.00	0.11
23	苏州信托	2742.00	531.00	416.38
24	中原信托	2429.47	8945.99	-72.84
25	北方信托	1764.70	3801.63	-53.58
26	兴业信托	1614.00	130.00	1141.50
27	渤海信托	1317.50	0	
28	湖南信托	1193.00	262.00	355.34
29	建信信托	1173.86	1563.50	-24.92
30	昆仑信托	911.09	660.41	37.96
31	百瑞信托	793.69	0	
32	东莞信托	699.55	484.09	44.51
33	中航信托	683.90	0	
34	甘肃信托	200.00	956.58	-79.09
35	华融信托	195.02	15.19	1183.90
36	中铁信托	164.00	710.00	-76.90
37	四川信托	162.18	226.21	-28.31
38	英大信托	77.32	36.00	114.78
39	新时代信托	0	0	
40	陆家嘴信托	0	0	
41	浙金信托	0	0	
42	国民信托	0	0	

续表

序号	信托公司	信托股权投资收益		增长率
		2012 年	2011 年	
43	杭州信托	0	0	
44	紫金信托	0	143.63	-100.00
45	中投信托	0	0	
46	云南信托	0	0	
47	华鑫信托	0	0	
48	交银信托	0	0	
49	华澳信托	0	0	
50	大业信托	0	0	
51	中江信托	0	100.80	-100.00
52	方正信托	0		
53	爱建信托	0	2219.18	-100.00
54	中融信托	-16.31	-3.27	398.78
55	山西信托	-58.11	556.01	-110.50
56	新华信托	-251.42	48.00	-623.80
57	华宸信托	-747.12	853.21	-187.60
58	天津信托	-1095.40	-921.50	18.87
59	华能信托			
60	五矿信托			
61	中粮信托			
62	西藏信托			
63	金谷信托			
64	长安信托			
65	陕西国投			
66	长城信托			
收入合计		480291.63	377759.57	27.14

注：取信托公司年报母公司报表财务数据。

资料来源：信托公司年报，用益信托工作室整理、制作。

（三）证券投资收益

根据年报数据统计，2012 年实现证券投资收益的信托公司有 54 家，其中 15 家信托公司的证券投资收益为负数，分别为紫金信托、北方信托、天津信托、西部信托、国联信托、国民信托、苏州信托、北京信托、粤财信托、建信信托、东莞信托、中诚信托、长安信托、甘肃信托及重庆信托。9家信托公司的证券投资收益为零，分别为华润信托、山东信托、国投信托、中原信托、新时代信托、中投信托、华澳信托、大业信托和方正信托。另外，12家信托公司未披露证券投资收益信息，分别是中海信托、安信信托、湖南信托、百瑞信托、中铁信托、四川信托、华能信托、中粮信托、西藏信托、金谷信托、陕西国投及长城信托。

根据已披露年报数据统计，2012年54家信托公司实现证券投资收益11.81亿元，平均每家信托公司实现收益0.22亿元；而2011年54家信托公司共实现证券投资收益6.71亿元，平均每家公司实现收益0.12亿元。从统计数据来看，2012年信托公司证券投资收益相比2011年增长76%，平均证券投资收益上涨83.33%。

2012年证券类投资信托发行增速最为明显，主要得益于被限制了3年有余的信托新开证券账户解禁，从而使得投向证券方面的信托产品发行升温。不过受A股市场影响，证券类信托产品的整体预期收益率在较长时间内可能仍徘徊在7.5%的低位。从当下的市场形势来看，投资者在选择具体信托产品时应把握自身风险偏好，细致衡量风险收益配比，全面考察信托公司交易对手及具体项目的投资质地。

表34　2012年信托公司证券投资收益收入排名

单位：万元，%

序号	信托公司	证券投资收益		增长率
		2012年	2011年	
1	外贸信托	23770.09	22328.19	6.46
2	华信信托	20357.90	-2368.45	959.60
3	平安信托	16449.48	13006.13	26.47
4	兴业信托	12050.00	1565.00	669.97
5	中信信托	9592.97	24966.19	-61.58
6	上海信托	7660.38	-238.97	3305.58
7	华宸信托	7433.78	5258.8	41.36
8	山西信托	6754.06	7282.28	-7.25
9	华融信托	4394.47	1358.11	223.57
10	中融信托	4305.30	0	

续表

序号	信托公司	证券投资收益		增长率
		2012 年	2011 年	
11	中航信托	3977.14	-860.18	-562.40
12	昆仑信托	3729.40	-8100.79	-146.00
13	华鑫信托	3281.11	1257.98	160.82
14	五矿信托	3267.19	1645.12	98.60
15	新华信托	2402.39	214.05	1022.40
16	渤海信托	2242.32	3606.85	-37.83
17	中泰信托	1773.06	-441.68	-501.40
18	江苏信托	1348.40	1023.31	31.77
19	爱建信托	1310.13	221.07	492.63
20	华宝信托	1201.13	-524.19	329.10
21	英大信托	1014.47	-1237.47	181.90
22	云南信托	986.39	2791.03	-64.66
23	交银信托	778.68	1527.12	-49.01
24	陆家嘴信托	669.00	0	
25	浙金信托	609.67		
26	吉林信托	306.69	-2185.51	114.00
27	国元信托	141.33	539.71	-73.81
28	中江信托	69.23	-73.31	194.40
29	厦门信托	47.00	280.00	-83.21
30	杭州信托	7.00	514.00	-98.64
31	华润信托	0	0	
32	山东信托	0	-5293.75	100.00
33	国投信托	0	625.97	-100.00
34	中原信托	0	0	
35	新时代信托	0	0	
36	中投信托	0	609.58	-100.00
37	华澳信托	0	0	
38	大业信托	0	0	
39	方正信托	0		
40	紫金信托	-26.00	8.74	-397.50
41	北方信托	-54.44	-1066.79	94.90
42	天津信托	-160.60	1874.00	-108.60
43	西部信托	-294.32	355.66	-182.80
44	国联信托	-304.00	327.00	-192.90

续表

序号	信托公司	证券投资收益		增长率
		2012 年	2011 年	
45	国民信托	-400.51	1443.59	-127.70
46	苏州信托	-402.00	67.00	-700.00
47	北京信托	-603.00	-171.00	-252.63
48	粤财信托	-642.99	-591.80	-8.65
49	建信信托	-786.38	-2934.04	73.20
50	东莞信托	-2280.99	662.43	-444.30
51	中诚信托	-2559.19	3250.67	-178.70
52	长安信托	-4325.20	2123.00	-303.70
53	甘肃信托	-4657.43	-5283.64	11.85
54	重庆信托	-6326.91	-404.17	-1465.40
55	中海信托			
56	安信信托			
57	湖南信托			
58	百瑞信托			
59	中铁信托			
60	四川信托			
61	华能信托		-1104.82	100.00
62	中粮信托		-715.76	100.00
63	西藏信托			
64	金谷信托			
65	陕西国投			
66	长城信托			
收入合计		118106.20	67136.26	75.92

注：取信托公司年报母公司报表财务数据。

资料来源：信托公司年报，用益信托工作室整理、制作。

B.4
反映信托公司盈利能力的主要相关财务指标分析

摘　要：

据年报数据统计，2012年66家信托公司的营业收入总计共788.74亿元，与2011年相比，增加了245.55亿元，增幅达到45.21%；共实现净利润369.45亿元，平均净利润为5.6亿元，与2011年相比，增加了115.69亿元，增幅达到45.59%；平均资本利润率为20.23%，与2011年相比，增加了1.7个百分点。

关键词：

营业收支　人均净利润　资本利润率　信托报酬率

一　行业收入高歌猛进，公司分化有所缓解

根据年报数据统计，2012年66家信托公司的营业收入总计共788.74亿元，平均营业收入为11.95亿元，而2011年65家信托公司实现营业收入543.19亿元，平均收入为8.36亿元。与2011年相比，2012年信托公司总营业收入增加了245.55亿元，增幅达到45.21%；平均收入增长3.59亿元，增幅为43%，行业收入继续保持高速增长态势。据统计，66家信托公司中，营业收入高于行业平均水平的有21家，其中，收入排名前十位的信托公司收入总计为372.97亿元，占行业总收入的47.29%，而2011年该占比高达50.63%。由此来看，尽管当前信托公司收入分化现象仍然明显，但相较2011年业绩分化有所缓解。

表1　2011～2012年信托公司营业收入情况对比

单位：亿元，%

项　目	行业总收入	平均营业收入
2012年	788.74	11.95
2011年	543.19	8.36
绝对增长	245.55	3.59
涨　　幅	45.21	43

注：取信托公司年报合并报表财务数据。

资料来源：信托公司年报，用益信托工作室整理、制作。

从信托公司营业收入排名来看，2012年营业收入前六位的信托公司与2011年相同，分别是平安信托（151.41亿元）、中信信托（44.76亿元）、中融信托（38.09亿元）、中诚信托（26.93亿元）、上海信托（21.81亿元）和华润信托（20.82亿元）。另外，排在第十位的外贸信托2011年排名仍是第十位。而值得注意的是，营业收入跌出前十名的信托公司有2家，分别是新华信托和中泰信托，分别排在第12位和第24位，从收入总额来看，新华信托虽然排名有所下降，但收入较上年仍有所增长。2012年营业收入前十的新增的两家信托公司，分别是长安信托和四川信托。其中，长安信托表现尤为抢眼，从上年的7亿元增长为2012年的18亿元，一举从2011年的第25位跃升至第7位；而四川信托作为2010年重新换牌的信托公司，在2011年实现近25倍的增长后，2012年继续突飞猛进，闯进前十名。

表2　2012年信托公司收入排名

单位：万元

2012年排名	信托公司	收入		2011年排名	名次变化
		2012年	2011年		
1	平安信托	1514092.53	956214.30	1	0
2	中信信托	447595.83	374684.02	2	0
3	中融信托	380893.12	292621.72	3	0
4	中诚信托	269293.99	241342.36	4	0
5	上海信托	218080.00	175611.40	5	0
6	华润信托	208211.42	161592.77	6	0
7	长安信托	180182.92	70002.49	25	18
8	四川信托	178597.03	94928.84	17	9

续表

2012 年排名	信托公司	收入		2011 年排名	名次变化
		2012 年	2011 年		
9	华融信托	167851.33	142803.86	8	-1
10	外贸信托	164868.83	122212.80	10	0
11	兴业信托	144525.23	49044.07	32	21
12	新华信托	144082.94	136134.45	9	-3
13	中江信托	136505.55	85584.08	18	5
14	中铁信托	133333.74	99791.59	15	1
15	重庆信托	133317.11	120493.25	11	-4
16	北京信托	131420.22	96967.78	16	0
17	华宝信托	131285.24	119548.51	12	-5
18	中航信托	128839.63	65982.54	26	8
19	江苏信托	127117.43	102466.51	14	-5
20	山东信托	121935.32	53884.31	30	10
21	昆仑信托	121258.37	82878.75	19	-2
22	华信信托	117947.29	72545.86	23	1
23	华能信托	116439.13	73067.71	21	-2
24	中泰信托	115690.77	146941.15	7	-17
25	中海信托	110849.16	102765.60	13	-12
26	建信信托	108755.88	60068.86	29	3
27	金谷信托	94536.55	44040.75	36	9
28	英大信托	92489.76	72816.18	22	-6
29	北方信托	91520.34	60542.78	28	-1
30	吉林信托	88566.07	70596.98	24	-6
31	五矿信托	88416.51	30853.34	49	18
32	百瑞信托	81256.25	62526.92	27	-5
33	国投信托	79173.92	79647.46	20	-13
34	方正信托	75360.01	24094.58	54	20
35	华鑫信托	73367.61	35448.42	43	8
36	交银信托	71141.81	37071.61	42	6
37	渤海信托	70265.34	52567.28	31	-6
38	厦门信托	69865.00	43467.00	37	-1
39	国元信托	65644.13	40060.37	40	1
40	湖南信托	64078.00	31835.00	47	7
41	天津信托	64042.85	44283.60	35	-6
42	中原信托	60173.78	41388.19	39	-3

续表

2012 年排名	信托公司	收入		2011 年排名	名次变化
		2012 年	2011 年		
43	粤财信托	58614.92	48696.45	33	-10
44	陕西国投	57630.88	30442.20	50	6
45	中投信托	53399.62	43102.09	38	-7
46	国民信托	52886.79	32311.95	46	0
47	杭州信托	52175.00	39839.00	41	-6
48	苏州信托	52099.84	28663.77	52	4
49	新时代信托	50538.89	31140.88	48	-1
50	安信信托	47530.54	48500.65	34	-16
51	东莞信托	44720.57	30104.74	51	0
52	爱建信托	42406.17	18771.82	57	5
53	山西信托	41361.49	33023.88	45	-8
54	大业信托	40083.43	18565.30	58	4
55	华澳信托	37010.91	16933.44	59	4
56	中粮信托	35866.16	22028.15	56	0
57	国联信托	35621.00	33235.00	44	-13
58	云南信托	30856.26	22970.77	55	-3
59	华宸信托	30673.71	28403.30	53	-6
60	西部信托	30405.30	13267.58	60	0
61	陆家嘴信托	27863.07	1626.47	65	4
62	紫金信托	26389.23	8293.84	61	-1
63	甘肃信托	24347.67	4375.82	62	-1
64	西藏信托	16753.48	4154.61	63	-1
65	浙金信托	11128.54	2021.26	64	-1
66	长城信托	4160.59			-66

注：取信托公司年报合并报表财务数据。

资料来源：信托公司年报，用益信托工作室整理、制作。

从各信托公司营业收入的增长情况来看，营业收入增长超过 5 亿元的信托公司有 12 家，其中收入排名进入前十的有 5 家，分别是平安信托、中信信托、中融信托、长安信托和四川信托；增长超过 10 亿元的信托公司有 2 家，分别是平安信托和长安信托，其中平安信托增长 55.79 亿元，远远超过长安信托 11 亿元的增长（见表 3）。

表3　2012年信托公司营业收入绝对增长前十名

单位：万元

信托公司	收入		
	2012年	2011年	增量
平安信托	1514092.53	956214.30	557878.23
长安信托	180182.92	70002.49	110180.43
兴业信托	144525.23	49044.07	95481.16
中融信托	380893.12	292621.72	88271.40
四川信托	178597.03	94928.84	83668.19
中信信托	447595.83	374684.02	72911.81
山东信托	121935.32	53884.31	68051.01
中航信托	128839.63	65982.54	62857.09
五矿信托	88416.51	30853.34	57563.17
方正信托	75360.01	24094.58	51265.43

注：取信托公司年报合并报表财务数据。

资料来源：信托公司年报，用益信托工作室整理、制作。

从信托公司营业收入的增长幅度情况来看，2012年披露信息的66家信托公司中，实现增长的有63家，除长城信托是2011年新换牌公司，没有相关数据披露外，其余65家信托公司均有对比数据。统计数据显示，2012年营业收入增幅超过1倍的有17家，涨幅在2倍以上的有6家，10倍以上的仅陆家嘴信托一家。而2011年营业收入涨幅超10倍的信托公司有7家，这主要是因为2010年多家新换牌的信托公司进入2011年后开展业务，用以对比的2010年的基数较低，所以涨幅较大。尽管如此，一些以往业绩不是很好的信托公司，由于其业绩基数较小，增幅容易做大。从表4中可以看出，2012年信托公司营业收入涨幅前十名的信托公司中仅长安信托一家营业收入进入前十，其余大部分信托公司2011年的营业收入不超过5亿元。

尽管信托行业绝大部分公司的业绩较上年有增长，但仍有少数几家公司因种种原因出现负增长。从表5可以看出，2012年营业收入出现负增长的信托公司有3家，分别是国投信托、安信信托和中泰信托。其中，中泰信托下降幅度最大，相较2011年减少3.13亿元，降幅达21.27%。

表 4　2012 年信托公司营业收入涨幅前十名

单位：万元，%

信托公司	收入		
	2012 年	2011 年	涨幅
陆家嘴信托	27863.07	1626.47	1613.10
甘肃信托	24347.67	4375.82	456.41
浙金信托	11128.54	2021.26	450.57
西藏信托	16753.48	4154.61	303.25
紫金信托	26389.23	8293.84	218.18
方正信托	75360.01	24094.58	212.77
兴业信托	144525.20	49044.07	194.68
五矿信托	88416.51	30853.34	186.57
长安信托	180182.90	70002.49	157.40
西部信托	30405.30	13267.58	129.17

注：取信托公司年报合并报表财务数据。

资料来源：信托公司年报，用益信托工作室整理、制作。

表 5　2012 年营业收入负增长的信托公司

单位：万元，%

信托公司	收入			
	2012 年	2011 年	绝对增长	增长幅度
国投信托	79173.92	79647.46	-473.54	-0.59
安信信托	47530.54	48500.65	-970.11	-2.00
中泰信托	115690.77	146941.15	-31250.38	-21.27

注：取信托公司年报合并报表财务数据。

资料来源：信托公司年报，用益信托工作室整理、制作。

表 6　2012 年信托公司营业收入增长排名

单位：万元，%

排名	信托公司	营业收入			
		2012 年	2011 年	增量	增幅
1	平安信托	1514092.53	956214.30	557878.23	58.34
2	长安信托	180182.92	70002.49	110180.43	157.40
3	兴业信托	144525.23	49044.07	95481.16	194.68
4	中融信托	380893.12	292621.72	88271.40	30.17
5	四川信托	178597.03	94928.84	83668.19	88.14
6	中信信托	447595.83	374684.02	72911.81	19.46

续表

排名	信托公司	营业收入			
		2012 年	2011 年	增量	增幅
7	山东信托	121935.32	53884.31	68051.01	126.29
8	中航信托	128839.63	65982.54	62857.09	95.26
9	五矿信托	88416.51	30853.34	57563.17	186.57
10	方正信托	75360.01	24094.58	51265.43	212.77
11	中江信托	136505.55	85584.08	50921.47	59.50
12	金谷信托	94536.55	44040.75	50495.80	114.66
13	建信信托	108755.88	60068.86	48687.02	81.05
14	华润信托	208211.42	161592.77	46618.65	28.85
15	华信信托	117947.29	72545.86	45401.43	62.58
16	华能信托	116439.13	73067.71	43371.42	59.36
17	外贸信托	164868.83	122212.80	42656.03	34.90
18	上海信托	218080.00	175611.40	42468.60	24.18
19	昆仑信托	121258.37	82878.75	38379.62	46.31
20	华鑫信托	73367.61	35448.42	37919.19	106.97
21	北京信托	131420.22	96967.78	34452.44	35.53
22	交银信托	71141.81	37071.61	34070.20	91.90
23	中铁信托	133333.74	99791.59	33542.15	33.61
24	湖南信托	64078.00	31835.00	32243.00	101.28
25	北方信托	91520.34	60542.78	30977.56	51.17
26	中诚信托	269293.99	241342.36	27951.63	11.58
27	陕西国投	57630.88	30442.20	27188.68	89.31
28	厦门信托	69865.00	43467.00	26398.00	60.73
29	陆家嘴信托	27863.07	1626.47	26236.61	1613.10
30	国元信托	65644.13	40060.37	25583.76	63.86
31	华融信托	167851.33	142803.86	25047.47	17.54
32	江苏信托	127117.43	102466.51	24650.92	24.06
33	爱建信托	42406.17	18771.82	23634.35	125.90
34	苏州信托	52099.84	28663.77	23436.08	81.76
35	大业信托	40083.43	18565.30	21518.13	115.91
36	国民信托	52886.79	32311.95	20574.84	63.68
37	华澳信托	37010.91	16933.44	20077.47	118.57
38	甘肃信托	24347.67	4375.82	19971.85	456.41
39	天津信托	64042.85	44283.60	19759.25	44.62
40	英大信托	92489.76	72816.18	19673.58	27.02

续表

排名	信托公司	营业收入			
		2012 年	2011 年	增量	增幅
41	新时代信托	50538.89	31140.88	19398.00	62.29
42	中原信托	60173.78	41388.19	18785.59	45.39
43	百瑞信托	81256.25	62526.92	18729.33	29.95
44	紫金信托	26389.23	8293.84	18095.40	218.18
45	吉林信托	88566.07	70596.98	17969.09	25.45
46	渤海信托	70265.34	52567.28	17698.06	33.67
47	西部信托	30405.30	13267.58	17137.72	129.17
48	东莞信托	44720.57	30104.74	14615.83	48.55
49	中粮信托	35866.16	22028.15	13838.01	62.82
50	重庆信托	133317.11	120493.25	12823.86	10.64
51	西藏信托	16753.48	4154.61	12598.87	303.25
52	杭州信托	52175.00	39839.00	12336.00	30.96
53	华宝信托	131285.24	119548.51	11736.73	9.82
54	中投信托	53399.62	43102.09	10297.53	23.89
55	粤财信托	58614.92	48696.45	9918.47	20.37
56	浙金信托	11128.54	2021.26	9107.28	450.57
57	山西信托	41361.49	33023.88	8337.61	25.25
58	中海信托	110849.16	102765.60	8083.56	7.87
59	新华信托	144082.94	136134.45	7948.49	5.84
60	云南信托	30856.26	22970.77	7885.50	34.33
61	长城信托	4160.59	—	4160.59	
62	国联信托	35621.00	33235.00	2386.00	7.18
63	华宸信托	30673.71	28403.30	2270.41	7.99
64	国投信托	79173.92	79647.46	-473.54	-0.59
65	安信信托	47530.54	48500.65	-970.11	-2.00
66	中泰信托	115690.77	146941.15	-31250.38	-21.27

注：取信托公司年报合并报表财务数据。

资料来源：信托公司年报，用益信托工作室整理、制作。

二　行业龙头平安信托、中信信托遥遥领先，行业无亏损企业

据年报数据显示，2012 年 66 家信托公司共实现净利润 369.45 亿元，平均净

利润为5.6亿元。与2011年相比，2012年信托公司净利润增加115.69亿元，增幅达45.59%；平均净利润上涨1.69亿元，涨幅为43%。总体来看，2012年信托公司盈利水平进一步提高，全行业继续保持盈利的状态，也反映了当前信托行业的利润空间依然相当可观，这与银行的盈利水平一样，已成为社会关注的热点。近年来银行等金融机构的巨额利润一直被人们所诟病，由于金融机构的超额利润主要来自实体经济，其势必会影响实体经济的可持续发展。相信随着金融改革的深化和券商、基金等的加入，未来信托行业的盈利水平会恢复到一个正常的状态。

从各信托公司净利润的排名来看，2012年净利润排名前三位的公司同2011年相比没有变化，仍然是平安信托、中信信托和中诚信托，其行业龙头的地位稳固；2011年排名前十的信托公司中有9家仍在前十，但位次有所变化。2012年新增的前十成员是长安信托，实现净利润10.34亿元，较上年增长6.68亿元，涨幅为182.46%。2011年排名第十的中海信托，2012年跌出前十，降至第13名。统计数据显示，2012年净利润排名前十的信托公司共实现净利润152.5亿元，占行业净利润总额的41.28%，较2011年46.28%的占比有所下降，行业的集中度有所下降。

表7　2012年信托公司净利润排名

单位：万元

2012年排名	信托公司	净利润		2011年排名	名次变化
		2012年	2011年		
1	平安信托	292879.94	225824.61	1	0
2	中信信托	271697.44	192016.78	2	0
3	中诚信托	160728.63	144389.67	3	0
4	中融信托	152431.19	106316.39	5	1
5	华润信托	134781.42	108357.52	4	-1
6	上海信托	107638.23	86265.81	7	1
7	江苏信托	107581.20	86579.44	6	-1
8	外贸信托	105733.00	78481.38	9	1
9	长安信托	103374.75	36597.44	23	14
10	重庆信托	88129.62	80130.43	8	-2
11	四川信托	87855.68	40558.92	20	9
12	中铁信托	81400.49	58228.93	11	-1

续表

2012年排名	信托公司	净利润		2011年排名	名次变化
		2012年	2011年		
13	中海信托	80728.05	66107.03	10	-3
14	华信信托	78751.58	47013.61	18	4
15	兴业信托	77221.58	20407.87	41	26
16	昆仑信托	74017.51	52452.60	14	-2
17	山东信托	73232.62	24739.97	34	17
18	北京信托	72020.76	53887.51	13	-5
19	华融信托	65182.09	51336.37	15	-4
20	华宝信托	64233.78	50326.68	16	-4
21	五矿信托	63344.57	20934.43	39	18
22	中航信托	63152.60	28520.39	30	8
23	华能信托	60218.73	37435.72	21	-2
24	建信信托	58654.27	32940.15	26	2
25	金谷信托	51259.18	24283.87	35	10
26	新华信托	50884.10	49641.58	17	-9
27	中江信托	50379.63	28459.69	31	4
28	英大信托	49199.28	42570.93	19	-9
29	百瑞信托	46772.96	36662.09	22	-7
30	北方信托	43272.23	31376.63	27	-3
31	厦门信托	42726.00	23292.00	37	6
32	渤海信托	41540.44	27264.25	32	0
33	国元信托	40890.16	25860.50	33	0
34	中泰信托	40398.64	54429.51	12	-22
35	方正信托	39619.01	8734.14	58	23
36	粤财信托	39616.76	33530.61	24	-12
37	华鑫信托	38679.29	19594.92	43	6
38	湖南信托	33929.00	13242.00	51	13
39	交银信托	33837.44	15879.18	49	10
40	国民信托	33341.07	18392.30	44	4
41	中原信托	32332.76	23478.91	36	-5
42	国投信托	31552.84	29476.32	29	-13
43	中投信托	29001.61	30343.96	28	-15
44	苏州信托	27924.59	15947.27	48	4
45	吉林信托	26563.25	33402.96	25	-20
46	陕西国投	26063.00	15435.43	50	4

续表

2012 年排名	信托公司	净利润		2011 年排名	名次变化
		2012 年	2011 年		
47	天津信托	24860.16	20778.22	40	-7
48	杭州信托	24192.00	18066.00	45	-3
49	东莞信托	24113.90	16535.77	46	-3
50	国联信托	23995.00	22890.00	38	-12
51	爱建信托	22982.03	12069.63	53	2
52	新时代信托	20043.51	10119.29	55	3
53	大业信托	18795.32	8804.08	56	3
54	西部信托	17895.26	6019.59	61	7
55	陆家嘴信托	17824.75	12167.79	52	-3
56	中粮信托	17145.97	7889.19	59	3
57	华宸信托	16671.38	16334.93	47	-10
58	云南信托	15549.61	12023.80	54	-4
59	甘肃信托	13554.52	794.15	64	5
60	山西信托	13263.19	8742.03	57	-3
61	华澳信托	12598.74	6096.77	60	-1
62	紫金信托	12288.36	5129.52	62	0
63	安信信托	10250.87	19777.12	42	-21
64	西藏信托	8562.15	2008.54	63	-1
65	浙金信托	3882.34	181.84	65	0
66	长城信托	1236.64	0.00	66	0

注：取信托公司年报合并报表财务数据。

资料来源：信托公司年报，用益信托工作室整理、制作。

从各信托公司2012年的净利润增长情况来看，净利润排名前两位的平安信托和中信信托，其净利润增长额也排名前两位。除此之外，其他净利润增长排名前十的信托公司中，长安信托和中融信托的净利润排名也进入了前十。从涨幅来看，除长城信托外，2012年涨幅超过1倍的信托公司有18家，涨幅超过2倍的有6家。其中，涨幅最快的是浙金信托和甘肃信托，分别增长20.35倍和16.07倍。值得注意的是，2012年信托公司净利润出现负增长的有4家，分别是中投信托、吉林信托、安信信托和中泰信托。此外，吉林信托、安信信托和中泰信托的利润总额也为负增长。中投信托在利润总额正增长的情况下，净利润却出现了负增长，由此来看，中投信托的所得税费用偏高，而企业的所得税率是法定的，在利润总额基数相差不大的情况下，所得税费用却很大，其中原因让人难以理解。

表 8　2012 年信托公司净利润增长排名

单位：万元，%

排名	信托公司	净利润			
		2012 年	2011 年	绝对增长	增长幅度
1	中信信托	271697.44	192016.78	79680.66	41.50
2	平安信托	292879.94	225824.61	67055.33	29.69
3	长安信托	103374.75	36597.44	66777.31	182.46
4	兴业信托	77221.58	20407.87	56813.71	278.39
5	山东信托	73232.62	24739.97	48492.65	196.01
6	四川信托	87855.68	40558.92	47296.76	116.61
7	中融信托	152431.19	106316.39	46114.79	43.38
8	五矿信托	63344.57	20934.43	42410.14	202.59
9	中航信托	63152.60	28520.39	34632.21	121.43
10	华信信托	78751.58	47013.61	31737.97	67.51
11	方正信托	39619.01	8734.14	30884.87	353.61
12	外贸信托	105733.00	78481.38	27251.62	34.72
13	金谷信托	51259.18	24283.87	26975.31	111.08
14	华润信托	134781.42	108357.52	26423.90	24.39
15	建信信托	58654.27	32940.15	25714.12	78.06
16	中铁信托	81400.49	58228.93	23171.56	39.79
17	华能信托	60218.73	37435.72	22783.01	60.86
18	中江信托	50379.63	28459.69	21919.94	77.02
19	昆仑信托	74017.51	52452.60	21564.91	41.11
20	上海信托	107638.23	86265.81	21372.42	24.78
21	江苏信托	107581.20	86579.44	21001.76	24.26
22	湖南信托	33929.00	13242.00	20687.00	156.22
23	厦门信托	42726.00	23292.00	19434.00	83.44
24	华鑫信托	38679.29	19594.92	19084.37	97.39
25	北京信托	72020.76	53887.51	18133.25	33.65
26	交银信托	33837.44	15879.18	17958.25	113.09
27	中诚信托	160728.63	144389.67	16338.96	11.32
28	国元信托	40890.16	25860.50	15029.66	58.12
29	国民信托	33341.07	18392.30	14948.77	81.28
30	中海信托	80728.05	66107.03	14621.02	22.12

续表

排名	信托公司	净利润			
		2012 年	2011 年	绝对增长	增长幅度
31	渤海信托	41540.44	27264.25	14276.18	52.36
32	华宝信托	64233.78	50326.68	13907.10	27.63
33	华融信托	65182.09	51336.37	13845.72	26.97
34	甘肃信托	13554.52	794.15	12760.37	1606.80
35	苏州信托	27924.59	15947.27	11977.32	75.11
36	北方信托	43272.23	31376.63	11895.60	37.91
37	西部信托	17895.26	6019.59	11875.67	197.28
38	爱建信托	22982.03	12069.63	10912.40	90.41
39	陕西国投	26063.00	15435.43	10627.57	68.85
40	百瑞信托	46772.96	36662.09	10110.87	27.58
41	大业信托	18795.32	8804.08	9991.24	113.48
42	新时代信托	20043.51	10119.29	9924.22	98.07
43	中粮信托	17145.97	7889.19	9256.78	117.34
44	中原信托	32332.76	23478.91	8853.85	37.71
45	重庆信托	88129.62	80130.43	7999.19	9.98
46	东莞信托	24113.90	16535.77	7578.13	45.83
47	紫金信托	12288.36	5129.52	7158.84	139.56
48	英大信托	49199.28	42570.93	6628.35	15.57
49	西藏信托	8562.15	2008.54	6553.61	326.29
50	华澳信托	12598.74	6096.77	6501.97	106.65
51	杭州信托	24192.00	18066.00	6126.00	33.91
52	粤财信托	39616.76	33530.61	6086.15	18.15
53	陆家嘴信托	17824.75	12167.79	5656.95	46.49
54	山西信托	13263.19	8742.03	4521.16	51.72
55	天津信托	24860.16	20778.22	4081.94	19.65
56	浙金信托	3882.34	181.84	3700.50	2035.03
57	云南信托	15549.61	12023.80	3525.80	29.32
58	国投信托	31552.84	29476.32	2076.52	7.04
59	新华信托	50884.10	49641.58	1242.52	2.50
60	长城信托	1236.64	0.00	1236.64	
61	国联信托	23995.00	22890.00	1105.00	4.83
62	华宸信托	16671.38	16334.93	336.46	2.06
63	中投信托	29001.61	30343.96	-1342.35	-4.42
64	吉林信托	26563.25	33402.96	-6839.71	-20.48
65	安信信托	10250.87	19777.12	-9526.25	-48.17
66	中泰信托	40398.64	54429.51	-14030.87	-25.78

注：取信托公司年报合并报表财务数据。

资料来源：信托公司年报，用益信托工作室整理、制作。

三 信托行业人均净利润远超其他金融行业

据年报数据显示，2012 年信托行业平均人均利润为 363.84 万元，较 2011 年增加 51.7 万元，增长 16.56%。得益于近几年主营业务的快速发展，信托行业的人均净利润在金融行业遥遥领先。据银行业 2012 年的年报数据，上市银行人均净利润最高的是北京银行的 140 万元，但这一数字远远低于 2012 年信托行业的均值。由此来看，信托行业已当之无愧成为最赚钱的金融行业，这与信托从业人员的平均薪酬在金融行业遥遥领先相匹配，但信托行业的繁荣状况已招致其他金融行业的垂涎，券商、基金、保险等争相开展类信托的资管业务以分杯羹，这或许是其重要的原因之一。

如表 9 所示，2012 年人均净利润超过行业均值的信托公司有 31 家，而人均净利润超过 500 万元的信托公司有 12 家。其中，2011 年和 2012 年江苏信托和重庆信托的人均净利润均超过千万元。2012 年人均净利润排名前十位的信托公司分别为江苏信托、重庆信托、中诚信托、中铁信托、中海信托、中信信托、外贸信托、山东信托、华信信托和华润信托。而净利润前十的信托公司中，有 6 家信托公司的人均净利润也进入前十，而平安信托、中融信托、上海信托和长安信托 4 家公司则跌出前十，这主要是和这些公司的员工数量较大有关，据年报数据显示，截至 2012 年末，这四家信托公司的员工人数分别为 838 人、1221 人、192 人和 320 人，其中中融信托和平安信托员工人数在行业中分列第一、第二位，上海信托和长安信托的员工人数则分别排在第十八位和第十位。

表 9　2012 年信托公司人均净利润排名

单位：万元

2012 年排名	信托公司	人均净利润		2011 年排名	名次变化
		2012 年	2011 年		
1	江苏信托	1559.15	1361.32	1	0
2	重庆信托	1027.64	1014.47	2	0
3	中诚信托	926.46	880.54	3	0
4	中铁信托	771.00	566.44	9	5
5	中海信托	733.89	699.55	4	-1
6	中信信托	675.86	598.18	8	2

续表

2012 年排名	信托公司	人均净利润		2011 年排名	名次变化
		2012 年	2011 年		
7	外贸信托	655.55	648.96	7	0
8	山东信托	605.29	245.21	33	25
9	华信信托	574.83	401.83	14	5
10	华润信托	554.66	657.92	6	-4
11	上海信托	538.64	434.80	13	2
12	中航信托	528.50	308.44	25	13
13	国民信托	497.63	289.64	27	14
14	粤财信托	495.21	462.50	12	-2
15	金谷信托	457.67	313.34	23	8
16	国联信托	448.50	467.00	11	-5
17	渤海信托	446.67	332.49	19	2
18	华融信托	446.45	475.34	10	-8
19	华能信托	428.99	341.49	18	-1
20	建信信托	428.34	295.66	26	6
21	北方信托	414.09	330.28	20	-1
22	北京信托	409.00	396.00	16	-6
23	英大信托	406.61	397.83	15	-8
24	湖南信托	404.00	185.00	41	17
25	厦门信托	399.00	245.00	34	9
26	西藏信托	389.19	68.09	61	35
27	苏州信托	382.52	243.47	35	8
28	兴业信托	376.69	133.82	52	24
29	平安信托	370.20	124.13	54	25
30	方正信托	370.00	108.00	56	26
31	华鑫信托	368.37	268.42	32	1
32	五矿信托	355.87	143.39	50	18
33	昆仑信托	343.47	285.07	29	-4
34	百瑞信托	334.09	310.70	24	-10
35	国元信托	314.54	211.97	39	4
36	华宝信托	298.07	285.14	28	-8
37	中投信托	294.95	348.78	17	-20
38	长安信托	293.77	150.01	48	10
39	四川信托	289.15	189.58	40	1
40	中江信托	277.24	147.12	49	9

续表

2012 年排名	信托公司	人均净利润		2011 年排名	名次变化
		2012 年	2011 年		
41	大业信托	264.72	213.02	37	-4
42	交银信托	264.33	167.15	45	3
43	东莞信托	252.50	226.52	36	-7
44	中原信托	251.62	212.72	38	-6
45	爱建信托	249.80	172.42	43	-2
46	杭州信托	214.08	181.72	42	-4
47	云南信托	194.37	143.00	51	4
48	中粮信托	189.86	132.99	53	5
49	天津信托	178.85	150.57	47	-2
50	紫金信托	170.67	93.26	59	9
51	安信信托	158.36	274.31	31	-20
52	华宸信托	155.00	157.00	46	-6
53	陕西国投	150.65	116.81	55	2
54	西部信托	149.13	62.06	62	8
55	甘肃信托	145.64	12.22	64	9
56	新华信托	138.27	168.00	44	-12
57	陆家嘴信托	136.72	670.61	5	-52
58	国投信托	135.42	283.37	30	-28
59	中融信托	127.93	106.18	57	-2
60	华澳信托	123.00	103.00	58	-2
61	中泰信托	110.68	320.48	21	-40
62	新时代信托	98.25	76.53	60	-2
63	山西信托	77.11	50.24	63	0
64	吉林信托	66.57	314.20	22	-42
65	长城信托	61.83	0.00	65	0
66	浙金信托	56.27	0.00	66	0

注：取信托公司年报合并报表财务数据。

资料来源：信托公司年报，用益信托工作室整理、制作。

从人均净利润排名的变化方面看，排在前十位的信托公司和上一年相比变化并不大。其中，2012 年排名前十的信托公司中有 8 家公司同样是 2011 年人均净利润的前十位。排名第八的山东信托表现较为抢眼，2012 年其实现人均净利润 605.29 万元，较 2011 年上升了 25 位；新进前十的华信信托，2011 年排名第14，上升5个位次。

从信托公司人均净利润增长量来看，人均净利润增长额超过200万元的信托公司有10家，增长额超过100万元的信托公司有22家。其中，排在前五位的分别是山东信托、西藏信托、方正信托、平安信托和兴业信托。除正增长的55家信托公司外，其余11家公司的人均净利润为负增长，其中减少数额最大的五家信托公司分别是陆家嘴信托、吉林信托、中泰信托、国投信托和安信信托。此外，吉林信托、中泰信托、国投信托和安信信托的利润总额也是负增长。而陆家嘴信托的利润总额较2011年有所增长，人均净利润的负增长则是由员工人数增多引起的。年报数据显示，2012年陆家嘴信托的员工总数扩增至104人，较2011年的53人增长近一倍。

表10　2012年信托公司人均净利润增长排名

单位：万元，%

排名	信托公司	人均净利润			
		2012年	2011年	增量	增幅
1	山东信托	605.29	245.21	360.08	146.85
2	西藏信托	389.19	68.09	321.10	471.58
3	方正信托	370.00	108.00	262.00	242.59
4	平安信托	370.20	124.13	246.07	198.24
5	兴业信托	376.69	133.82	242.87	181.49
6	中航信托	528.50	308.44	220.06	71.35
7	湖南信托	404.00	185.00	219.00	118.38
8	五矿信托	355.87	143.39	212.48	148.18
9	国民信托	497.63	289.64	207.99	71.81
10	中铁信托	771.00	566.44	204.56	36.11
11	江苏信托	1559.15	1361.32	197.83	14.53
12	华信信托	574.83	401.83	173.00	43.05
13	厦门信托	399.00	245.00	154.00	62.86
14	金谷信托	457.67	313.34	144.33	46.06
15	长安信托	293.77	150.01	143.76	95.83
16	苏州信托	382.52	243.47	139.05	57.11
17	甘肃信托	145.64	12.22	133.42	1091.82
18	建信信托	428.34	295.66	132.68	44.88
19	中江信托	277.24	147.12	130.12	88.44
20	渤海信托	446.67	332.49	114.18	34.34

续表

排名	信托公司	人均净利润			
		2012 年	2011 年	增量	增幅
21	上海信托	538. 64	434. 80	103. 84	23. 88
22	国元信托	314. 54	211. 97	102. 57	48. 39
23	华鑫信托	368. 37	268. 42	99. 95	37. 24
24	四川信托	289. 15	189. 58	99. 57	52. 52
25	交银信托	264. 33	167. 15	97. 18	58. 14
26	华能信托	428. 99	341. 49	87. 50	25. 62
27	西部信托	149. 13	62. 06	87. 07	140. 30
28	北方信托	414. 09	330. 28	83. 81	25. 38
29	中信信托	675. 86	598. 18	77. 68	12. 99
30	紫金信托	170. 67	93. 26	77. 41	83. 00
31	爱建信托	249. 80	172. 42	77. 38	44. 88
32	长城信托	61. 83	0. 00	61. 83	
33	昆仑信托	343. 47	285. 07	58. 40	20. 49
34	中粮信托	189. 86	132. 99	56. 87	42. 76
35	浙金信托	56. 27	0. 00	56. 27	
36	大业信托	264. 72	213. 02	51. 70	24. 27
37	云南信托	194. 37	143. 00	51. 37	35. 92
38	中诚信托	926. 46	880. 54	45. 92	5. 21
39	中原信托	251. 62	212. 72	38. 90	18. 29
40	中海信托	733. 89	699. 55	34. 34	4. 91
41	陕西国投	150. 65	116. 81	33. 84	28. 97
42	粤财信托	495. 21	462. 50	32. 71	7. 07
43	杭州信托	214. 08	181. 72	32. 36	17. 81
44	天津信托	178. 85	150. 57	28. 28	18. 78
45	山西信托	77. 11	50. 24	26. 87	53. 48
46	东莞信托	252. 50	226. 52	25. 98	11. 47
47	百瑞信托	334. 09	310. 70	23. 39	7. 53
48	中融信托	127. 93	106. 18	21. 75	20. 48
49	新时代信托	98. 25	76. 53	21. 72	28. 38
50	华澳信托	123. 00	103. 00	20. 00	19. 42
51	重庆信托	1027. 64	1014. 47	13. 17	1. 30
52	北京信托	409. 00	396. 00	13. 00	3. 28
53	华宝信托	298. 07	285. 14	12. 93	4. 53
54	英大信托	406. 61	397. 83	8. 78	2. 21

续表

排名	信托公司	人均净利润			
		2012 年	2011 年	增量	增幅
55	外贸信托	655.55	648.96	6.59	1.02
56	华宸信托	155.00	157.00	-2.00	-1.27
57	国联信托	448.50	467.00	-18.50	-3.96
58	华融信托	446.45	475.34	-28.89	-6.08
59	新华信托	138.27	168.00	-29.73	-17.70
60	中投信托	294.95	348.78	-53.83	-15.43
61	华润信托	554.66	657.92	-103.26	-15.69
62	安信信托	158.36	274.31	-115.95	-42.27
63	国投信托	135.42	283.37	-147.95	-52.21
64	中泰信托	110.68	320.48	-209.80	-65.46
65	吉林信托	66.57	314.20	-247.63	-78.81
66	陆家嘴信托	136.72	670.61	-533.89	-79.61

注：取信托公司年报合并报表财务数据。
资料来源：信托公司年报，用益信托工作室整理、制作。

从人均净利润涨幅来看，除长城信托和浙金信托无对比数据外，涨幅超100%的信托公司有9家，涨幅超200%的信托公司有3家。其中，涨幅最大的是甘肃信托，人均净利润从2011年的12.22万元上升至2012年的145.64万元，涨幅高达1091.82%。

四　资本利润率持续上涨

资本利润率是指净利润与实收资本之比，在此，信托公司实收资本即为注册资本。从公式中可以看出，资本利润率与净利润呈正比，与实收资本呈反比。2010年监管层下发《信托公司净资本管理办法》后，随着信托公司资产规模的不断扩张，对信托公司资本的要求越来越高，信托公司开始涌起一波又一波的增资潮。而这直接影响到信托公司当前的资本利润率水平。资本利润率越高，表明信托公司资本金利用的效果越好，信托公司资本金盈利能力越强；反之，则说明资本金利用效果不好，资本金盈利能力较弱。

据年报数据显示，2012年共有66家信托公司在年报中公布了资本利润率，平均资本利润率为20.23%，与2011年相比，增加了1.7个百分点，在经历了2008年的调整之后，连续四年回升。如图1所示，虽然2012年的行业平均资本利润率与历史最高的2007年相比还有一点距离，但2007年是一个特殊的年份，该年由于证券市场火爆，信托公司抓住了机会利用自营业务和证券投资信托业务在证券市场上取得了超高的回报。事实上，除去2007年的特殊情况，自2005年以来信托业的资本利润率就保持了稳定的上升势头，这表明信托业这些年的发展是健康、可持续的。

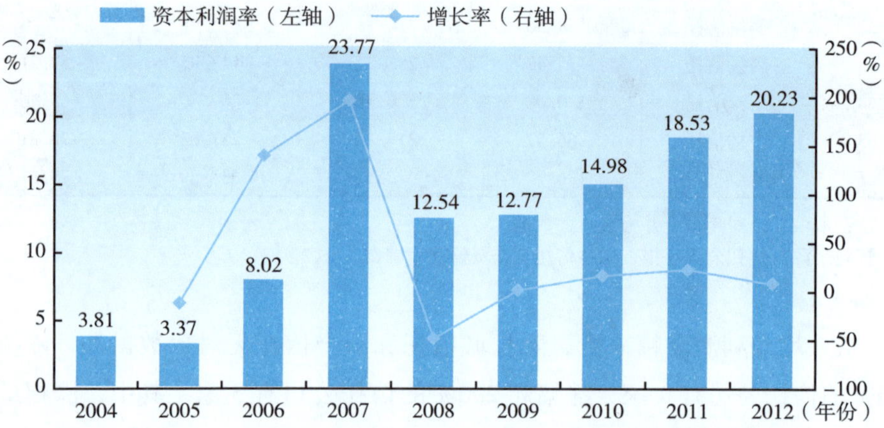

图1　2004～2012年信托业资本利润率走势

注：取信托公司年报合并报表财务数据。

资料来源：信托公司年报，用益信托工作室整理、制作。

从2012年各家信托公司的资本利润率排名来看，中铁信托以64.26%高居首位，比排名第二的四川信托高出20.52个百分点。2011年，资本利润率最高的是陆家嘴信托，该公司凭借新入优势，以97.77%的资本利润率遥遥领先，而到了2012年，其如此高的资本利润率已不复存在。2012年资本利润率排名第二、第三位的分别是四川信托和长安信托，分别为43.74%和41.96%。其他信托公司的资本利润率均在40%以下。据统计，2012年66家信托公司中，超过行业平均资本利润率的公司有25家，资本利润率在30%以上的有10家。从排名来看，2011年资本利润率排名前五的信托公司，仅中铁信托一家仍在2012年排前五，且从2011年的第二位跃升至2012年的第一位；而2011

年排名前五的陆家嘴信托、中融信托、安信信托和新华信托均跌出前五名，排名变化很大。

表 11　2012 年信托公司资本利润率排名

单位：%

2012 年排名	信托公司	资本利润率		2011 年排名	排名变化
		2012 年	2011 年		
1	中铁信托	64.26	48.16	2	1
2	四川信托	43.74	21.91	15	13
3	长安信托	41.96	30.43	7	4
4	大业信托	39.10	25.54	9	5
5	五矿信托	38.39	16.32	34	29
6	中融信托	37.34	44.22	3	-3
7	方正信托	36.47	25.00	10	3
8	山东信托	32.67	13.63	42	34
9	中信信托	31.82	31.33	6	-3
10	陆家嘴信托	30.87	97.77	1	-9
11	中航信托	29.60	26.53	8	-3
12	湖南信托	29.34	16.39	33	21
13	厦门信托	29.26	18.28	23	10
14	金谷信托	29.11	17.56	26	12
15	新华信托	27.46	35.13	5	-10
16	杭州信托	26.62	22.48	14	-2
17	华融信托	24.89	24.26	11	-6
18	国民信托	24.83	15.79	36	18
19	北京信托	23.79	20.76	17	-2
20	东莞信托	23.26	17.40	27	7
21	兴业信托	21.65	10.16	51	30
22	北方信托	21.61	19.24	20	-2
23	百瑞信托	21.35	23.08	13	-10
24	紫金信托	20.73	10.14	52	28
25	华信信托	20.40	13.80	40	15
26	华鑫信托	20.22	17.29	28	2
27	中海信托	19.97	20.16	18	-9
28	华能信托	19.21	17.60	25	-3
28	江苏信托	19.03	18.34	22	-7
30	安信信托	18.67	39.83	4	-26

续表

2012年排名	信托公司	资本利润率		2011年排名	排名变化
		2012年	2011年		
31	中原信托	18.35	15.61	37	6
32	华宸信托	18.34	17.19	29	-3
33	华澳信托	18.00	12.00	45	12
34	中江信托	17.36	11.50	47	13
35	中诚信托	17.18	17.19	30	-5
36	英大信托	17.02	19.63	19	-17
37	西藏信托	17.01	5.02	62	25
38	苏州信托	16.78	15.86	35	-3
39	渤海信托	16.40	17.06	31	-8
40	上海信托	16.37	14.07	38	-2
41	粤财信托	15.74	16.77	32	-9
42	华宝信托	15.70	14.02	39	-3
43	昆仑信托	15.31	11.76	46	3
44	云南信托	14.35	12.72	43	-1
45	华润信托	14.20	12.58	44	-1
46	西部信托	14.02	5.65	61	15
47	爱建信托	13.74	24.23	12	-35
48	交银信托	13.58	8.60	55	7
49	天津信托	12.68	11.03	49	0
50	国投信托	12.26	9.76	54	4
51	国元信托	11.93	8.13	56	5
52	建信信托	11.71	7.23	58	6
53	中投信托	11.34	13.71	41	-12
54	中粮信托	11.27	5.99	60	6
55	平安信托	10.98	7.88	57	2
56	甘肃信托	10.97	0.78	63	7
57	重庆信托	10.91	9.92	53	-4
58	陕西国投	10.83		65	7
59	中泰信托	10.66	18.00	24	-35
60	国联信托	10.45	10.55	50	-10
61	山西信托	8.99	6.21	59	-2
62	吉林信托	8.98	18.53	21	-41
63	浙金信托	7.40		66	3
64	长城信托	4.04		64	0
65	外贸信托	0.23	20.81	16	-49
66	新时代信托	0.13	11.29	48	-18

注：空白处数据未披露，取信托公司年报合并报表财务数据。

资料来源：信托公司年报，用益信托工作室整理、制作。

从2012年各信托公司资本利润率的增长情况来看，增长最快的是五矿信托，从2011年的16.32%增长至38.39%，增加了22.07个百分点，增幅达135.23%；另外一家增长超过20个百分点的是四川信托，从2011年的21.91%上涨至2012年的43.74%，涨幅达99.63%。从增长幅度来看，除陕西国投、浙金信托和长城信托2011年没有数据披露外，增幅超过1倍的信托公司有7家，分别是甘肃信托、西藏信托、西部信托、山东信托、五矿信托、兴业信托和紫金信托。

另外值得注意的是，2012年有17家信托公司的资本利润率出现负增长，较2011年减少了4家。陆家嘴信托的资本利润率下降最多，从2011年高居榜首的97.77%下降至2012年的30.87%，下降了66.9个百分点。这主要是因为2012年陆家嘴信托的注册资本从2011年的3.15亿元增资至10.68亿元，因此，注册资本的增加往往成为拉低信托公司资本利润率的主要原因之一。除陆家嘴信托外，2012年资本利润率降幅超过10个百分点的信托公司有4家，分别是爱建信托、新时代信托、外贸信托和安信信托。其中，爱建信托2012年的注册资本从原来的10亿元增加到30亿元，新时代信托从原来的5亿元增加到8亿元。

表12　2012年信托公司资本利润率增长排名

单位：%，个百分点

排名	信托公司	资本利润率			
		2012年	2011年	绝对增长	增长幅度
1	五矿信托	38.39	16.32	22.07	135.23
2	四川信托	43.74	21.91	21.83	99.63
3	山东信托	32.67	13.63	19.04	139.69
4	中铁信托	64.26	48.16	16.10	33.43
5	大业信托	39.10	25.54	13.56	53.09
6	湖南信托	29.34	16.39	12.95	79.01
7	西藏信托	17.01	5.02	11.99	238.84
8	金谷信托	29.11	17.56	11.55	65.77
9	长安信托	41.96	30.43	11.53	37.89
10	兴业信托	21.65	10.16	11.49	113.09
11	方正信托	36.47	25.00	11.47	45.88
12	厦门信托	29.26	18.28	10.98	60.07

续表

排名	信托公司	资本利润率			
		2012 年	2011 年	绝对增长	增长幅度
13	陕西国投	10.83		10.83	
14	紫金信托	20.73	10.14	10.59	104.44
15	甘肃信托	10.97	0.78	10.19	1306.41
16	国民信托	24.83	15.79	9.04	57.25
17	西部信托	14.02	5.65	8.37	148.14
18	浙金信托	7.40		7.40	
19	华信信托	20.40	13.80	6.60	47.83
20	华澳信托	18.00	12.00	6.00	50.00
21	东莞信托	23.26	17.40	5.86	33.68
22	中江信托	17.36	11.50	5.86	50.96
23	中粮信托	11.27	5.99	5.28	88.15
24	交银信托	13.58	8.60	4.98	57.91
25	建信信托	11.71	7.23	4.48	61.96
26	杭州信托	26.62	22.48	4.14	18.42
27	长城信托	4.04		4.04	
28	国元信托	11.93	8.13	3.80	46.74
29	昆仑信托	15.31	11.76	3.55	30.19
30	平安信托	10.98	7.88	3.10	39.34
31	中航信托	29.60	26.53	3.07	11.57
32	北京信托	23.79	20.76	3.03	14.60
33	华鑫信托	20.22	17.29	2.93	16.95
34	山西信托	8.99	6.21	2.78	44.77
35	中原信托	18.35	15.61	2.74	17.55
36	国投信托	12.26	9.76	2.50	25.61
37	北方信托	21.61	19.24	2.37	12.32
38	上海信托	16.37	14.07	2.30	16.35
39	华宝信托	15.70	14.02	1.68	11.98
40	天津信托	12.68	11.03	1.65	14.96
41	云南信托	14.35	12.72	1.63	12.81
42	华润信托	14.20	12.58	1.62	12.88
43	华能信托	19.21	17.60	1.61	9.15
44	华宸信托	18.34	17.19	1.15	6.69
45	重庆信托	10.91	9.92	0.99	9.98
46	苏州信托	16.78	15.86	0.92	5.80

续表

排名	信托公司	资本利润率			
		2012 年	2011 年	绝对增长	增长幅度
47	江苏信托	19.03	18.34	0.69	3.76
48	华融信托	24.89	24.26	0.63	2.60
49	中信信托	31.82	31.33	0.49	1.56
50	中诚信托	17.18	17.19	-0.01	-0.06
51	国联信托	10.45	10.55	-0.10	-0.95
52	中海信托	19.97	20.16	-0.19	-0.94
53	渤海信托	16.40	17.06	-0.66	-3.87
54	粤财信托	15.74	16.77	-1.03	-6.14
55	百瑞信托	21.35	23.08	-1.73	-7.50
56	中投信托	11.34	13.71	-2.37	-17.29
57	英大信托	17.02	19.63	-2.61	-13.30
58	中融信托	37.34	44.22	-6.88	-15.56
59	中泰信托	10.66	18.00	-7.34	-40.78
60	新华信托	27.46	35.13	-7.67	-21.83
61	吉林信托	8.98	18.53	-9.55	-51.54
62	爱建信托	13.74	24.23	-10.49	-43.29
63	新时代信托	0.13	11.29	-11.16	-98.85
64	外贸信托	0.23	20.81	-20.58	-98.89
65	安信信托	18.67	39.83	-21.16	-53.13
66	陆家嘴信托	30.87	97.77	-66.90	-68.43

注：空白处数据未披露　取信托公司年报合并报表财务数据。

资料来源：信托公司年报，用益信托工作室整理、制作。

五　信托报酬率小幅上涨，主动管理型业务功不可没

信托报酬率与信托公司的主营业务结构息息相关。一般情况下，主动管理型业务的信托报酬率高于被动管理型业务的信托报酬率，房地产等高风险信托业务的报酬率高于低风险资本业务的报酬率。尽管监管层不断出台政策来引导信托公司开展主动管理型业务，但短时间内信托公司要实现业务转型还有一定的难度。另外，监管层下发的《信托公司净资本管理办法》，对一些不能通过增资来提高资本的信托公司来说，转变业务结构成为达标的重要手段。因此，

一些信托公司转而开展低风险资本的业务来代替以往如房地产信托等高风险资本业务，随之而来的也是报酬更低的业务。

据年报数据显示，2012 年信托行业的平均信托报酬率为 1.05%，与 2011 年的 0.99% 相比，提高了 0.06 个百分点，涨幅为 6.06%。其中，在披露年报信息的 66 家信托公司中，信托报酬率高于行业平均值的公司有 27 家。

2012 年信托公司信托报酬率小幅上涨，其中监管层引导信托公司开展主动管理型业务功不可没，主动管理型业务占比进一步上涨，拉动了信托公司信托报酬率的上涨。但同时，为了达到净资本管理要求，一些信托公司将业务转向较低报酬的低风险资本业务，这在一定程度上减缓了信托报酬率上涨的速度。

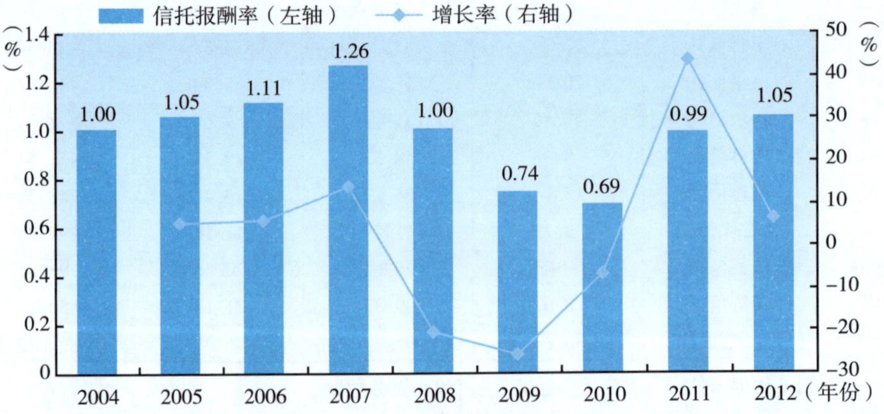

图 2　信托报酬率保持低佣金水平

注：取信托公司年报合并报表财务数据。

资料来源：信托公司年报，用益信托工作室整理、制作。

从 2012 年各信托公司信托报酬率的排名来看，报酬率最高的是华融信托，达 3.51%，而最低的是新时代信托，报酬率仅为 0.01%，可谓将薄利多销发挥到极致，两者相差 3.5 个百分点，分化明显。2012 年，信托报酬率超过 1% 的信托公司有 28 家，而 2011 年 50 家披露信息的公司中，仅 16 家公司信托报酬率高于 1%。2012 年信托报酬率低于 0.5% 的信托公司有 13 家，而 2011 年为 10 家。以上数据表明，2012 年信托公司信托报酬率出现了明显好转，变化喜人。

表 13　2012 年信托公司信托报酬率排名

单位：%

排名	信托公司	信托报酬率		2011 年排名	名次变化
		2012 年	2011 年		
1	华融信托	3.51		56	55
2	吉林信托	2.88		57	55
3	杭州信托	2.65	2.52	4	1
4	爱建信托	2.24	4.10	1	-3
5	新华信托	2.00	1.00	16	11
6	平安信托	1.91		58	52
7	华宝信托	1.90		55	48
8	华信信托	1.88	1.24	11	3
9	北京信托	1.79		52	43
10	苏州信托	1.75	1.62	8	-2
11	东莞信托	1.68	1.65	7	-4
12	浙金信托	1.63		62	50
13	中融信托	1.63	1.59	9	-3
14	中海信托	1.61		63	49
15	大业信托	1.60	1.23	12	-3
16	湖南信托	1.54	0.63	34	18
17	安信信托	1.50	1.72	6	-11
18	中信信托	1.35		66	48
19	华宸信托	1.32	0.75	28	9
20	云南信托	1.31	3	2	-18
21	四川信托	1.28		59	38
22	百瑞信托	1.22	1.48	10	-12
23	中航信托	1.21	1.22	13	-10
24	长安信托	1.19	1.01	15	-9
25	西部信托	1.12	2.95	3	-22
26	天津信托	1.11		60	34
27	华澳信托	1.06	0.93	21	-6
28	五矿信托	1.03	0.05	50	22
29	国联信托	0.99	0.71	29	0
30	中诚信托	0.93	0.45	44	14
31	方正信托	0.91	0.65	31	0
32	上海信托	0.90	0.65	33	1
33	中投信托	0.90		65	33
34	华润信托	0.89	0.93	22	-12

续表

排名	信托公司	信托报酬率		2011 年排名	名次变化
		2012 年	2011 年		
35	中江信托	0.87	0.60	36	1
36	重庆信托	0.86	0.96	19	-17
37	山西信托	0.85	0.94	20	-17
38	中原信托	0.82	0.86	24	-14
39	金谷信托	0.81	0.78	27	-12
40	紫金信托	0.80	0.50	40	0
41	昆仑信托	0.79	0.93	23	-18
42	华能信托	0.75	0.81	26	-16
43	中泰信托	0.73	0.96	18	-25
44	江苏信托	0.70	0.84	25	-19
45	华鑫信托	0.61	0.71	30	-15
46	厦门信托	0.61	0.45	43	-2
47	渤海信托	0.60	0.51	38	-9
48	甘肃信托	0.60		54	7
49	中铁信托	0.58	1.77	5	-44
50	国元信托	0.57	0.44	45	-5
51	外贸信托	0.57	0.5	39	-11
52	陕西国投	0.55	0.65	32	-20
53	兴业信托	0.55	0.60	35	-17
54	山东信托	0.48	0.4	46	-8
55	国民信托	0.47	1.06	14	-41
56	交银信托	0.44	0.33	47	-9
57	陆家嘴信托	0.43	—	51	-6
58	北方信托	0.39	0.45	42	-16
59	西藏信托	0.37	0.47	41	-18
60	国投信托	0.31	0.53	37	-23
61	英大信托	0.31	0.30	48	-12
62	建信信托	0.22	0.25	49	-13
63	长城信托	0.21		53	-10
64	粤财信托	0.14		61	-3
65	中粮信托	0.08		64	-1
66	新时代信托	0.01	0.96	17	-49

注：空白处数据未披露，取信托公司年报合并报表财务数据。

资料来源：信托公司年报，用益信托工作室整理、制作。

从信托报酬率的增长情况来看，由于2011年仅50家公司公布数据，因此，有16家信托公司的对比数据缺失。从有可比数据的公司来看，增长最多的是新华信托，从2011年的1%增长到2012年的2%，增加了1个百分点，涨幅达100%。另外，五矿信托的信托报酬率从2011年的0.05%上涨到2012年的1.03%，涨幅达1960%，列各公司涨幅之首，这得益于该公司业务结构的调整更为合理，主动管理能力大幅提升。另外，信托报酬率出现下滑的有24家。其中，下降最多的是爱建信托，2011年，其信托报酬率高达4.1%，高居榜首，而2012年信托报酬率为2.24%下降1.86个百分点，降幅达45.37%。

表14 2012年信托公司信托报酬率增长排名

单位：%，个百分点

排名	信托公司	信托报酬率			
		2012年	2011年	绝对增长	增长幅度
1	华融信托	3.51		3.51	
2	吉林信托	2.88		2.88	
3	平安信托	1.91		1.91	
4	华宝信托	1.90		1.90	
5	北京信托	1.79		1.79	
6	浙金信托	1.63		1.63	
7	中海信托	1.61		1.61	
8	中信信托	1.35		1.35	
9	四川信托	1.28		1.28	
10	天津信托	1.11		1.11	
11	新华信托	2.00	1.00	1.00	100.00
12	五矿信托	1.03	0.05	0.98	1960.00
13	湖南信托	1.54	0.63	0.91	144.44
14	中投信托	0.90		0.90	
15	华信信托	1.88	1.24	0.64	51.61
16	甘肃信托	0.60		0.60	
17	华宸信托	1.32	0.75	0.57	76.00
18	中诚信托	0.93	0.45	0.48	107.55
19	陆家嘴信托	0.43	—	0.43	
20	大业信托	1.60	1.23	0.37	30.08

续表

排名	信托公司	信托报酬率			
		2012 年	2011 年	绝对增长	增长幅度
21	紫金信托	0.80	0.50	0.30	60.00
22	国联信托	0.99	0.71	0.28	39.44
23	中江信托	0.87	0.60	0.27	45.00
24	方正信托	0.91	0.65	0.26	40.00
25	上海信托	0.90	0.65	0.25	38.88
26	长城信托	0.21		0.21	
27	长安信托	1.19	1.01	0.18	17.82
28	厦门信托	0.61	0.45	0.16	35.56
29	粤财信托	0.14		0.14	
30	华澳信托	1.06	0.93	0.13	13.98
31	国元信托	0.57	0.44	0.13	29.55
32	杭州信托	2.65	2.52	0.13	5.16
33	苏州信托	1.75	1.62	0.13	8.02
34	交银信托	0.44	0.33	0.11	33.33
35	渤海信托	0.60	0.51	0.09	17.65
36	山东信托	0.48	0.4	0.08	20.00
37	中粮信托	0.08		0.08	
38	外贸信托	0.57	0.5	0.07	14.00
39	中融信托	1.63	1.59	0.04	2.52
40	东莞信托	1.68	1.65	0.03	1.98
41	金谷信托	0.81	0.78	0.03	3.85
42	英大信托	0.31	0.30	0.01	3.33
43	中航信托	1.21	1.22	-0.01	-0.82
44	建信信托	0.22	0.25	-0.03	-12.00
45	华润信托	0.89	0.93	-0.04	-4.30
46	中原信托	0.82	0.86	-0.04	-4.65
47	兴业信托	0.55	0.60	-0.05	-8.33
48	华能信托	0.75	0.81	-0.06	-7.41
49	北方信托	0.39	0.45	-0.06	-13.42
50	山西信托	0.85	0.94	-0.09	-9.57
51	重庆信托	0.86	0.96	-0.10	-10.42
52	华鑫信托	0.61	0.71	-0.10	-14.08
53	陕西国投	0.55	0.65	-0.10	-15.38
54	西藏信托	0.37	0.47	-0.10	-21.28

续表

排名	信托公司	信托报酬率			
		2012 年	2011 年	绝对增长	增长幅度
55	昆仑信托	0.79	0.93	-0.14	-15.05
56	江苏信托	0.70	0.84	-0.14	-16.67
57	安信信托	1.50	1.72	-0.22	-12.79
58	国投信托	0.31	0.53	-0.22	-41.51
59	中泰信托	0.73	0.96	-0.23	-23.96
60	百瑞信托	1.22	1.48	-0.26	-17.57
61	国民信托	0.47	1.06	-0.59	-55.66
62	新时代信托	0.01	0.96	-0.96	-99.48
63	中铁信托	0.58	1.77	-1.19	-67.23
64	云南信托	1.31	3	-1.69	-56.33
65	西部信托	1.12	2.95	-1.83	-62.03
66	爱建信托	2.24	4.10	-1.86	-45.37

注：空白处数据未披露，取信托公司年报合并报表财务数据。

资料来源：信托公司年报，用益信托工作室整理、制作。

B.5
反映信托公司理财能力的主要相关财务指标分析

摘 要：

2012 年，全行业实现的信托项目营业收入为 4716.08 亿元，与 2011 年相比增长 129.88%。2012 年，信托项目营业收入的增长幅度要远远大于信托资产规模的增幅，表明信托公司的信托理财能力已经有了很大的提高，这非常有助于信托业实现健康、可持续的发展。2012 年信托项目净利润达到 3932.04 亿元，同比增长 142.71%；平均信托利润 60 亿元，增幅达 145.50%。

关键词：

信托收入　信托净利润　信托收益率　主动管理占比

一　信托项目营业收入增幅跑赢信托资产，信托公司理财能力上新台阶

信托项目营业收入（以下简称“信托收入”），是指信托公司所管理信托资产的收入，是信托公司理财能力的一个重要体现。2012 年，全行业实现的信托项目营业收入为 4716.08 亿元，与 2011 年相比，上涨 129.88%。信托资产规模是影响信托项目营业收入的重要因素，然而，2007 年至 2012 年信托项目营业收入和信托资产规模之间的增长并未同步，尤其是 2012 年，信托项目营业收入的增长幅度要远远大于信托资产规模的增幅，这表明信托公司的信托理财能力已经有了很大的提高。这非常有助于信托业实现健康、可持续的发展，因为信托理财能力是信托公司做大资产管理规模，提高资产管理能力的重要基础。

表 1　2007～2012 年信托项目营业收入

单位：亿元，%

年份	2007	2008	2009	2010	2011	2012
信托项目营业收入	837.22	568.83	1058.21	1673.54	2051.51	4716.08
同比	—	-32.06	86.03	58.15	22.58	129.88
信托资产规模	9540.95	12438.76	20410.69	29673.68	47968.12	74678.12
同比	—	30.37	64.09	45.38	61.65	55.68

资料来源：信托公司年报，用益信托工作室整理、制作。

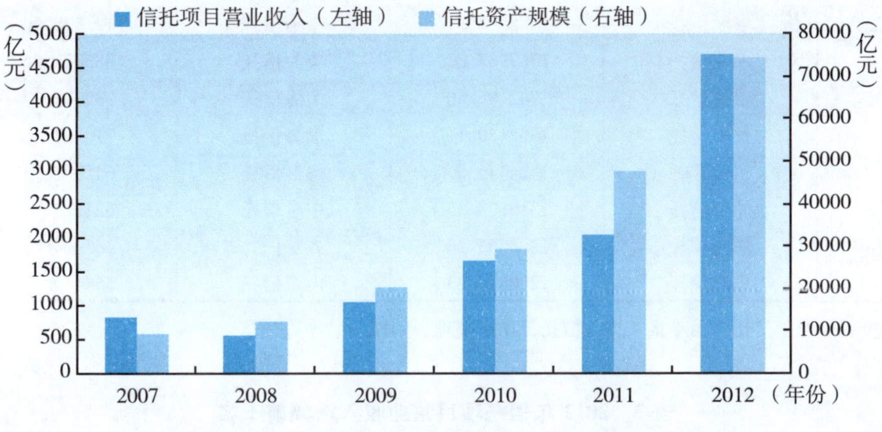

图 1　2007～2012 年信托项目营业收入与信托资产规模对比

资料来源：信托公司年报，用益信托工作室整理、制作。

2008 年以来，信托项目营业收入随着信托资产规模的增加一路水涨船高，但是其增幅在逐渐放慢。2012 年，信托项目营业收入突然大增 129.88%。事实上，2010 年以后，信托业的业务结构开始出现了一些调整，银信合作业务和证券投资业务因政策或市场因素出现了萎缩，而基础产业和工商企业类信托业务的占比不断提高，推高了整个信托投资的收入。同时，各信托公司的信托资产规模和信托收入增长齐头并进，相互之间的信托收入差异分化也逐渐缩小。

如表 2 所示，在 2012 年各信托公司信托收入排名中，中信信托以 308.13 亿元位居榜首，其次是平安信托 209.56 亿元和中融信托 198.85 亿元。对比 2011 年和 2012 年信托项目营业收入前十名的信托公司，2011 年排名前十位的中信信托、平安信托、中融信托、中诚信托、外贸信托，同样在2012年进入信托项目营业收入前十位。尤其是中信信托、平安信托在2012年仍排前三甲，足见其信托理财实力之强。

表2 2011～2012年信托项目营业收入前十名对比

单位：万元

排名	信托公司	2012年信托收入	信托公司	2011年信托收入
1	中信信托	3081299.03	中诚信托	1335025.42
2	平安信托	2095642.18	平安信托	1123726.03
3	中融信托	1988542.51	中信信托	1121178.70
4	兴业信托	1767985.00	英大信托	886071.06
5	中诚信托	1742108.49	中海信托	882047.94
6	长安信托	1368120.11	渤海信托	776767.88
7	建信信托	1324746.25	粤财信托	645008.93
8	外贸信托	1318808.55	中融信托	621273.08
9	华能信托	1296005.24	外贸信托	583964.88
10	华润信托	1290819.23	山东信托	554430.17

资料来源：信托公司年报，用益信托工作室整理、制作。

表3 2012年信托项目营业收入增幅前十名

单位：万元，%

排名	信托公司	2012年信托收入	2011年信托收入	同比
1	国民信托	22353.27	760.26	2840.21
2	华润信托	1290819.23	48918.98	2538.69
3	兴业信托	1767985.00	74665.76	2267.87
4	浙金信托	35352.89	2001.88	1665.98
5	西藏信托	318009.88	29119.98	992.07
6	陕西国投	493332.86	52238.54	844.38
7	甘肃信托	573324.35	72431.70	691.54
8	金谷信托	805748.72	141778.69	468.31
9	大业信托	253974.19	48317.61	425.63
10	华鑫信托	583093.03	113874.36	412.05

资料来源：信托公司年报，用益信托工作室整理、制作。

如表3所示，在2012年信托收入增幅前十的信托公司中，西藏信托、大业信托、浙金信托、国民信托，尽管增幅较大，但信托项目营业收入排名较为靠后。这是由于基数较小，增幅容易做大。但同时，除了2011年信托项目营业收入未有统计的公司外，2012年共有38家信托公司同比增幅超过100%。由此看出，2012年信托公司在积极拓展信托业务。另外，特别值得一提的是，2011年信托收入下跌的公司有17家，而2012年没有一家公司的信托收入增幅为负。

二　信托公司平均项目净利润高达60亿元

信托项目净利润是信托项目营业收入扣除相关税费后给投资者的纯收益。它直接反映了信托公司为投资者创造的利益。根据年报数据统计，2012年信托项目净利润达到3932.04亿元，同比增长142.71%；平均信托利润60.01亿元，增幅也达145.44%。应该说，正是2012年信托项目营业收入的大幅增长，相应的信托项目净利润也取得了显著增长。

表4　2007～2012年信托净利润

单位：亿元，%

年份	2007	2008	2009	2010	2011	2012
信托净利润	751.49	435.01	897.74	1420.66	1620.09	3932.04
同比	—	-42.11	106.37	58.25	14.04	142.71
信托收入	837.22	568.83	1058.21	1673.54	2051.51	4716.08
同比	—	-32.06	86.03	58.15	22.58	129.88
信托资产规模	9540.95	12438.76	20410.69	29673.68	47968.12	74678.12

资料来源：信托公司年报，用益信托工作室整理、制作。

2008年经过短暂的回调后，受信托资产规模不断上涨的影响，信托净利润呈现上升态势。总体来看，信托净利润的上涨幅度要低于信托资产的扩张速度，特别是2008年和2011年尤为明显。实际上，2008年和2011年分别出现了7家和4家信托利润为负的公司，这也与整个行业信托利润的增速下滑吻合。

2012年信托公司平均信托利润为60亿元，较2011年上升35.56亿元。继2007年之后，信托公司的信托利润在2012年再次出现超过100%的增幅，这

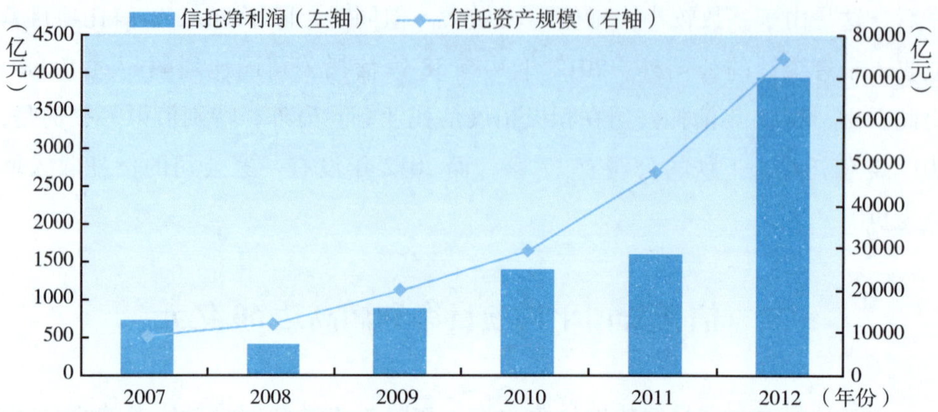

图 2　2007 ~ 2012 年信托净利润对比

资料来源：信托公司年报，用益信托工作室整理、制作。

是否就预示着信托业的理财能力经过这几年的发展已经进入一个新的阶段还难以断定，需要进一步的观察。

表 5　2011 ~ 2012 年信托净利润前十名对比

单位：万元

排名	信托公司	2012 年	信托公司	2011 年
1	中信信托	2589678. 37	中诚信托	1144742. 60
2	平安信托	1720389. 20	平安信托	948452. 75
3	中诚信托	1506639. 78	英大信托	782497. 51
4	兴业信托	1464464. 13	中信信托	758988. 12
5	中融信托	1456191. 67	渤海信托	681776. 58
6	建信信托	1235366. 69	中海信托	619470. 24
7	华能信托	1133784. 07	粤财信托	573903. 92
8	华宝信托	1116038. 84	山东信托	455796. 00
9	粤财信托	1104711. 39	四川信托	448264. 23
10	英大信托	1103139. 19	新华信托	445889. 02

资料来源：信托公司年报，用益信托工作室整理、制作。

从 2012 年各信托公司信托净利润情况来看，排名最高的是中信信托，净利润达 258. 97 亿元；接下来是平安信托和中诚信托，分别为 172. 04 亿元和 150. 66 亿元。其中，平安信托、中诚信托继 2011 年之后，再度稳坐信托净利润排行榜前三。此外，净利润排行榜前十名的信托公司，除了最后三位的华宝信托、粤财信托和英大信托外，均进入了信托项目营业收入排行榜前十名。

表 6　2012 年业务及管理费前十名

单位：万元，%

排名	信托公司	业务及管理费	信托资产规模	费用率
1	中融信托	532350.84	29948632.19	1.78
2	中信信托	478295.85	59134914.18	0.81
3	平安信托	356364.16	21202472.76	1.68
4	兴业信托	303520.87	33604933.68	0.90
5	外贸信托	290115.70	21518617.76	1.35
6	长安信托	283591.66	21868194.55	1.30
7	中诚信托	233286.70	27136745.55	0.86
8	华润信托	212766.87	18651922.24	1.14
9	四川信托	201859.66	13678110.98	1.48
10	中海信托	191201.55	12584697.56	1.52

资料来源：信托公司年报，用益信托工作室整理、制作。

信托项目业务及管理费是信托公司在从事信托业务经营和管理的过程中所发生的费用，包括托管费、销售服务费及信托公司的管理费等各项费用，是决定信托利润的一个重要因素。2012 年，信托公司销售服务费合计 281521.45 万元，比上年增长了 95.58%，各信托公司平均销售服务费为 8797.55 万元。销售服务费的高速增长，也体现出信托公司信托项目营销成本的日益增加。

年报数据显示，2012 年业务及管理费合计最高的是中融信托，共计 532350.84 万元，中信信托和平安信托分列第二、第三位。从表 6 可以看出，信托项目的各项费用与其资产规模的比例存在一定关系，一般在 0.5% ~2%；且与信托资产的构成有关，一般集合产品的费用要高，通道类的单一项目的费用最少。从前十名的费用与资产规模比例来看，中信信托的费用成本控制得最好，费用率仅为 0.81%，是费用成本排在第一名的中融信托的费用率的一半不到，显示出其超强的信托管理水平。

业务及管理费合计最大的十家信托公司中，中融信托、中信信托、平安信托、兴业信托及中诚信托同样跻身信托净利润前十位。除了以上五家信托公司外，其余几家信托公司也位于信托净利润排行榜的中上游。这也从一定程度上说明，对信托项目的高投入带来了高回报。

三　集合类信托收益率呈下降趋势，单一类信托收益率稳步上涨

信托项目收益率（以下简称“信托收益率”），是信托产品对受益人的实际收益的分配比率。对于固定收益类信托产品来说，该收益率与产品的预期收益率为参照，从往年固定收益类产品的实际收益率来看，基本上是不低于预期收益率的，这其中既有产品本身的投资回报，也有信托公司的“刚性兑付”的结果；而对于非固定收益的信托产品来说，最终收益差别很大，有亏本的清算的，也有远远高于市场平均收益的，因此，信托业年度清算产品的收益率是信托公司以往发行所有产品的到期实际收益水平，也反映了信托公司真正为投资者打理财产的能力。年报数据显示，2012 年 66 家信托公司已清算的信托项目，实收金额和平均收益率都较上一年有所提升。2010 ~ 2012 年，集合类收益率呈现下降趋势，相反，单一类则稳步上涨。

表 7　2011 ~ 2012 年已清算信托项目加权平均收益率对比

单位：亿元，%，个百分点

项　目	集合类收益率	单一类收益率	财产类收益率	信托总规模	总体收益率
2011 年	6.94	5.35	7.71	19629.90	5.66
2012 年	7.24	6.78	5.91	26852.50	6.89
环比增量	0.30	1.43	-1.80	7222.60	1.23
环比增幅	4.32	26.73	-23.35	36.79	21.73

资料来源：信托公司年报，用益信托工作室整理、制作。

1. 集合类信托项目收益率

如图 3 所示，集合类信托项目实际收益率在 2007 年到达历史最高点 11.91% 后，开始回归正常水平，2009 年降至 6.41%，2010 年则上升到了 8.89%，此后，集合类信托项目收益率再度下滑，2012 年回升至 7.24%。总体来看，集合

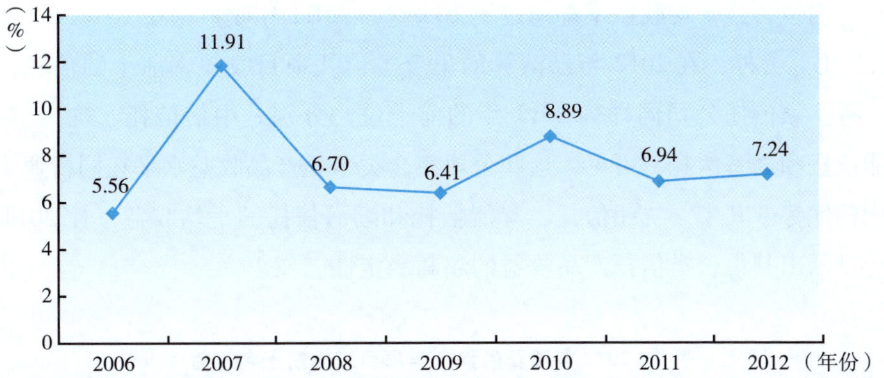

图3　2006～2012年集合类项目清算收益率变化趋势

资料来源：信托公司年报，用益信托工作室整理、制作。

类信托产品的清算（实际）收益水平呈递增趋势，尽管因特殊原因，个别年份出现波动，但整体上升的趋势明显，也表明了信托业的理财能力在稳步提高。

表8　2012年清算的集合类项目收益率前十名排行榜

单位：款，万元，%

排名	信托公司	项目数	实收金额	收益率
1	杭州信托	13	330250. 00	12. 30
2	华能信托	74	4095561. 54	11. 00
3	华宸信托	19	179811. 00	10. 16
4	爱建信托	6	191000. 00	10. 00
5	大业信托	16	372795. 00	9. 50
6	渤海信托	18	552793. 00	9. 37
7	四川信托	38	1015989. 67	9. 37
8	新华信托	82	1943314. 13	9. 34
9	中信信托	77	6415718. 15	9. 34
10	五矿信托	61	968098. 00	9. 20

资料来源：信托公司年报，用益信托工作室整理、制作。

从各家信托公司已清算的集合类信托项目收益率排名来看，杭州信托凭借房地产信托排名第一，达到12. 30%。华能信托、华宸信托、爱建信托分列第二至第四位，且平均收益率都超过了10%，而2011年收益率在10%以上的有6家公司。另外，在2012年已清算的集合类信托项目收益率前十的信托公司中，有4家信托公司同样列2011年的前十位，分别是中信信托、杭州信托、华能信托和渤海信托。可见，这些公司集合类信托产品收益水平在同行业中具有比较优势。其中，杭州信托、华能信托和渤海信托的平均收益率比2011年高，显示出其集合类信托产品收益的超高稳定性。

表9　2012年清算的集合类项目规模前十名收益

单位：款，万元，%

排名	信托公司	项目数	实收金额	收益率
1	外贸信托	1815	15011011.15	5.95
2	中信信托	77	6415718.15	9.34
3	中融信托	262	5244711.25	5.40
4	华能信托	74	4095561.54	11.00
5	中诚信托	68	3936400.00	6.36
6	平安信托	80	3127916.02	5.48
7	粤财信托	234	2920808.63	6.61
8	长安信托	270	2782502.00	7.30
9	中海信托	42	2182639.93	
10	新华信托	82	1943314.13	9.34

资料来源：信托公司年报，用益信托工作室整理、制作。

一般情况下，信托资产规模较大的信托公司由于其构成主要是单一类信托资产，而单一类信托资产的收益要低些，故其总体信托收益率也会随之降低。如表9所示，与清算收益率排名相比，集合类项目清算规模排名前十位也相对稳定，2011年排在已清算集合类项目规模前十的信托公司中，有8家信托公司同样进入了2012年的前十位。特别是前三位的外贸信托、中信信托和中融信托，排位和上年完全一致。而华能信托更是在集合类项目方面取得了规模和收益的双提升，均位列前茅。

2. 单一类信托项目收益率

如图4所示，单一类信托项目收益率自2009年达到最高点后急剧下滑至2010年的最低点4.71%，这与当时银信合作的大爆发有关。当时由于以融资类

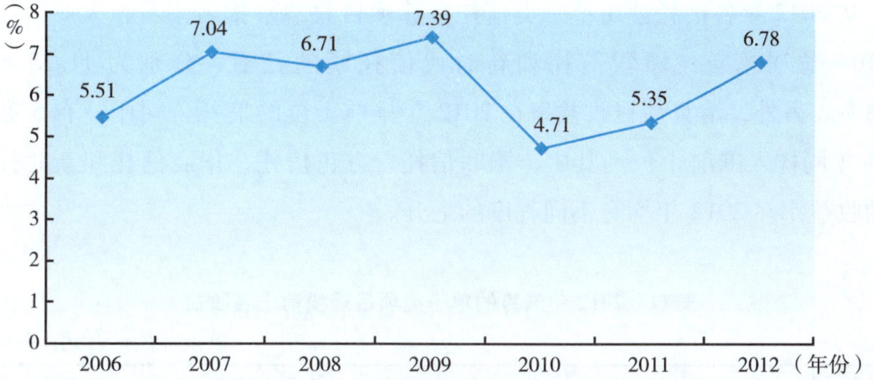

图4　2006～2012 年单一类项目清算收益率变化趋势

资料来源：信托公司年报，用益信托工作室整理、制作。

为主的银信合作占据了整个单一类信托规模的90%以上，拉低了单一类信托产品的整体收益水平。2010 年 8 月银信合作新规限制了融资类银信合作业务的规模扩张，导致银信合作单一类信托项目出现了连续三年的徘徊不前，使得单一类信托项目收益率逐步回升。年报数据显示，2012 年度已清算结束的单一类信托项目，平均收益率为 6.78%。同时，由于单一类信托在信托总资产中所占比重较大，故单一类信托收益率的增长也提升了整个信托产品的清算收益水平。

表10　2012 年清算的单一类项目收益率前十名排行榜

单位：款，万元，%

排名	信托公司	项目数	实收金额	收益率
1	大业信托	68	625042.97	12.10
2	国联信托	64	845118.00	11.25
3	新时代信托	94	2485345.35	9.08
4	方正信托	50	1873673.04	9.04
5	安信信托	19	872435.00	8.85
6	华宸信托	32	531267.00	8.76
7	五矿信托	54	1253424.87	8.34
8	吉林信托	68	2094598.00	8.25
9	华澳信托	3	80000.00	8.16
10	苏州信托	15	221463.20	8.05

资料来源：信托公司年报，用益信托工作室整理、制作。

从2012年各信托公司单一类信托清算项目收益率排名来看，大业信托以12.10%位居榜首；国联信托和新时代信托紧随其后，分别为11.25%和9.08%。另外，清算项目收益率在2012年排前十位的信托公司中，有5家在2011年同样入围前十位。其中，国联信托、方正信托、华宸信托和新时代信托的收益率在2012年均有不同程度的上升。

表11　2012年清算的单一类项目规模前十名收益

单位：款，万元，%

排名	信托公司	项目数	实收金额	收益率
1	中信信托	214	12246301.16	6.66
2	粤财信托	818	11017380.30	7.74
3	平安信托	97	8839754.80	5.85
4	兴业信托	269	8189453.00	7.67
5	长安信托	208	6848296.00	5.97
6	渤海信托	194	6841936.10	7.88
7	山东信托	272	6491761.00	6.49
8	华能信托	134	5580011.65	4.70
9	中诚信托	133	5510279.43	6.79
10	国元信托	313	5371166.43	7.32

资料来源：信托公司年报，用益信托工作室整理、制作。

位列2012年清算的单一类项目规模前三名的信托公司为中信信托、粤财信托和平安信托，规模分别为1224.63亿元、1101.74亿元和883.98亿元，清算收益率分别为6.66%、7.74%和5.85%。从整体情况看，排在前十位的收益率基本上都高于上一年。

对比表10和表11可以看出，单一类信托项目实际收益率前十名的信托公司的项目规模都不太大。另外，2011年单一类清算项目信托规模前十名的信托公司的信托收益率仅略高于同期银行理财产品的平均收益率，但2012年这一现象已有所改变。这主要是因为2012年银信理财合作业务占同期信托资产规模的比重进一步下降，而“非银信理财合作单一资金信托”的规模和比重不断提高，从而提升了单一类信托项目的收益水平。

3. 财产管理类项目信托收益率

年报数据显示，2012年信托公司的财产管理类信托项目到期加权平均收

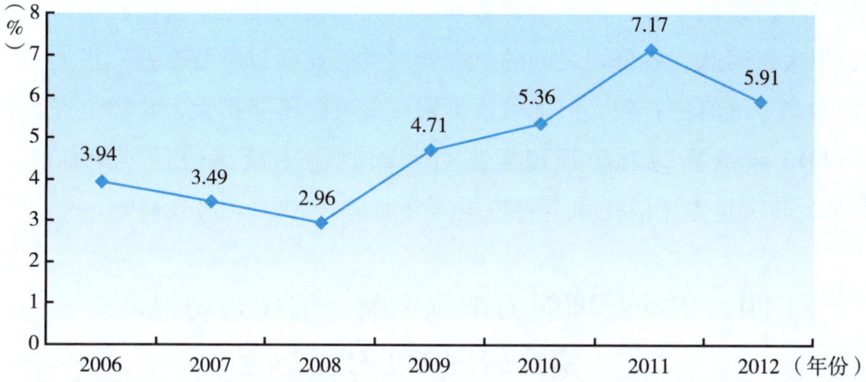

图 5　2006～2012 年财产管理类项目清算收益率变化趋势

资料来源：信托公司年报，用益信托工作室整理、制作。

益率为 5.91%，较 2011 年的 7.17% 下降了 1.26 个百分点，下降幅度为 17.57%。2006～2012 年该收益率基本呈现了一个缓慢向上的过程。从 2006 年的 3.94% 下降到 2007 年的 3.49%，2008 年进一步下跌至 2.96%，此后开始一路上浮，2011 年达到历史最高点 7.17%，但到 2012 年再次回调到 5.91%。

表 12　2012 年清算的财产管理类项目收益率前十名排行

单位：款，万元，%

排名	信托公司	项目数	实收金额	收益率
1	湖南信托	4	5174.00	18.09
2	方正信托	3	111910.00	15.02
3	金谷信托	2	46400.00	14.94
4	中融信托	20	353702.81	10.67
5	中原信托	4	26700.00	10.45
6	兴业信托	1	18000.00	8.00
7	中江信托	6	487690.00	7.89
8	重庆信托	14	269357.84	7.85
9	山东信托	6	69604.00	7.79
10	国元信托	9	94210.18	7.27

资料来源：信托公司年报，用益信托工作室整理、制作。

从每年的数据来看，由于财产管理类信托在信托实务中占比较小，项目偶然性也很大，因此，各公司之间的财产管理类信托项目收益率差别很大，在统计方面的参考价值也有限。但随着这类资产规模的不断扩大，收益也开始趋于稳定。2012 年清算的财产管理类项目到期收益率最高的是湖南信托，为 18.09%，其次是方正信托和金谷信托，分别是 15.02% 和 14.94%。

四　主动管理能力徘徊不前，信托公司提高资产管理能力任重道远

作为信托公司信托资产管理水平和能力的最重要的指标，主动管理占比是监管部门和信托公司历来重视并着力解决的主要问题之一。从近两年信托公司的年报数据汇总来看，主动管理型信托资产的占比基本保持在 61% ~62% 的水平，而从 2012 年新增信托项目的主被动管理占比来看，也在这个范围内。虽然凭这些数据就认为信托业的整体信托资产管理能力有多强还比较勉强，但这几年信托业的资产管理规模急速扩张，而主动管理能力徘徊不前，甚至有点退步，则说明信托业要真正提高信托资产管理能力还任重道远。

表 13　2012 年信托资产余额管理类型汇总

单位：亿元，%

项　目	2012 年规模	占比	2011 年规模	占比
主动管理型	45383.92	61.71	29425.07	61.78
被动管理型	28164.61	38.29	18203.53	38.22
总　　计	73548.53	100.00	47628.60	100.00

资料来源：信托公司年报，用益信托工作室整理、制作。

年报数据显示，2012 年全行业主动管理型信托资产余额为 4.54 万亿元，占整个信托资产总量的 61.71%，与 2011 年相比，减少 0.07 个百分点；而从 2012 年的新发行项目来看，新增主动管理型信托项目规模为 3.25 万亿元，占全年新增信托总规模的比例为 61.15%。以上数据说明，2012 年与 2011 年相比，主动管理型项目的占比没有太大变化。

表 14　2012 年新增信托项目管理类型

单位：款，万元，%

项目	项目数	金额	数量占比	规模占比
主动管理型	11702	32524.91	72.76	61.15
被动管理型	4382	20666.71	27.24	38.85
总　计	16084	53191.62	100.00	100.00

资料来源：信托公司年报，用益信托工作室整理、制作。

从各信托公司信托资产余额中主动管理型占比的情况来看，华能信托、五矿信托和苏州信托凭借 100% 的绝对比例傲视群雄。其中，华能信托和五矿信托的资产余额都超过了 1000 亿元，显示出其强大的股东背景资源带来的业务优势。当然，排名前十的信托公司，除这两家外，其他信托公司因资产规模较小，要做到主动管理型高占比有一定难度。表现最好的是中融信托，其信托资产余额在 66 家信托公司中位列第四，而其主动管理型占比也高达 94.34%，位列第 12，这与其在业内强大的信托业务开发能力的名声相匹配。除大业信托和西藏信托未披露其主动管理型信托资产占比外，甘肃信托、英大信托和建信信托排在行业的末三位。甘肃信托一直是业内信托业务能力较差的一家公司，几次的大股东产权出让也未成功，最近的消息是光大银行成为最后的赢家，如果成行，将迎来其信托业务发展的历史性机遇。英大信托是一家具有良好股东背景资源的机构，但或许是业务不愁，多年来其业务结构单一，集合信托产品基本不发，故其主动管理型占比低是必然结果，但这种优势到底能够保持多久无法预料。同样情况的还有建信信托，凭借其中国建设银行的股东背景，似乎其业务不需要太多主动出击。然而，随着市场的变化和泛资管时代的来临，这些凭借强大股东背景资源的公司虽然生计不愁，但想要有所作为，在行业出头也不容易。

表 15　2012 年信托公司信托资产余额管理类型排名

单位：万元，%

排名	信托公司	主动管理型余额	占比	被动管理型余额	占比
1	华能信托	17363030	100.00	0	0.00
1	苏州信托	3119891	100.00	0	0.00
1	五矿信托	12001615	100.00	0	0.00
4	东莞信托	2974162	99.32	20472	0.68

续表

排名	信托公司	主动管理型余额	占比	被动管理型余额	占比
5	江苏信托	7522568	98.77	93662	1.23
6	中泰信托	3112054	98.42	50093	1.58
7	湖南信托	5063228	98.37	84002	1.63
8	紫金信托	2257539	98.22	41000	1.78
9	昆仑信托	9209218	97.07	278000	2.93
10	吉林信托	4321819	96.07	176760	3.93
11	陕西国投	9629130	95.23	482469	4.77
12	中融信托	28253341	94.34	1695291	5.66
13	西部信托	2880024	92.44	235460	7.56
14	新华信托	8716678	92.43	714135	7.57
15	浙金信托	953270	91.90	84000	8.10
16	国投信托	10643097	89.97	1186850	10.03
17	华润信托	16646123	89.25	2005799	10.75
18	长安信托	19392295	88.68	2475899	11.32
19	重庆信托	5587492	87.63	788870	12.37
20	中铁信托	9163934	86.74	1400386	13.26
21	北京信托	10595304	86.24	1690941	13.76
22	华融信托	6002675	85.74	998350	14.26
23	华宸信托	1387889	84.11	262232	15.89
24	渤海信托	8343965	83.14	1691649	16.86
25	杭州信托	1224526	82.53	259168	17.47
26	平安信托	17472848	82.41	3729625	17.59
27	华澳信托	1428410	76.79	431800	23.21
28	爱建信托	1750834	75.44	569882	24.56
29	华信信托	4221305	74.96	1410383	25.04
30	方正信托	5481648	74.93	1834261	25.07
31	上海信托	8620963	71.67	3407652	28.33
32	外贸信托	15039866	69.89	6478752	30.11
33	天津信托	4744706	68.92	2139303	31.08
34	金谷信托	6935958	68.11	3247496	31.89
35	兴业信托	22876682	68.08	10728252	31.92
36	华鑫信托	5648075	66.00	2909209	34.00
37	长城信托	170841	65.63	89454	34.37
38	中诚信托	17722562	65.31	9414184	34.69
39	中投信托	2850112	64.96	1537274	35.04
40	陆家嘴信托	1796399	64.79	976372	35.21
41	中原信托	5055532	62.91	2980921	37.09
42	百瑞信托	4020080	57.80	2935498	42.20
43	中信信托	33419374	56.51	25715540	43.49
44	粤财信托	9304981	56.22	7245176	43.78
45	国元信托	5097342	55.32	4116606	44.68
46	国联信托	1705001	55.15	1386360	44.85

续表

排名	信托公司	主动管理型余额	占比	被动管理型余额	占比
47	新时代信托	6605073	52.20	6048910	47.80
48	中江信托	7029477	51.64	6583775	48.36
49	厦门信托	5308544	45.13	6453641	54.87
50	国民信托	262483	43.18	345452	56.82
51	中海信托	5329764	42.35	7254934	57.65
52	山西信托	1967478	41.12	2817585	58.88
53	中航信托	5305914	38.02	8648782	61.98
54	安信信托	1743177	37.87	2860425	62.13
55	华宝信托	7944446	37.38	13308715	62.62
56	北方信托	5524347	34.39	10537530	65.61
57	四川信托	3928227	28.72	9749884	71.28
58	交银信托	4424741	28.01	11370297	71.99
59	中粮信托	3094290	24.95	9305433	75.05
60	山东信托	4442526	23.42	14527516	76.58
61	云南信托	1387973	17.79	6413577	82.21
62	建信信托	5920098	16.88	29157580	83.12
63	英大信托	1464777	7.24	18758558	92.76
64	甘肃信托	427473	5.39	7504054	94.61
65	大业信托				
66	西藏信托				

资料来源：信托公司年报，用益信托工作室整理、制作。

表 16　新增主动管理型项目规模前十排行榜

单位：款，万元，%

排名	信托公司	项目数	占比	金额	占比
1	中融信托	623	99.36	20164344.84	98.57
2	兴业信托	717	75.79	18686046.00	65.50
3	长安信托	634	94.63	17976025.00	90.86
4	华能信托	280	100.00	17955881.22	100.00
5	外贸信托	1198	96.77	15220471.38	73.27
6	平安信托	328	100.00	14422029.45	100.00
7	华润信托	257	99.61	12665352.00	89.34
8	粤财信托	198	29.29	11367076.87	40.24
9	国投信托	322	93.88	10667777.29	98.35
10	五矿信托	307	100.00	10542300.00	100.00

资料来源：信托公司年报，用益信托工作室整理、制作。

在年度新增信托项目方面，年报数据显示，2012 年新增主动管理型项目规模最大的是中融信托，达 2016.43 亿元，占比 98.57%；其次是兴业信托，新增主动管理型项目 1868.60 亿元，占比 65.50%；长安信托新增主动管理型项目也有 1797.60 亿元，占比 90.86%。需要指出的是，兴业信托并未完全凭借其银行背景开展业务，而是走出了与其他银行系信托公司完全不同的发展道路，显示其股东战略的前瞻性和合理性。照此发展，相信兴业信托的未来前景将不可限量。

表 17　2012 年新增项目均为主动管理型信托公司

单位：款，万元

序号	信托公司	项目数	金额
1	华能信托	280	17955881.22
2	平安信托	328	14422029.45
3	五矿信托	307	10542300.00
4	昆仑信托	89	5419220.00
5	湖南信托	182	4441934.00
6	华信信托	393	3620455.38
7	中泰信托	59	3290199.00
8	紫金信托	75	2297334.95
9	苏州信托	94	2172291.00
10	东莞信托	104	1941625.20
11	杭州信托	25	934087.00

资料来源：信托公司年报，用益信托工作室整理、制作。

需要特别说明的是，2012 年有 11 家信托公司的年度全部新增项目均为主动管理型项目。这些公司，既有传统业务开发能力强的公司，如平安信托、昆仑信托和华信信托等，也有强大股东背景的新秀，如华能信托、五矿信托等。而对于中小信托公司而言，要保证其信托业务收入和利润，做主动管理型项目是必然的选择。

B.6 信托公司管理状况分析

摘　要：

信托公司第一大股东处于绝对控股状态，股权高度集中，超半数实际控制人持股逾70%，而在股权相对分散的信托公司中，大股东和小股东之间股权差异悬殊。据年报数据统计，2012 年信托行业从业人员总数为 11523 人，员工队伍首次突破万人大关，较 2011 年增加了 2135 人，增幅为 22.74%。信托公司应付职工薪酬大幅增长，一方面反映了信托公司从业人员收入水平的提高，另一方面也反映了信托公司经营的人力成本也在不断增加。

关键词：

股权结构　员工队伍　职工薪酬

一　资本实力持续增长，两极分化趋势明显

年报数据显示，2012 年信托公司注册资本继续保持增长，到 2012 年末 66 家信托公司注册资本总额为 955.48 亿元，平均注册资本为 14.48 亿元；与 2011 年相比，总额增加了 79.8 亿元，增幅为 9.11%，平均注册资本增加了 1.01 亿元，增幅为 7.5%。近年来，信托公司资产管理规模出现了井喷式的增长，而受净资本管理办法的束缚，又迫使信托公司不得不加快增资的步伐，信托公司资本实力增强后，为其加快业务转型和增强信托资产管理能力提供了强有力的支持。

值得关注的是，2012 年爱建信托和华信信托两家信托公司注册资本均增至 30 亿元，使得资本金达到 30 亿元以上的信托公司由 2 家增至 4 家。而在注册资本金少于 10 亿元的梯队中，除了新时代信托在 2012 年两次增资，注册资本由 5 亿元增至 8 亿元外，其余大部分信托公司在近三年中均没有增资扩股的

行为。信托公司注册资本实力两极分化趋势明显，净资本实力对比的悬殊也在一定程度上反映了信托公司的差距在进一步拉大。在现有的业务格局下，信托公司的经营业绩在2013年将会有明显分化。

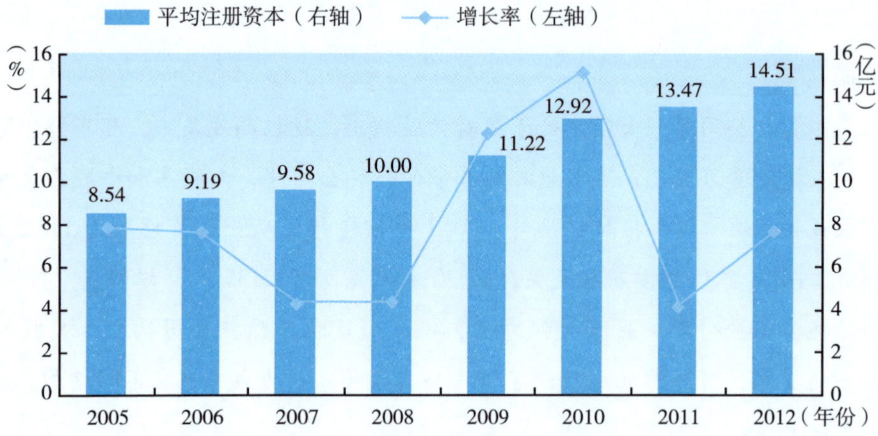

图1　2005～2012年信托公司平均注册资本变化趋势

资料来源：信托公司年报，用益信托工作室整理、制作。

2012年信托行业注册资本延续了2011年的增长态势，增幅达9.53%。由于信托公司净资产规模与信托公司所能开展的业务种类直接挂钩，信托行业产品同质化竞争激烈，使得不少信托公司力求创新业务，增资扩股在可操作性和未来业务的拓展方面都具有优势，如果有可能的话，信托公司也希望一次性增资到位。但是，增资扩股只是缓解资本紧张的权宜之计，无法支撑信托公司继续走粗放型道路。从长远来看，信托公司调整业务结构、创新盈利模式才是长久之计。

表1　2012年信托公司注册资本排名

单位：亿元

排名	信托公司	注册资本		2011年排名	名次变化
		2011年	2012年		
1	平安信托	69.88	69.88	1	0
2	爱建信托	10.00	30.00	42	40
2	华信信托	20.57	30.00	10	7
2	昆仑信托	30.00	30.00	2	-2

续表

排名	信托公司	注册资本		2011 年排名	名次变化
		2011 年	2012 年		
5	华润信托	26.30	26.30	3	-2
6	兴业信托	12.00	25.76	31	25
7	上海信托	25.00	25.00	4	-3
8	中海信托	25.00	25.00	5	-3
9	江苏信托	24.83	24.84	6	-3
10	中诚信托	24.57	24.57	7	-3
11	重庆信托	24.39	24.39	8	-3
12	华鑫信托	12.00	22.00	32	20
13	外贸信托	22.00	22.00	9	-4
14	渤海信托	20.00	20.00	11	-3
15	华宝信托	20.00	20.00	12	-3
16	华能信托	20.00	20.00	13	-3
17	交银信托	20.00	20.00	14	-3
18	英大信托	15.00	18.22	18	0
19	中融信托	14.75	16.00	23	4
20	吉林信托	15.96	15.96	15	-5
21	建信信托	15.27	15.27	16	-5
22	华融信托	15.18	15.18	17	-5
23	中航信托	15.00	15.00	19	-4
24	天津信托	15.00	15.00	20	-4
25	粤财信托	15.00	15.00	21	-4
26	中粮信托	12.00	15.00	37	11
27	中投信托	15.00	15.00	22	-5
28	中原信托	12.02	15.00	30	2
29	北京信托	14.00	14.00	24	-5
30	四川信托	13.00	13.00	25	-5
31	山东信托	12.80	12.80	26	-5
32	长安信托	12.59	12.59	27	-5
33	国联信托	12.30	12.30	28	-5
34	国投信托	12.05	12.05	29	-5
35	百瑞信托	12.00	12.00	33	-2
36	国元信托	12.00	12.00	34	-2
37	金谷信托	12.00	12.00	35	-2
38	苏州信托	5.90	12.00	51	13

续表

排名	信托公司	注册资本		2011 年排名	名次变化
		2011 年	2012 年		
39	五矿信托	12.00	12.00	36	-3
40	新华信托	6.21	12.00	48	8
41	中铁信托	12.00	12.00	38	-3
42	中信信托	12.00	12.00	39	-3
43	陆家嘴信托	3.15	10.68	62	19
44	中江信托	10.37	10.37	40	-4
45	甘肃信托	10.18	10.18	41	-4
46	北方信托	10.00	10.00	43	-3
47	方正信托	6.00	10.00	50	3
48	国民信托	10.00	10.00	44	-4
49	厦门信托	10.00	10.00	45	-4
50	山西信托	10.00	10.00	46	-4
51	新时代信托	5.00	8.00	54	-3
52	湖南信托	7.00	7.00	47	-5
53	西部信托	6.20	6.20	49	-4
54	华宸信托	5.72	5.72	52	-2
55	中泰信托	5.17	5.16	53	-2
56	东莞信托	5.00	5.00	55	-1
57	杭州信托	5.00	5.00	56	-1
58	浙金信托	5.00	5.00	57	-1
59	紫金信托	5.00	5.00	58	-1
60	安信信托	4.54	4.54	59	-1
61	云南信托	4.00	4.00	60	-1
62	陕西国投	3.58	3.58	61	-1
63	大业信托	3.00	3.00	63	0
64	华澳信托	3.00	3.00	64	0
65	西藏信托	3.00	3.00	65	0
66	长城信托		3.00		
行业合计		875.68	955.48		
行业均值		13.47	14.48		

资料来源：信托公司年报，用益信托工作室整理、制作。

从信托公司注册资本金排名来看，平安信托继续以 69.88 亿元稳居榜首；爱建信托、华信信托和昆仑信托均以 30 亿元的注册资本并列第二；列第五至第十位的分别是华润信托、兴业信托、上海信托、中海信托、江苏信托和中诚信托，注册资本都超过了24.5亿元。另外，在全部66家信托公司中，有28家超过了行业平均值；低于10亿元的有16家，比2011年减少4家，尽管有所减少，但行业注册资本的两极分化依然相当严重。

表2 2012年注册资本增加的信托公司

单位：亿元，%

信托公司	2011年注册资本	2012年注册资本	增长幅度
爱建信托	10.00	30.00	200.00
华信信托	20.57	30.00	45.84
兴业信托	12.00	25.76	114.67
华鑫信托	12.00	22.00	83.33
英大信托	15.00	18.22	21.47
中融信托	14.75	16.00	8.47
中粮信托	12.00	15.00	25.00
中原信托	12.02	15.00	24.79
苏州信托	5.90	12.00	103.39
新华信托	6.21	12.00	93.24
陆家嘴信托	3.15	10.68	239.05
方正信托	6.00	10.00	66.67
新时代信托	5.00	8.00	60.00

资料来源：信托公司年报，用益信托工作室整理、制作。

从各信托公司注册资本统计数据来看，2012年共有13家公司出现注册资本的变动，分别是爱建信托、华信信托、兴业信托、华鑫信托、英大信托、中融信托、中粮信托、中原信托、苏州信托、新华信托、陆家嘴信托、方正信托、新时代信托。这13家公司注册资本增加合计达90.06亿元。其中，注册资本增加最多的前三位分别是爱建信托、兴业信托和华鑫信托，分别增加了20亿元、13.76亿元和10亿元，增幅分别为200.00%、114.67%和83.33%。增长幅度最大的是陆家嘴信托，注册资本较上年增长239.05%。

尽管信托公司注册资本每年都在增长，但其增幅远远低于信托资产规模的扩张速度，信托公司如今已经进入拼资本的时代。随着泛资管时代的来临，未来理财市场的竞争将更加激烈，信托公司仅凭制度和先发优势难以在竞争中继续保持优势地位，竞争的结果必然是大吃小、强吃弱，信托公司在增强业务能力的同时，壮大实力也是必要前提，否则只能被边缘化，甚至遭到并购或淘汰。

二　信托业从业人员“首次”突破万人

从2012年年报披露的情况来看，信托公司的股东背景，依然主要分为四类：一是央企控股，如英大信托、中粮信托等；二是地方财政背景，如吉林信托等；三是民营企业背景，如四川信托等；四是金融机构背景，如兴业信托、建信信托等。

从年报数据中的持股比例来看，信托公司第一大股东平均持股比例为62.76%，而第二大股东的平均持股比例仅为19.05%。和2011年相比，变化不大。其中，有46家信托公司的第一大股东持股比例高于50%，持股比例超过90%的有14家。与2011年相比，第一大股东持股比例高于50%的信托公司数量增加了2家。第一大股东持股比例最高的是中投信托和西藏信托，达到100%，它们分别由中国建行投资有限责任公司和西藏自治区财政厅控制。信托公司第一大股东处于绝对控股状态，信托公司股权仍然高度集中，超半数实际控制人持股逾70%，而在股权相对分散的信托公司中，大股东和小股东之间的股权差距悬殊。集中度较高的股权结构，也为信托业的发展加注了某种特性，一方面信托公司投资范围较广，产品设计形式灵活，能够与股东其他业务平台产生联动效应；另一方面，股东的强势地位，也促使了不少信托成为股东方面借以施展资本运作长袖善舞之术的“通道”。

值得关注的是，目前由民营企业控股的信托公司不到10%，包括新华信托、中融信托、爱建信托、新时代信托、华信信托、四川信托、安信信托、国民信托8家信托公司。信托公司不像银行、保险等金融企业有固定的经营领域和业务范围，对于优秀公司的挑选应该是自下而上，而不是像银行、保险公司那样自上而下。行业整体向好加上民营资本的先天优势，未来两年或是民营信托公司发展的重要契机，民营信托公司有望脱颖而出。

表 3　2012 年信托公司股权结构及大股东持股比例排名

单位：%

排名	信托公司	大股东		二股东		三股东	
		股东名称	持股比例	股东名称	持股比例	股东名称	持股比例
1	西藏信托	西藏自治区财政厅	100.00				
2	中投信托	中国建行投资有限责任公司	100.00				
3	平安信托	平安保险(集团)	99.88	上海糖业烟酒集团	0.12		
4	爱建信托	爱建股份	99.33	爱建纺织品	0.33	爱建进出口	0.33
5	粤财信托	广东粤财投资控股	98.14	广东科技创业投资	1.86		
6	华宝信托	宝钢集团	98.00	浙江舟山财政局	2.00		
7	吉林信托	吉林省财政厅	97.50	吉林粮食集团公司	0.63		
8	外贸信托	中国中化股份	96.22	中化集团财务公司	3.78		
9	湖南信托	湖南财信投资控股	96.00	湖南国有投资	4.00		
10	国投信托	国投资本控股	95.45	国投高科技投资	4.55		
11	中海信托	中海油总公司	95.00	中信股份	5.00		
12	甘肃信托	甘肃国资集团有限	92.58	天水市财政局	4.00	白银市财政局	3.42
13	金谷信托	中国信达资产	92.29	中国妇女活动中心	6.25	中国海外工程	1.46
14	山西信托	山西国信投资集团	90.70	太原海信资产管理	8.30	山西国电集团	1.00
15	山东信托	山东鲁信控股集团	85.94	山东高新创业投资	6.25	山东黄金集团	3.13
16	交银信托	交通银行股份	85.00	湖北省财政厅	15.00		
17	英大信托	英大国际控股集团	83.94	中国电力财务公司	5.21	济南能源投资	4.38
18	昆仑信托	中油资产管理	82.18	天津经开区国有资产	12.82	广博投资控股	5.00
19	江苏信托	江苏国信资产管理集团	80.00	江苏苏豪控股集团	10.00	江苏高科技投资	5.00
20	厦门信托	厦门金财投资	80.00	厦门建发集团	10.00	厦门港务控股集团	10.00
21	中信信托	中信股份	80.00	中信兴业投资集团	20.00		

续表

排名	信托公司	大股东		二股东		三股东	
		股东名称	持股比例	股东名称	持股比例	股东名称	持股比例
22	中铁信托	中国中铁股份	78.91	中铁二局集团	7.23	成都工投资产经营	3.34
23	兴业信托	兴业银行股份	73.00	澳大利亚国民银行	16.83	福建华投投资	9.33
24	中粮信托	中粮集团有	72.01	中粮财务公司	4.00	中粮粮油有限公司	4.00
25	新华信托	新产业	71.92	巴克莱	19.50	中诚信投资	8.25
26	陆家嘴信托	上海陆家嘴金融开发	71.61	青岛国信发展(集团)	28.39		
27	方正信托	北大方正集团	70.01	东亚银行	19.99	武汉经济发展集团	10.00
28	苏州信托	苏州国际发展集团	70.01	苏格兰皇家银行	19.99	联想控股	10.00
29	建信信托	建设银行股份	67.00	合肥兴泰控股集团	27.50	合肥国有资产	5.50
30	重庆信托	重庆国信投资控股	66.99	重庆水务集团	23.86	上海淮矿资产管理	4.10
31	华能信托	华能资本服务公司	66.56	贵州产业投资集团	27.43	贵州贵财投资	4.02
32	上海信托	上海国际集团	66.33	上海久事公司	20.00	申能股份	5.00
33	五矿信托	五矿资本控股	66.00	西宁城市投资管理	33.90	青海华鼎实业股份	0.10
34	国联信托	无锡国联发展集团	65.85	国联环保能源集团	9.76	无锡地方电力	8.13
35	渤海信托	海航资本控股	60.22	海口美兰国际机场	15.51	海航酒店控股集团	14.20
36	紫金信托	南京紫金投资集团	60.01	三井住友信托银行	19.99	三胞集团	10.00
37	新时代信托	新时代远景(北京)	58.54	上海人广实业	24.39	潍坊科微投资	14.63
38	西部信托	陕西电力建设投资	57.78	陕西产业投资	8.66	重庆中侨置业	6.36
39	华信信托	华信汇通集团	56.00	大连保税区海涵发展	4.93	北京越达投资	4.93
40	浙金信托	浙江国际贸易集团	56.00	中国国际金融	35.00	传化集团	9.00
41	杭州信托	杭州市金融投资	52.99	摩根士丹利国际控股	19.90	浙江新安化工集团	6.26
42	天津信托	天津海泰控股集团	51.58	天津泰达国际	42.11		
43	华润信托	华润股份	51.00	深圳国资委	49.00		

续表

排名	信托公司	大股东		二股东		三股东	
		股东名称	持股比例	股东名称	持股比例	股东名称	持股比例
44	华鑫信托	中国华电集团	51.00	中国华电财务公司	49.00		
45	华宸信托	内蒙古国资委	50.20	湖南华菱钢铁集团	48.95	呼和浩特市财政局	0.50
46	华澳信托	北京融达投资	50.01	北京三吉利能源股份	30.00	麦格理资本	19.99
47	国元信托	安徽国元控股集团	49.69	深圳中海投资	40.38	首都机场集团	9.00
48	中原信托	河南投资集团	48.42	河南中原高速股份	33.28	河南盛润控股集团	18.30
49	大业信托	中国东方资产	41.67	广州国际控股集团	38.33	广东京信电力集团	20.00
50	长安信托	西安投资控股	41.30	上海证大投资	39.33	深圳淳大投资	11.67
51	东莞信托	东莞财信发展	40.00	东莞市财政局	30.00	东莞经贸总公司	6.00
52	中融信托	经纬纺织机械股份	36.60	中植企业集团	32.22	哈尔滨投资集团	23.36
53	长城信托	中国长城资产	35.00	新疆生产建设兵团	35.00	深圳盛金创业投资	17.00
54	四川信托	四川宏达集团	34.74	中海信托	30.00	四川宏达股份	19.00
55	陕西国投	陕西省煤业化工集团	34.58	陕西高速建设集团	27.48		
56	北京信托	北京国有资产	34.30	威益投资	19.99	中国石化股份	14.29
57	安信信托	上海国之杰	32.96	中国人寿保险(集团)	1.56	大成蓝筹稳健基金	1.54
58	中诚信托	中国人保集团股份	32.92	国华能源投资	20.35	兖矿集团	10.18
59	北方信托	天津泰达投资控股	32.33	津联集团	11.21		
60	国民信托	上海丰益股权投资基金	31.73	璟安股权投资	27.55	上海创信资产管理	24.16
61	中泰信托	中国华闻投资控股	31.57	上海新黄浦置业	29.97	广联(南宁)投资	20.00
62	百瑞信托	中国电力投资集团	25.33	中电投财务公司	24.91	摩根大通	19.99
63	云南信托	云南省财政厅	25.00	涌金实业(集团)	24.50	上海纳米创业投资	23.00
64	中江信托	领锐资产管理股份	25.00	江西省财政厅	22.80	北京供销社	20.00
65	中航信托	中国航空工业集团	10.20	中航投资控股	40.80	中航技深圳公司	21.47
66	华融信托	中国华融资产管理	97.50	新疆凯迪投资	1.48	新疆恒合投资	1.02

资料来源：信托公司年报，用益信托工作室整理、制作。

在资本实力排名前10位的信托公司中，大部分信托公司的第一大股东是中国500强企业，另外还有具有国有背景的企业。66家信托公司中，由省财政厅或地方财政局控股的有7家，分别是西藏信托、吉林信托、东莞信托、中江信托、甘肃信托、交银信托和云南信托，由于大股东是不发达地区的财政，除了吉林信托，其他几家信托公司的资本实力排名较靠后。可以看出，股东实力对信托公司的资本实力的影响十分明显。

表4　2012年资本实力排名前十的信托公司

排名	信托机构	第一大股东
1	平安信托	中国平安保险股份有限公司
2	爱建信托	上海爱建股份有限公司
3	华信信托	华信汇通集团有限公司
4	昆仑信托	中油资产管理有限公司
5	华润信托	华润股份有限公司
6	兴业信托	兴业银行股份有限公司
7	上海信托	上海国际集团有限公司
8	中海信托	中国海洋石油总公司
9	江苏信托	江苏省国信资产管理集团有限公司
10	中诚信托	中国人民保险集团股份有限公司

资料来源：信托公司年报，用益信托工作室整理、制作。

2012年股权结构发生变化的几家公司如下。

1月16日，金马甲信息显示，江西省财政厅将持有的江西国际信托股份有限公司23%股权挂牌转让。此次转让共拆分为三个标的，分别为7%、8%和8%股权，挂牌价格分别为2.98亿元、3.41亿元和3.41亿元。

兴业银行2月10日公告称，该行旗下控股子公司兴业国际信托注册资本已由5.1亿元增加至12亿元，其中该行的出资比例占比由56.08%增至73%。相关验资、工商登记变更手续日前均已完成。

2月29日，经纬纺机发布公告称，其子公司中融国际信托有限公司增加注册资本、调整股权结构等相关事项已获得银监会黑龙江监管局批复，变更注册资本后，中融信托的股东构成、出资额和出资比例也发生相应变动，前三大股东由之前的经纬纺织机械股份有限公司、哈尔滨投资集团有限责任公司、中植企业集团有限公司变成经纬纺织机械股份有限公司、中植企业集团有限公司、哈尔滨投资集团有限责任公司。

3月21日，据外媒报道，摩根大通已同意收购中国百瑞信托有限公司19.9%的股权。百瑞信托的总部位于郑州，主要由中电投财务有限公司控股。

2012年6月14日，爱建信托20亿元增资获得上海银监局批准，本次注册资本变更涉及股权结构调整，经调整，公司股东构成、出资额及出资比例如下：（1）上海爱建股份有限公司，出资298000万元人民币，出资比例为99.33%；（2）上海爱建纺织品公司，出资1000万元人民币，出资比例为0.33%；（3）上海爱建进出口有限公司，出资1000万元人民币，出资比例为0.33%。

9月26日，根据2012年2月21日、8月3日股东会决议，并经中国银监会（批准文号〔2012〕267号、392号）批准、商务部核发外商投资企业批准证书，中粮信托有限责任公司注册资本由120000万元人民币增至149981.2523万元人民币。其中，中粮集团有限公司出资108000万元人民币，出资比例72.009%；蒙特利尔银行出资29981.2523万元人民币或等值的可自由兑换货币，出资比例19.99%；中粮财务有限责任公司出资6000万元人民币，出资比例4.0005%。同时，中粮粮油有限公司出资6000万元人民币，出资比例4.0005%；《中粮信托有限责任公司章程》做相应修改。

目前已经成立的信托公司共有67家，2012年重新开业的有陆家嘴信托、万向信托两家信托公司（见表5）。

表5　2012年重组成立信托公司情况

单位：亿元

信托公司	公司沿革	注册资本	股东背景	第一大股东	最近重组时间	注册地
陆家嘴信托	海协信托	3.15	金融	陆家嘴金融发展	2012年2月	青岛
万向信托	浙工商信托	13.21	金融	中国万向控股	2012年7月	杭州

资料来源：信托公司年报，用益信托工作室整理、制作。

2012年2月27日，中国银监会正式下发《中国银监会关于青岛海协信托投资有限公司变更公司名称和业务范围等有关事项的批复》（银监复〔2012〕88号），同意公司名称变更为陆家嘴国际信托有限公司，同意公司根据《信托公司管理办法》的有关规定开展全部本外币业务。要求公司应依法合规开展业务，做好信托项目尽职管理，确保公司平稳运行。至此，海协信托重组工作终于画上圆满句号，为公司稳健成长揭开了崭新的一页。

万向信托于2012年7月27日获得浙江银监局颁发的《中华人民共和国金融许可证》，于2012年9月23日正式开业，股东包括中国万向控股有限公司、浙江烟草投资管理有限责任公司、浙江省邮政公司、巨化集团公司、浙江省财务开发公司。

表6　实业集团发展信托业基本情况

单位：%

信托公司	公司沿革	股东背景	第一大股东	持股比例
爱建信托		房地产	上海爱建股份有限公司	99.33
安信信托	鞍山信托	房地产	上海国之杰投资发展有限公司	33
渤海信托	河北国投	航空	海口美兰国际机场有限责任公司	60.22
国民信托		零售	丰益实业发展有限公司	31.73
华宝信托		钢铁	宝钢集团有限公司	98
华宸信托	内蒙古信托	钢铁	湖南华菱钢铁集团有限责任公司	50.2
华能信托	黔隆信托	能源电力	华能资本服务公司	66.56
华润信托	深圳国投	零售、电力、啤酒、地产	华润股份有限公司	51
华鑫信托	佛山国投	能源电力	中国华电集团公司	51
中航信托	江南信托	航空	中航工业	10.2
昆仑信托	金港信托	石油	中油资产管理有限公司	82.18
陕西国投		道路交通	陕西省高速公路建设集团公司	34.58
外贸信托		农业、化工	中国中化股份有限公司	96.22
西部信托	陕西信托、西北信托	能源电力	陕西省电力建设投资开发公司	57.78
英大信托		能源电力	国网英大国际控股集团有限公司	83.94
中海信托		石油	中国海洋石油总公司	95
中粮信托	伊斯兰信托	食品	中粮集团有限公司	72.01
中泰信托	厦门联合信托	信息传媒	中国华闻投资控股有限公司	31.57
中铁信托	衡平信托	道路交通	中国中铁股份有限公司	78.91
方正信托	武汉国投	IT	北大方正集团有限公司	70.01
四川信托	四川省信托投资公司	冶金	宏达集团	34.74
浙金信托	金信信托	国贸	浙江省国际贸易集团有限公司	56

资料来源：信托公司年报，用益信托工作室整理、制作。

目前，在66家已披露年报信息的信托公司中，第一大股东为实业集团的有24家，占比36.36%，涉及的行业有房地产、航空、石油、钢铁和能源电力等10个行业；第一大股东为政府背景的有7家，占比10.61%；第一大股东为金融集团的有11家，占比16.67%，其中银行系信托公司已经有5家，保险系有2家。另外，中航信托、英大信托、外贸信托、中铁信托等17家信托公司有央企背景。

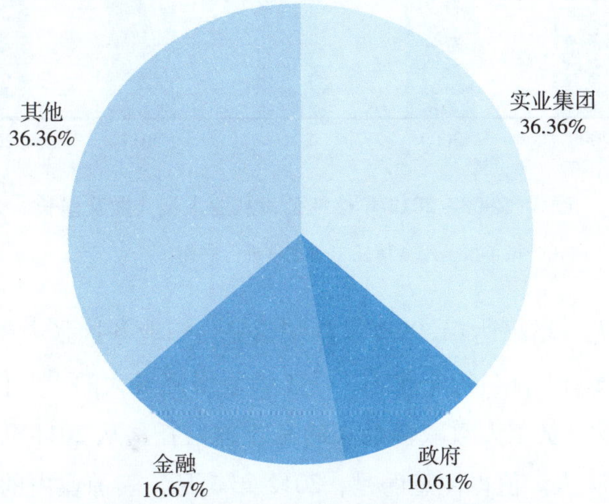

图2　2012年信托公司股东构成情况

资料来源：信托公司年报，用益信托工作室整理、制作。

三　员工队伍

据66家信托公司年报数据统计，2012年信托行业从业人员总数为11523人，员工队伍首次突破了万人大关，较2011年增加了2135人，增幅为22.74%；平均每家公司员工人数为175人，较2011年的144人增加了31人，增幅为21.53%。其中，员工人数最多的是中融信托，为1221人，成为信托行业从业人员规模唯一突破千人的信托公司，员工人数最少的公司为西藏信托，仅31人，与2011年相比减少1人。

与2011年相比较，66家信托公司中，62家公司的员工人数出现增长，4家出现下降。员工人数增幅最大的是新华信托，从2011年的357人增加到

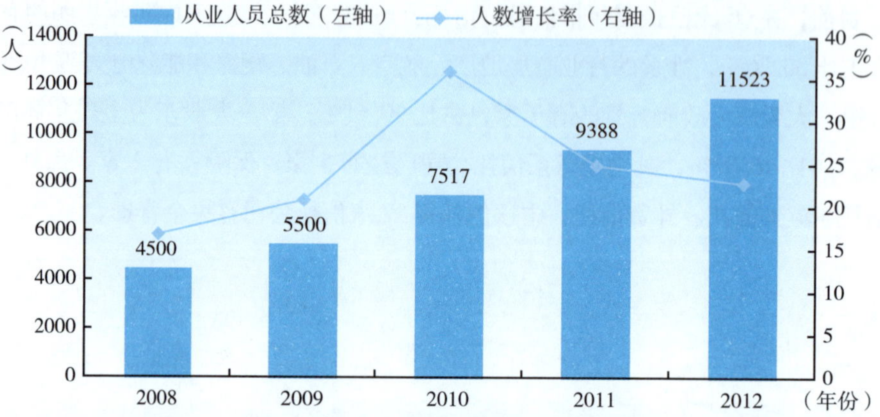

图 3　2008～2012 年信托公司从业人员人数及增长

资料来源：信托公司年报，用益信托工作室整理、制作。

2012 年的 578 人，增幅达 61.90%。新华信托由于业务扩张步伐较快，员工人数连续两年增长幅度排名行业前三。员工人数增幅最大的十家信托公司如表 7 所示。与此相反，员工人数减幅最大的是吉林信托，从 2011 年的 186 人减少到 2012 年的 164 人。值得注意的是，2012 年 5 月，震惊业内的“诈骗案”让吉林信托成为市场关注的焦点，该事件之后，吉林信托对内部管理及团队进行了调整，业务扩张的步伐也随之有所放缓。

表 7　2011～2012 年员工人数最多的 10 家信托公司

单位：人

排名	信托公司	2012 年员工人数	信托公司	2011 年员工人数
1	中融信托	1221	中融信托	1083
2	平安信托	838	平安信托	740
3	新华信托	578	中信信托	368
4	中信信托	436	新华信托	357
5	四川信托	333	四川信托	228
6	长安信托	320	长安信托	221
7	华润信托	282	昆仑信托	207
8	华宝信托	236	华润信托	204
9	外贸信托	235	华宝信托	195
10	兴业信托	235	吉林信托	186

资料来源：信托公司年报，用益信托工作室整理、制作。

根据对66家信托公司年报数据的分析，目前，信托公司从业人员规模在100人以上有50家，较2011年增加了14家。其中，200人以上的信托公司有13家，较上年增加5家。员工人数最多的5家公司中，与2011年相比唯一的变化是，新华信托由2011年的第四名上升到2012年的第三名，而中信信托则由2011年的第三名退至2012年的第四名。

表8　2012年员工人数增幅最大的5家信托公司

单位：人

排名	信托公司	2011年	2012年	增加人数
1	新华信托	357	578	221
2	四川信托	333	228	105
3	长安信托	320	221	99
4	平安信托	740	838	98
5	华润信托	204	282	78

资料来源：信托公司年报，用益信托工作室整理、制作。

表9　2012年员工人数减少的信托公司

单位：人

序号	信托公司	2011年	2012年	减少人数
1	吉林信托	186	164	-22
2	重庆信托	87	83	-4
3	山西信托	174	172	-2
4	西藏信托	32	31	-1

资料来源：信托公司年报，用益信托工作室整理、制作。

从披露员工年龄结构的信托公司来看，30岁以下的员工占全部员工人数的35.15%，30~40岁的员工占比34.74%，40岁以上的员工占比19.33%。可以看出，随着信托业迅猛发展和资产规模的扩张，对人才的需求导致行业队伍呈年轻化。目前，信托公司员工年龄主要集中在40岁以下，其中30岁以下的员工人数占比最高，占比超过35%，已成为信托公司发展的中坚力量，应该说，年轻新生力量的加入，为信托业发展注入更多活力的同时，也加大了风险管理的难度。

表 10　2011～2012 年员工年龄结构

单位：%

年龄分布	2011 年	2012 年
30 岁以下	39.14	39.40
30～40 岁	37.27	38.94
40 岁以上	23.59	21.66

资料来源：信托公司年报，用益信托工作室整理、制作。

从披露员工学历结构的信托公司来看，信托行业从业人员中，博士人数为 237 人，占员工总数的 2.52%，较 2011 年略有提高；硕士人数为 3613 人，占比 38.49%，较 2011 年提高了 3.33 个百分点。总体来看，信托公司从业人员的学历主要集中在本科和硕士两个层次。从走势来看，本科层次人员占比逐步减少，而硕士及以上层次人员占比在逐步增加。其中，硕士学历人员增长趋势尤为明显，并成为行业的主流。显然，高学历人才占比的不断增加，提升了信托从业人员的整体素质，为行业的可持续发展奠定了良好的人才基础。

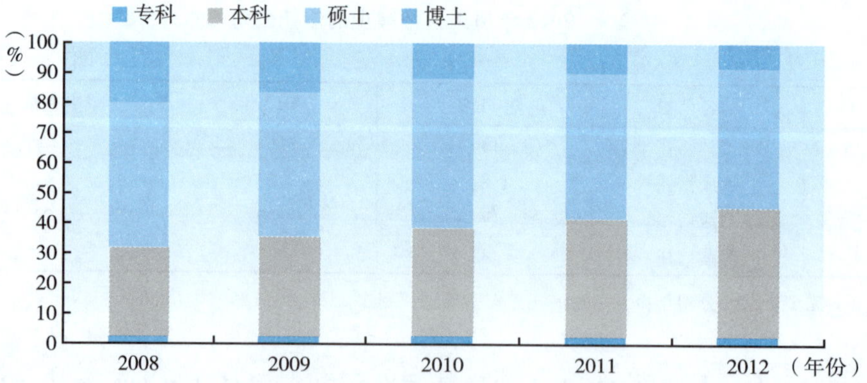

图 4　2008～2012 年信托公司从业人员学历分布

资料来源：信托公司年报，用益信托工作室整理、制作。

年报数据显示，2012 年披露年报的 66 家信托公司中，有 57 家公司公布了员工的岗位结构表。其中，董监高 552 人，自营业务人员 587 人，信托业务人员 5900 人，其他人员 3403 人。在这些岗位中，信托业务人员占比为 51.20%，符合行业的发展规律。其他岗位与 2011 年相比，董监高人数基本持平，自营业务人员则连续两年出现下降。2012 年信托公司管理的信托资产余额增长了 2.66 亿元，增幅达 55%。信托资产规模迅猛增长的背后反映了信托公司对信托业务人员需求的旺盛。同时，在信托公司加快转型步伐、提升自主管理能力的过程中，必然需要有更多管理人员与之相匹配。此外，信托公司为加快直销业务布局，提升信托产品的销售能力，也需要构建信托产品营销团队。以上这些功能的完善和布局都需要进一步引入更多的人才才能实现。

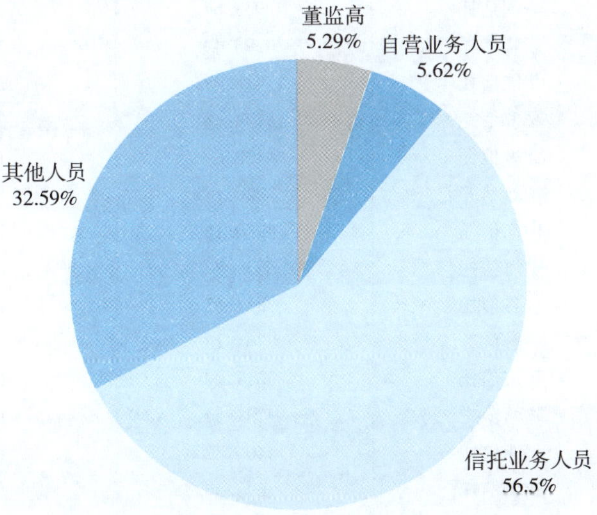

图 5　2012 年信托行业员工岗位分布情况

资料来源：信托公司年报，用益信托工作室整理、制作。

四　信托公司应付职工薪酬大幅增长

根据年报数据统计，66 家信托公司 2012 年应付员工薪酬总计达 680470.04 万元，行业均值为 10310.15 万元，与 2011 年总额相比，净增 253565.5 万元，增幅达 59%。得益于 2012 年信托业务的快速发展，与应付员工薪酬总额大幅增加相对应的是信托公司人数 2012 年也首次突破万人大关。信托公司应付职工薪酬的大幅增长，一方面反映了信托公司从业人员收入水平的提高，另一方面也反映了信托公司经营的人力成本在不断增加。

表 11　2012 年信托公司应付职工薪酬排名

单位：万元

排名	信托公司	应付职工薪酬	
		2011 年	2012 年
1	中融信托	55599.23	100549.14
2	中诚信托	56303.51	74419.12
3	中信信托	58068.98	66178.62
4	长安信托	12143.51	34404.52
5	华润信托	22938.64	30419.90
6	新华信托	20398.43	23005.34
7	华能信托	11418.07	22264.61
8	平安信托	18134.38	21769.65
9	北方信托	4128.81	14688.91
10	中航信托	7220.18	13539.73
11	中江信托	4960.16	12506.52
12	上海信托	8039.72	12003.88
13	金谷信托	3851.83	11689.23
14	华融信托	7354.22	11245.71
15	重庆信托	3617.00	10995.68
16	陕西国投	3234.52	10835.76
17	兴业信托	5400.82	10073.40
18	建信信托	6693.58	9664.01
19	中海信托	7221.17	9076.40
20	安信信托	7331.57	8727.49
21	交银信托	4175.14	8397.58
22	中铁信托	4824.80	8184.47
23	北京信托	1206.28	8029.22
24	大业信托	2982.23	7926.73
25	方正信托	2904.37	7893.45
26	华澳信托	2457.45	7586.32
27	厦门信托	7801.00	7552.00
28	湖南信托	4191.00	6758.00
29	华宝信托	4121.18	6664.31
30	中投信托	3381.10	5834.09
31	苏州信托	1612.35	5666.92
32	天津信托	3805.14	5189.19
33	外贸信托	3764.12	4950.19
34	陆家嘴信托	419.45	4894.96

续表

排名	信托公司	应付职工薪酬	
		2011 年	2012 年
35	四川信托	6134.25	4740.21
36	东莞信托	2909.44	4554.49
37	紫金信托	443.08	4473.50
38	中粮信托	2185.23	4439.75
39	西部信托	2239.49	4403.77
40	国元信托	3695.06	4297.99
41	粤财信托	2944.99	4289.89
42	云南信托	1290.52	3814.76
43	国投信托	2630.15	3677.77
44	新时代信托	2080.77	3444.33
45	中泰信托	3312.64	3391.12
46	吉林信托	4439.37	3320.86
47	浙金信托	345.56	3315.58
48	华宸信托	2850.00	3193.20
49	华信信托	2360.02	3162.99
50	杭州信托	1804.00	2267.00
51	山西信托	1815.48	2073.11
52	五矿信托	2098.77	2026.89
53	渤海信托	4149.81	1878.90
54	中原信托	850.59	1878.30
55	爱建信托	584.97	1442.10
56	山东信托	1204.72	1267.71
57	西藏信托	—	1220.28
58	国民信托	365.68	1138.22
59	国联信托	498.00	802.00
60	江苏信托	520.51	534.33
61	百瑞信托	283.56	447.00
62	长城信托		444.98
63	英大信托	267.64	421.05
64	甘肃信托	736.69	225.64
65	昆仑信托	156.40	200.18
66	华鑫信托	3.22	97.11
行业合计		426904.54	680470.04
行业均值		6670.38	10310.15

资料来源：信托公司年报，用益信托工作室整理、制作。

年报数据显示，2012 年应付员工薪酬排名前三位的信托公司分别为中融信托、中诚信托、中信信托，它们都是业内实力很强的老牌信托公司。从应付员工薪酬排名前十位的信托公司来看，应付员工薪酬的水平受以下因素影响：（1）与信托公司所处的地域有关，从排名前十位的信托公司来看，一半以上的公司处于一线发达城市，薪资水平领先于其他地区。（2）与信托公司的自身实力紧密相关，排名前十位的信托公司绝大部分都是综合实力很强的信托公司。（3）可以很明显地发现，与信托公司的人数有关，有一半以上都在员工人数最多的信托公司之列。（4）与信托公司的管理风格及薪酬制度有关，这类信托公司对人才的重视程度可能更高，员工的薪酬待遇水平也相对较高。

B.7

反映信托公司风险管理能力的主要相关财务指标分析

摘　要：

2012年信托公司整体资产负债率为11.45%，较2011年上升了0.49个百分点。统计数据表明，尽管目前信托公司的整体资产质量处在一个比较良好的状态。在已披露年报数据的66家信托公司中，有39家信托公司的不良资产率为0，不良资产率超过5%的只有5家；计提的风险准备金余额为267.65亿元，较上年增加84.95亿元，增幅为46.50%。到2012年底，全行业信托杠杆率已经达到36.8%，是2004年的9.44倍，2007年的2.67倍。

关键词：

资产负债率　不良资产率　风险准备金　信托杠杆率

风险是一把悬挂在每个市场主体头上的“达摩克利斯之剑”，尤其是经营风险业务的金融机构。信托公司作为一个金融机构，在经营过程中会出现各种各样的风险，既有来自内部的风险，也有来自外部的风险；既有信托业务的风险，也有固有业务的风险。总体来看，信托业的风险与其他金融行业基本相同，主要包括财务风险、政策风险、市场风险、法律风险、道德风险等。本文将根据66家信托公司年报披露的数据，通过分析一些业务和财务的量化指标来揭示信托公司在运营过程中存在的问题和可能产生的风险，以达到提示和警示的作用。事实上，要充分揭示信托业的风险和问题，仅靠信托公司的年报信息和数据是远远不够的，但数据的完整性和真实性往往能使我们看清问题的本源，判断出风险的程度。

一　资产负债率：整体资产质量略有下降

资产负债率是评价一家企业固有资产质量的主要指标。虽然信托风险和信托公司是隔离的，但并不代表信托公司对信托业务风险无所作为，恰恰相反，信托公司自身的资本实力和管理能力是应对和处置信托业务风险的最后一道屏障。

从表1可以看出，2012年66家信托公司（母公司）的整体资产负债率为11.45%，较2011年上升了0.49个百分点。统计数据表明，尽管目前信托公司的整体资产质量处在一个比较良好的状态，但对于一个经营信用和风险的金融行业来说，其整体资产负债率应该有一个更好的结果和发展趋势，但这两点目前还不能让人放心。

从各信托公司的资产负债情况来看，资产状况最好的是国联信托，其资产负债率仅为1.71%；其次是爱建信托和粤财信托，资产负债率分别为2.17%和2.49%。安信信托在2012年末的资产负债率虽然较上年下降了4.41个百分点，但依然以33.70%排在行业榜首；紧随其后的是新华信托和华宝信托，其资产负债率都超过了30%，且均较上年有所增加，说明这两家公司的资产质量在恶化。而2012年资产状况恶化最快的是吉林信托，从2011年的9.86%上升到2012年的29.18%，上升了19.32个百分点，居于首位；上升幅度排在第二和第三位的分别是西藏信托和中江信托，分别上升了14.74个和13.26个百分点。资产质量提高得最快的是山东信托，其资产负债率从2011年的37.51%下降到2012年的6.69%，下降30.82个百分点；下降幅度居第二和第三位的分别是陕西国投和厦门信托，下降了21.54个和12.26个百分点。

表1　2012年信托公司自营资产负债率排名

单位：%，个百分点

排名	信托公司	自营资产负债率		
		2012年	2011年	增幅
1	安信信托	33.70	38.11	-4.41
2	新华信托	31.47	28.07	3.39
3	华宝信托	30.34	23.33	7.01
4	吉林信托	29.18	9.86	19.32

续表

排名	信托公司	自营资产负债率		
		2012 年	2011 年	增幅
5	华宸信托	28. 67	29. 18	-0. 51
6	中铁信托	28. 60	31. 26	-2. 66
7	长安信托	22. 74	13. 97	8. 77
8	方正信托	22. 60	14. 27	8. 33
9	中融信托	22. 22	21. 13	1. 09
10	大业信托	21. 79	17. 70	4. 09
11	湖南信托	19. 76	16. 02	3. 74
12	华澳信托	19. 34	11. 59	7. 74
13	中江信托	18. 51	5. 25	13. 26
14	西藏信托	18. 31	3. 57	14. 74
15	重庆信托	16. 39	7. 93	8. 46
16	中信信托	15. 94	19. 66	-3. 72
17	金谷信托	15. 20	14. 87	0. 33
18	杭州信托	15. 20	12. 69	2. 51
19	华润信托	14. 87	13. 36	1. 51
20	西部信托	14. 07	15. 65	-1. 59
21	中诚信托	13. 40	13. 59	-0. 18
22	百瑞信托	13. 00	13. 81	-0. 81
23	华能信托	12. 81	7. 12	5. 69
24	北方信托	12. 59	12. 52	0. 06
25	国民信托	11. 96	5. 20	6. 77
26	东莞信托	11. 54	6. 19	5. 36
27	华鑫信托	11. 52	10. 51	1. 01
28	中航信托	10. 90	9. 12	1. 78
29	四川信托	9. 71	16. 46	-6. 75
30	苏州信托	9. 55	3. 68	5. 87
31	紫金信托	9. 42	4. 35	5. 06
32	中投信托	9. 41	4. 72	4. 69
33	浙金信托	9. 36	1. 15	8. 21
34	五矿信托	9. 04	3. 11	5. 93
35	云南信托	9. 01	9. 50	-0. 49
36	甘肃信托	8. 42	3. 32	5. 10
37	陕西国投	8. 37	29. 91	-21. 54
38	山西信托	8. 19	6. 77	1. 41

续表

排名	信托公司	自营资产负债率		
		2012 年	2011 年	增幅
39	厦门信托	7.77	20.03	-12.26
40	上海信托	7.76	6.88	0.88
41	中泰信托	7.48	8.00	-0.52
42	英大信托	7.47	4.66	2.81
43	华融信托	7.38	8.04	-0.66
44	陆家嘴信托	7.21	6.10	1.11
45	中原信托	6.77	3.88	2.88
46	山东信托	6.69	37.51	-30.82
47	北京信托	6.33	11.49	-5.16
48	天津信托	6.16	6.42	-0.26
49	交银信托	5.99	4.72	1.27
50	平安信托	5.76	11.29	-5.53
51	外贸信托	5.70	6.95	-1.25
52	兴业信托	5.24	4.14	1.10
53	中海信托	5.00	5.44	-0.44
54	江苏信托	4.10	2.99	1.11
55	国元信托	3.87	3.45	0.43
56	华信信托	3.80	2.88	0.92
57	长城信托	3.78	2.82	0.96
58	国投信托	3.71	2.18	1.52
59	昆仑信托	3.71	4.61	-0.90
60	建信信托	3.61	5.15	-1.54
61	新时代信托	3.24	5.90	-2.66
62	渤海信托	3.23	5.63	-2.40
63	中粮信托	2.97	3.94	-0.97
64	粤财信托	2.49	2.70	-0.21
65	爱建信托	2.17	4.51	-2.34
66	国联信托	1.71	1.48	0.23
行业均值		11.45	10.96	0.49

注：取自母公司财务数据。

资料来源：信托公司年报，用益信托工作室整理、制作。

二　不良资产率：超半数信托公司无不良资产

不良资产率是反映企业固有资产经营好坏的重要指标。尽管固有资产经营和信托资产管理是相互隔离的，但固有资产经营得好坏，能从一个侧面反映出信托公司的资产管理能力，故对其信托资产管理能力也具有参考价值。一般来说，不良资产比率对企业有以下意义：（1）不良资产比率着重从企业不能正常循环周转以谋取收益的资产角度反映企业资产的质量，揭示企业在资产管理和使用上存在的问题，用以对企业资产的营运状况进行补充修正；（2）该指标在用于评价工作的同时，也有利于企业发现自身不足，改善管理，提高资产利用效率；（3）一般情况下，该指标值越高，表明企业沉积下来、不能正常参加经营运转的资金越多，资金利用率越差。该指标值越小越好，0 是最优水平。

从表 2 可以看出，在已披露年报数据的 66 家信托公司中，有 39 家信托公司的不良资产率为 0，不良资产率超过 5% 的只有 5 家，统计数据表明，目前信托公司的平均不良资产率仅 2.36%，较上年下降 0.27 个百分点，处于一个非常良好的状态。从各家公司的情况来看，中泰信托的不良资产率仍然高达 80.29%，虽然较前一年有小幅下降，但还是远远高出其他公司，处于一个非常危险的境地，需要引起足够的重视。另外，2012 年度有 18 家信托公司的不良资产率有所下降，有 9 家信托公司的不良资产率有所上升。其中，上升最大的是华能信托，上升了 3.56 个百分点；下降最快的是中信信托，下降了 8.53 个百分点。

表 2　2012 年信托公司不良资产率排名

单位：%，个百分点

排名	信托公司	不良资产率		
		2012 年	2011 年	增幅
1	中泰信托	80.29	83.47	-3.18
2	西部信托	20.55	26.37	-5.82
3	新时代信托	16.75	13.95	2.81
4	中信信托	7.77	16.30	-8.53
5	华能信托	7.37	3.82	3.56
6	山西信托	4.15	4.27	-0.12
7	安信信托	2.96	0.00	2.96
8	山东信托	2.46	5.49	-3.04
9	昆仑信托	1.95	1.61	0.34
10	中铁信托	1.83	2.52	-0.70

续表

排名	信托公司	不良资产率		
		2012 年	2011 年	增幅
11	百瑞信托	1.09	1.28	-0.20
12	华宝信托	1.06	0.93	0.12
13	陕西国投	0.94	3.23	-2.29
14	华润信托	0.92	0.90	0.02
15	长安信托	0.87	1.85	-0.97
16	英大信托	0.72	1.04	-0.33
17	爱建信托	0.66	1.75	-1.09
18	杭州信托	0.63	0.75	-0.12
19	国元信托	0.53	0.95	-0.43
20	甘肃信托	0.50	0.34	0.16
21	中江信托	0.42	0.58	-0.16
22	华宸信托	0.41	0.33	0.07
23	天津信托	0.32	1.07	-0.75
24	华融信托	0.25	0.15	0.11
25	平安信托	0.21	0.42	-0.21
26	江苏信托	0.20	0.35	-0.15
27	粤财信托	0.07	0.09	-0.02
28	陆家嘴信托	0.00	0.00	0.00
29	北方信托	0.00	0.00	0.00
30	北京信托	0.00	0.00	0.00
31	渤海信托	0.00	0.00	0.00
32	东莞信托	0.00	0.00	0.00
33	方正信托	0.00	0.00	0.00
34	国联信托	0.00	0.00	0.00
35	国民信托	0.00	0.00	0.00
36	国投信托	0.00	0.00	0.00
37	湖南信托	0.00	0.00	0.00
38	华澳信托	0.00	0.00	0.00
39	华鑫信托	0.00	0.00	0.00
40	华信信托	0.00	0.00	0.00
41	吉林信托	0.00	0.00	0.00
42	建信信托	0.00	0.00	0.00
43	交银信托	0.00	0.00	0.00
44	金谷信托	0.00	0.00	0.00

续表

排名	信托公司	不良资产率		
		2012 年	2011 年	增幅
45	厦门信托	0.00	0.00	0.00
46	上海信托	0.00	0.00	0.00
47	四川信托	0.00	0.00	0.00
48	苏州信托	0.00	0.00	0.00
49	外贸信托	0.00	0.00	0.00
50	五矿信托	0.00	0.00	0.00
51	西藏信托	0.00	0.00	0.00
52	新华信托	0.00	0.00	0.00
53	兴业信托	0.00	0.00	0.00
54	云南信托	0.00	0.00	0.00
55	长城信托	0.00	0.00	0.00
56	浙金信托	0.00	0.00	0.00
57	中诚信托	0.00	0.00	0.00
58	中海信托	0.00	0.00	0.00
59	中航信托	0.00	0.00	0.00
60	中粮信托	0.00	0.00	0.00
61	中融信托	0.00	0.00	0.00
62	中投信托	0.00	0.00	0.00
63	中原信托	0.00	0.00	0.00
64	重庆信托	0.00	0.00	0.00
65	紫金信托	0.00	0.00	0.00
66	大业信托	0.00	0.00	0.00
行业均值		2.36	2.63	-0.27

资料来源：信托公司年报，用益信托工作室整理、制作。

三　风险准备金行业缺口高达百亿元

信托公司的风险准备金通常是指盈余公积、一般风险准备和信托赔偿准备三项的余额之和。一般情况下，每年可分配利润的10%计提盈余公积，5%计提信托赔偿准备（累计总额达到公司注册资本的20%时，可不再提取），一般风险准备则按照信用风险资产的一定比例计提。因此，风险准备金余额主要和信托公司每年的净利润相关。

年报数据显示，2012 年 66 家信托公司计提的风险准备金余额为 267.65 亿元，较上年增加 84.95 亿元，增幅为 46.50%。其中，信托风险赔偿准备金计提余额为 73.52 亿元，占行业注册资本的 7.68%，与 20% 的上限还相差 12.32%，缺口达 118 亿元。目前大部分信托公司都存在一定的信托赔偿准备缺口率。除没有披露相关数据的公司外，缺口规模最大的是平安信托，将近 11 亿元；缺口率最高的为长城信托，缺口率高达 99%。统计数据表明，尽管 2012 年信托公司的风险计提有较高的涨幅，但信托风险赔偿准备金的计提缺口依然相当大，这对信托业抵御风险的能力是一个严峻的挑战。

从各信托公司风险准备金的计提情况来看，中海信托 2012 年度的风险准备金计提非常充分，已累计达 21.14 亿元，其中，信托风险赔偿准备金累计计提 8.97 亿元，远远超过其注册资本金的 20%，排在各信托公司的首位；紧随其后的是增幅最大的中信信托，2012 年风险准备金计提 6.47 亿元，总计 19.41 亿元；华润信托和上海信托分别排第三和第四，累计计提的风险准备金都超过了 15 亿元，而排名最末的为长城信托，由于该公司新近设立，业务刚起步，故其风险准备金仅为 247 万元。

表 3　2012 年信托公司风险准备金排名

单位：万元

排名	信托公司	风险准备金			信托风险赔偿准备金	注册资本金的 20%
		2012 年	2011 年	增量		
1	中海信托	211351	156009	55342	89665	50000
2	中信信托	194100	129361	64739	41982	24000
3	华润信托	157708	115240	42469	52600	52600
4	上海信托	155870	127520	28350	3638	50000
5	平安信托	144056	109513	34543	31559	139760
6	江苏信托	135191	93609	41582	50153	49680
7	中诚信托	116131	92022	24109		49140
8	华宝信托	98150	74845	23305	23179	40000
9	外贸信托	81858	55724	26134	9783	44000
10	中融信托	71879	40898	30981	13811	32000
11	北京信托	69771	59475	10296	33000	28000
12	重庆信托	65083	50843	14241	19476	48775

续表

排名	信托公司	风险准备金			信托风险赔偿准备金	注册资本金的 20%
		2012 年	2011 年	增量		
13	华信信托	54206	37458	16748	14426	60000
14	华融信托	50416	37380	13036	16778	30355
15	中铁信托	45459	27214	18245	9819	24000
16	吉林信托	43593	30118	13475	10713	31920
17	山东信托	42401	26704	15697	8228	25600
18	粤财信托	37814	29235	8579	8731	30000
19	国元信托	36428	27876	8553	8244	24000
20	北方信托	35703	24429	11274	8925	20000
21	苏州信托	35452	12659	22793	5766	24000
22	昆仑信托	34028	22925	11103		60000
23	英大信托	30828	19830	10999		36440
24	百瑞信托	29727	18651	11076	6405	24000
25	华能信托	28662	11071	17591	6002	40000
26	中投信托	28261	20880	7381	6347	30000
27	建信信托	27929	16860	11070	6592	30540
28	厦门信托	27887	20353	7534	5419	20000
29	国联信托	27214	22356	4858	10292	24600
30	新华信托	26945	17657	9288	7630	24000
31	国投信托	25449	20244	5205		24100
32	兴业信托	25284	8767	16517	6458	51520
33	中原信托	25223	18757	6467	6206	30000
34	四川信托	24078	6440	17638	50000	26000
35	山西信托	23930	19951	3979	9255	20000
36	天津信托	23645	19913	3733	22596	30000
37	湖南信托	22753	18860	3893	15100	14000
38	中泰信托	21922	17067	4855	5819	10320
39	杭州信托	21704	16494	5210	5055	10000
40	五矿信托	19348	4757	14591	18157	24000
41	东莞信托	19284	15457	3827	5743	10000
42	中航信托	18986	6355	12631	4746	30000
43	中粮信托	18960	9771	9189	6227	24000
44	交银信托	18820	5867	12953	10446	40000
45	长安信托	18804	5859	12945	6232	25178
46	金谷信托	16693	3713	12980	4534	24000

续表

排名	信托公司	风险准备金			信托风险赔偿准备金	注册资本金的 20%
		2012 年	2011 年	增量		
47	华宸信托	16255	12920	3334	3965	11440
48	陕西国投	16054	8203	7852	3513	7160
49	云南信托	16026	12891	3135	4704	8000
50	渤海信托	14840	5151	9690	4509	40000
51	西藏信托	14662	8727	5935	3785	6000
52	新时代信托	14250	9186	5064	5821	16000
53	西部信托	13652	8669	4983	4214	12400
54	国民信托	12951	7950	5001	3745	20000
55	华鑫信托	12737	621	12116	2089	44000
56	中江信托	12644	7434	5210	3114	20732
57	方正信托	9691	1767	7924	2423	20000
58	爱建信托	7706	7706			60000
59	安信信托	6366	3308	3058	2338	9080
60	大业信托	5493	1734	3759	1373	6000
61	甘肃信托	4383	2326	2058	1678	20360
62	华澳信托	3649	1337	2312	991	6000
63	紫金信托	2552		2552	526	10000
64	陆家嘴信托	2489		2489	391	21360
65	浙金信托	854	77	776	194	10000
66	长城信托	247		247	62	6000
行业总计		2676489	1826993	849495	735171	1915059
行业均值		40553	27682	12871	11310	29016

资料来源：信托公司年报，用益信托工作室整理、制作。

四　信托杠杆率一路走高，但仍在可控范围内

信托杠杆率是一定时期信托资产余额与信托公司净资产的比率。尽管信托杠杆率不能完全衡量一个行业或一家信托公司的抗风险能力，但可以从一个侧面反映出信托行业或信托公司的风险水平，显然，信托杠杆率越大，其信托风险就越高。2007 年以来，随着信托资产规模的不断攀升，信托行业的信托杠杆率也一路走高，到 2012 年底，全行业信托杠杆率已经达到了 36.8%，是

2004 年的 9.44 倍，是 2007 年的 2.67 倍。需要说明的是，尽管当前信托杠杆率接近 40%，但从信托资产构成来看，集合信托的占比不到三分之一，其信托杠杆率为 9.27%，低于 10%，在可控的范围内。

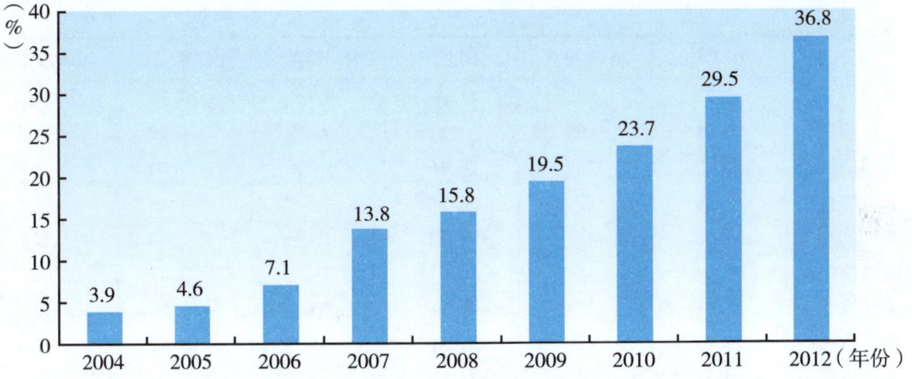

图 1　2004～2012 年信托行业信托杠杆率走势

资料来源：信托公司年报，用益信托工作室整理、制作。

从 2012 年 66 家信托公司的信托杆杆率来看，超过行业平均值的信托公司有 33 家，比 2011 年多 3 家，说明行业的风险状况有恶化的趋势。其中，排在最前的五家信托公司分别是：长安信托（99.20%）、西藏信托（98.15%）、兴业信托（85.83%）、新时代信托（74.54%）和山东信托（73.52%），其中，长安信托、西藏信托接近 100%，信托杠杆风险很大，亟须增资扩股以提高公司自身实力。另外，2012 年表现最好的 5 家信托公司分别是国民信托（4.06%）、重庆信托（7.86%）、爱建信托（8.33%）、长城信托（8.33%）和华信信托（10.29%）。

从各信托公司信托杠杆率的变化来看，恶化最严重的五家信托公司分别是西藏信托从 2011 年的 44.56% 提高到 2012 年的 98.15%，上升了 53.59 个百分点；云南信托从 2011 年的 14.40% 提高到 2012 年的 67.20%，上升了 52.80 个百分点；长安信托从 2011 年的 55.80% 提高到 2012 年的 99.20%，上升了 43.40 个百分点；甘肃信托从 2011 年的 21.56% 提高到 2012 年的 62.36%，上升了 40.80 个百分点；兴业信托从 2011 年的 46.85% 提高 2012 年的 85.83%，上升了 38.98 个百分点。往好方向转变的五家信托公司分别是：陕西国投、英大信托、外贸信托、粤财信托和爱建信托，其信托杠杆率分别较2011年减少28.43个、20.25个、18.55个、15.20个和13.26个百分点。

表4　2011～2012年信托公司信托杠杆率排名

单位：%，个百分点

信托公司	2012年	2012排名	2011年	2011年排名	杠杆率涨跌	排名升降
爱建信托	8.33	64	21.59	40	-13.26	24
安信信托	73.01	6	51.51	13	21.50	-7
百瑞信托	30.72	43	20.16	45	10.56	-2
北方信托	72.39	7	38.16	26	34.23	-19
北京信托	37.68	33	39.32	25	-1.64	8
渤海信托	36.61	34	46.01	16	-9.41	18
大业信托	52.07	23	41.91	23	10.16	0
东莞信托	33.75	36	24.90	35	8.85	1
方正信托	49.29	26	61.43	3	-12.14	23
甘肃信托	62.36	13	21.56	41	40.80	-28
国联信托	12.91	59	10.20	59	2.70	0
国民信托	4.06	66	3.69	63	0.38	3
国投信托	52.03	24	19.20	50	32.83	-26
国元信托	30.93	41	19.88	46	11.05	-5
杭州信托	15.22	56	12.78	56	2.44	0
湖南信托	38.81	31	26.77	33	12.04	-2
华澳信托	24.98	45	23.84	36	1.14	9
华宝信托	62.73	11	60.03	7	2.69	4
华宸信托	19.64	50	15.75	51	3.90	-1
华能信托	53.42	22	31.77	29	21.64	-7
华融信托	24.44	46	20.20	44	4.24	2
华润信托	18.37	52	14.36	55	4.00	-3
华鑫信托	32.98	39	45.32	17	-12.34	22
华信信托	10.29	62	11.84	57	-1.55	5
吉林信托	13.62	58	25.34	34	-11.72	24
建信信托	66.30	10	40.60	24	25.70	-14
江苏信托	12.30	61	10.13	60	2.17	1
交银信托	59.38	19	32.22	28	27.16	-9
金谷信托	50.32	25	48.32	14	2.00	11
昆仑信托	12.60	60	20.21	43	-7.61	17
陆家嘴信托	24.19	47	0.00	65	24.19	-18
平安信托	14.00	57	14.37	54	-0.38	3

续表

信托公司	2012 年	2012 排名	2011 年	2011 年排名	杠杆率涨跌	排名升降
厦门信托	67.44	8	57.53	9	9.91	-1
山东信托	73.52	5	60.47	4	13.05	1
山西信托	30.89	42	19.57	49	11.33	-7
陕西国投	30.99	40	59.42	8	-28.43	32
上海信托	20.65	49	14.79	52	5.86	-3
四川信托	62.59	12	43.52	19	19.08	-7
苏州信托	15.70	55	19.68	48	-3.98	7
天津信托	33.29	37	21.00	42	12.29	-5
外贸信托	41.74	29	60.29	5	-18.55	24
五矿信托	61.96	15	27.09	32	34.88	-17
西部信托	23.13	48	19.76	47	3.37	1
西藏信托	98.15	2	44.56	18	53.59	-16
新华信托	45.48	28	42.54	21	2.94	7
新时代信托	74.54	4	60.05	6	14.50	-2
兴业信托	85.83	3	46.85	15	38.98	-12
英大信托	60.18	17	80.43	1	-20.25	16
粤财信托	61.13	16	76.33	2	-15.20	14
云南信托	67.20	9	14.40	53	52.80	-44
长安信托	99.20	1	55.80	11	43.40	-10
长城信托	8.33	63	0.00	65	8.33	2
浙金信托	19.05	51	0.67	64	18.38	-13
中诚信托	27.01	44	23.20	37	3.81	7
中海信托	33.12	38	35.07	27	-1.95	11
中航信托	56.97	20	43.17	20	13.80	0
中江信托	47.77	27	42.46	22	5.31	5
中粮信托	56.02	21	27.55	31	28.46	-10
中融信托	62.01	14	52.52	12	9.49	2
中泰信托	16.50	53	6.65	61	9.85	-8
中铁信托	37.74	32	21.85	39	15.89	-7
中投信托	16.13	54	11.46	58	4.67	-4
中信信托	59.51	18	56.01	10	3.50	8
中原信托	40.64	30	30.37	30	10.27	0
重庆信托	7.86	65	6.45	62	1.40	3
紫金信托	35.14	35	22.24	38	12.89	-3
行业均值	36.68		29.5		-13.27	

资料来源：信托公司年报，用益信托工作室整理、制作。

五 净资产与净资本整体增幅超20%

信托公司净资产是指信托公司自有资产减去负债后的所有者权益。信托公司的净资产体现了信托公司的真正资本实力，其增量则体现了信托公司的经营效益。虽然信托公司自有资产与信托资产是严格分开的，但自有资产的数量和质量仍然会对信托资产安全性起到积极作用。

年报统计数据显示，2012 年末 66 家信托公司净资产余额 2030.82 亿元，平均每家公司 30.77 亿元，分别较上年增长 24.54% 和 24.54%。从各信托公司的净资产排名来看，2012 年净资产排名（数据取自信托公司年报母公司表）前三甲的公司分别是平安信托、华润信托和中诚信托，净资产都已过百亿元，尤其是平安信托以 151 亿元遥遥领先。2012 年净资产增量最大的则是中信信托，约净增 28 亿元，也有三家信托公司净资产出现了负增长，分别为中海信托、华宸信托和东莞信托。

表 5　2012 年信托公司净资产排名

单位：万元

排名	信托公司	净资产		
		2012 年	2011 年	增量
1	平安信托	1514666	1364990	149676
2	华润信托	1015546	879962	135584
3	中诚信托	1004629	878449	126180
4	中信信托	993691	714143	279548
5	重庆信托	811758	788999	22759
6	江苏信托	619291	511417	107874
7	上海信托	582473	522909	59564
8	华信信托	547359	360982	186377
9	建信信托	529041	469724	59317
10	外贸信托	515596	396023	119573
11	昆仑信托	506122	460802	45320
12	中融信托	482927	331597	151330
13	兴业信托	391543	321818	69725
14	中海信托	380022	428349	-48327

续表

排名	信托公司	净资产		
		2012 年	2011 年	增量
15	国元信托	368840	328695	40145
16	华宝信托	338828	307576	31252
17	英大信托	336151	237745	98406
18	吉林信托	330313	248978	81335
19	北京信托	328099	276757	51342
20	陕西国投	326283	84956	241327
21	华能信托	325056	293808	31248
22	华融信托	286477	237232	49245
23	中江信托	284990	241873	43117
24	中铁信托	279936	194945	84991
25	爱建信托	278735	55805	222930
26	渤海信托	274155	232458	41697
27	中投信托	271955	239552	32403
28	粤财信托	270737	232678	38059
29	交银信托	266011	232067	33944
30	华鑫信托	259458	123106	136352
31	山东信托	258022	188551	69471
32	中航信托	244930	181778	63152
33	国联信托	239505	219735	19770
34	百瑞信托	238175	199902	38273
35	国投信托	227369	200885	26484
36	北方信托	221887	178613	43274
37	中粮信托	221359	132388	88971
38	长安信托	220454	145830	74624
39	四川信托	218530	162253	56277
40	新华信托	207372	163152	44220
41	天津信托	206785	185275	21510
42	金谷信托	202358	149843	52515
43	苏州信托	198772	110245	88527
44	中原信托	197736	164389	33347
45	五矿信托	193690	136334	57356
46	中泰信托	191607	163126	28481
47	新时代信托	169757	93718	76039
48	厦门信托	167413	124670	42743

续表

排名	信托公司	净资产		
		2012 年	2011 年	增量
49	山西信托	154889	140127	14762
50	国民信托	149636	118895	30741
51	方正信托	148435	68834	79601
52	西部信托	134684	120592	14092
53	湖南信托	132627	101820	30807
54	甘肃信托	127195	119652	7543
55	云南信托	116099	100549	15550
56	陆家嘴信托	114634	27144	87490
57	杭州信托	97493	84079	13414
58	东莞信托	96001	97581	-1580
59	华宸信托	84008	97755	-13747
60	华澳信托	74811	67213	7598
61	紫金信托	65420	53132	12288
62	安信信托	63057	49366	13691
63	西藏信托	59613	41051	18562
64	大业信托	57463	38668	18795
65	浙金信托	54454	50516	3938
66	长城信托	31237	30000	1237
行业合计		20308165	16306056	4002109
行业均值		307699	247061	60638

注：本数据来源于母公司财务报表数据。

资料来源：信托公司年报，用益信托工作室整理、制作。

从信托行业净资产的发展趋势来看，由于2010年以前较多信托公司没有披露年报信息，故净资产总量数据存在不完整的情况，在此用行业平均值的走势来作分析。通过对各年年报披露的数据统计，信托行业平均净资产近几年都实现了稳步快速增长，从2005年的8.99亿元上升至2012年的30.77亿元，增长了2.42倍。

信托公司的净资本是指根据信托公司的业务范围和公司资产结构的特点，在净资产的基础上对各固有资产项目、表外项目和其他有关业务进行风险调整后得出的综合性风险控制指标。对信托公司实施净资本管理的目的，是确保信托公司固有资产充足并保持必要的流动性，以满足抵御各项业务不可预期损失的需要。

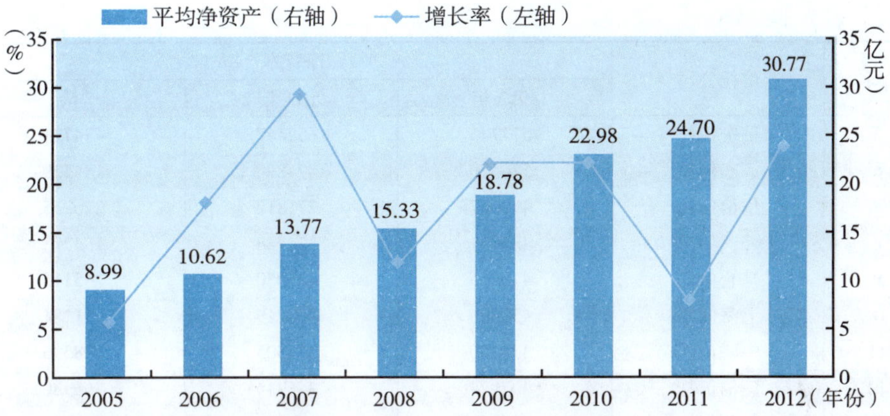

图 2　2005～2012 年信托公司平均净资产走势

资料来源：信托公司年报，用益信托工作室整理、制作。

根据年报数据披露，2012 年 66 家信托公司中，有 36 家披露了净资本，30 家公司因各种原因没有披露该信息，为更加真实地反映 2012 年全行业的净资本状况，下面根据《信托公司净资本管理办法》和信托公司披露的年报业务数据进行了初步的核算，得出了全行业净资本的总量约为 1663 亿元，平均每家信托公司净资本为 25.2 亿元，总量较 2011 年增长 29.12%。希望以后有更多的信托公司能够披露该信息，以反映信托公司及行业的完整风险状况。

从各信托公司净资本排名来看，平安信托以 124 亿元的净资本遥遥领先，比位居次席的华润信托多出 38.5 亿元，是排在第四位中信信托的近 2 倍；而净资本规模排在末位的是长城信托，只有 2.79 亿元，该公司由于是新成立的机构，且注册资本金仅 3 亿元，故净资本较低。

表 6　2012 年信托公司净资本排名

单位：万元

排名	信托公司	净资本		
		2012 年	2011 年	增量
1	平安信托	1241162	1005764	235398
2	华润信托	855830	583197	272633
3	中诚信托	720200	634991	85209
4	中信信托	625928	461994	163934

续表

排名	信托公司	净资本		
		2012 年	2011 年	增量
5	重庆信托	577746	652467	-74721
6	江苏信托	520420	374890	145529
7	华信信托	498067	271812	226255
8	外贸信托	485931	331728	154203
9	昆仑信托	470165	435050	35115
10	上海信托	450000	398719	51281
11	中融信托	434100	325505	108595
12	建信信托	407924	341944	65980
13	兴业信托	347800	302226	45574
14	国元信托	323495	233966	89529
15	中海信托	312324	402130	-89806
16	英大信托	298900	183719	115181
17	北京信托	274179	228334	45845
18	中江信托	261170	242285	18885
19	华融信托	256300	199075	57225
20	华宝信托	249204	258380	-9176
21	交银信托	249132	196888	52244
22	华能信托	244780	284129	-39349
23	陕西国投	236392	72210	164182
24	山东信托	235633	145298	90336
25	吉林信托	234951	199394	35557
26	中铁信托	234881	177109	57772
27	渤海信托	230302	193015	37287
28	粤财信托	229267	190921	38346
29	爱建信托	224813	43910	180903
30	华鑫信托	223384	62611	160773
31	中航信托	214600	153906	60694
32	国联信托	213328	170539	42789
33	中粮信托	203507	113941	89566
34	长安信托	200844	140518	60326
35	国投信托	198232	142937	55295
36	中投信托	195369	160108	35262
37	百瑞信托	194600	149279	45321
38	四川信托	191800	126044	65756
39	五矿信托	185678	132877	52800
40	新华信托	171515	147470	24046

续表

排名	信托公司	净资本		
		2012 年	2011 年	增量
41	金谷信托	169061	118686	50375
42	天津信托	161400	148259	13141
43	北方信托	159389	141744	17646
44	中泰信托	158570	127654	30916
45	新时代信托	151167	77028	74139
46	中原信托	149800	129817	19983
47	山西信托	141800	127963	13837
48	苏州信托	139109	82521	56588
49	国民信托	132386	93376	39010
50	方正信托	131898	54103	77795
51	厦门信托	125889	84722	41168
52	西部信托	115542	103044	12498
53	云南信托	105839	92078	13761
54	甘肃信托	99279	89520	9759
55	湖南信托	97984	72767	25216
56	陆家嘴信托	95977	26991	68986
57	杭州信托	80289	56016	24273
58	华宸信托	73109	90345	-17235
59	东莞信托	69250	86215	-16966
60	西藏信托	58746	39382	19365
61	华澳信托	57764	60180	-2416
62	大业信托	55871	37708	18163
63	浙金信托	52121	—	52121
64	紫金信托	50021	39604	10417
65	安信信托	48219	30352	17866
66	长城信托	27867	—	27867
行业合计		16632200	12881353	3750848
行业均值		252003	195172	56831

资料来源：信托公司年报，用益信托工作室整理、制作。

六　净资本管理指标：四家公司不达标

根据银监会《信托公司净资本管理办法》第十五条和第十六条的净资本

管理指标规定：

（1）信托公司净资本不得低于人民币 2 亿元；

（2）净资本不得低于各项风险资本之和的 100%；

（3）净资本不得低于净资产的 40%。

下面根据 2012 年 66 家信托公司的年报数据，经过相关公式的核算得出以上三个指标的初步数据。从第一个指标来看，在已披露信息的 66 家信托公司中，该项指标均全部达标，且行业平均值是 2 亿元的 12 倍以上。其中表现最好的是平安信托，凭借其超强的资本实力，净资本与 2 亿元的比值达到 62 倍以上，远远高于其他信托公司。从第二个指标来看，根据初步测算，西藏信托、安信信托、厦门信托及北方信托不达标，但缺口率并不算太大，都在 20% 以内。从第三个指标来看，66 家信托公司也全部达标，其中表现最好的三家信托公司分别是西藏信托、大业信托和五矿信托。

总体来讲，2012 年除个别信托公司接近红线以外，其他公司都能满足《信托公司净资本管理办法》中对净资本及风险控制指标的要求。虽然从数据来看比较令人满意，但并不能就此认为信托业的整体风险完全可控，一些意外的风险事件或许能带来连锁反应，甚至有可能让局面失控，但有一点是肯定的，以上这些数据越好，说明整个信托行业越健康，抵御风险的能力也就越强。

表 7　2012 年信托公司净资本管理指标情况

单位：%

排名	信托公司	净资本/2 亿元	净资本/风险资本	净资本/（净资产·40%）
1	西藏信托	293.73	81.54	246
2	大业信托	279.35	166.61	243
3	五矿信托	928.39	199.16	240
4	浙金信托	260.60	400.18	239
5	外贸信托	2429.65	181.07	236
6	交银信托	1245.66	138.98	234
7	昆仑信托	2350.83	523.19	232
8	中粮信托	1017.54	220.55	230
9	中江信托	1305.85	140.69	229
10	山西信托	709.00	168.75	229

续表

排名	信托公司	净资本/2 亿元	净资本/风险资本	净资本/(净资产·40%)
11	山东信托	1178. 17	109. 73	228
12	云南信托	529. 20	397. 12	228
13	长安信托	1004. 22	124. 40	228
14	华信信托	2490. 33	403. 15	227
15	中融信托	2170. 50	166. 26	225
16	华融信托	1281. 50	202. 00	224
17	长城信托	139. 33	673. 78	223
18	国联信托	1066. 64	343. 16	223
19	新时代信托	755. 84	159. 12	223
20	英大信托	1494. 50	252. 02	222
21	方正信托	659. 49	177. 44	222
22	兴业信托	1739. 00	131. 69	222
23	国民信托	661. 93	604. 55	221
24	四川信托	959. 00	155. 30	219
25	国元信托	1617. 47	187. 98	219
26	中航信托	1073. 00	112. 65	219
27	国投信托	991. 16	130. 99	218
28	华宸信托	365. 55	305. 26	218
29	华鑫信托	1116. 92	201. 49	215
30	西部信托	577. 71	203. 25	214
31	粤财信托	1146. 33	125. 69	212
32	华润信托	4279. 15	321. 80	211
33	江苏信托	2602. 10	273. 25	210
34	渤海信托	1151. 51	166. 25	210
35	中铁信托	1174. 40	142. 46	210
36	陆家嘴信托	479. 89	230. 11	209
37	北京信托	1370. 90	174. 72	209
38	金谷信托	845. 31	130. 35	209
39	中泰信托	792. 85	285. 85	207
40	新华信托	857. 58	154. 06	207
41	杭州信托	401. 45	245. 03	206
42	中海信托	1561. 62	217. 71	205
43	平安信托	6205. 81	260. 53	205
44	百瑞信托	973. 00	155. 31	204
45	爱建信托	1124. 07	589. 21	202
46	甘肃信托	496. 40	131. 41	195

续表

排名	信托公司	净资本/2 亿元	净资本/风险资本	净资本/(净资产·40%)
47	天津信托	807.00	207.19	195
48	上海信托	2250.00	168.54	193
49	建信信托	2039.62	193.99	193
50	华澳信托	288.11	523.95	193
51	安信信托	241.09	86.93	191
52	紫金信托	250.11	173.95	191
53	中原信托	749.00	144.73	189
54	华能信托	1223.90	103.36	188
55	厦门信托	629.45	89.64	188
56	湖南信托	489.92	120.00	185
57	华宝信托	1246.02	174.48	184
58	陕西国投	1181.96	259.98	181
59	东莞信托	346.25	131.47	180
60	中投信托	976.85	230.87	180
61	北方信托	796.95	91.33	180
62	中诚信托	3601.00	211.17	179
63	重庆信托	2888.73	279.34	178
64	吉林信托	1174.76	237.48	178
65	苏州信托	695.55	238.58	175
66	中信信托	3129.64	210.58	157
行业均值		1260.00	223.38	208.87

资料来源：信托公司年报，用益信托工作室整理、制作。

BⅢ 信托公司篇

Trust Company

B.8
2012 年中国 66 家信托公司运行状况探析

爱建信托

1. 资产状况

根据年报显示，2012 年末，爱建信托注册资本为 30 亿元，较上年的 10 亿元增长 200%；自营资产规模为 29.06 亿元，较 2011 年增长 363%；资产规模总量为 232.07 亿元，较上一年度增长 111.57 亿元，增幅排名第 50。

2. 业务状况

（1）信托业务

年报显示，截至 2012 年末，爱建信托新增集合类项目 32 款，金额为 83.42 亿元，在所有信托公司中排名第 47 位；单一类项目 25 款，金额为 34.45 亿元，排名第 60 位；财产管理类项目 5 款，金额为 36.09 亿元，排名第 20 位；合计项目共 62 款，金额为 153.96 亿元。

另外，爱建信托共计实现信托业务收入 2.96 亿元，较上一年度增长 126.62%。

爱建信托信托资产运用方式如表 1 所示，其中长期应收款的资金占比最大，为61.89%。资产分布领域中，基础产业规模占比最高，达35.79%，说明爱建信托的信托资金主要投向基础产业。

表 1　爱建信托信托资产运用方式及投向

单位：万元，%

资产运用	金额	占比	资产分布	金额	占比
货币资产	31455.77	1.35	基础产业	830490.76	35.79
贷款	522822.20	22.53	房地产	808181.71	34.82
长期股权投资	200472.47	8.64	证券市场	833.25	0.04
长期应收款	1436263.47	61.89	工商企业	641472.42	27.64
投资性房地产	121420.00	5.23	金融机构	31455.77	1.35
应收账款	8282.70	0.36	其他	8282.70	0.36
信托资产总计	2320716.61	100.00	信托资产总计	2320716.61	100.00

资料来源：信托公司年报，用益信托工作室整理、制作。

（2）自营业务

爱建信托自营资产运用方式及投向如表 2 所示。资产运用方式中，贷款及应收款的资金规模占比最大，达53.39%。资产分布领域中，房地产投向为爱建信托自营资产的主要投资领域，其资金规模占比达37.83%。

表 2　爱建信托自营资产运用方式及投向

单位：万元，%

资产运用	金额	占比	资产分布	金额	占比
货币资产	47538.19	16.36	基础产业	0.00	0.00
交易性金融资产	21089.70	7.26	房地产	109932.47	37.83
贷款及应收款	155140.56	53.39	证券市场	40358.53	13.89
可供出售金融资产	17268.83	5.94	工商企业	40922.97	14.08
持有至到期投资	27000	9.29	金融机构	97538.19	33.56
长期股权投资	4837.53	1.66	其他	1856.12	0.64
长期应收款	17733.47	6.1			
资产总计	290608.28	100.00	资产总计	290608.28	100.00

资料来源：信托公司年报，用益信托工作室整理、制作。

3. 盈利状况

爱建信托 2012 年度共计实现营业收入 4.24 亿元，较上一年度增长 125.90%；营业支出为 1.20 亿元，较上一年度增长 96.85%；净利润 2.30 亿元，较上一年度增长 90.41%。2012 年度爱建信托的净利润较行业均值少 3.30 亿元。

爱建信托 2012 年度人均净利润 249.80 万元，排名第 45 位，较上一年度增长 44.88%；资本利润率率为 13.74%，排名第 47 位；信托报酬率为 2.24%，排名第 4 位。综上看出，虽然市场竞争日益激烈，爱建信托公司资本利润率和信托报酬率均出现下降，但其利润仍在上升，也就是说公司的发展步伐并没有停滞。

4. 理财状况

爱建信托 2012 年度共计实现信托项目收入 13.25 亿元，较上一年度增长 209.02%；信托项目营业支出 -4.22 亿元，较上一年度增长 -556.11%；信托项目净利润为 17.47 亿元，较上一年度增长 549.90%。爱建信托 2012 年度净利润较行业均值差距较大，相差 42.11 亿元。

爱建信托 2012 年度已清算的集合类信托项目的平均收益率为 10.00%，已清算的单一类信托项目的平均收益率为 7.68%。总体来讲，2012 年度所有项目的平均收益率为 8.98%，较上午 5.17% 的收益率大幅增加。

表 3　爱建信托各类信托项目收益率

单位：款，万元，%

项目类型	项目数		项目金额		收益率	
	2012 年	2011 年	2012 年	2011 年	2012 年	2011 年
集合类	6	3	191000.00	70631.00	10.00	8.09
单一类	11	7	150377.21	122033.20	7.68	3.83
财产管理类	0	2	0.00	58000.00	0.00	4.44
合　计	17	12	341377.21	250664.20	8.98	5.17

资料来源：信托公司年报，用益信托工作室整理、制作。

爱建信托 2012 年度新增主动管理型项目为 38 款，项目数占比为 61.29%。在信托业整体提升主动管理型项目的前提条件下，爱建信托也在朝着这个方向发展。

表 4　爱建信托主动管理型项目占比

单位：款，万元，%

项目类型	项目		金额		金额占比	
	2012 年	2011 年	2012 年	2011 年	2012 年	2011 年
主动管理型	38	12	1142546.16	326118.50	74.21	58.66
被动管理型	24	10	396993.60	229821.20	25.79	41.34
合　计	62	22	1539539.76	555939.70	100.00	100.00

资料来源：信托公司年报，用益信托工作室整理、制作。

5. 管理状况

2012 年爱建信托的主要股东仍是上海爱建股份有限公司，持股比例达 99.33%。

从表 5 可以看出，2012 年爱建信托 30～40 岁的人员占比提升较大，也是整个年龄层级比例最大的。

表 5　爱建信托员工年龄分布

单位：人，%

项　目	2012 年		2011 年	
	人数	比例	人数	比例
30 岁以下	26	24.76	18	26.09
30～40 岁	51	48.57	25	36.23
40 岁以上	28	26.67	26	37.68
合　计	105	100.00	69	100.00

资料来源：信托公司年报，用益信托工作室整理、制作。

从表 6 可以看出，2012 年度爱建信托的硕士比例提升较大，其在所有员工学历占比中仅次于本科，且比例较为接近。

2012 年度爱建信托有信托业务人员 32 人，占员工比例 30.48%。

2012 年度爱建信托应付员工薪酬为 1442.10 万元，排名第 55 位，员工平均薪酬为 13.73 万元。

2012 年末爱建信托的负债合计为 6181.95 万元，资产负债率为 2.17%。不良资产合计 1329.93 万元，不良资产率为 0.66%。

表 6　爱建信托员工学历分布

单位：人，%

项　目	2012 年		2011 年	
	人数	比例	人数	比例
博　士	4	3.81	3	4.35
硕　士	43	40.95	22	31.88
本　科	50	47.62	36	52.17
专　科	3	2.86	3	4.35
其　他	5	4.76	5	7.25
合　计	105	100.00	69	100.00

资料来源：信托公司年报，用益信托工作室整理、制作。

根据银监会《信托公司净资本管理办法》第十五条及第十六条的净资本管理指标规定：①信托公司净资本不得低于人民币 2 亿元；②净资本不得低于各项风险资本之和的 100%；③净资本不得低于净资产的 40%。按照此项管理指标，爱建信托基本已达标。

表 7　爱建信托各项风险控制指标

单位：%，万元

项目	2012 年	2011 年
资产负债率	2.17	4.51
不良资产率	0.66	1.75
风险准备金	7706	7706
净资产	278735	55805
净资本	224813	43910

资料来源：信托公司年报，用益信托工作室整理、制作。

二　安信信托

1. 资产状况

根据年报显示，2012 年末，安信信托注册资本为 4.54 亿元，较上年基本没有变化；自营资产规模为9.51亿元，较2011年的7.98亿元，增长19%，增幅排名第37位；信托资产规模总量为460.36亿元，较上年增长206.08亿元，增幅排名第41位，增长幅度为81.04%。

2. 业务状况

（1）信托业务

截至2012年末，安信信托新增集合类项目8款，金额为68.82亿元，在所有信托公司中排名第54位；单一类项目66款，金额为272.69亿元，在所有信托公司中排名第37位；财产管理类项目数为0；合计项目数为74款，金额为341.51亿元。

另外，安信信托共计实现信托业务收入3.74亿元，较上年下降12.61%。

安信信托的信托资产运用方式如表8所示。其中，贷款及应收款资金规模占比最大，为51.81%。资产分布领域中，工商企业规模占比最高，达44.98%，说明安信信托的信托资金主要投向工商企业。

表8　安信信托信托资产运用方式及投向

单位：万元，%

资产运用	金额	占比	资产分布	金额	占比
货币资产	34246.23	0.74	基础产业	613991.55	13.34
贷款及应收款	2385352.75	51.81	房地产	789184.86	17.14
交易性金融资产	348043.02	7.56	证券市场		
持有至到期投资	309696.18	6.73	工商企业	2070602.14	44.98
长期股权投资	141900.00	3.08	金融机构	8000.00	0.17
其他	1384363.82	30.07	其他	1121769.00	24.37
信托资产总计	4603600.00	100.00	信托资产总计	4603600.00	100.00

资料来源：信托公司年报，用益信托工作室整理、制作。

（2）自营业务

年报数据显示，安信信托自营资产总计为9.51亿元，其中货币资产为4.62亿元，资金规模占比最大，高达48.57%。

表 9　安信信托自营资产运用方式

单位：万元，%

资产运用	金额	占比
货币资产	46194.99	48.57
贷款及应收款	14030.00	14.75
其他	34889.27	36.68
资产总计	95114.26	100.00

资料来源：信托公司年报，用益信托工作室整理、制作。

3. 盈利状况

据安信信托年报数据合并利润表显示，安信信托 2012 年度共计实现营业收入 4.75 亿元，较上年下降 2.00%；营业支出为 3.23 亿元，较上年增长 44.00%；净利润为 1.03 亿元，较上年下降 48.17%。

安信信托 2012 年人均净利润 158.36 万元，在所有的信托公司中排名第 51 位，较上年下降 42.27%；资本利润率为 18.67%，排名第 30 位,；信托报酬率为 1.50%，排名第 17 位。综上看出，在市场竞争中，安信信托大多关键财务指标都有所下滑。

4. 理财状况

安信信托 2012 年度共计实现信托项目收入 29.52 亿元，较上一年度增长 138.99%；信托项目营业支出 5.74 亿元，较上一年度增长 194.41%；信托项目净利润为 23.79 亿元，较上一年度增长 128.61%。安信信托 2012 年度净利润较行业均值差距较大，相差 35.79 亿元。

表 10　安信信托各类信托项目收益率

单位：款，万元，%

项目类型	项目数		项目金额		收益率	
	2012 年	2011 年	2012 年	2011 年	2012 年	2011 年
集合类	12	8	398230.00	266744.00	8.20	8.35
单一类	19	15	872435.00	256900.00	8.85	11.24
财产管理类	3	7	198700.00	434346.18	1.98	2.79
合　计	34	30	1469365.00	957990.18	7.74	6.60

资料来源：信托公司年报，用益信托工作室整理、制作。

安信信托2012年度已清算的集合类信托项目的平均收益率为8.20%；已清算的单一类信托项目的平均收益率为8.85%，较上年下降。总体来讲，2012年度所有项目的平均收益率为7.74%，较上年度6.60%的收益率有所增加。

安信信托2012年度新增主动管理型项目为9款，项目个数占比为12.16%。在信托业整体提升主动管理型项目的前提条件下，安信信托却背道而行，这也可能是其面临市场竞争的无奈选择。

表11　安信信托主动管理型项目占比

单位：款，万元，%

项目类型	项目		金额		金额占比	
	2012年	2011年	2012年	2011年	2012年	2011年
主动管理型	9	24	719101.00	1476263.00	21.06	63.98
被动管理型	65	20	2696035.00	831165.00	78.94	36.02
合　　计	74	44	3415136.00	2307428.00	100.00	100.00

资料来源：信托公司年报，用益信托工作室整理、制作。

5. 管理状况

2012年度安信信托的主要大股东仍是上海国之杰投资发展有限公司，持股比例仍为32.96%。

从表12可以看出，2012年度安信信托的博士比例有所提升，硕士比例虽有所下降，但与本科人数比例之间的差距有所缩小。

表12　安信信托员工学历分布

单位：人，%

项目	2012年		2011年	
	人数	比例	人数	比例
博　　士	3	2.97	0	0.00
硕　　士	25	24.75	18	30.51
本　　科	52	51.49	36	61.02
本科以下	21	20.79	5	8.47
合　　计	101	100.00	59	100.00

资料来源：信托公司年报，用益信托工作室整理、制作。

2012 年度安信信托应付员工薪酬为 8727.49 万元，排名第 20 位，较上一年度增长 19.04%，员工平均薪酬为 86.41 万元。

2012 年末安信信托的负债合计 3.20 亿元，资产负债率为 33.70%；不良资产合计 2735.17 万元，不良资产率为 2.96%。

根据银监会《信托公司净资本管理办法》第十五条及第十六条的净资本管理指标规定：①信托公司净资本不得低于人民币 2 亿元；②净资本不得低于各项风险资本之和的 100%；③净资本不得低于净资产的 40%。按照此项管理指标，安信信托第一条和第三条都已满足，而安信信托的净资本与风险资本比例为 86.93%，并不满足第二条的指标规定，但缺口率也不太大，未来其应继续加强此类指标管理规定。

表 13　安信信托各项风险控制指标

单位：%，万元

项目	2012 年	2011 年
资产负债率	33.70	38.11
不良资产率	2.96	0.00
风险准备金	6366	3308
净资产	63057	49366
净资本	48219	30352

资料来源：信托公司年报，用益信托工作室整理、制作。

三　百瑞信托

1. 资产状况

根据年报显示，2012 年末，百瑞信托注册资本为 12 亿元，较上年没有变化；自营资产规模为 27.38 亿元，较 2011 年的 23.19 亿元增长 18%，增幅排名第 38 位；信托信托资产规模总量为 731.56 亿元，较上年增长 328.47 亿元，增幅排名第 28 位，为 81.49%。

2. 业务状况

（1）信托业务

截至 2012 年末，百瑞信托新增集合类项目 55 款，金额为 152.56 亿元，排名第30位；单一类项目62款，金额为326.34亿元，排名第33位；财产管理类项目为2款，金额为6亿元，排名第39位；合计项目数为119款，金额为484.94亿元。

另外，百瑞信托共计实现信托业务收入6.12亿元，较上一年度增长29.90%。

百瑞信托的信托资产运用方式如表14所示。其中，贷款的资金占比最大，为59.21%；资产分布领域中，基础产业规模占比最高，达45.10%，说明百瑞信托的信托资金主要投向为基础产业。

表14　百瑞信托信托资产运用方式及投向

单位：万元，%

资产运用	金额	占比	资产分布	金额	占比
货币资产	60118.08	0.82	基础产业	3299574.00	45.10
贷款	4331259.78	59.21	房地产	898413.12	12.28
交易性金融资产	0.00	0.00	证券市场	0.00	0.00
可供出售金融资产	23430.00	0.32	工商企业	1055916.00	14.44
持有至到期投资	30000.00	0.41	金融机构	538323.91	7.36
长期股权投资	1681929.80	22.99	其他	1523350.74	20.82
其他	1188840.11	16.25			
信托资产总计	7315577.77	100.00	信托资产总计	7315577.77	100.00

资料来源：信托公司年报，用益信托工作室整理、制作。

（2）自营业务

百瑞信托自营资产运用方式及投向如表15所示，可以看出，资产运用方

表15　百瑞信托自营资产运用方式及投向

单位：万元，%

资产运用	金额	占比	资产分布	金额	占比
货币资产	14565.21	5.32	基础产业	85060.00	31.07
贷款及应收款	121877.18	44.52	房地产	37000.00	13.52
交易性金融资产	3836.48	1.40	证券市场	19441.30	7.10
可供出售金融资产	67057.33	24.50	工商企业	2564.00	0.94
长期股权投资	56102.68	20.49	金融机构	49518.70	18.09
其他	10326.69	3.77	其他	80181.57	29.29
资产总计	273765.57	100.00	资产总计	273765.57	100.00

资料来源：信托公司年报，用益信托工作室整理、制作。

式中，贷款及应收款的资金规模占比最大，达 44.52%。资产分布领域中，基础产业为百瑞信托自营资产的主要投资领域，其资金规模占比达 31.07%。

3. 盈利状况

百瑞信托 2012 年度共计实现营业收入 8.13 亿元，较上一年度增长 29.95%；营业支出为 1.90 亿元，较上一年度增长 38.51%；净利润 4.68 亿元，较上一年度增长 27.58%。2012 年度百瑞信托的净利润较行业均值少 9203.99 万元。

百瑞信托 2012 年度人均净利润 334.09 万元，排名第 34 位，较上一年度增长 7.53%；资本利润率为 21.35%，排名第 23 位；信托报酬率为 2.24%，排名第 22 位。

4. 理财状况

百瑞信托 2012 年度共计实现信托项目收入 42.41 亿元，较上一年度增长 47.43%；信托项目营业支出 6.50 亿元，较上一年度增长 73.27%；信托项目净利润为 35.91 亿元，较上一年度增长 43.55%。百瑞信托 2012 年度净利润较行业均值相差 23.66 亿元。

百瑞信托 2012 年度已清算的集合类信托项目的平均收益率为 8.50%，已清算的单一类信托项目的平均收益率为 6.09%。2012 年度所有项目的平均收益率为 7.08%。

表 16 百瑞信托各类信托项目收益率

单位：款，万元，%

项目类型	项目数		项目金额		收益率	
	2012 年	2011 年	2012 年	2011 年	2012 年	2011 年
集合类	37	19	609086.00	252756.80	8.50	7.13
单一类	21	22	870000.00	394170.00	6.09	5.06
财产管理类	0	1	—	14462.78	—	
合　计	58	42	1479086.00	661389.58	7.08	5.74

资料来源：信托公司年报，用益信托工作室整理、制作。

百瑞信托 2012 年度新增主动管理型项目为 85 款，占比 71.43%。百瑞信托在提升公司主动管理能力方面显然仍需努力。

表 17　百瑞信托主动管理型项目占比

单位：款，万元，%

项目类型	项目		金额		金额占比	
	2012 年	2011 年	2012 年	2011 年	2012 年	2011 年
主动管理型	85	53	2843261.24	1356042.24	58.63	74.72
被动管理型	34	23	2006070.40	458800.00	41.37	25.28
合　计	119	76	4849331.64	1814842.24	100.00	100.00

资料来源：信托公司年报，用益信托工作室整理、制作。

5. 管理状况

2012 年度百瑞信托的第一大股东由原来的郑州市财政局变更为中国电力投资集团公司，持股比例为 25.33%。

从表 18 可以看出，2012 年度百瑞信托 30 岁以下人员占比有所提升，其他两个层级的人员比例都略有下降，说明百瑞信托的年龄结构趋于年轻化。

表 18　百瑞信托员工年龄分布

单位：人，%

项　目	2012 年		2011 年	
	人数	比例	人数	比例
30 岁以下	59	38.82	41	32.03
30 ~ 40 岁	67	44.08	59	46.09
40 岁以上	26	17.11	28	21.88
合计	152	100.00	128	100.00

资料来源：信托公司年报，用益信托工作室整理、制作。

从表 19 可以看出，2012 年度百瑞信托的硕士以上学历的人员占比提升较大，硕士以下的人员比例都有所下降。

2012 年度百瑞信托有信托业务人员 78 人，占员工总数的比例为 51.32%。

2012 年度百瑞信托应付员工薪酬为 447.00 万元，排名第 61 位，较上一年度增长 57.64%，员工平均薪酬为 2.94 万元。

表 19　百瑞信托员工学历分布

单位：人，%

项　目	2012 年		2011 年	
	人数	比例	人数	比例
博　士	9	5. 92	6	4. 69
硕　士	95	62. 50	70	54. 69
本　科	43	28. 29	47	36. 72
专　科	3	1. 97	3	2. 34
其　他	2	1. 32	2	1. 56
合　计	152	100. 00	128	100. 00

资料来源：信托公司年报，用益信托工作室整理、制作。

2012 年末百瑞信托的负债合计 3. 56 亿元，资产负债率为 13. 00%；不良资产合计 3010. 27 万元，不良资产率为 1. 09%。

按照银监会《信托公司净资本管理办法》第十五条及第十六条的净资本管理指标的规定，百瑞信托基本都已达标。

表 20　百瑞信托各项风险控制指标

单位：%，万元

项　目	2012	2011
资产负债率	13. 00	13. 81
不良资产率	1. 09	1. 28
风险准备金	29727	18651
净资产	238175	199902
净资本	194600	149279

资料来源：信托公司年报，用益信托工作室整理、制作。

四　北方信托

1. 资产状况

根据年报显示，2012 年末，北方信托注册资本为 10 亿元，较上一年没有变化；自营资产规模为25.38亿元，较2011年的20.42亿元增长24%，增幅排第28位；信托资产规模总量为1606.19亿元，较上一年度增长924.69亿元，增幅排名第6位。

2. 业务状况

（1）信托业务

截至2012年末，北方信托新增集合类项目54款，金额为176.33亿元，排名第26位；单一类项目263款，金额为1528.05亿元，排名第5位；财产管理类项目25款，金额为70.29亿元，排名第9位；合计项目342款，金额为1774.67亿元。

另外，北方信托共计实现信托业务收入7.40亿元，较上一年度增长47.60%。

北方信托的信托资产运用方式如表21所示。其中，贷款的资金占比最大，为49.00%。资产分布领域中，基础产业规模占比最高，达27.30%，说明北方信托的信托资金主要投向基础产业。

表21　北方信托信托资产运用方式及投向

单位：万元，%

资产运用	金额	占比	资产分布	金额	占比
货币资产	474541.36	2.95	基础产业	4385282.00	27.30
贷款	7870174.64	49.00	房地产	812074.00	5.06
交易性金融资产	3204437.25	19.95	证券市场	3186993.00	19.84
持有至到期投资	3479423.78	21.66	工商企业	1742317.00	10.85
长期股权投资	928909.94	5.78	金融机构	462865.00	2.88
其他	104389.59	0.65	其他	5472345.56	34.07
信托资产总计	16061876.56	100.00	信托资产总计	16061876.56	100.00

资料来源：信托公司年报，用益信托工作室整理、制作。

（2）自营业务

北方信托自营资产运用方式及投向如表22所示。可以看出，资产运用方式中，贷款及应收款的资金规模占比最大，达60.67%。资产分布领域中，工商企业为北方信托自营资产的主要投资领域，其资金规模占比达 48.19%。

表 22　北方信托自营资产运用方式及投向

单位：万元，%

资产运用	金额	占比	资产分布	金额	占比
货币资产	37441.18	14.75	基础产业	0.00	0.00
贷款及应收款	154018.43	60.67	房地产	25000.50	9.85
交易性金融资产	13328.45	5.25	证券市场	14535.73	5.73
可供出售金融资产	5848.28	2.30	工商企业	122338.38	48.19
长期股权投资	37516.34	14.78	金融机构	72454.26	28.54
其他	5690.04	2.24	其他	19513.85	7.69
资产总计	253842.72	100.00	资产总计	253842.72	100.00

资料来源：信托公司年报，用益信托工作室整理、制作。

3. 盈利状况

北方信托 2012 年度共计实现营业收入 9.15 亿元，较上一年度增长 51.17%；营业支出为 3.36 亿元，较上一年度增长 90.69%；净利润 4.33 亿元，较上一年度增长 37.91%。2012 年度北方信托的净利润较行业均值少 1.27 亿元。

北方信托 2012 年度人均净利润 414.09 万元，排名第 21 位，较上一年度增长 25.38%；资本利润率为 21.61%，排名第 22 位；信托报酬率为 0.39%，排名第 58 位。综上看出，北方信托的信托报酬率较低，且较上年度继续下降，公司面临较大的转型压力。

4. 理财状况

北方信托 2012 年度共计实现信托项目收入 92.27 亿元，较上一年度增长 95.85%；信托项目营业支出 9.34 亿元，较上一年度增长 211.38%；信托项目净利润为 82.93 亿元，较上一年度增长 87.99%。北方信托 2012 年度净利润较行业均值多出 23.36 亿元。

北方信托 2012 年度已清算的集合类信托项目的平均收益率为 6.24%，已清算的单一类信托项目的平均收益率为6.04%。总体来讲，2012年度所有项目的平均收益率为5.94%，较上年度增加0.47个百分点。

表23　北方信托各类信托项目收益率

单位：款，万元，%

项目类型	项目数		项目金额		收益率	
	2012年	2011年	2012年	2011年	2012年	2011年
集合类	43	41	478254.00	560604.00	6.24	6.09
单一类	117	209	2925661.00	2936938.00	6.04	5.45
财产管理类	8	7	87078.00	53386.00	0.77	—
合　计	168	257	3490993.00	3550928.00	5.94	5.47

资料来源：信托公司年报，用益信托工作室整理、制作。

北方信托2012年度新增主动管理型项目为185款，占比为54.09%。北方信托主动管理类型项目虽然在数量上有一定的优势，但其资金规模与被动管理型项目存在一定的差距。

表24　北方信托主动管理型项目占比

单位：款，万元，%

项目类型	项目		金额		金额占比	
	2012年	2011年	2012年	2011年	2012年	2011年
主动管理型	185	209	3927968.51	3398699.00	22.13	26.50
被动管理型	157	47	13818648.87	9427357.00	77.87	73.50
合　计	342	256	17746617.38	12826056.00	100.00	100.00

资料来源：信托公司年报，用益信托工作室整理、制作。

5. 管理状况

2012年度北方信托的主要大股东仍是天津泰达投资控股有限公司，持股比例达32.33%。

从表25可以看出，2012年度北方信托各个年龄阶段的员工人数比例较上年变化不大，即人员年龄结构基本保持不变。

表 25　北方信托员工年龄分布

单位：人，%

项　目	2012 年		2011 年	
	人数	比例	人数	比例
30 岁以下	24	21.62	20	20.41
30 ~ 40 岁	37	33.33	34	34.69
40 岁以上	50	45.05	44	44.90
合计	111	100.00	98	100.00

资料来源：信托公司年报，用益信托工作室整理、制作。

从表 26 可以看出，2012 年度北方信托的硕士比例提升较大。由此看来，北方信托员工学历开始向硕士层级集中，整体员工素质开始向高端看齐。

2012 年度北方信托有信托业务人员 42 人，占员工总数的比例为 37.84%。

2012 年度北方信托应付员工薪酬为 1.47 亿元，排名第 9 位，较上一年度增长 255.77%，员工平均薪酬为 132.43 万元。

表 26　北方信托员工学历分布

单位：人，%

项　目	2012 年		2011 年	
	人数	比例	人数	比例
博　士	4	3.60	4	4.08
硕　士	39	35.14	28	28.57
本　科	60	54.05	57	58.16
专　科	6	5.41	7	7.14
其　他	2	1.80	2	2.04
合　计	111	100.00	98	100.00

资料来源：信托公司年报，用益信托工作室整理、制作。

2012 年末北方信托资产总计 25.38 亿元，负债合计 3.20 亿元，资产负债率为 12.59%，较上一年上升 0.07 个百分点。2012 年末北方信托没有不良资产。

根据银监会《信托公司净资本管理办法》第十五条及第十六条的净资本管理指标规定：①信托公司净资本不得低于人民币 2 亿元；②净资本不得低于

各项风险资本之和的100%；③净资本不得低于净资产的40%。按照此项管理指标，北方信托的第二条风险管理指标，即净资本与各项风险资本之和的比例为91.33%，是不达标的，但缺口并不是很大。

表27 北方信托各项风险控制指标

单位：%，万元

项目	2012年	2011年
资产负债率	12.59	12.52
不良资产率	0.00	0.00
风险准备金	35703.00	24429.00
净资产	221887.00	178613.00
净资本	159389.00	141744.00

资料来源：信托公司年报，用益信托工作室整理、制作。

五 北京信托

1. 资产状况

根据年报显示，2012年末，北京信托注册资本为14亿元，较上一年没有变化；自营资产规模为35.02亿元，较2011年的31.27亿元，增长12%，增幅排第54位；信托资产规模总量为1236.33亿元，较上一年度增长148.08亿元。

2. 业务状况

（1）信托业务

截至2012年末，北京信托新增集合类项目63款，金额为261.56亿元，排名第15位；单一类项目29款，金额为233.10亿元，排名第40位；财产管理类项目1款，金额为52亿元，排名第15位；合计项目93款，金额为546.66亿元。

另外，北京信托共计实现信托业务收入9.76亿元，较上一年度增长49.78%。

北京信托的信托资产运用方式如表28所示，交易性金融资产资金规模占比最大，为24.00%。资产分布领域中，证券市场规模占比最高，达24.44%，说明北京信托的信托资金主要投向证券市场。

表28　北京信托信托资产运用方式及投向

单位：万元，%

资产运用	金额	占比	资产分布	金额	占比
货币资产	742084.95	6.00	基础产业	2483466.77	20.09
贷款	875404.26	7.08	房地产	2132667.59	17.25
交易性金融资产	2967291.69	24.00	证券市场	3021030.87	24.44
可供出售金融资产	1587985.01	12.84	工商企业	2241892.62	18.13
持有至到期投资	2663020.89	21.54	金融机构	147219.98	1.19
长期股权投资	2800419.49	22.65	其他	2337071.79	18.90
其他	727143.33	5.88			
信托资产总计	12363349.62	100.00	信托资产总计	12363349.62	100.00

资料来源：信托公司年报，用益信托工作室整理、制作。

（2）自营业务

北京信托自营资产运用方式及投向如表29所示。可以看出，资产运用方式中，货币资产的资金规模占比最大，达35.11%。资产分布领域中，金融机构为北京信托自营资产的主要投资领域，占比达69.46%。

表29　北京信托自营资产运用方式及投向

单位：万元，%

资产运用	金额	占比	资产分布	金额	占比
货币资产	122947.00	35.11	基础产业	0.00	0.00
贷款及应收款	61975.00	17.70	房地产	0.00	0.00
交易性金融资产	10300.00	2.94	证券市场	16111.00	4.60
可供出售金融资产	51023.00	14.57	工商企业	70749.00	20.20
持有至到期投资	69478.00	19.84	金融机构	243237.00	69.46
长期股权投资	31501.00	9.00	其他	20070.00	5.73
其他	2943.00	0.84			
资产总计	350167.00	100.00	资产总计	350167.00	100.00

资料来源：信托公司年报，用益信托工作室整理、制作。

3. 盈利状况

北京信托 2012 年度共计实现营业收入 13.14 亿元，较上一年度增长 35.53%；营业支出为 3.66 亿元，较上一年度增长 46.08%；净利润 7.20 亿元，较上一年度增长 33.65%。2012 年度北京信托的净利润较行业均值少 1.60 亿元。

北京信托 2012 年度人均净利润 409.00 万元，排名第 22 位；资本利润率为 23.79%，排名第 19 位；信托报酬率为 1.79%，排名第 9 位。

4. 理财状况

北京信托 2012 年度共计实现信托项目收入 118.11 亿元，较上一年度增长 207.69%；信托项目营业支出 17.86 亿元，较上一年度增长 72.31%；信托项目净利润为 99.65 亿元，较上一年度增长 258.14%。北京信托 2012 年度净利润较行业均值多出 40.08 亿元。

北京信托 2012 年度已清算的集合类信托项目的平均收益率为 8.91%；已清算的单一类信托项目的平均收益率为 5.97%；财产管理类项目有 6 款，平均收益率为 5.77%。总体来讲，2012 年度所有项目的平均收益率为 6.72%，较上年度下降 0.89 个百分点。

表 30　北京信托各类信托项目收益率

单位：款，万元，%

项目类型	项目数		项目金额		收益率	
	2012 年	2011 年	2012 年	2011 年	2012 年	2011 年
集合类	44	17	1022715.91	159823.24	8.91	19.81
单一类	36	48	2589949.41	2169328.78	5.97	6.71
财产管理类	6	1	309859.31	332.00	5.77	6.69
合　计	86	66	3922524.63	2329484.02	6.72	7.61

资料来源：信托公司年报，用益信托工作室整理、制作。

北京信托 2012 年度新增主动管理型项目为 87 款，项目数占比为 93.55%。北京信托主动管理类型项目数量比例较大，且资金规模占比更大，其主动管理能力得到了充分体现。

表 31　北京信托主动管理型项目占比

单位：款，万元，%

项目类型	项目		金额		金额占比	
	2012 年	2011 年	2012 年	2011 年	2012 年	2011 年
主动管理型	87	105	5264125.60	5007272.05	96.29	67.91
被动管理型	6	6	202563.55	2365950.71	3.71	32.09
合　计	93	111	5466689.15	7373222.76	100.00	100.00

资料来源：信托公司年报，用益信托工作室整理、制作。

5. 管理状况

2012 年度北京信托的主要大股东及持股比例较上一年都没有变化，第一大股东仍为北京市国有资产经营有限责任公司。

从表 32 可以看出，2012 年度北京信托硕士人员比例最大，高达 54.55%，足见其人员整体素质较高。

表 32　北京信托员工学历分布

单位：人，%

项　目	2012 年		2011 年	
	人数	比例	人数	比例
博　士	11	6.25	11	7.53
硕　士	96	54.55	81	55.48
本　科	52	29.55	44	30.14
专　科	17	9.66	10	6.85
其　他	0	0.00	0	0.00
合　计	176	100.00	146	100.00

资料来源：信托公司年报，用益信托工作室整理、制作。

2012 年度北京信托应付员工薪酬为 8029.22 万元，排名第 23 位，较上一年度增长 565.62%，员工平均薪酬为 45.62 万元。

2012 年末北京信托资产总计 35.03 亿元，负债合计 2.22 亿元，资产负债率为 6.33%，较上一年下降 5.16 个百分点。2012 年末北京信托没有不良资产。

按照银监会《信托公司净资本管理办法》第十五条以及第十六条的净资本管理指标规定，北京信托都是达标的。

表 33　北京信托各项风险控制指标

单位：%，万元

项目	2012 年	2011 年
资产负债率	6.33	11.49
不良资产率	0.00	0.00
风险准备金	69771	59475
净资产	328099	276757
净资本	274179	228334

资料来源：信托公司年报，用益信托工作室整理、制作。

六　渤海信托

1. 资产状况

根据年报显示，2012 年末，渤海信托注册资本为 20 亿元，较上一年没有变化；自营资产规模为 28.33 亿元，较 2011 年的 24.63 亿元增长 15.02%，增幅排名第 45 位；信托资产规模总量为 1003.56 亿元，较上一年度减少 66.03 亿元。

2. 业务状况

（1）信托业务

截至 2012 年末，渤海信托新增集合类项目 9 款，金额为 23.67 亿元，排名第 62 位；单一类项目 193 款，金额为 626.47 亿元，排名第 22 位；财产管理类项目 14 款，金额为 46.04 亿元，排名第 17 位；合计项目 216 款，金额为 696.18 亿元。

另外，渤海信托共计实现信托业务收入 6.07 亿元，较上一年度增长 27.50%。

渤海信托信托资产总计 1003.56 亿元。信托资产运用方式如表 34 所示。其中，贷款的资金占比最大，为 58.79%。资产分布领域中，工商企业规模占比最高，达 64.77%。

表 34　渤海信托信托资产运用方式及投向

单位：万元，%

资产运用	金额	占比	资产分布	金额	占比
货币资产	87869.08	0.88	基础产业	2027328.40	20.20
贷款	5899862.46	58.79	房地产	974468.00	9.71
交易性金融资产	—	0.00	证券市场	20000.00	0.20
可供出售金融资产	70000.00	0.70	工商企业	6500517.00	64.77
持有至到期投资	2603928.52	25.95	金融机构	319939.70	3.19
长期股权投资	1373954.00	13.69	其他	193360.96	1.93
信托资产总计	10035614.06	100.00	信托资产总计	10035614.06	100.00

资料来源：信托公司年报，用益信托工作室整理、制作。

（2）自营业务

渤海信托自营资产运用方式及投向如表 35 所示。可以看出，资产运用方式中，货币资产的资金规模占比最大，达 46.05%。

资产分布领域中，金融机构为渤海信托自营资产的主要投资领域，其资金规模占比高达 60.14%。

表 35　渤海信托自营资产运用方式及投向

单位：万元，%

资产运用	金额	占比	资产分布	金额	占比
货币资产	130467.83	46.05	基础产业	—	0.00
贷款及应收款	10521.64	3.71	房地产	—	0.00
交易性金融资产	3623.63	1.28	证券市场	98323.42	34.71
可供出售金融资产	94099.79	33.21	工商企业	9500.00	3.35
长期股权投资	39905.00	14.09	金融机构	170372.83	60.14
其他	4693.08	1.66	其他	5114.72	1.81
资产总计	283310.97	100.00	资产总计	283310.97	100.00

资料来源：信托公司年报，用益信托工作室整理、制作。

3. 盈利状况

渤海信托 2012 年度共计实现营业收入 7.03 亿元，较上一年度增长 33.67%；营业支出为 1.87 亿元，较上一年度增长 16.40%；净利润为 4.15 亿元，较上一年度增长 52.63%。2012 年度渤海信托的净利润较行业均值少 1.44 亿元。

渤海信托2012年度人均净利润446.57万元，排名第17位；资本利润率为16.40%，排名第39位；信托报酬率为0.60%，排名第47位。

4. 理财状况

年报数据显示，渤海信托2012年度共计实现信托项目收入92.76亿元，较上一年度增长19.42%；信托项目营业支出12.03亿元，较上一年度增长26.62%；信托项目净利润为80.73亿元，较上一年度增长18.42%。渤海信托2012年度净利润较行业均值多21.16亿元。

渤海信托2012年度已清算的集合类信托项目的平均收益率为9.37%，已清算的单一类信托项目的平均收益率为7.88%。总体来讲，2012年度所有项目的平均收益率为7.92%，较上年度增加1.94个百分点。

表36　渤海信托各类信托项目收益率

单位：款，万元，%

项目类型	项目数		项目金额		收益率	
	2012年	2011年	2012年	2011年	2012年	2011年
集合类	18	8	552793.00	182720.00	9.37	8.99
单一类	194	125	6841936.10	12044653.00	7.88	5.88
财产管理类	9	6	225750.00	285660.00	5.74	8.24
合　计	221	139	7620479.10	12513033.00	7.92	5.98

资料来源：信托公司年报，用益信托工作室整理、制作。

渤海信托2012年度新增主动管理型项目为208款，项目数占比为96.30%。渤海信托2012年度主动管理类型项目无论是项目数还是资金规模都具有绝对优势，较上一年度提升较大。

表37　渤海信托主动管理型项目占比

单位：款，万元，%

项目类型	项目		金额		金额占比	
	2012年	2011年	2012年	2011年	2012年	2011年
主动管理型	208	272	5623222.30	6934860.00	80.77	45.67
被动管理型	8	19	1338530.00	8248430.00	19.23	54.33
合　计	216	291	6961752.30	15183290.00	100.00	100.00

资料来源：信托公司年报，用益信托工作室整理、制作。

5. 管理状况

2012年度渤海信托的主要大股东仍是海航资本控股有限公司，持股比例达60.22%。

从表38可以看出，2012年度渤海信托各个年龄阶段的员工人数比例较上年变化不大。

表38　渤海信托员工年龄分布

单位：人，%

项　目	2012年		2011年	
	人数	比例	人数	比例
30岁以下	45	46.39	41	45.56
30~40岁	23	23.71	21	23.33
40岁以上	29	29.90	28	31.11
合　计	97	100.00	90	100.00

资料来源：信托公司年报，用益信托工作室整理、制作。

从表39可以看出，2012年度渤海信托的硕士学历人员比例略有下降，而本科学历人数略有上升。

表39　渤海信托员工学历分布

单位：人，%

项　目	2012年		2011年	
	人数	比例	人数	比例
博　士	0	0.00	0	0.00
硕　士	44	45.36	43	47.78
本　科	46	47.42	39	43.33
专　科	5	5.15	6	6.67
其　他	2	2.06	2	2.22
合　计	97	100.00	90	100.00

资料来源：信托公司年报，用益信托工作室整理、制作。

2012年度渤海信托有信托业务人员36人，占员工总数的比例为37.11%。

2012年度渤海信托应付员工薪酬为1878.90万元，排名第53位，较上一年度下降54.72%，员工平均薪酬为19.37万元。

2012 年末渤海信托资产总计 28.33 亿元，负债合计 9155.70 万元，资产负债率为 3.23%，较上一年下降 2.40 个百分点。2012 年末渤海信托没有不良资产。

按照银监会《信托公司净资本管理办法》第十五条及第十六条的净资本管理指标规定，渤海信托全部达标。

表 40　渤海信托各项风险控制指标

单位：%，万元

项目	2012 年	2011 年
资产负债率	3.23	5.63
不良资产率	0.00	0.00
风险准备金	14840	5151
净资产	274155	232458
净资本	230302	193015

资料来源：信托公司年报，用益信托工作室整理、制作。

七　长安信托

1. 资产状况

根据年报显示，2012 年末，长安信托注册资本为 12.59 亿元，较上一年没有变化；自营资产规模为 28.53 亿元，较 2011 年的 16.95 亿元增长 68.32%，增幅排名第 10 位。信托资产规模总量为 2186.82 亿元，较上一年度增长 1373.14 亿元，增幅排名第 4 位，为 168.76%。

2. 业务状况

（1）信托业务

截至 2012 年末，长安信托新增集合类项目 249 款，金额为 413.51 亿元，排名第 7 位；单一类项目 298 款，金额为 1155.06 亿元，排名第 8 位；财产管理类项目 123 款，金额为 409.88 亿元，排名第 3 位；合计项目 670 款，金额为 1978.45 亿元。

另外，长安信托共计实现信托业务收入 17.31 亿元，较上一年度增长 166.12%。

长安信托信托资产总计 2186.82 亿元。信托资产运用方式如表 41 所示。其中，贷款的资金占比最大，为 29.21%。资产分布领域中，工商企业规模占比最高，达 40.18%，说明长安信托的信托资金主要投向工商企业。

表 41　长安信托信托资产运用方式及投向

单位：万元，%

资产运用	金额	占比	资产分布	金额	占比
货币资产	249226.42	1.14	基础产业	2836970.51	12.97
贷款	6388172.70	29.21	房地产	1098347.76	5.02
交易性金融资产	2597944.90	11.88	证券市场	3300273.84	15.09
持有至到期投资	5449466.75	24.92	工商企业	8786093.18	40.18
长期股权投资	1617370.43	7.40	金融机构	1150477.79	5.26
其他	1815038.70	8.30	其他	4696031.47	21.47
信托资产总计	21868194.55	100.00	信托资产总计	21868194.55	100.00

资料来源：信托公司年报，用益信托工作室整理、制作。

（2）自营业务

长安信托自营资产运用方式及投向如表 42 所示。可以看出，资产运用方式中，货币资产的资金规模占比最大，达 54.04%。资产分布领域中，金融机构为长安信托自营资产的主要投资领域，其资金规模占比达 59.67%。

表 42　长安信托自营资产运用方式及投向

单位：万元，%

资产运用	金额	占比	资产分布	金额	占比
货币资产	154196.78	54.04	基础产业	1000.00	0.35
贷款及应收款	3134.98	1.10	房地产	7000.00	2.45
交易性金融资产	56422.86	19.77	证券市场	74920.63	26.26
可供出售金融资产	28984.45	10.16	工商企业	13167.98	4.61
持有至到期投资	21497.16	7.53	金融机构	170260.96	59.67
长期股权投资	6355.34	2.23	其他	18999.57	6.66
其他	14757.57	5.17			
资产总计	285349.14	100.00	资产总计	285349.14	100.00

资料来源：信托公司年报，用益信托工作室整理、制作。

3. 盈利状况

长安信托 2012 年度共计实现营业收入 18.02 亿元，较上一年度增长 157.40%；营业支出为 7.68 亿元，较上一年度增长 129.93%；净利润 10.34 亿元，较上一年度增长 182.46%。2012 年度长安信托的净利润较行业均值多 4.74 亿元。

长安信托 2012 年度人均净利润 293.77 万元，排名第 38 位；资本利润率为 41.96%，排名第 3 位；信托报酬率为 1.19%，排名第 24 位。

4. 理财状况

长安信托 2012 年度共计实现信托项目收入 136.81 亿元，较上一年度增长 233.70%；信托项目营业支出 28.36 亿元，较上一年度增长 191.42%；信托项目净利润为 108.45 亿元，较上一年度增长 246.86%。长安信托 2012 年度净利润较行业均值多 48.88 亿元。

长安信托 2012 年度已清算的集合类信托项目的平均收益率为 7.30%，已清算的单一类信托项目的平均收益率为 5.97%。总体来讲，2012 年度所有项目的平均收益率为 6.36%，较上年度增加 1.21 个百分点。

表 43　长安信托各类信托项目收益率

单位：款，万元，%

项目类型	项目数		项目金额		收益率	
	2012 年	2011 年	2012 年	2011 年	2012 年	2011 年
集合类	270	62	2782502.00	441413.00	7.30	6.43
单一类	208	233	6848296.00	3992331.00	5.97	5.01
财产管理类	4	0	141534.00	—	7.03	—
合　计	482	295	9772332.00	4433744.00	6.36	5.15

资料来源：信托公司年报，用益信托工作室整理、制作。

长安信托 2012 年度新增主动管理型项目为 634 款，占比为 94.63%。虽然长安信托 2012 年度主动管理类型项目数量和规模占比较上年都略有下降，但由于其绝对数值的优势（比例都在 90% 以上），长安信托的主动管理能力还是非常值得认可的。

表 44　长安信托主动管理型项目占比

单位：款，万元，%

项目类型	项目		金额		金额占比	
	2012 年	2011 年	2012 年	2011 年	2012 年	2011 年
主动管理型	634	464	17976025. 00	6337736. 00	90. 86	99. 88
被动管理型	36	1	1808496. 00	7900. 00	9. 14	0. 12
合　计	670	465	19784521. 00	6345636. 00	100. 00	100. 00

资料来源：信托公司年报，用益信托工作室整理、制作。

5. 管理状况

2012 年度长安信托的主要大股东仍是西安投资控股有限公司，持股比例达 41. 30%。

从表 45 可以看出，2012 年度长安信托 30 岁以下的人员占比提升较大，40 岁以上的员工占比有所下降，说明长安信托的员工年龄趋于年轻化，为其今后的发展打下坚实的基础。

表 45　长安信托员工年龄分布

单位：人，%

项　目	2012 年		2011 年	
	人数	比例	人数	比例
30 岁以下	144	45. 00	84	38. 01
30 ~ 40 岁	106	33. 13	79	35. 75
40 岁以上	70	21. 88	58	26. 24
合　计	320	100. 00	221	100. 00

资料来源：信托公司年报，用益信托工作室整理、制作。

从表 46 可以看出，2012 年度长安信托的硕士学历人员比例提升较大，本科以下人员比例有所下降。

2012 年度长安信托有信托业务人员 180 人，占总人数的 56. 25%。

2012 年度长安信托应付员工薪酬为 3. 44 亿元，排名第 4 位，较上一年度上升 183. 32%，员工平均薪酬为 107. 5 万元。

2012 年末长安信托资产总计 28. 53 亿元；负债合计 6. 49 亿元；资产负债率为 22. 74%，较上一年上升8. 77 个百分点；不良资产率为 0. 87%，较上一

表 46　长安信托员工学历分布

单位：人，%

项　目	2012 年		2011 年	
	人数	比例	人数	比例
博　士	9	2.81	7	3.17
硕　士	175	54.69	106	47.96
本　科	114	35.63	81	36.65
专　科	20	6.25	24	10.86
其　他	2	0.63	3	1.36
合　计	320	100.00	221	100.00

资料来源：信托公司年报，用益信托工作室整理、制作。

年下降 0.98 个百分点。

按照银监会《信托公司净资本管理办法》第十五条及第十六条的净资本管理指标规定，长安信托全部达标。

表 47　长安信托各项风险控制指标

单位：%，万元

项目	2012 年	2011 年
资产负债率	22.74	13.97
不良资产率	0.87	1.85
风险准备金	18804	5859
净资产	220454	145830
净资本	200844	140518

资料来源：信托公司年报，用益信托工作室整理、制作。

八　长城信托

1. 资产状况

长城信托 2012 年才开始开展业务，故 2012 年的数据为其开业后的第一次年报披露，无既往数据比较。根据年报显示，2012 年末，长城信托注册资本为 3 亿元。自营资产规模为 3.25 亿元，在所有信托公司中排名最末。信托资产规模总量为 26.03 亿元，排名最末。

2. 业务状况

（1）信托业务

截至2012年末，长城信托新增集合类项目数为0；单一类项目5款，金额为25.90亿元，排名第61位；财产管理类项目数为0；合计项目5款，金额为25.90亿元。另外，长城信托共计实现信托业务收入555.33万元。

长城信托的信托资产运用方式如表48所示。其中，贷款的资金占比最大，为69.15%。资产分布领域中，房地产资金规模占比最高，达56.03%，说明长城信托的信托资金主要投向房地产。

表48　长城信托信托资产运用方式及投向

单位：万元，%

资产运用	金额	占比	资产分布	金额	占比
货币资产	1149.94	0.44	房地产	145839.35	56.03
贷款	180000.00	69.15	金融机构	79412.11	30.51
可供出售金融资产	79144.83	30.41	其他	35043.31	13.46
信托资产总计	260294.77	100.00	信托资产总计	260294.77	100.00

资料来源：信托公司年报，用益信托工作室整理、制作。

（2）自营业务

长城信托自营资产运用方式及投向如表49所示。可以看出，资产运用方式中，货币资产的资金规模占比最大，达65.02%。资产分布领域中，金融机构为长城信托自营资产的主要投资领域，其资金规模占比达65.02%。

表49　长城信托自营资产运用方式及投向

单位：万元，%

资产运用	金额	占比	资产分布	金额	占比
货币资产	21109.85	65.02	工商企业	11000.00	33.88
贷款及应收款	11074.77	34.11	金融机构	21109.85	65.02
长期股权投资	280.08	0.86	其他	354.85	1.09
资产总计	32464.70	100.00	资产总计	32464.70	100.00

资料来源：信托公司年报，用益信托工作室整理、制作。

3. 盈利状况

长城信托2012年度共计实现营业收入4160.59万元，营业支出为2501.39万元，净利润为1236.64万元。

长城信托2012年度人均净利润61.83万元，排名第65位；资本利润率率为4.04%，排名第64位；信托报酬率为0.21%，排名第63位。

4. 理财状况

长城信托2012年度共计实现信托项目收入4680.49亿元；信托项目营业支出749.97万元；信托项目净利润为3930.52万元。长城信托2012年度净利润较行业均值少59.18亿元。

长城信托2012年度无清算项目。长城信托2012年度新增主动管理型项目为3款，项目数占比为60.00%；项目金额为17.00亿元，资金规模占比为65.64%。长城信托2012年度主动管理类型项目无论是项目数还是资金规模都占据了一定的优势，说明长城信托一开始就采取以主动管理型为主的营业模式。

5. 管理状况

2012年度长城信托的主要大股东是中国长城资产管理公司，持股比例达35.00%。

从表50可以看出，2012年度长城信托各个年龄阶段的员工人数占比较上年变化不大，即长城信托的人员年龄结构基本保持不变。

表50　长城信托员工年龄分布

单位：人，%

项　目	2012年		2011年	
	人数	比例	人数	比例
30岁以下	1	5.00	1	5.88
30~40岁	14	70.00	12	70.59
40岁以上	5	25.00	4	23.53
合　计	20	100.00	17	100.00

资料来源：信托公司年报，用益信托工作室整理、制作。

从表51可以看出，2012年度长城信托的硕士以上学历人员比例有所上升，说明长城信托对人才的需求趋于高端。

表51　长城信托员工学历分布

单位：人，%

项　目	2012年		2011年	
	人数	比例	人数	比例
博　士	3	15.00	2	11.76
硕　士	3	15.00	2	11.76
本　科	9	45.00	8	47.06
专科及其他	5	25.00	5	29.41
合　计	20	100.00	17	100.00

资料来源：信托公司年报，用益信托工作室整理、制作。

2012年度长城信托由于开业伊始，员工人数有限，目前信托业务人员也只有7人，占比为35%。

2012年度长城信托应付员工薪酬为444.98万元，排名第62位，员工平均薪酬为22.25万元。

2012年末长城信托资产总计3.25亿元，负债合计1228.06万元，资产负债率为3.78%。2012年末长城信托没有不良资产。

按照银监会《信托公司净资本管理办法》第十五条以及第十六条的净资本管理指标规定，长城信托全部达标。

九　重庆信托

1. 资产状况

根据年报显示，2012年末，重庆信托注册资本为24.39亿元，与2011年末持平；自营资产规模为97.08亿元，而2011年为85.69亿元，增幅为13.29%，实现平稳增长。信托资产规模总量为637.64亿元，较上一年度增加128.64亿元。

2. 业务状况

（1）信托业务

截至2012年末，重庆信托新增集合类项目33款，金额为142.64亿元，排第33位；单一类项目74款，金额为224.81亿元，排第41位；财产管理类项目4款，金额为5.8亿元，排名第41位；合计项目数为111款，金额为

373.25 亿元。

另外，重庆信托共计实现信托业务收入 4.28 亿元，较上一年度增长 4.07%。

重庆信托信托资产总计 637.64 亿元。信托资产运用方式如表 52 所示，其中贷款的资金占比最大，为 32.02%。资产分布领域中，工商企业规模占比最高，达 30.60%。

表 52　重庆信托信托资产运用方式及投向

单位：万元，%

资产运用	金额	占比	资产分布	金额	占比
货币资产	225556.14	3.54	基础产业	1540895.38	24.17
贷款	2041902.74	32.02	房地产	845971.00	13.27
交易性金融资产	602903.30	9.46	证券市场	779983.30	12.23
可供出售金融资产	1622555.45	25.45	工商企业	1951030.52	30.60
长期股权投资	1882413.09	29.52	金融机构	492433.43	7.72
其他	1031.47	0.02	其他	766048.56	12.01
信托资产总计	6376362.19	100.00	信托资产总计	6376362.19	100.00

资料来源：信托公司年报，用益信托工作室整理、制作。

（2）自营业务

重庆信托自营资产运用方式及投向如表 53 所示。可以看出，资产运用方式中，贷款及应收款的资金规模占比最大，达 34.50%。资产分布领域中，金融机构为重庆信托自营资产的主要投资领域，其资金规模占比达 30.24%。

表 53　重庆信托自营资产运用方式及投向

单位：万元，%

资产运用	金额	占比	资产分布	金额	占比
货币资产	30297.47	3.12	基础产业	0.00	0.00
交易性金融资产	29214.34	3.01	房地产	81000.09	8.34
贷款及应收款	334973.61	34.50	证券市场	208108.13	21.44
可供出售金融资产	302782.18	31.19	工商企业	112500.00	11.59
长期股权投资	263322.13	27.12	金融机构	293619.60	30.24
其他	10288.52	1.06	其他	275650.43	28.39
资产总计	970878.25	100.00	资产总计	970878.25	100.00

资料来源：信托公司年报，用益信托工作室整理、制作。

3. 盈利状况

重庆信托 2012 年度共计实现营业收入 13.33 亿元，较上一年度增长 10.64%；营业支出为 2.60 亿元，较上一年度增长 34.65%；净利润 8.81 亿元，较上一年度增长 9.98%。2012 年度重庆信托的净利润较行业均值多 3.22 亿元。

重庆信托 2012 年度人均净利润 1027.64 万元，排名第 2 位；资本利润率为 10.91%，排名第 57 位；信托报酬率为 0.86%，排名第 36 位。

4. 理财状况

重庆信托 2012 年度共计实现信托项目收入 33.22 亿元，较上一年度增长 81.62%；信托项目营业支出 3.53 亿元，较上一年度增长 20.77%；信托项目净利润为 17.47 亿元，较上一年度增长 93.21%。重庆信托 2012 年度净利润较行业均值差距较大，相差 29.89 亿元。

重庆信托 2012 年度已清算的集合类信托的平均收益率为 2.29%，已清算的单一类信托项目的平均收益率为 6.25%。总体来讲，2012 年度所有项目的平均收益率为 5.83%，较上年度 5.13% 的收益率小幅增加。

表 54　重庆信托各类信托项目收益率

单位：款，万元，%

项目类型	项目数		项目金额		收益率	
	2012 年	2011 年	2012 年	2011 年	2012 年	2011 年
集合类	18	3	454607.88	222450.00	2.29	6.11
单一类	77	68	2541192.06	1613776.61	6.25	5.04
财产管理类	14	10	269357.84	29371.22	7.85	2.39
合　计	109	81	3265157.78	1865597.83	5.83	5.13

资料来源：信托公司年报，用益信托工作室整理、制作。

重庆信托 2012 年度新增主动管理型项目为 110 款，项目数占比为 99.10%。在信托业整体提升主动管理型项目的前提条件下，重庆信托主动型管理项目占比较大。

表 55　重庆信托主动管理型项目占比

单位：款，万元，%

项目类型	项目		金额		金额占比	
	2012 年	2011 年	2012 年	2011 年	2012 年	2011 年
主动管理型	110	138	3712526.31	3427592.83	99.46	98.55
被动管理型	1	1	20000.00	50370.00	0.54	1.45
合　计	111	139	3732526.31	3477962.83	100.00	100.00

资料来源：信托公司年报，用益信托工作室整理、制作。

5. 管理状况

2012 年度重庆信托的主要股东仍是重庆国信投资控股有限公司，持股比例达 66.99%，与 2011 年持平。

从表 56 可以看出，2012 年度重庆信托的硕士和本科比例占比与 2011 年基本持平。

表 56　重庆信托员工学历分布

单位：人，%

项　目	2012		2011	
	人数	比例	人数	比例
博　士	0	0.00	0	0.00
硕　士	28	33.73	29	33.33
本　科	44	53.01	46	52.87
专　科	11	13.25	12	13.79
其　他	0	0.00	0	0.00
合　计	83	100.00	87	100.00

资料来源：信托公司年报，用益信托工作室整理、制作。

2012 年度重庆信托应付员工薪酬为 10995.68 万元，排名第 15 位，较上一年度增长 204.00%，员工平均薪酬为 132.48 万元。

2012 年末重庆信托的负债合计 15.91 亿元，资产负债率为 16.39%。

按照银监会《信托公司净资本管理办法》第十五条及第十六条的净资本管理指标规定，重庆信托基本达标。

表 57　重庆信托各项风险控制指标

单位：%，万元

项目	2012 年	2011 年
资产负债率	16.39	7.39
不良资产率	0	0
风险准备金	65083	50843
净资产	811758	788999
净资本	577746	652467

资料来源：信托公司年报，用益信托工作室整理、制作。

十　东莞信托

1. 资产状况

根据年报显示，2012 年末，东莞信托注册资本为 5 亿元，与 2011 年末持平；自营资产规模为 10.85 亿元；信托资产规模总量为 323.99 亿元，较上一年度增长 80.99 亿元。

2. 业务状况

（1）信托业务

截至 2012 年末，东莞信托新增集合类项目 85 款，金额为 121.83 亿元，排名第 38 位；单一类项目 18 款，金额为 67.33 亿元，排名第 56 位；财产管理类项目 1 款，金额为 5.00 亿元，排名第 42 位；合计项目 104 款，金额为 194.16 亿元。

另外，东莞信托共计实现信托业务收入 3.46 亿元，较上一年度增长 80.37%。

年报数据显示，东莞信托信托资产总计 323.99 亿元，其信托资产运用方式如表 58 所示，其中贷款资金占比最大，为 43.98%。资产分布领域中，工商企业规模占比最高，达 44.34%。

表 58　东莞信托信托资产运用方式及投向

单位：万元，%

资产运用	金额	占比	资产分布	金额	占比
货币资产	21542.62	0.66	基础产业	386492.58	11.93
贷款	1424851.18	43.98	房地产	289115.00	8.92
交易性金融资产	242558.83	7.49	证券市场	56136.49	1.73
长期股权投资	473531.70	14.62	工商企业	1436665.00	44.34
其他	1077443.72	33.25	其他	1071518.98	33.08
信托资产总计	3239928.05	100.00	信托资产总计	3239928.05	100.00

资料来源：信托公司年报，用益信托工作室整理、制作。

（2）自营业务

东莞信托自营资产运用方式及投向如表 59 所示。可以看出，资产运用方式中，贷款及应收款的资金规模占比最大，达 42.52%。资产分布领域中，其他投向为东莞信托自营资产的主要投资领域，其资金规模占比达 67.12%。

表 59　东莞信托自营资产运用方式及投向

单位：万元，%

资产运用	金额	占比	资产分布	金额	占比
货币资产	9784.49	9.02	基础产业	0.00	0.00
贷款及应收款	46150.16	42.52	证券市场	19437.4	17.91
可供出售金融资产	27437.42	25.28	工商企业	7705.56	7.10
长期股权投资	16242.80	14.97	金融机构	8537.25	7.87
其他	8915.64	8.21	其他	72850.28	67.12
资产总计	108530.51	100.00	资产总计	108530.51	100.00

资料来源：信托公司年报，用益信托工作室整理、制作。

3. 盈利状况

东莞信托 2012 年度共计实现营业收入 4.47 亿元，较上一年度增长 48.55%；营业支出为 1.25 亿元，较上一年度增长 53.88%；净利润 2.41 亿元，较上一年度增长 45.83%。2012 年度东莞信托的净利润较行业均值少 3.18 亿元。

东莞信托 2012 年度人均净利润 252.50 万元，排名第 43 位；资本利润率为 23.26%，排名第 20 位；信托报酬率为 1.68%，排名第 11 位。

4. 理财状况

东莞信托 2012 年度共计实现信托项目收入 24.39 亿元，较上一年度增长 68.91%；信托项目营业支出 4.89 亿元，较上一年度增长 105.48%；信托项目净利润为 19.50 亿元，较上一年度增长 61.69%。东莞信托 2012 年度净利润较行业均值差距较大，相差 40.08 亿元。

东莞信托 2012 年度已清算的集合类信托项目的平均收益率为 8.78%，已清算的单一类信托项目的平均收益率为 6.64%。2012 年度所有项目的平均收益率为 7.77%。

东莞信托 2012 年度新增主动管理型项目为 104 款，项目数占比为 100%。

表 60　东莞信托各类信托项目收益率

单位：款，万元，%

项目类型	项目数		项目金额		收益率	
	2012 年	2011 年	2012 年	2011 年	2012 年	2011 年
集合类	35	12	453540.00	134668.00	8.78	8.36
单一类	15	14	402935.77	296000.00	6.64	8.98
财产管理类	0	0	0.00	0	0.00	0.00
合　计	50	26	856475.77	430668.00	7.77	8.79

资料来源：信托公司年报，用益信托工作室整理、制作。

表 61　东莞信托主动管理型项目占比

单位：款，万元，%

项目类型	项目		金额		金额占比	
	2012 年	2011 年	2012 年	2011 年	2012 年	2011 年
主动管理型	104	66	1941625.20	1429947.67	100	100
被动管理型	0	0	0	0	0.00	0.00
合　计	104	66	1941625.20	1429947.67	100.00	100.00

资料来源：信托公司年报，用益信托工作室整理、制作。

5. 管理状况

2012 年度东莞信托的主要股东仍是东莞市财信发展有限公司，持股比例达40%，与上年持平。

从表62可以看出，2012年度东莞信托30～40岁的人员比例提升较大，也是整个年龄层级中比例最大的。

表62 东莞信托员工年龄分布

单位：人，%

项 目	2012年		2011年	
	人数	比例	人数	比例
30岁以下	41	37.62	21	32.81
30～40岁	53	48.62	30	46.88
40岁以上	15	13.76	13	20.31
合 计	109	100.00	64	100.00

资料来源：信托公司年报，用益信托工作室整理、制作。

从表63可以看出，2012年度东莞信托的硕士比例提升较大。由此看来，东莞信托员工学历开始向本科以上看齐，员工的整体素质明显提高。

表63 东莞信托员工学历分布

单位：人，%

项 目	2012年		2011年	
	人数	比例	人数	比例
博 士	0	0.00	0	0.00
硕 士	16	14.68	5	7.81
本 科	80	73.39	48	75.00
专 科	13	11.93	10	15.63
其 他	0	0.00	1	1.56
合 计	109	100.00	64	100.00

资料来源：信托公司年报，用益信托工作室整理、制作。

2012年度东莞信托员工有信托业务人员50人，占比45.87%。

2012年度东莞信托应付员工薪酬为4554.49万元，排名第36位，较上一年度增长56.54%，员工平均薪酬为41.78万元。

2012年末东莞信托资产总计10.85亿元，负债合计1.25亿元，资产负债率为11.54%。

按照银监会《信托公司净资本管理办法》第十五条及第十六条的净资本管理指标规定，东莞信托基本达标。

表 64　东莞信托各项风险控制指标

单位：万元，%

项目	2012 年	2011 年
资产负债率	11.54	6.19
不良资产率	0.00	0.00
风险准备金	19284	15457
净资产	96001	97581
净资本	69250	86215

资料来源：信托公司年报，用益信托工作室整理、制作。

十一　大业信托

1. 资产状况

根据年报显示，2012 年末，大业信托注册资本为 3 亿元，与 2011 年末持平；自营资产规模为 7.35 亿元，较 2011 年增长 56.68%，增幅排名第 62 位；信托资产规模总量为 299 亿元，较上一年度增长 137.39 亿元。

2. 业务状况

（1）信托业务

截至 2012 年末，大业信托新增集合类项目 55 款，金额为 197.26 亿元，排名第 22 位；单一类项目 63 款，金额为 65.62 亿元，排名第 57 位；财产管理类项目 13 款，金额为 46.88 亿元，排名第 16 位；合计项目 131 款，金额为 309.76 亿元。

另外，大业信托共计实现信托业务收入 3.65 亿元，较上一年度增长 113.05%。

大业信托信托资产总计 299 亿元。信托资产运用方式如表 65 所示。其中，贷款资金占比最大，为 35.45%。资产分布领域中，房地产规模占比最高，达 28.76%。

表 65　大业信托信托资产运用方式及投向

单位：万元，%

资产运用	金额	占比	资产分布	金额	占比
货币资产	0	0.00	基础产业	540000.00	18.06
贷款	1060000.00	35.45	房地产	860000.00	28.76
可供出售金融资产	750000.00	25.08	工商企业	760000.00	25.42
长期股权投资	450000.00	15.05	金融机构	10000.00	0.33
其他	730000.00	24.41	其他	820000.00	27.42
信托资产总计	2990000.00	100.00	信托资产总计	2990000.00	100.00

资料来源：信托公司年报，用益信托工作室整理、制作。

（2）自营业务

大业信托自营资产运用方式及投向如表 66 所示。可以看出，资产运用方式中，货币资产的资金规模占比最大，达 65.38%。资产分布领域中，金融机构为大业信托自营资产的主要投资领域，其资金规模占比达 65.38%。

表 66　大业信托自营资产运用方式及投向

单位：万元，%

资产运用	金额	占比	资产分布	金额	占比
货币资产	48039.00	65.38	基础产业	0.00	0.00
贷款及应收款	5557.00	7.56	房地产	12335.00	16.79
持有至到期投资	17135.00	23.32	金融机构	48039.00	65.38
其他	2742.00	3.74	其他	13099.00	17.83
资产总计	73473.00	100.00	资产总计	73473.00	100.00

资料来源：信托公司年报，用益信托工作室整理、制作。

3. 盈利状况

大业信托 2012 年度共计实现营业收入 4.01 亿元，较上一年度增长 115.91%；营业支出为 1.50 亿元，较上一年度增长 119.09%；净利润 1.88 亿元，较上一年度增长 113.48%。2012 年度大业信托的净利润较行业均值少 3.72 亿元。

大业信托 2012 年度人均净利润 264.72 万元，排名第 41 位；资本利润率为 39.10%，排名第 4 位；信托报酬率为 1.60%，排名第 13 位。

4. 理财状况

大业信托 2012 年度共计实现信托项目收入 25. 40 亿元，较上一年度增长 425. 63%；信托项目营业支出 4. 87 亿元；信托项目净利润为 20. 52 亿元。大业信托 2012 年度净利润较行业均值差距较大，相差 39. 05 亿元。

大业信托 2012 年度已清算的集合类信托项目的平均收益率为 9. 50%，已清算的单一类信托项目的平均收益率为 12. 10%。总体来讲，2012 年度所有项目的平均收益率为 10. 90%，较上年度 6. 34% 的收益率有所上升。

表 67 大业信托各类信托项目收益率

单位：款，万元，%

项目类型	项目数		项目金额		收益率	
	2012 年	2011 年	2012 年	2011 年	2012 年	2011 年
集合类	16	2	372795. 00	11700. 00	9. 50	7. 50
单一类	68	11	625042. 97	228670. 00	12. 10	6. 28
财产管理类	2	0	40769. 15	0	5. 20	0. 00
合　计	86	13	1038607. 12	240370. 00	10. 90	6. 34

资料来源：信托公司年报，用益信托工作室整理、制作。

5. 管理状况

2012 年度大业信托的主要股东仍是中国东方资产管理公司，持股比例达 41. 67%，与上一年持平。

从表 68 可以看出，2012 年度大业信托员工学历中本科的比例小幅提升，在所有员工学历占比中仅次于硕士。由此看来，大业信托员工学历开始向本科以上看齐，员工的整体素质明显提高。

2012 年度大业信托应付员工薪酬为 7926. 73 万元，排名第 24 位，较上一年度增长 165. 80%，员工平均薪酬为 104. 30 万元。

2012 年末大业信托资产总计 7. 35 亿元，负债合计 1. 60 亿元，资产负债率为 21. 79%。

按照银监会《信托公司净资本管理办法》第十五条及第十六条的净资本管理指标规定，大业信托基本达标。

表 68 大业信托员工学历分布

单位：人，%

项 目	2012 年		2011 年	
	人数	比例	人数	比例
博 士	0	0.00	1	1.72
硕 士	49	64.47	38	65.52
本 科	26	34.21	18	31.04
专 科	1	1.32	1	1.72
其 他	0	0.00	0	0.00
合 计	76	100.00	58	100.00

资料来源：信托公司年报，用益信托工作室整理、制作。

表 69 大业信托各项风险控制指标

单位：%，万元

项目	2012 年	2011 年
资产负债率	21.79	17.70
不良资产率	0.00	0.00
风险准备金	5439	1734
净资产	57463	38668
净资本	55871	37708

资料来源：信托公司年报，用益信托工作室整理、制作。

十二 方正信托

1. 资产状况

根据年报显示，2012 年末，方正信托注册资本为 10 亿元，较 2011 年增加 4 亿元；自营资产规模为 19.18 亿元，较 2011 年增长 138.85%；信托资产规模总量为 731.59 亿元，较上一年度增加 401.56 亿元。

2. 业务状况

（1）信托业务

截至 2012 年末，方正信托新增集合类项目 53 款，金额为 153.77 亿元，排名第 29 位；单一类项目 117 款，金额为 407.13 亿元，排名第 31 位；财产管理类项目 11 款，金额为 65.61 亿元，排名第 11 位；合计项目 181 款，金额为 626.51 亿元。

另外，方正信托共计实现信托业务收入6.75亿元，较上一年度增长174.12%。

方正信托信托资产总计731.59亿元。信托资产运用方式如表70所示，其中持有至到期投资资金占比最大，为40.86%。资产分布领域中，基础产业占比最高，达31.22%。

表70　方正信托信托资产运用方式及投向

单位：万元，%

资产运用	金额	占比	资产分布	金额	占比
货币资产	46982.90	0.64	基础产业	2284291.00	31.22
贷款	2859463.93	39.09	房地产	1138075.65	15.56
交易性金融资产	65081.07	0.89	证券市场	70381.07	0.96
可供出售金融资产	639883.00	8.75	工商企业	1735164.33	23.72
持有至到期投资	2989061.30	40.86	金融机构	230000.00	3.14
长期股权投资	653071.00	8.92	其他	1857996.16	25.40
其他	62365.01	0.85			
信托资产总计	7315908.21	100.00	信托资产总计	7315908.21	100.00

资料来源：信托公司年报，用益信托工作室整理、制作。

（2）自营业务

方正信托自营资产运用方式及投向如表71所示，可以看出，资产运用方式中，货币资产的资金规模占比最大，达61.51%。资产分布领域中，金融机构为方正信托自营资产的主要投资领域，占比达61.51%。

表71　方正信托自营资产运用方式及投向

单位：万元，%

资产运用	金额	占比	资产分布	金额	占比
货币资产	117964.80	61.51	基础产业	0.00	0.00
交易性金融资产	1299.20	0.68	房地产	10000.00	5.21
贷款及应收款	54580.26	28.46	证券市场	1299.20	0.68
可供出售金融资产	4975.65	2.59	金融机构	117964.84	61.51
其他	12964.10	6.76	其他	62520.01	32.60
资产总计	191784.01	100.00	资产总计	191784.05	100.00

资料来源：信托公司年报，用益信托工作室整理、制作。

3. 盈利状况

方正信托 2012 年度共计实现营业收入 7.54 亿元，较上一年度增长 212.77%；营业支出为 2.32 亿元，较上一年度增长 100.01%；净利润 3.96 亿元，较上一年度增长 353.61%。

方正信托 2012 年度人均净利润 370.00 万元，排名第 30 位；资本利润率为 36.47%，排名第 7 位；信托报酬率为 0.91%，排名第 31 位。

4. 理财状况

方正信托 2012 年度共计实现信托项目收入 67.75 亿元，较上一年度增长 155.88%；信托项目营业支出 11.78 亿元；信托项目净利润为 55.97 亿元。方正信托 2012 年度净利润较行业均值差距较小，相差 3.6 亿元。

方正信托 2012 年度已清算的集合类信托项目的平均收益率为 8.98%，已清算的单一类信托项目的平均收益率为 9.04%。总体来讲，2012 年度所有项目的平均收益率为 9.32%，较上年度 7.22% 的收益率大幅上升。

表 72 方正信托各类信托项目收益率

单位：款，万元，%

项目类型	项目数		项目金额		收益率	
	2012 年	2011 年	2012 年	2011 年	2012 年	2011 年
集合类	20	2	316302.20	9922.00	8.98	5.52
单一类	50	79	1873673.04	2249954.33	9.04	7.32
财产管理类	3	0	111910.00	0	15.02	0.00
合　计	73	81	2301885.24	2259876.33	9.32	7.22

资料来源：信托公司年报，用益信托工作室整理、制作。

表 73 方正信托主动管理型项目占比

单位：款，万元，%

项目类型	项目		金额		金额占比	
	2012 年	2011 年	2012 年	2011 年	2012 年	2011 年
主动管理型	158	136	5410162.47	3475785.20	86.35	56.92
被动管理型	23	67	855000.00	2630549.37	13.65	43.08
合　计	181	203	6265162.47	6106334.57	100.00	100.00

资料来源：信托公司年报，用益信托工作室整理、制作。

方正信托2012年度新增主动管理型项目为158款，占比为87.29%。在信托业整体提升主动管理型项目的前提条件下，方正信托也在朝着这个方向发展。

5. 管理状况

2012年度方正信托的主要股东仍是北大方正集团有限公司，持股比例达70.01%，与上一年持平。

从表74可以看出，2012年度方正信托30～40岁的人员比例提升较大，也是整个年龄层级中占比最大的。

表74　方正信托员工年龄分布

单位：人，%

项　目	2012年		2011年	
	人数	比例	人数	比例
30岁以下	30	28.03	26	32.09
30～40岁	54	50.47	34	41.98
40岁以上	23	21.50	21	25.93
合　计	107	100.00	81	100.00

资料来源：信托公司年报，用益信托工作室整理、制作。

从表75可以看出，2012年度方正信托的硕士比例提升较大。

表75　方正信托员工学历分布

单位：人，%

项　目	2012年		2011年	
	人数	比例	人数	比例
博　士	6	5.61	3	3.70
硕　士	45	42.06	32	39.51
本　科	51	47.66	40	49.38
专　科	3	2.80	4	4.94
其　他	2	1.87	2	2.47
合　计	107	100.00	81	100.00

资料来源：信托公司年报，用益信托工作室整理、制作。

2012 年度方正信托有信托业务人员 56 人，占比 52.34%。

2012 年度方正信托应付员工薪酬为 7893.45 万元，排名第 25 位，较上一年度增长 171.78%，员工平均薪酬为 73.77 万元。

2012 年末方正信托资产总计 19.18 亿元，负债合计 4.33 亿元，资产负债率为 22.60%。

按照银监会《信托公司净资本管理办法》第十五条及第十六条的净资本管理指标规定，方正信托基本达标。

表 76　方正信托各项风险控制指标

单位：%，万元

项目	2012 年	2011 年
资产负债率	22.60	14.27
不良资产率	0.00	0.00
风险准备金	9691	1767
净资产	148435	68834
净资本	131898	54103

资料来源：信托公司年报，用益信托工作室整理、制作。

十三　甘肃信托

1. 资产状况

根据年报显示，2012 年末，甘肃信托注册资本为 10.18 亿元，与 2011 年持平；自营资产规模为 13.89 亿元，较 2011 年增长 12.23%；信托资产规模总量为 796.31 亿元，较上一年度增加 537.49 亿元。

2. 业务状况

（1）信托业务

截至 2012 年末，甘肃信托新增集合类项目 157 款，金额为 65.72 亿元，在所有信托公司中排名第 55 位；单一类项目 278 款，金额为 703.00 亿元，排名第 20 位；财产管理类项目数为 0。合计项目 435 款，金额为 768.72 亿元。

另外，甘肃信托共计实现信托业务收入 2.29 亿元，较上一年度增长

140. 53%。

甘肃信托信托资产总计 796. 31 亿元。信托运用方式如表 77 所示，其中贷款资金占比最大，为 68. 36%。资产分布领域中，基础产业规模占比最高，达 42. 87%。

表 77　甘肃信托信托资产运用方式及投向

单位：万元，%

资产运用	金额	占比	资产分布	金额	占比
货币资产	66500. 83	0. 84	基础产业	3413557. 00	42. 87
贷款	5443911. 38	68. 36	房地产	646500. 00	8. 12
交易性金融资产	15145. 64	0. 19	证券市场	15145. 64	0. 19
持有至到期投资	352930. 00	4. 43	工商企业	2241470. 00	28. 15
长期股权投资	512790. 00	6. 44	金融机构	1351270. 00	16. 97
其他	1571863. 00	19. 74	其他	295197. 95	3. 71
信托资产总计	7963140. 59	100. 00	信托资产总计	7963140. 59	100. 00

资料来源：信托公司年报，用益信托工作室整理、制作。

（2）自营业务

甘肃信托自营资产运用方式及投向如表 78 所示。可以看出，资产运用方式中，贷款及应收款资产的资金规模占比最大，达 31. 72%。资产分布领域中，金融机构为甘肃信托自营资产的主要投资领域，资金规模占比达 43. 58%。

表 78　甘肃信托自营资产运用方式及投向

单位：万元，%

资产运用	金额	占比	资产分布	金额	占比
货币资产	6672. 86	4. 80	基础产业	0. 00	0. 00
交易性金融资产	20017. 02	14. 41	房地产	8800. 00	6. 34
贷款及应收款	44058. 72	31. 72	证券市场	20017. 02	14. 41
持有至到期投资	30304. 34	21. 82	工商企业	33876. 35	24. 39
长期股权投资	25217. 35	18. 16	金融机构	60530. 07	43. 58
其他	12621. 79	9. 09	其他	15668. 64	11. 28
资产总计	138892. 08	100. 00	资产总计	138892. 08	100. 00

资料来源：信托公司年报，用益信托工作室整理、制作。

3. 盈利状况

甘肃信托 2012 年度共计实现营业收入 2.43 亿元，较上一年度增长 456.41%；营业支出为 0.62 亿元；净利润 1.36 亿元。2012 年度甘肃信托的净利润较行业均值少 4.24 亿元。

甘肃信托 2012 年度人均净利润 145.64 万元，在所有的信托公司中排名第 55 位；资本利润率为 10.97%，排名第 56 位；信托报酬率为 0.60%，排名第 48 位。

4. 理财状况

甘肃信托 2012 年度共计实现信托项目收入 57.33 亿元，较上一年度增长 691.54%；信托项目营业支出 6.61 亿元；信托项目净利润为 50.72 亿元。甘肃信托 2012 年度净利润较行业均值差距较小，相差 8.85 亿元。

甘肃信托 2012 年度已清算的集合类信托项目的平均收益率为 6.27%，已清算的单一类信托项目的平均收益率为 7.85%。总体来讲，2012 年度所有项目的平均收益率为 7.51%。

表 79　甘肃信托各类信托项目收益率

单位：款，万元，%

项目类型	项目数		项目金额		收益率	
	2012 年	2011 年	2012 年	2011 年	2012 年	2011 年
集合类	156	12	505998.00	32835.00	6.27	6.20
单一类	111	17	1856602.75	226796.19	7.85	12.05
财产管理类	0	0	0	0	0.00	0.00
合　计	267	29	2362600.75	259631.19	7.51	11.31

资料来源：信托公司年报，用益信托工作室整理、制作。

甘肃信托 2012 年度新增主动管理型项目为 176 款，占比为 40.46%。

表 80　甘肃信托主动管理型项目占比

单位：款，万元，%

项目类型	项目		金额		金额占比	
	2012 年	2011 年	2012 年	2011 年	2012 年	2011 年
主动管理型	176	105	655351.00	2239942.11	8.53	100.00
被动管理型	259	0	7031802.44	0	91.47	0.00
合　计	435	105	7687153.44	2239942.11	100.00	100.00

资料来源：信托公司年报，用益信托工作室整理、制作。

5. 管理状况

2012 年度甘肃信托的主要股东仍是甘肃省国有资产投资集团有限公司，持股比例达 92.58%，与上一年持平。

从表 81 可以看出，2012 年度甘肃信托 30～40 岁的人员比例有所提升，也是整个年龄层级中占比最大的。

表 81　甘肃信托员工年龄分布

单位：人，%

项　目	2012 年		2011 年	
	人数	比例	人数	比例
30 岁以下	25	26.89	13	20.00
30～40 岁	37	39.78	25	38.46
40 岁以上	31	33.33	27	41.54
合　计	93	100.00	65	100.00

资料来源：信托公司年报，用益信托工作室整理、制作。

从表 82 可以看出，2012 年度甘肃信托的本科比例提升较大，在所有员工学历中占比最大。由此看来，甘肃信托员工学历开始向高学历看齐。

表 82　甘肃信托员工学历分布

项　目	2012 年		2011 年	
	人数	比例	人数	比例
博　士	1	1.08	1	1.54
硕　士	21	22.58	16	24.62
本　科	50	53.76	27	41.54
专　科	11	11.83	11	16.92
其　他	10	10.75	10	15.38
合　计	93	100.00	65	100.00

资料来源：信托公司年报，用益信托工作室整理、制作。

2012 年度甘肃信托有信托业务人员 48 人，占比 51.61%。

2012 年度甘肃信托应付员工薪酬为 225.64 万元，在所有信托公司中排名第 64 位，较上一年度下降 69.37%，员工平均薪酬为 2.43 万元。

2012年末甘肃信托资产总计13.89亿元，负债合计1.17亿元，资产负债率为8.42%，不良资产合计349.06万元，甘肃信托的不良资产率为0.50%。

按照银监会《信托公司净资本管理办法》第十五条及第十六条的净资本管理指标规定，甘肃信托基本达标。

表83　甘肃信托各项风险控制指标

单位：%，万元

项目	2012年	2011年
资产负债率	8.42	3.32
不良资产率	0.50	0.34
风险准备金	4383	2326
净资产	127195	119652
净资本	99279	89520

资料来源：信托公司年报，用益信托工作室整理、制作。

十四　国联信托

1. 资产状况

根据年报显示，2012年末，国联信托注册资本为12.30亿元，与2011年持平；自营资产规模为24.37亿元，较2011年增长9.26%，增幅排名第37位。信托资产规模总量为309.14亿元，较上一年度增加84.95亿元，增长幅度排名第54位，为37.89%。

2. 业务状况

（1）信托业务

截至2012年末，国联信托新增集合类项目37款，金额为72.43亿元，排名第50位；单一类项目72款，金额为154.12亿元，在所有信托公司中排名第43位；财产管理类项目数为0。合计项目数为109款，金额为226.55亿元。

另外，国联信托共计实现信托业务收入2.79亿元，较上一年度增长16.72%。

国联信托的信托资产运用方式如表84所示，其中贷款资金占比最大，为56.96%。资产分布领域中，工商企业规模占比最高，达39.66%。

表 84　国联信托信托资产运用方式及投向

单位：万元，%

资产运用	金额	占比	资产分布	金额	占比
货币资产	26657.00	0.86	基础产业	908389.00	29.38
贷款	1760977.00	56.96	房地产	412177.00	13.33
交易性金融资产	39049.00	1.26	证券市场	39049.00	1.26
可供出售金融资产	454507.00	14.70	工商企业	1226026.00	39.66
持有至到期投资	652511.00	21.11	金融机构	12000.00	0.39
长期股权投资	142478.00	4.61	其他	493720.00	15.97
其他	15182.00	0.49			
信托资产总计	3091361.00	100.00	信托资产总计	3091361.00	100.00

资料来源：信托公司年报，用益信托工作室整理、制作。

（2）自营业务

国联信托自营资产运用方式及投向如表 85 所示。资产运用方式中，长期股权投资的资金规模占比最大，达 58.16%。资产分布领域中，金融机构为国联信托自营资产的主要投资领域，资金规模占比达 58.08%。

表 85　国联信托自营资产运用方式及投向

单位：万元，%

资产运用	金额	占比	资产分布	金额	占比
货币资产	15565.00	6.39	基础产业	0.00	0.00
交易性金融资产	304.00	0.12	房地产	2000.00	0.82
贷款及应收款	12451.00	5.11	证券市场	51608.00	21.18
可供出售金融资产	60279.00	24.74	工商企业	5600.00	2.30
持有至到期投资	12067.00	4.95	金融机构	141527.00	58.08
长期股权投资	141727.00	58.16	其他	42936.00	17.62
其他	1278.00	0.52			
资产总计	243671.00	100.00	资产总计	243671.00	100.00

资料来源：信托公司年报，用益信托工作室整理、制作。

3. 盈利状况

国联信托 2012 年度共计实现营业收入 3.56 亿元，较上一年度增长 7.18%；营业支出为 0.51 亿元，较上一年度增长 8.94%；净利润 2.40 亿元。

2012 年度国联信托的净利润较行业均值少 3.20 亿元。

国联信托 2012 年度人均净利润 448.50 万元，在所有的信托公司中排名第 16 位；资本利润率为 10.45%，排名第 60 位；信托报酬率为 0.99%，排名第 29 位。

4. 理财状况

国联信托 2012 年度共计实现信托项目收入 25.16 亿元，较上一年度上升 0.85%；信托项目营业支出 3.63 亿元；信托项目净利润为 21.53 亿元。国联信托 2012 年度净利润较行业均值差距较大，相差 38.05 亿元。

国联信托 2012 年度已清算的集合类信托项目的平均收益率为 8.21%，已清算的单一类信托项目的平均收益率为 11.25%，较上年有所回升。总体来讲，2012 年度所有项目的平均收益率为 9.14%。

表 86　国联信托各类信托项目收益率

单位：款，万元，%

项目类型	项目数		项目金额		收益率	
	2012 年	2011 年	2012 年	2011 年	2012 年	2011 年
集合类	19	9	196768.00	168657.00	8.21	10.54
单一类	64	60	845118.00	837981.00	11.25	10.18
财产管理类	0	0	0	0	0.00	0.00
合　计	83	69	1041886.00	1006638.00	9.14	10.24

资料来源：信托公司年报，用益信托工作室整理、制作。

国联信托 2012 年度新增主动管理型项目为 68 款，占比为 62.39%。在信托业整体提升主动管理型项目的前提条件下，国联信托有待朝着这个方向发展。

表 87　国联信托主动管理型项目占比

单位：款，万元，%

项目类型	项目		金额		金额占比	
	2012 年	2011 年	2012 年	2011 年	2012 年	2011 年
主动管理型	68	58	1034956.00	1007054.00	45.68	47.48
被动管理型	41	56	1230535.00	1113766.00	54.32	52.52
合　计	109	114	2265491.00	2120820.00	100.00	100.00

资料来源：信托公司年报，用益信托工作室整理、制作。

5. 管理状况

2012 年度国联信托的主要股东仍是无锡市国联发展（集团）有限公司，持股比例达 65.85%，与上一年持平。

从表 88 可以看出，2012 年国联信托 30 岁以下的人员比例有所提升，也是整个年龄层级中占比最大的。

表 88　国联信托员工年龄分布

单位：人，%

项　目	2012 年		2011 年	
	人数	比例	人数	比例
30 岁以下	22	38.60	15	30.00
30～40 岁	21	36.84	20	40.00
40 岁以上	14	24.56	15	30.00
合　计	57	100.00	50	100.00

资料来源：信托公司年报，用益信托工作室整理、制作。

从表 89 可以看出，2012 年度国联信托的硕士比例提升较大。由此看来，国联信托员工学历开始向高学历看齐，员工的整体素质明显提高。

表 89　国联信托员工学历分布

单位：人，%

项　目	2012 年		2011 年	
	人数	比例	人数	比例
博　士	3	5.26	2	4.00
硕　士	22	38.60	16	32.00
本　科	22	38.60	22	44.00
专　科	8	14.04	8	16.00
其　他	2	3.51	2	4.00
合　计	57	100.00	50	100.00

资料来源：信托公司年报，用益信托工作室整理、制作。

2012 年度国联信托有信托业务人员 28 人，占比 49.12%。

2012 年度国联信托应付员工薪酬为 802 万元，在所有信托公司中排名第

59 位，较上一年度上升 61.04%，员工平均薪酬为 14.07 万元。

2012 年末国联信托资产总计 24.37 亿元，负债合计 0.42 亿元，资产负债率为 1.71%。

按照银监会《信托公司净资本管理办法》第十五条及第十六条的净资本管理指标规定，国联信托基本达标。

表 90 国联信托各项风险控制指标

单位：%，万元

项目	2012 年	2011 年
资产负债率	1.71	1.48
不良资产率	0.00	0.00
风险准备金	27214	22356
净资产	239505	219735
净资本	213328	170539

资料来源：信托公司年报，用益信托工作室整理、制作。

十五 国民信托

1. 资产状况

根据年报显示，2012 年末，国民信托注册资本为 10.00 亿元，与 2011 年持平；自营资产规模为 17.99 亿元，较 2011 年增长 35.53%，增幅排名第 50 位。信托资产规模总量为 60.79 亿元，增长幅度排名第 65 位，为 38.73%。

2. 业务状况

（1）信托业务

截至 2012 年末，国民信托新增集合类项目 8 款，金额为 12.58 亿元，排名第 63 位；单一类项目 4 款，金额为 12.65 亿元，排名第 64 位；财产管理类项目数为 0。合计项目 12 款，金额为 25.23 亿元。

另外，国民信托共计实现信托业务收入 1.20 亿元，较上一年度增长 77.94%。

国民信托信托资产总计 60.79 亿元。信托资产运用方式如表 91 所示，其中其他领域资金运用占比最大，为 69.25%。资产分布领域中，其他投向的规模占比最高，达 42.31%。

表 91　国民信托信托资产运用方式及投向

单位：万元，%

资产运用	金额	占比	资产分布	金额	占比
货币资产	7162.40	1.18	基础产业	120750.00	19.86
贷款	53099.82	8.73	房地产	130630.00	21.49
交易性金融资产	11950.51	1.97	证券市场	86411.66	14.21
可供出售金融资产	73331.14	12.06	金融机构	12900.00	2.12
长期股权投资	41400.00	4.81	其他	257242.87	42.31
其他	420990.66	69.25			
信托资产总计	607934.53	100.00	信托资产总计	607934.53	100.00

资料来源：信托公司年报，用益信托工作室整理、制作。

（2）自营业务

国民信托自营资产运用方式及投向如表 92 所示。资产运用方式中，交易性金融资产占比最大，达 67.13%。资产分布领域中，金融机构为国民信托自营资产的主要投资领域，其资金规模占比达 67.14%。

表 92　国民信托自营资产运用方式及投向

单位：万元，%

资产运用	金额	占比	资产分布	金额	占比
货币资产	9621.03	5.66	证券市场	22238.40	13.08
交易性金融资产	114105.43	67.13	工商企业	0.00	0.00
贷款及应收款	7036.82	4.14	金融机构	114105.43	67.14
可供出售金融资产	26189.16	15.41	其他	33624.77	19.78
其他	13016.16	7.66			
资产总计	169968.60	100.00	资产总计	169968.60	100.00

资料来源：信托公司年报，用益信托工作室整理、制作。

3. 盈利状况

国民信托 2012 年度共计实现营业收入 5.29 亿元，较上一年度增长

63.66%；营业支出为0.84亿元，较上一年度增长8.10%；净利润3.33亿元，较上一年度增长81.28%。2012年度国民信托的净利润较行业均值少2.26亿元。

国民信托2012年度人均净利润497.63万元，在所有的信托公司中排第13位；资本利润率为24.83%，排第18位；信托报酬率为0.47%，排名第55位。

4. 理财状况

国民信托2012年度共计实现信托项目收入2.24亿元，较上一年度上升2840.21%；信托项目营业支出1.04亿元；信托项目净利润为1.19亿元。国民信托2012年度净利润较行业均值差距较大，相差58.38亿元。

国民信托2012年度已清算的集合类信托项目的平均收益率为5.93%，没有单一类信托项目和财产管理类信托项目清算情况。

国民信托2012年度新增主动管理型项目为11款，占比为91.67%。在信托业整体提升主动管理型项目的前提条件下，国民信托有待朝着这个方向发展。

表93 国民信托主动管理型项目占比

单位：款，万元，%

项目类型	项目		金额		金额占比	
	2012年	2011年	2012年	2011年	2012年	2011年
主动管理型	11	2	246298.00	130000.00	97.62	100.00
被动管理型	1	0	6000.00	0	2.38	0.00
合　计	12	2	252298.00	130000.00	100.00	100.00

资料来源：信托公司年报，用益信托工作室整理、制作。

5. 管理状况

2012年度国民信托的主要股东仍是上海丰益股权投资基金有限公司，持股比例为31.73%，与上一年持平。

从表94可以看出，2012年度国民信托30岁以下的人员比例有所提升，而30~40岁的人员比例有所下降。

表 94　国民信托员工年龄分布

单位：人，%

项　目	2012 年		2011 年	
	人数	比例	人数	比例
30 岁以下	25	31.65	19	25.67
30～40 岁	38	48.10	43	58.11
40 岁以上	16	20.25	12	16.22
合　计	79	100.00	74	100.00

资料来源：信托公司年报，用益信托工作室整理、制作。

从表 95 可以看出，2012 年度国民信托员工学历中本科的占比最大。由此看来，国民信托员工学历开始向高学历看齐。

表 95　国民信托员工学历分布

单位：人，%

项　目	2012 年		2011 年	
	人数	比例	人数	比例
博　士	5	6.33	4	5.41
硕　士	26	32.91	22	29.73
本　科	39	49.37	38	51.35
专　科	5	6.33	6	8.11
其　他	4	5.06	4	5.41
合　计	79	100.00	74	100.00

资料来源：信托公司年报，用益信托工作室整理、制作。

2012 年度国民信托有信托业务人员 19 人，占比 24.05%。

2012 年国民信托应付员工薪酬为 1138.22 万元，在所有信托公司中排名第 58 位，较上一年度上升 211.26%，员工平均薪酬为 14.41 万元。

2012 年末国民信托资产总计 17.00 亿元，负债合计 2.03 亿元，资产负债率为 11.96%。2012 年国民信托不良资产为 0。

按照银监会《信托公司净资本管理办法》第十五条及第十六条的净资本管理指标规定，国民信托基本达标。

表 96 国民信托各项风险控制指标

单位：%，万元

项目	2012 年	2011 年
资产负债率	11.96	5.20
不良资产率	0.00	0.00
风险准备金	12951	7950
净资产	149636	118895
净资本	132386	93376

资料来源：信托公司年报，用益信托工作室整理、制作。

十六 国投信托

1. 资产状况

根据年报显示，2012 年末，国投信托注册资本为 12.05 亿元，与 2011 年持平；自营资产规模为 23.61 亿元，较 2011 年增长 14.98%，增幅排名第 40 位。信托资产规模总量为 1183 亿元，较上一年度增加 797.24 亿元。

2. 业务状况

（1）信托业务

截至 2012 年末，国投信托新增集合类项目 49 款，金额为 86.55 亿元，排名第 45 位；单一类项目 290 款，金额为 982.67 亿元，排名第 14 位；财产管理类项目 4 款，金额为 15.49 亿元，排名第 33 位。合计项目 343 款，金额为 1084.71 亿元。

另外，国投信托共计实现信托业务收入 2.43 亿元，较上一年度增长 69.81%。

国投信托信托资产总计 1183 亿元。信托资产运用方式如表 97 所示，其中贷款资产运用占比最大，为 66.01%。资产分布领域中，工商企业投向规模占比最高，达 34.14%。

表 97　国投信托信托资产运用方式及投向

单位：万元，%

资产运用	金额	占比	资产分布	金额	占比
货币资产	41585.00	0.35	基础产业	3707951.50	31.34
贷款	7808844.22	66.01	房地产	1057955.00	8.94
交易性金融资产	152497.21	1.29	证券市场	242997.21	2.05
可供出售金融资产	1245973.77	10.53	工商企业	4038630.10	34.14
持有至到期投资	95500.00	0.81	金融机构	412467.00	3.49
长期股权投资	785087.39	6.64	其他	2369946.20	20.03
其他	1700459.42	14.37			
信托资产总计	11829947.01	100.00	信托资产总计	11829947.01	100.00

资料来源：信托公司年报，用益信托工作室整理、制作。

（2）自营业务

国投信托自营资产运用方式及投向表 98 所示，资产运用方式中，可供出售金融资产的资金规模占比最大，达 57.45%。资产分布领域中，其他领域为国投信托自营资产的主要投资领域，占比达 64.58%。

表 98　国投信托自营资产运用方式及投向

单位：万元，%

资产运用	金额	占比	资产分布	金额	占比
货币资产	11203.67	4.74	基础产业	0.00	0.00
贷款及应收款	4469.85	1.89	证券市场	3000.00	1.27
可供出售金融资产	135662.60	57.45	工商企业	22162.50	9.39
长期股权投资	58460.09	24.76	金融机构	58460.09	24.76
其他	4162.24	1.76	其他	152498.36	64.58
资产总计	236120.95	100.00	资产总计	236120.95	100.00

资料来源：信托公司年报，用益信托工作室整理、制作。

3. 盈利状况

国投信托 2012 年度共计实现营业收入 7.92 亿元，较上一年度减少 0.59%；营业支出为 4.02 亿元，较上一年度增长 4.41%；净利润 3.16 亿元，较上一年度增长 7.04%。2012 年度国投信托的净利润较行业均值少 2.44

亿元。

国投信托2012年度人均净利润135.42万元，在所有的信托公司中排名第58位；资本利润率为12.26%，排名第50位；信托报酬率为0.31%，排名第60位。

4. 理财状况

国投信托2012年度共计实现信托项目收入39.22亿元，较上一年度上升159.05%；信托项目营业支出5.74亿元；信托项目净利润为33.48亿元。国投信托2012年度净利润较行业均值差距较大，相差26.10亿元。

国投信托2012年度已清算的集合类信托项目的平均收益率为5.73%，单一类信托项目的平均收益率为5.94%。

表99　国投信托各类信托项目收益率

单位：款，万元，%

项目类型	项目数		项目金额		收益率	
	2012年	2011年	2012年	2011年	2012年	2011年
集合类	26	7	533946.10	174850.00	5.73	7.32
单一类	50	7	1833505.94	534576.70	5.94	4.28
财产管理类	0	0	0	0	0.00	0.00
合　计	76	14	2367452.04	709426.70	5.89	5.03

资料来源：信托公司年报，用益信托工作室整理、制作。

国投信托2012年度新增主动管理型项目为322款，占比为93.88%。

表100　国投信托主动管理型项目占比

单位：款，万元，%

项目类型	项目		金额		金额占比	
	2012年	2011年	2012年	2011年	2012年	2011年
主动管理型	322	32	10667777.29	979490.46	98.35	42.38
被动管理型	21	36	179343.00	1331733.46	1.65	57.62
合　计	343	68	10847120.29	2311223.92	100.00	100.00

资料来源：信托公司年报，用益信托工作室整理、制作。

5. 管理状况

2012 年度国投信托的主要股东仍是国投资本控股有限公司，持股比例为 95.45%，与上一年持平。

从表 101 可以看出，2012 年度国投信托在 30 岁以下的人员比例有所提升。

表 101　国投信托员工年龄分布

单位：人，%

项　目	2012 年		2011 年	
	人数	比例	人数	比例
30 岁以下	33	32.04	24	25.67
30～40 岁	49	47.57	43	51.19
40 岁以上	21	20.39	17	20.24
合　计	103	100.00	84	100.00

资料来源：信托公司年报，用益信托工作室整理、制作。

从表 102 可以看出，2012 年度国投信托员工学历中本科的比例提升较大。

表 102　国投信托员工学历分布

单位：人，%

项　目	2012 年		2011 年	
	人数	比例	人数	比例
博　士	3	2.91	5	5.95
硕　士	52	50.49	46	54.76
本　科	47	45.63	32	38.10
专　科	1	0.97	1	1.19
合　计	103	100.00	84	100.00

资料来源：信托公司年报，用益信托工作室整理、制作。

2012 年度国投信托员有信托业务人员 59 人，占比 57.28%。

2012 年度国投信托应付员工薪酬为 3677.77 万元，在所有信托公司中排名第 43 位，较上一年度上升 39.83%，员工平均薪酬为 35.71 万元。

2012 年末国投信托资产总计 23.61 亿元，负债合计 0.88 亿元，资产负债率为3.71%，不良资产为0。

按照银监会《信托公司净资本管理办法》第十五条及第十六条的净资本管理指标规定，国投信托基本达标。

表103　国投信托各项风险控制指标

单位：%，万元

项目	2012年	2011年
资产负债率	3.71	2.18
不良资产率	0.00	0.00
风险准备金	25449	20244
净资产	227369	200885
净资本	198232	142937

资料来源：信托公司年报，用益信托工作室整理、制作。

十七　国元信托

1. 资产状况

根据年报显示，2012年末，国元信托注册资本为12亿元，与2011年相比，注册资本维持不变；自营资产规模为38.37亿元，较2011年增长了12.71%，增幅排名第50位；信托信托资产规模总量为1140.93亿元，较上一年度增长487.36亿元。

2. 业务状况

（1）信托业务

截至2012年末，国元信托新增集合类项目111款，金额为151.68亿元，排名第31位；单一类项目371款，金额为1051.45亿元，排名第12位；财产管理类项目11款，金额为11万元，排名第45位；新增项目合计493款，总额为1203.13亿元。

另外，国元信托共计实现信托业务收入4.87亿元，较上一年度增长88.82%。

国元信托信托的信托资产运用方式如表104所示，其中贷款资金占比最大，为57.49%。资产分布领域中，工商企业规模占比最高，高达51.78%。

表 104　国元信托信托资产运用方式及投向

单位：万元，%

资产运用	金额	占比	资产分布	金额	占比
货币资产	75142.63	0.66	基础产业	3471513.93	30.43
贷款	6559017.10	57.49	房地产	781503.00	6.85
交易性金融资产	452603.53	3.97	证券市场	452603.53	3.97
持有至到期投资	1815118.00	15.91	工商企业	5907471.76	51.78
长期股权投资	2010422.69	17.62	金融机构	210895.00	1.85
其他	497000.20	4.36	其他	585316.93	5.13
信托资产总计	11409304.15	100.00	信托资产总计	11409304.15	100.00

资料来源：信托公司年报，用益信托工作室整理、制作。

（2）自营业务

国元信托自营资产运用方式及投向如表 105 所示，资产运用方式中，长期股权投资占比最大，高达 72.14%，可见国元信托自营资产在这一领域的投入很大。资产分布领域中，金融机构为国元信托自营资产的主要投向，其资金规模占比高达 77.80%。

表 105　国元信托自营资产运用方式及投向

单位：万元，%

资产运用	金额	占比	资产分布	金额	占比
货币资产	27162.81	7.08	基础产业	39200.00	10.22
贷款及应收款	67899.99	17.70	房地产	19840.00	5.17
交易性金融资产	395.77	0.10	证券市场	6191.16	1.61
可供出售金融资产	5795.39	1.51	工商企业	10760.00	2.80
长期股权投资	276795.42	72.14	金融机构	298518.23	77.80
其他	5652.83	1.47	其他	9192.82	2.40
资产总计	383702.21	100.00	资产总计	383702.21	100.00

资料来源：信托公司年报，用益信托工作室整理、制作。

3. 盈利状况

国元信托 2012 年度共计实现营业收入 6.56 亿元，较上一年度增长 63.86%；营业支出为 1.43 亿元；净利润 4.09 亿元。2012 年度国元信托的净利润低于行业平均水平。

国元信托2012年度人均净利润314.54万元，排名第35位；资本利润率为11.93%，排名第51位；信托报酬率为0.57%，排名第50位。综合以上看出，国元信托人均创利水于处于行业中游，资本利润率和信托报酬率均偏低，落后于行业平均水平，但都处于一个增长状态。

4. 理财状况

国元信托2012年度共计实现信托项目收入70.82亿元，较上一年度增长81.57%；信托项目营业支出8.79亿元；信托项目净利润为62.03亿元。国元信托2012年信托项目净利润高于行业均值，可见其盈利水平较高。

国元信托2012年度已清算的集合类信托项目的平均收益率为7.05%，已清算的单一类信托项目的平均收益率为7.32%。

表106　国元信托各类信托项目收益率

单位：款，万元，%

项目类型	项目数		项目金额		收益率	
	2012年	2011年	2012年	2011年	2012年	2011年
集合类	51	17	431316.36	102307	7.05	6.04
单一类	313	92	5371166.43	2264049.7	7.32	5.44
财产管理类	9		94210.18		7.27	
合　计	373	14	5896692.97	709426.70	7.30	5.03

资料来源：信托公司年报，用益信托工作室整理、制作。

国元信托2012年度新增主动管理型项目为344款，资金规模占比为51.78%，较2011年度增长15.44个百分点。

表107　国元信托主动管理型项目占比

单位：款，万元，%

项目类型	项目		金额		金额占比	
	2012年	2011年	2012年	2011年	2012年	2011年
主动管理型	344	182	6344377.56	2266096.89	51.78	36.34
被动管理型	149	212	5908970.6	3969107.46	48.22	63.66
合　计	493	394	12253348.2	6235204.35	100.00	100.00

资料来源：信托公司年报，用益信托工作室整理、制作。

5. 管理状况

国元信托的第一大股东为安徽国元控股（集团），持股比例达 49.69%。

从表 108 可以看出，2012 年度国元信托 40 岁以上的人员占比最大，但与 2011 年相比，有所下降，30 岁以下人员的占比与 2011 年相比有所提升。

从表 109 可以看出，2012 年度国元信托员工学历中本科的占比最大，其次是硕士。近两年，员工学历比例变化不明显，处于一个比较稳定的状态。

表 108　国元信托员工年龄分布

单位：人，%

项　目	2012 年		2011 年	
	人数	比例	人数	比例
30 岁以下	37	27.01	30	24.59
30～40 岁	24	17.52	17	13.93
40 岁以上	76	55.47	75	61.48
合　计	137	100.00	122	100.00

资料来源：信托公司年报，用益信托工作室整理、制作。

表 109　国元信托员工学历分布

单位：人，%

项　目	2012 年		2011 年	
	人数	比例	人数	比例
博　士	1	0.72	1	0.82
硕　士	44	32.12	38	31.15
本　科	66	48.18	56	45.90
专　科	26	18.98	27	22.13
其　他	0	0.00	0	0.00
合　计	137	100.00	122	100.00

资料来源：信托公司年报，用益信托工作室整理、制作。

2012 年度国元信托的信托业务人员占比为 54.01%。

2012 年度国元信托应付员工薪酬为 4297.99 万元，较上一年度增长 14.03%，员工平均薪酬为 31.37 万元。

2012 年末，国元信托资产总计 38.37 亿元，负债合计 14862.48 万元，资产负债率为3.87%，不良资产合计506.51万元，不良资产率为0.53%。

按照银监会《信托公司净资本管理办法》第十五条及第十六条的净资本管理指标规定，国元信托基本达标。

表110　国元信托各项风险控制指标

单位：%，万元

项目	2012年	2011年
资产负债率	3.87	3.45
不良资产率	0.53	0.95
风险准备金	36428	27876
净资产	368840	328695
净资本	323495	233966

资料来源：信托公司年报，用益信托工作室整理、制作。

十八　杭州信托

1. 资产状况

根据年报显示，2012年末，杭州信托注册资本为5亿元，与2011年相比，没有增减；自营资产规模为11.50亿元，较2011年增长19.38%；信托资产规模总量为148.37亿元，较上一年度增长40.90亿元。

2. 业务状况

（1）信托业务

截至2012年末，杭州信托新增集合类项目21款，金额为71.61亿元，排名第51位；单一类项目4款，金额为21.79亿元，排名第63位；财产管理类项目数为0；合计项目数为25款，金额为93.4亿元。

另外，杭州信托共计实现信托业务收入4.32亿元，较上一年度增长34.19%。

杭州信托信托资产总计148.37亿元。信托资产运用方式如表111所示，其中其他项占比最大，为59.27%。资产分布领域中，房地产的资金规模占比最高，达70.92%。

表 111 杭州信托信托资产运用方式及投向

单位：万元，%

资产运用	金额	占比	资产分布	金额	占比
货币资产	48373.00	3.26	基础产业	235647.00	15.88
贷款	452146.00	30.47	房地产	1052248.00	70.92
交易性金融资产	5000.00	0.34	工商企业	76688.00	5.17
长期股权投资	98840.00	6.66	其他	119111.00	8.03
其他	879335.00	59.27			
信托资产总计	1483694.00	100.00	信托资产总计	1483694.00	100.00

资料来源：信托公司年报，用益信托工作室整理、制作。

（2）自营业务

杭州信托自营资产运用方式及投向如表 112 所示，资产运用方式中，货币资产的资金规模占比最大，达 31.31%。资产分布领域中，除其他项外，金融机构为杭州信托自营资产的主要投资领域，其资金规模占比达 31.31%。

表 112 杭州信托自营资产运用方式及投向

单位：万元，%

资产运用	金额	占比	资产分布	金额	占比
货币资产	35993.00	31.31	基础产业	0.00	0.00
交易性金融资产	—		房地产	5000.00	4.35
贷款及应收款	35095.00	30.53	证券市场	256	0.22
可供出售金融资产	27848.00	24.22	工商企业	4750.00	4.13
长期股权投资	3250.00	2.83	金融机构	35993.00	31.31
其他	12777.00	11.11	其他	68964.00	59.99
资产总计	114963.00	100.00	资产总计	114963.00	100.00

资料来源：信托公司年报，用益信托工作室整理、制作。

3. 盈利状况

杭州信托 2012 年度共计实现营业收入 5.22 亿元，较上一年度增长 30.96%；营业支出为 1.98 亿元，较上一年度增长 26.23%；净利润 2.42 亿元，较上一年度增长 33.91%。2012 年度杭州信托的净利润低于行业整体水平。

杭州信托 2012 年度人均净利润 214.08 万元，排名第 46 位，较上一年度增长 17.81%；资本利润率率为 26.62%，排名第 16 位；信托报酬率为 2.65%，排名第 3 位。从信托报酬率排名来看，杭州信托的盈利能力还是比较强的。

4. 理财状况

杭州信托 2012 年度共计实现信托项目收入 20 亿元，较上一年度增长 63.60%；信托项目营业支出 3.78 亿元；信托项目净利润为 16.22 亿元。杭州信托 2012 年度净利润较行业均值差距较大，低于行业平均水平。

杭州信托 2012 年度已清算的集合类信托项目的平均收益率为 12.30%，已清算的单一类信托项目的平均收益率为 5.18%。2012 年度杭州信托所有项目的平均收益率为 10.90%。

表 113　杭州信托各类信托项目收益率

单位：款，万元，%

项目类型	项目数		项目金额		收益率	
	2012 年	2011 年	2012 年	2011 年	2012 年	2011 年
集合类	13	14	330250	310836	12.30	9.43
单一类	4	9	80982	38248	5.18	8.97
财产管理类	0	0	0.00	58000.00	0.00	0.00
合　计	17	2	411232.00	349084.00	10.90	9.38

资料来源：信托公司年报，用益信托工作室整理、制作。

杭州信托 2012 年度新增主动管理型项目为 25 款，项目个数占比为 100%；项目金额为 93.41 亿元。从杭州信托主动管理占比来看，杭州信托主动管理能力较强，其没有被动管理项目。在主动管理能力方面杭州信托处于行业领先水平。

表 114　杭州信托主动管理型项目占比

单位：款，万元，%

项目类型	项目		金额		金额占比	
	2012 年	2011 年	2012 年	2011 年	2012 年	2011 年
主动管理型	25	23	934087	612884	100.00	100.00
被动管理型	0	0	—	—	—	—
合　计	25	23	934087	612884	100.00	100.00

资料来源：信托公司年报，用益信托工作室整理、制作。

5. 管理状况

2012 年度杭州信托的第一大股东是杭州市金融集团有限公司，持股比例达 52.99%；第二大股东是摩根士丹利国际控股公司，持股比例达 19.90%。

从表 115 可以看出，2012 年度杭州信托员工学历中本科的比例最大，其次是硕士；与 2011 年相比，本科学历占比在下降，硕士学历占比在增长。可见，杭州信托的员工素质在提升。

表 115　杭州信托员工学历分布

单位：人，%

项　目	2012 年		2011 年	
	人数	比例	人数	比例
博　士	2	1.65	0	—
硕　士	42	34.71	28	26.67
本　科	70	57.85	69	65.71
专　科	6	4.96	7	6.67
其　他	1	0.83	1	0.95
合　计	121	100.00	105	100.00

资料来源：信托公司年报，用益信托工作室整理、制作。

2012 年度杭州信托应付员工薪酬为 2267 万元，在所有信托公司中排名第 50 位，较上一年度增长 25.67%，员工平均薪酬为 18.74 万元。

2012 年末杭州信托资产总计 11.50 亿元，负债合计 1.75 亿元，资产负债率为 15.20%，不良资产合计 724 万元。

按照银监会《信托公司净资本管理办法》第十五条及第十六条的净资本管理指标规定，杭州信托基本达标。

表 116　杭州信托各项风险控制指标

单位：%，万元

项目	2012 年	2011 年
资产负债率	15.20	12.69
不良资产率	0.63	0.75
风险准备金	21704	16494
净资产	97493	84079
净资本	80289	56016

资料来源：信托公司年报，用益信托工作室整理、制作。

十九　湖南信托

1. 资产状况

根据年报显示，2012年末，湖南信托注册资本为7亿元，与2011年相比，没有变化；自营资产规模为16.53亿元，较2011年增长36.33%；信托资产规模总量为514.72亿元，较上一年度增长242.14亿元。

2. 业务状况

（1）信托业务

截至2012年末，湖南信托新增集合类项目76款，金额为115.27亿元，排名第40位；单一类项目106款，金额为328.93亿元，排名第32位；财产管理类项目数为0；合计项目182款，金额为444.2亿元。

另外，湖南信托共计实现信托业务收入6.01亿元，较上一年度增长100.53%。

湖南信托的信托资产运用方式如表117所示，其中贷款资金占比最大，为77.05%。资产分布领域中，工商企业规模占比最高，达43.08%，说明湖南信托的信托资金主要投向工商企业。

表117　湖南信托信托资产运用方式及投向

单位：万元，%

资产运用	金额	占比	资产分布	金额	占比
货币资产	48859.00	0.95	基础产业	2203110.00	42.80
贷款	3965761.00	77.05	房地产	239556.00	4.65
交易性金融资产	7429.00	0.14	证券市场	7428.00	0.14
持有至到期投资	715301.00	13.90	工商企业	2217550.00	43.08
长期股权投资	319710.00	6.21	金融机构	42498.00	0.83
其他	90170.00	1.75	其他	437076.00	8.49
信托资产总计	5147218.00	100.00	信托资产总计	5147218.00	100.00

资料来源：信托公司年报，用益信托工作室整理、制作。

（2）自营业务

湖南信托自营资产运用方式及投向如表118所示，资产运用方式中，贷款及应收款的资金规模占比最大，达 31.98%。资产分布领域中，除其他项外，金融机构为湖南信托自营资产的主要投资领域。

表 118　湖南信托自营资产运用方式及投向

单位：万元，%

资产运用	金额	占比	资产分布	金额	占比
货币资产	46893.00	28.37	基础产业	14316.00	8.66
贷款及应收款	52853.00	31.98	房地产	8698.00	5.26
持有至到期投资	15892.00	9.62	工商企业	20725.00	12.54
长期股权投资	45271.00	27.39	金融机构	33000.00	19.97
其他	4371.00	2.64	其他	88541.00	53.57
资产总计	165280.00	100.00	资产总计	165280.00	100.00

资料来源：信托公司年报，用益信托工作室整理、制作。

3. 盈利状况

湖南信托 2012 年度共计实现营业收入 6.40 亿元，较上一年度增长 101.28%；营业支出为 1.95 亿元，较上一年度增长 42.29%；净利润 3.39 亿元，较上一年度增长 156.22%。2012 年度湖南信托的净利润较行业均值少 2.20 亿元。

湖南信托 2012 年度人均净利润 404 万元，排名第 24 位；资本利润率为 29.34%，排名第 12 位；信托报酬率为 1.54%，排名第 16 位。综合以上指标可以看出，湖南信托的盈利水平处于中上游，高于行业平均水平。

4. 理财状况

湖南信托 2012 年度共计实现信托项目收入 40.52 亿元，较上一年度增长 106.99%；信托项目营业支出 6.23 亿元，较上一年度增长 67.22%；信托项目净利润为 34.29 亿元，较上一年度增长 116.33%。湖南信托 2012 年度信托净利润高于行业均值，理财能力较强。

湖南信托 2012 年度已清算的集合类信托项目的平均收益率为 4.79%，已清算的单一类信托项目的平均收益率为 6.90%。总体来看，2012 年度所有项目的平均收益率为 6.74%，较上年度 4.32% 的收益率大幅增加。

表 119　湖南信托各类信托项目收益率

单位：款，万元，%

项目类型	项目数		项目金额		收益率	
	2012 年	2011 年	2012 年	2011 年	2012 年	2011 年
集合类	45	16	183201.00	100581.00	4.79	5.83
单一类	38	38	1885849.00	1554033.00	6.90	4.22
财产管理类	4	—	5174.00		18.09	
合　计	87	54	2074224.00	1654614.00	6.74	4.32

资料来源：信托公司年报，用益信托工作室整理、制作。

湖南信托2012年度新增主动管理型项目为182款，项目数占比为100%。可以看出，湖南信托的主动管理能力强，2012年没有被动管理型项目。

5. 管理状况

2012年度湖南信托的第一大股东是湖南财信投资控股有限责任公司，持股比例达96%，处于绝对控股的地位，股权高度集中。

从表121可以看出，2012年度湖南信托从业人员以30～40岁为主，其次是40岁以上的，各年龄段整体分布比较均衡。

表 120　湖南信托主动管理型项目占比

单位：款，万元，%

项目类型	项目		金额		金额占比	
	2012 年	2011 年	2012 年	2011 年	2012 年	2011 年
主动管理型	182	153	4441934.00	2315319.00	100.00	88.90
被动管理型	0	7	0	289000.00	0	11.10
合　计	182	160	4441934.00	2604319.00	100.00	100.00

资料来源：信托公司年报，用益信托工作室整理、制作。

表 121　湖南信托员工年龄分布

单位：人，%

项　目	2012 年		2011 年	
	人数	比例	人数	比例
30 岁以下	27	29.03	18	21.18
30～40 岁	36	38.71	33	38.82
40 岁以上	30	32.26	24	28.24
合　计	93	100.00	85	100.00

资料来源：信托公司年报，用益信托工作室整理、制作。

从表 122 可以看出，2012 年度湖南信托员工学历中本科占比最大，连续两年占比超过一半，是湖南信托员工的主流群体。

表 122　湖南信托员工学历分布

单位：人，%

项　目	2012 年		2011 年	
	人数	比例	人数	比例
博　士	2	2.15	2	2.35
硕　士	24	25.81	24	28.24
本　科	51	54.84	46	54.12
专　科	9	9.68	7	9.24
其　他	7	7.53	6	7.06
合　计	93	100.00	85	100.00

资料来源：信托公司年报，用益信托工作室整理、制作。

2012 年度湖南信托有信托业务人员 43 人，占比 46.24%。

2012 年度湖南信托应付员工薪酬为 6758 万元，排名第 28 位，较上一年度增长 61.25%，员工平均薪酬为 72.67 万元。

2012 年末湖南信托资产总计 16.53 亿元，负债合计 3.27 亿元，资产负债率为 19.76%。

按照银监会《信托公司净资本管理办法》第十五条及第十六条的净资本管理指标规定，湖南信托基本达标。

表 123　湖南信托各项风险控制指标

单位：%，万元

项目	2012 年	2011 年
资产负债率	19.76	16.02
不良资产率		
风险准备金	22753	18860
净资产	132627	101820
净资本	97984	72767

资料来源：信托公司年报，用益信托工作室整理、制作。

二十　华澳信托

1. 资产状况

根据年报显示，2012年末，华澳信托注册资本为3亿元，与2011年相比没有变化；自营资产规模为9.27亿元，较2011年的7.60亿元增长22%，增幅排名第32位；信托资产规模总量为186.87亿元，较上一年度增长26.63亿元。

2. 业务状况

（1）信托业务

截至2012年末，华澳信托新增集合类项目28款，金额为70.90亿元，排名第40位；单一类项目21款，金额为43.95亿元，排名第32位；财产管理类项目数为0；合计项目数为49款，金额为114.85亿元。

另外，华澳信托共计实现信托业务收入1.56亿元，较上一年度增长181.74%。

华澳信托信托资产总计186.87亿元。信托资产运用方式如表124所示，其中贷款资金占比最大，为47.56%。资产分布领域中，工商企业规模占比最高，达49.23%。

表124　华澳信托信托资产运用方式及投向

单位：万元，%

资产运用	金额	占比	资产分布	金额	占比
货币资产	58923.00	3.15	基础产业	353216.00	18.90
贷款	888695.00	47.56	房地产	237673.00	12.72
可供出售金融资产	406010.00	21.73	工商企业	919971.00	49.23
长期股权投资	239200.00	12.80	金融机构	21462.00	1.15
其他	52525.00	2.81	其他	336421.00	18.00
应收款项	59709.00	3.20			
信托资产总计	1868743.00	100.00	信托资产总计	1868743.00	100.00

资料来源：信托公司年报，用益信托工作室整理、制作。

（2）自营业务

华澳信托自营资产运用方式及投向如表 125 所示，资产运用方式中，货币资产规模占比最大，达 36.55%。资产分布领域中，金融机构为华澳信托自营资产的主要投资领域，其资金规模占比达 48.23%。

表 125　华澳信托自营资产运用方式及投向

单位：万元，%

资产运用	金额	占比	资产分布	金额	占比
货币资产	33896.00	36.55	基础产业	0	0.00
贷款及应收款	30000.00	32.35	工商企业	30000.00	32.35
可供出售金融资产	10839.00	11.69	金融机构	44735.00	48.23
其他	18010.00	19.42	其他	18010.00	19.42
资产总计	92745.00	100.00	资产总计	92745.00	100.00

资料来源：信托公司年报，用益信托工作室整理、制作。

3. 盈利状况

华澳信托 2012 年度共计实现营业收入 3.70 亿元，较上一年度增长 118.57%；营业支出为 2.05 亿元；净利润为 2.30 亿元。2012 年度华澳信托的净利润较行业均值少 3.30 亿元。

华澳信托 2012 年度人均净利润 123 万元，排名第 60 位；资本利润率为 18%，排名第 20 位；信托报酬率为 1.06%，排名第 30 位。

4. 理财状况

华澳信托 2012 年度共计实现信托项目收入 13.81 亿元，较上一年度增长 209.02%；信托项目营业支出为 2.46 亿元；信托项目净利润为 11.34 亿元。华

表 126　华澳信托各类信托项目收益率

单位：款，万元，%

项目类型	项目数		项目金额		收益率	
	2012 年	2011 年	2012 年	2011 年	2012 年	2011 年
集合类	12	1	562695	12000	8.98	8.65
单一类	3	3	80000	77900	8.16	6.86
财产管理类	0	0	0.00	0	0.00	0.00
合　计	15	4	642695	89900	8.88	7.10

资料来源：信托公司年报，用益信托工作室整理、制作。

澳信托2012年度净利润较行业均值差距较大。

华澳信托2012年度已清算的集合类信托项目的平均收益率为8.98%，已清算的单一类信托项目的平均收益率为8.16%。2012年度华澳信托所有项目的平均收益率为8.88%。

华澳信托2012年度新增主动管理型项目为28款，项目金额为70.90亿元，资金规模占比为61.73%，较2011年度略有下降。

表127　华澳信托主动管理型项目占比

单位：款，万元，%

项目类型	项目		金额		金额占比	
	2012年	2011年	2012年	2011年	2012年	2011年
主动管理型	28	21	709020.00	732396.88	61.73	72.90
被动管理型	21	5	439500.00	272300.00	38.27	27.10
合　计	49	26	1148520.00	1004696.88	100.00	100.00

资料来源：信托公司年报，用益信托工作室整理、制作。

5. 管理状况

2012年度华澳信托的第一大股东是北京融达投资有限公司，持股比例达50.01%。

从表128可以看出，2012年度华澳信托30~40岁的人员占比最大。

表128　华澳信托员工年龄分布

单位：人，%

项　目	2012年		2011年	
	人数	比例	人数	比例
30岁以下	45	35.71	32	40.51
30~40岁	63	50.00	38	48.10
40岁以上	18	14.29	9	11.39
合　计	126	100.00	79	100.00

资料来源：信托公司年报，用益信托工作室整理、制作。

从表129可以看出，2012年度华澳信托员工学历主要为本科，超过了一半，与2011年相比，硕士学历占比有所提升，向行业的主流趋势看齐。

表 129　华澳信托员工学历分布

单位：人，%

项　目	2012 年		2011 年	
	人数	比例	人数	比例
博　士	1	0.79	1	1.27
硕　士	49	38.89	29	36.71
本　科	73	57.94	45	56.96
专　科	3	2.38	4	5.06
其　他	0	0	0	0
合　计	126	100.00	79	100.00

资料来源：信托公司年报，用益信托工作室整理、制作。

2012 年度华澳信托的信托业务人员占比为 37.30%。

2012 年度华澳信托应付员工薪酬为 7586.32 万元，排名第 26 位，较上一年度增长 208.71%，员工平均薪酬为 60.21 万元。

2012 年末华澳信托资产总计 9.27 亿元，负债合计 1.79 亿元，资产负债率为 19.34%。

按照银监会《信托公司净资本管理办法》第十五条及第十六条的净资本管理指标规定，华澳信托基本达标。

表 130　华澳信托各项风险控制指标

单位：%，万元

项目	2012 年	2011 年
资产负债率	19.34	11.59
不良资产率		
风险准备金	3649	1337
净资产	74811	67213
净资本	57764	60180

资料来源：信托公司年报，用益信托工作室整理、制作。

二十一　华宝信托

1. 资产状况

根据年报显示，2012 年末，华宝信托注册资本为 20 亿元，较上年的 20

亿元没有变化。自营资产规模为48.64亿元，较2011年增长21.24%；信托资产规模总量为2125.32亿元，较上一年度增长278.89亿元。

2. 业务状况

（1）信托业务

截至2012年末，华宝信托新增集合类项目213款，金额为192.66亿元，排名第24位；单一类项目30款，金额为104.90亿元，排名第53位；财产管理类项目10款，金额为28.14亿元，排名第23位；合计项目数为253款，金额为325.7亿元。

另外，华宝信托共计实现信托业务收入6.20亿元，较上一年度增长100.53%。

华宝信托信托资产总计2125.32亿元。信托资产运用方式如表131所示，其中货币资产的资金占比最大，为51.09%。资产分布领域中，金融机构规模占比最高，达49.93%；其次是证券市场，占比为17.53%。

表131　华宝信托信托资产运用方式及投向

单位：万元，%

资产运用	金额	占比	资产分布	金额	占比
货币资产	10859114.66	51.09	基础产业	2729948.00	12.84
贷款及应收款	3193268.72	15.02	房地产	360226.42	1.69
交易性金融资产	3694358.26	17.38	证券市场	3726020.50	17.53
可供出售金融资产	2664604.51	12.54	工商企业	672701.97	3.17
长期股权投资	246756.12	1.16	金融机构	10611032.63	49.93
其他	595058.35	2.80	其他	3153231.10	14.84
信托资产总计	21253160.62	100.00	信托资产总计	21253160.62	100.00

资料来源：信托公司年报，用益信托工作室整理、制作。

（2）自营业务

华宝信托自营资产运用方式及投向如表132所示。资产运用方式中，可供出售金融资产资金规模占比最大，达54.19%。资产分布领域中，证券市场为华宝信托自营资产的主要投资领域，其资金规模占比高达56.20%。

表 132　华宝信托自营资产运用方式及投向

单位：万元，%

资产运用	金额	占比	资产分布	金额	占比
货币资产	62956.98	12.94	基础产业	0.00	0.00
贷款及应收款	2892.36	0.59	房地产	91.10	0.02
交易性金融资产	9779.58	2.01	证券市场	273373.49	56.20
可供出售金融资产	263593.91	54.19	工商企业	26900.00	5.53
长期股权投资	71960.29	14.79	金融机构	134917.26	27.74
其他	75222.28	15.46	其他	51123.55	10.51
资产总计	486405.40	100.00	资产总计	486405.40	100.00

资料来源：信托公司年报，用益信托工作室整理、制作。

3. 盈利状况

华宝信托 2012 年度共计实现营业收入 13.13 亿元，较上一年度增长 9.82%；营业支出为 6.34 亿元，较上一年度增长 12.12%；净利润 6.42 亿元，较上一年度增长 27.63%。2012 年度华宝信托的净利润高于行业平均水平。

华宝信托 2012 年度人均净利润为 298.07 万元，排名第 36 位；资本利润率为 15.70%，排名第 42 位；信托报酬率为 1.90%，排名第 7 位。从信托报酬率的排名来看，华宝信托盈利能力较强。

4. 理财状况

华宝信托 2012 年度共计实现信托项目收入 119.13 亿元，较上一年度增长 215.51%；信托项目营业支出为 7.52 亿元；信托项目净利润为 111.60 亿元。可见，华宝信托在 2012 年信托项目的盈利能力有了很大的提升，其净利润远远高于行业均值，信托项目理财能力较强。

表 133　华宝信托各类信托项目收益率

单位：款，万元，%

项目类型	项目数		项目金额		收益率	
	2012 年	2011 年	2012 年	2011 年	2012 年	2011 年
集合类	49	28	958991.46	373382.15	1.38	6.07
单一类	11	33	864607.14	3110575.9	4.57	4.42
财产管理类	0	2	0.00	421128.12	0.00	4.86
合　计	60	63	1823598.60	3905086.17	2.89	4.63

资料来源：信托公司年报，用益信托工作室整理、制作。

华宝信托 2012 年度已清算的集合类信托项目的平均收益率为 1. 38%，已清算的单一类信托项目的平均收益率为 4. 57%。2012 年度所有项目的平均收益率为 2. 89%。

华宝信托 2012 年度新增主动管理型项目为 215 款。与 2011 年相比，华宝信托的主动管理能力得到了明显提升，项目个数增加了 176 款。

表 134　华宝信托主动管理型项目占比

单位：款，万元，%

项目类型	项目		金额		金额占比	
	2012 年	2011 年	2012 年	2011 年	2012 年	2011 年
主动管理型	215	39	1911100. 71	1118804. 69	58. 68	7. 45
被动管理型	38	76	1345842. 8	13896795. 23	41. 32	92. 55
合　计	253	115	3256943. 51	15015599. 92	100. 00	100. 00

资料来源：信托公司年报，用益信托工作室整理、制作。

5. 管理状况

2012 年度华宝信托第一大股东为宝钢集团有限公司，持股比例达 98%。可见，华宝信托的股权高度集中，第一大股东处于绝对控股的地位。

从表 135 可以看出，2012 年度华宝信托员工年龄主要分布在 30 岁以下，与其他信托公司相比，年龄呈现年轻化趋势。

表 135　华宝信托员工年龄分布

单位：人，%

项　目	2012 年		2011 年	
	人数	比例	人数	比例
30 岁以下	107	45. 33	100	51. 28
30～40 岁	98	41. 53	66	33. 85
40 岁以上	31	13. 14	29	14. 87
合　计	236	100. 00	195	100. 00

资料来源：信托公司年报，用益信托工作室整理、制作。

从表 136 可以看出，2012 年度华宝信托员工学历分布主要集中为本科水平，与行业整体情况走势相反的是，其硕士占比有所下降，但整体波动不大。

表 136　华宝信托员工学历分布

单位：人，%

项　目	2012 年		2011 年	
	人数	比例	人数	比例
博　士	6	2.54	4	2.05
硕　士	103	43.64	90	46.15
本　科	117	49.58	90	46.15
专　科	4	1.69	5	2.56
其　他	6	2.54	6	3.08
合　计	236	100.00	195	100.00

资料来源：信托公司年报，用益信托工作室整理、制作。

2012 年度华宝信托有信托业务人员 132 人，占比 55.93%。

2012 年度华宝信托应付员工薪酬为 6664.31 万元，排名第 29 位，较上一年度增长 61.71%，员工平均薪酬为 28.24 万元。

2012 年末华宝信托资产总计 48.64 亿元，负债合计 14.76 亿元，资产负债率为 30.34%，不良资产合计 1439.53 万元，不良资产率为 1.06%。

表 137　华宝信托各项风险控制指标

单位：%，万元

项目	2012 年	2011 年
资产负债率	30.34	23.33
不良资产率	1.06	0.93
风险准备金	98150	74845
净资产	338828	307576
净资本	249204	258380

资料来源：信托公司年报，用益信托工作室整理、制作。

按照银监会《信托公司净资本管理办法》第十五条及第十六条的净资本管理指标规定，华宝信托基本达标。

二十二　华宸信托

1. 资产状况

根据年报显示，2012 年末，华宸信托注册资本为 5.72 亿元，较上年没有变化；自营资产规模为11.78亿元，较2011年减少了14.68%；信托资产规模总量为165.01亿元，较上一年度增长11.07亿元，幅度增长第61位，为7.19%。

2. 业务状况

（1）信托业务

截至2012年末，华宸信托新增集合类项目24款，金额为28.27亿元，排名第61位；单一类项目68款，金额为55.79亿元，排名第58位；财产管理类项目数为0；合计项目数为92款，金额为84.06亿元。

另外，华宸信托共计实现信托业务收入2.18亿元，较上一年度减少1.00%。

华宸信托信托资产总计165.01亿元。信托资产运用方式如表138所示，其中贷款占比最大，为50.58%。资产分布领域中，工商企业规模占比最高，达44.26%。

表138　华宸信托信托资产运用方式及投向

单位：万元，%

资产运用	金额	占比	资产分布	金额	占比
货币资产	49777.00	3.02	基础产业	246600.00	14.94
贷款	834615.00	50.58	房地产	315311.00	19.11
交易性金融资产	—	—	证券市场	18000.00	1.09
可供出售金融资产	—	—	工商企业	730382.00	44.26
长期股权投资	271700.00	16.47	金融机构	154305.00	9.35
其他	45124.00	2.73	其他	185523.00	11.24
信托资产总计	1650121.00	100.00	信托资产总计	1650121.00	100.00

资料来源：信托公司年报，用益信托工作室整理、制作。

（2）自营业务

华宸信托自营资产运用方式及投向如表139所示，资产运用方式中，可供出售金融资产资金规模占比最大，达43.78%。资产分布领域中，金融机构为华宸信托自营资产的主要投资领域，其资金规模占比达45.20%。

表 139　华宸信托自营资产运用方式及投向

单位：万元，%

资产运用	金额	占比	资产分布	金额	占比
货币资产	5555.00	4.72	基础产业	—	—
贷款及应收款	14528.00	12.34	证券市场	44848.00	38.08
可供出售金融资产	51568.00	43.78	工商企业	13500.00	11.46
长期股权投资	13257.00	11.26	金融机构	53232.00	45.20
其他	5169.00	4.39	其他	6197.00	5.26
资产总计	117777.00	100.00	资产总计	117777.00	100.00

资料来源：信托公司年报，用益信托工作室整理、制作。

3. 盈利状况

华宸信托 2012 年度共计实现营业收入 3.07 亿元，较上一年度增长 7.99%；营业支出为 9868.83 万元；净利润为 1.67 亿元。2012 年度华宸信托的净利润较行业均值少 3.93 亿元，差距较大。

华宸信托 2012 年度人均净利润为 155 万元，在所有的信托公司中排第 52 位；资本利润率为 18.34%，排第 32 位；信托报酬率为 1.32%，排名第 19 位。华宸信托信托报酬率在 2012 年有了很大的提升，盈利能力明显提高。

4. 理财状况

华宸信托 2012 年度共计实现信托项目收入 17.75 亿元，较上一年度增长 1.98%；信托项目营业支出为 2.61 亿元；信托项目净利润为 15.13 亿元。华宸信托 2012 年度净利润较行业均值差距较大，相差 44.44 亿元。

表 140　华宸信托各类信托项目收益率

单位：款，万元，%

项目类型	项目数		项目金额		收益率	
	2012 年	2011 年	2012 年	2011 年	2012 年	2011 年
集合类	19	14	179811.00	124557.00	10.16	8.33
单一类	32	38	531267.00	532424.30	8.76	7.14
财产管理类	0	2	0.00	0.00	0.00	0
合　计	51	52	711078.00	656981.30	9.11	7.37

资料来源：信托公司年报，用益信托工作室整理、制作。

华宸信托2012年度已清算的集合类信托项目的平均收益率为10.16%，已清算的单一类信托项目的平均收益率为8.76%。总体来看，2012年度所有项目的平均收益率为9.11%，较上年度7.37%的收益率明显增加。

华宸信托2012年度新增主动管理型项目为67款，项目金额为76.22亿元，资金规模占比为90.67%。与上年相比，华宸信托的主动管理能力有了很大的提升。

表141　华宸信托主动管理型项目占比

单位：款，万元，%

项目类型	项目		金额		金额占比	
	2012年	2011年	2012年	2011年	2012年	2011年
主动管理型	67	37	762228.28	398338.00	90.67	48.82
被动管理型	25	15	78415.00	417527.74	9.33	51.18
合　计	92	52	840643.28	815865.74	100.00	100.00

资料来源：信托公司年报，用益信托工作室整理、制作。

5. 管理状况

2012年度华宸信托的第一大股东为内蒙古国有资产监督管理委员会，持股比例达50.20%。

从表142可以看出，2012年度华宸信托的员工学历主要为本科，其次为硕士，与2011年相比，变化不大。

表142　华宸信托员工学历分布

单位：人，%

项　目	2012年		2011年	
	人数	比例	人数	比例
博　士	3	2.61	3	2.91
硕　士	34	29.57	23	22.33
本　科	47	40.87	45	43.69
专　科	17	14.78	17	16.50
其　他	14	12.17	15	14.56
合　计	115	100.00	103	100.00

资料来源：信托公司年报，用益信托工作室整理、制作。

2012 年度华宸信托应付员工薪酬为 3193. 20 万元，排名第 48 位，较上一年度增长 10. 75%，员工平均薪酬为 27. 77 万元。

2012 年末华宸信的负债合计 33769. 08 万元，资产负债率为 28. 67%，不良资产合计 300 万元，不良资产率为 0. 41%。

按照银监会《信托公司净资本管理办法》第十五条及第十六条的净资本管理指标规定，华宸信托基本达标。

表 143　华宸信托各项风险控制指标

单位：%，万元

项目	2012 年	2011 年
资产负债率	28. 67	29. 18
不良资产率	0. 41	0. 33
风险准备金	16255. 00	12920. 00
净资产	84007. 59	97754. 86
净资本	73109. 00	90345. 00

资料来源：信托公司年报，用益信托工作室整理、制作。

二十三　华能信托

1. 资产状况

根据年报显示，2012 年末，华能信托注册资本为 20 亿元，与 2011 年相比，没有变化；自营资产规模为 37. 28 亿元，较 2011 年增长 17. 86%；信托信托资产规模总量为 1736. 30 亿元，较上一年度增长 802. 80 亿元。

2. 业务状况

（1）信托业务

截至 2012 年末，华能信托新增集合类项目 29 款，金额为 450. 88 亿元，排名第 5 位；单一类项目 165 款，金额为 1032. 58 亿元，排名第 13 位；财产管理类项目数为 86 款，金额为 312. 13 亿元，排名第 4 位；合计项目数为 280 款，金额为 1795. 59 亿元。

另外，华能信托共计实现信托业务收入 5. 29 亿元，较上一年度增长 65. 75%。

华能信托的信托资产运用方式如表144所示，其中其他类资金占比最大，为44.25%。资产分布领域中，其他类规模占比最高，达37.42%。

表144　华能信托信托资产运用方式及投向

单位：万元，%

资产运用	金额	占比	资产分布	金额	占比
货币资产	200653.50	1.16	基础产业	5920913.00	34.10
贷款及应收款	7543989.39	43.45	房地产	1336353.97	7.70
交易性金融资产	3000.89	0.02	证券市场		0.00
可供出售金融资产	362004.68	2.08	工商企业	3348468.40	19.29
持有至到期投资	368400.00	2.12	金融机构	260690.00	1.50
长期股权投资	1201820.00	6.92	其他	6496604.30	37.42
其他	7683161.21	44.25			
信托资产总计	17363029.67	100.00	信托资产总计	17363029.67	100.00

资料来源：信托公司年报，用益信托工作室整理、制作。

（2）自营业务

华能信托自营资产运用方式及投向如表145所示，资产运用方式中，可供出售金融资产的资金规模占比最大，达69.85%。

表145　华能信托自营资产运用方式及投向

单位：万元，%

资产运用	金额	占比	资产分布	金额	占比
货币资产	14263.22	3.83	基础产业	0.00	0.00
贷款及应收款	56542.95	15.17	证券市场	22799.51	6.12
交易性金融资产	27970.54	7.50	工商企业	0.00	0.00
可供出售金融资产	260388.05	69.85	金融机构	279822.30	75.06
其他	13642.70	3.66	其他	70185.65	18.83
资产总计	372807.46	100.00	资产总计	372807.46	100.00

资料来源：信托公司年报，用益信托工作室整理、制作。

3. 盈利状况

华能信托 2012 年度共计实现营业收入 11.64 亿元，较上一年度增长 59.36%；营业支出为 3.57 亿元；净利润 6.02 亿元。2012 年度华能信托的净利润高于行业整体水平。

华能信托 2012 年度人均净利润 428.99 万元，在所有的信托公司中排名第 19 位，较上一年度增长 25.62%；资本利润率为 19.21%，排名第 28 位；信托报酬率为 0.75%，排名第 42 位。华能信托的信托报酬率低于行业平均水平，盈利能力较弱。

4. 理财状况

华能信托 2012 年度共计实现信托项目收入 129.60 亿元，较上一年度增长 200.52%；信托项目营业支出为 16.22 亿元；信托项目净利润为 113.38 亿元。华能信托 2012 年度的净利润远高于行业均值，信托项目理财能力较强。

华能信托 2012 年度已清算的集合类信托项目的平均收益率为 11.00%；已清算的单一类信托项目的平均收益率为 4.70%；财产管理类 20 款，项目金额为 32.97 亿元。总体来讲，2012 年度所有项目的平均收益率为 7.32%，较上年度 8.08% 的收益率小幅下降。

表 146　华能信托各类信托项目收益率

单位：款，万元，%

项目类型	项目数		项目金额		收益率	
	2012 年	2011 年	2012 年	2011 年	2012 年	2011 年
集合类	74	58	4095561.54	725500.00	11.00	9.07
单一类	134	105	5580011.65	3941100.00	4.70	7.09
财产管理类	20	0	329682.50	0.00	6.00	0
合　计	228	63	10005255.69	4666600.00	7.32	8.08

资料来源：信托公司年报，用益信托工作室整理、制作。

华能信托 2012 年度新增主动管理型项目为 280 款，占比为 100%。华能信托 2012 年信托项目全部以主动管理型为主，主动管理能力较强。

表 147　华能信托主动管理型项目占比

单位：款，万元，%

项目类型	项目		金额		金额占比	
	2012 年	2011 年	2012 年	2011 年	2012 年	2011 年
主动管理型	280	306	17955881. 22	9799592. 58	100. 00	100. 00
被动管理型	0	10	0. 00	0. 00	0. 00	0. 00
合　计	280	306	17955881. 22	9799592. 58	100. 00	100. 00

资料来源：信托公司年报，用益信托工作室整理、制作。

5. 管理状况

2012 年度华能信托的第一大股东主要是华能资本服务有限公司，持股比例达 66. 56%。

从表 148 可以看出，2012 年度华能信托 30 ~40 岁的人员占比最大，而 30 岁以下的员工占比大幅上升。

表 148　华能信托员工年龄分布

单位：人，%

项　目	2012 年		2011 年	
	人数	比例	人数	比例
30 岁以下	43	28. 86	15	15. 79
30 ~40 岁	60	40. 27	41	43. 16
40 岁以上	46	30. 87	39	41. 05
合　计	149	100. 00	95	100. 00

资料来源：信托公司年报，用益信托工作室整理、制作。

从表 149 可以看出，2012 年度华能信托员工学历中硕士的占比仅次于本科。与 2011 年相比，硕士比例明显提升，员工的整体素质有了提高。

2012 年度华能信托有信托业务人员 88 人，占比 59. 06%。

2012 年度华能信托应付员工薪酬为 22264. 61 万元，排名第 7 位，较上一年度增长 94. 99%，员工平均薪酬为 149. 43 万元。

2012 年末华能信托的负债合计 4. 78 亿元，资产负债率为 12. 81%，不良

表 149　华能信托员工学历分布

单位：人，%

项　目	2012 年		2011 年	
	人数	比例	人数	比例
博　士	3	2.01	1	1.05
硕　士	62	41.61	34	35.79
本　科	78	52.35	56	58.95
专　科	6	4.03	4	4.21
其　他				
合　计	149	100.00	95	100.00

资料来源：信托公司年报，用益信托工作室整理、制作。

资产合计 5647.17 万元，不良资产率为 7.37%。

按照银监会《信托公司净资本管理办法》第十五条及第十六条的净资本管理指标规定，华能信托基本达标。

表 150　华能信托各项风险控制指标

单位：%，万元

项目	2012 年	2011 年
资产负债率	12.81	7.12
不良资产率	7.37	3.82
风险准备金	28662	11071
净资产	325056	293808
净资本	244780	284129

资料来源：信托公司年报，用益信托工作室整理、制作。

二十四　华融信托

1. 资产状况

根据年报显示，2012 年末，华融信托注册资本为 15.18 亿元，较上年没有变化；自营资产规模为 30.93 亿元，较 2011 年增长 19.89%；信托信托资产规模总量为 710.18 亿元，较上一年度增长 229.06 亿元。

2. 业务状况

（1）信托业务

截至2012年末，华融信托新增集合类项目74款，金额为281.49亿元，排名第14位；单一类项目31款，金额为125.85亿元，排名第48位；财产管理类项目4款，金额为23.01亿元，排名第28位；合计项目数为109款，金额为430.35亿元。

另外，华融信托共计实现信托业务收入15.13亿元，较上一年度增长20.48%。

华融信托信托资产总计710.18亿元。信托资产运用方式如表151所示，其中，其他类资金占比最大，为34.37%。

表151　华融信托信托资产运用方式及投向

单位：万元，%

资产运用	金额	占比	资产分布	金额	占比
货币资产	147106.49	2.07	基础产业	1690454.00	23.80
贷款	2024741.00	28.51	房地产	676248.12	9.52
交易性金融资产	170488.83	2.40	证券市场	837201.49	11.79
可供出售金融资产	268200.00	3.78	工商企业	3058571.36	43.07
持有至到期投资	453363.90	6.38	金融机构	396185.03	5.58
长期股权投资	1596667.25	22.48	其他	443112.58	6.24
其他	2441205.11	34.37			
信托资产总计	7101772.58	100.00	信托资产总计	7101772.58	100.00

资料来源：信托公司年报，用益信托工作室整理、制作。

（2）自营业务

华融信托自营资产运用方式及投向如表152所示，资产运用方式中，持有至到期投资的资金规模占比最大，达42.37%。资产分布领域中，金融机构为华融信托自营资产的主要投资领域，资金规模占比达55.60%。

表 152　华融信托自营资产运用方式及投向

单位：万元，%

资产运用	金额	占比	资产分布	金额	占比
货币资产	40841.98	13.20	基础产业	—	0.00
贷款及应收款	2312.76	0.75	房地产	—	0.00
可供出售金融资产	124486.96	40.25	证券市场	124486.96	40.25
持有至到期投资	131055.19	42.37	工商企业	—	0.00
长期股权投资	236.96	0.08	金融机构	171980.66	55.60
其他	10369.97	3.35	其他	12836.20	4.15
资产总计	309303.82	100.00	资产总计	309303.82	100.00

资料来源：信托公司年报，用益信托工作室整理、制作。

3. 盈利状况

华融信托 2012 年度共计实现营业收入 16.79 亿元，较上一年度增长 17.54%；营业支出为 8.05 亿元，较上一年度增长 10.12%；净利润为 6.52 亿元，较上一年度增长 26.97%。2012 年度华融信托的净利润高于行业整体水平。

华融信托 2012 年度人均净利润 446.45 万元，排名第 18 位；资本利润率为 24.89%，排名第 17 位；信托报酬率为 3.51%，排名第 1 位。

4. 理财状况

华融信托 2012 年度共计实现信托项目收入 54.88 亿元，较上一年度增长 24.10%；信托项目营业支出为 12.10 亿元；信托项目净利润为 42.77 亿元。2012 年度华融信托信托净利润低于行业平均水平。

华融信托 2012 年度已清算的集合类信托项目的平均收益率为 8.32%，已清算的单一类信托项目的平均收益率为 6.08%。2012 年度所有项目的平均收益率为 6.76%。

表 153　华融信托各类信托项目收益率

单位：款，万元，%

项目类型	项目数		项目金额		收益率	
	2012 年	2011 年	2012 年	2011 年	2012 年	2011 年
集合类	28	22	736116.77	589735.00	8.32	8.63
单一类	52	144	1679114.00	3367645.37	6.08	5.34
财产管理类	0	4	—	72339.93	0.00	11.94
合　计	80	170	2415230.77	4029720.30	6.76	5.94

资料来源：信托公司年报，用益信托工作室整理、制作。

华融信托2012年度新增主动管理型项目为100款。在行业整体向主动管理能力转型之际，华融信托2012年的主动管理型项目金额占比却低于2011年。

表154　华融信托主动管理型项目占比

单位：款，万元，%

项目类型	项目		金额		金额占比	
	2012年	2011年	2012年	2011年	2012年	2011年
主动管理型	100	138	3572513.56	3190453.13	83.01	97.60
被动管理型	9	3	731000.00	78500.00	16.99	2.40
合　计	109	141	4303513.56	3268953.13	100.00	100.00

资料来源：信托公司年报，用益信托工作室整理、制作。

5. 管理状况

2012年度华融信托的第一大股东是中国华融资产管理股份有限公司，持股比例达97.50%。可见，第一大股东处于绝对控股地位，股权高度集中。

从表155可以看出，2012年度华融信托30岁以下人员的占比提升较大，也是整个年龄层级占比最大的。

表155　华融信托员工年龄分布

单位：人，%

项　目	2012年		2011年	
	人数	比例	人数	比例
30岁以下	74	44.15	36	29.26
30~40岁	63	37.50	53	43.09
40岁以上	31	18.45	34	27.64
合　计	168	100.00	123	100.00

资料来源：信托公司年报，用益信托工作室整理、制作。

从表156可以看出，2012年度华融信托员工学历中硕士的占比最大。

2012年度华融信托有信托业务人员85人，占比50.6%。

2012年度华融信托应付员工薪酬为1.12亿元，排名第14位，较上一年度增长52.92%，员工平均薪酬为66.67万元。

表156　华融信托员工学历分布

单位：人，%

项　目	2012年		2011年	
	人数	比例	人数	比例
博　士	4	2.38	6	4.88
硕　士	95	56.55	69	56.10
本　科	58	34.52	36	29.27
专　科	11	6.55	12	9.76
合　计	168	100.00	123	100.00

资料来源：信托公司年报，用益信托工作室整理、制作。

2012年末华融信托的负债合计22826.83万元，资产负债率为7.38%。不良资产合计123.66万元，不良资产率为0.25%。

按照银监会《信托公司净资本管理办法》第十五条及第十六条的净资本管理指标规定，华融信托基本达标。

表157　华融信托各项风险控制指标

单位：%，万元

项目	2012年	2011年
资产负债率	7.38	8.04
不良资产率	0.25	0.15
风险准备金	50416	37380
净资产	286477	237232
净资本	256300	199075

资料来源：信托公司年报，用益信托工作室整理、制作。

二十五　华润信托

1. 资产状况

根据年报显示，2012年末，华润信托注册资本为26.30亿元，较上年没有变化；自营资产规模为119.30亿元，较2011年的101.56亿元，增长17.5%；信托资产规模总量为1865.19亿元，较上一年度增长601.12亿元。

2. 业务状况

（1）信托业务

截至2012年末，华润信托新增集合类项目71款，金额为254.66亿元，排名第16位；单一类项目187款，金额为1163.04亿元，排名第7位；合计项目数为258款，金额为1417.7亿元。

另外，华润信托共计实现信托业务收入11.66亿元，较上一年度增长66.53%。

华润信托信托资产总计1865.19亿元。信托资产运用方式如表158所示，其中贷款及应收款的资金占比最大，为54.21%。资产分布领域中，证券市场占比最高，达19.72%。

表158　华润信托信托资产运用方式及投向

单位：万元，%

资产运用	金额	占比	资产分布	金额	占比
货币资产	1234040.65	6.62	基础产业	3389411.81	18.17
贷款及应收款	10111458.80	54.21	房地产	3469641.85	18.60
交易性金融资产	3964013.31	21.25	证券市场	3677771.54	19.72
可供出售金融资产	1364206.81	7.31	工商企业	2922971.58	15.67
持有至到期投资	—	—	金融机构	1749292.02	9.38
长期股权投资	1073302.67	5.57	其他	3442833.44	18.46
信托资产总计	18651922.24	100.00	信托资产总计	18651922.24	100.00

资料来源：信托公司年报，用益信托工作室整理、制作。

（2）自营业务

华润信托自营资产运用方式及投向如表159所示，资产运用方式中，长期股权投资的资金规模占比最大，达49.29%。资产分布领域中，金融机构为华润信托自营资产的主要投资领域，资金规模占比达58.14%。

表 159　华润信托自营资产运用方式及投向

单位：万元，%

资产运用	金额	占比	资产分布	金额	占比
货币资产	105584.05	8.85	基础产业	—	0.00
贷款及应收款	63085.07	5.29	房地产	—	0.00
可供出售金融资产	416779.50	34.94	证券市场	61627.38	5.17
持有至到期投资	991.00	0.08	金融机构	693626.82	58.14
长期股权投资	588045.40	49.29	其他	437700.21	36.69
其他	18469.39	1.55			
资产总计	1192954.41	100.00	资产总计	1192954.41	100.00

资料来源：信托公司年报，用益信托工作室整理、制作。

3. 盈利状况

华润信托 2012 年度共计实现营业收入 4.24 亿元，较上一年度增长 125.90%；营业支出为 1.20 亿元；净利润为 2.30 亿元。2012 年度华润信托的净利润较行业均值少 3.30 亿元。

华润信托 2012 年度人均净利润为 554.66 万元，排名第 10 位，较上一年度下降 15.69%；资本利润率为 14.20%，排名第 45 位；信托报酬率为 0.89%，排名第 34 位。

4. 理财状况

华润信托 2012 年度共计实现信托项目收入 129.08 亿元，较上一年度增长 2538.69%；信托项目营业支出为 21.43 亿元；信托项目净利润为 107.65 亿元。华润信托 2012 年度净利润高于行业均值近一倍。

表 160　华润信托各类信托项目收益率

单位：款，万元，%

项目类型	项目数		项目金额		收益率	
	2012 年	2011 年	2012 年	2011 年	2012 年	2011 年
集合类	54	28	1094551.59	375678.78	8.91	8.84
单一类	69	25	2464307.95	1047666.7	7.78	5.59
财产管理类	0	0	0.00	0.00	0.00	0.00
合　计	123	53	3558859.54	1423345.48	8.13	6.45

资料来源：信托公司年报，用益信托工作室整理、制作。

华润信托2012年度已清算的集合类信托项目的平均收益率为8.91%，已清算的单一类信托项目的平均收益率为7.78%。2012年度所有项目的平均收益率为8.13%。

华润信托2012年度新增主动管理型项目为257款，项目金额为1266.54亿元，资金规模占比为89.34%。

表161　华润信托主动管理型项目占比

单位：款，万元，%

项目类型	项目		金额		金额占比	
	2012年	2011年	2012年	2011年	2012年	2011年
主动管理型	257	158	12665352	7153805	89.34	92.50
被动管理型	1	1	1511709	580000	10.66	7.50
合　计	258	159	14177061	7733805	100.00	100.00

资料来源：信托公司年报，用益信托工作室整理、制作。

5. 管理状况

2012年度华润信托的第一大股东为华润股份有限公司，持股比例达51%。

从表162可以看出，2012年度华润信托30~40岁的人员占比提升较大，且在整个年龄层级中占比较大，而30岁以下人员占比有所下降。

表162　华润信托员工年龄分布

单位：人，%

项　目	2012年		2011年	
	人数	比例	人数	比例
30岁以下	123	43.62	115	56.37
30~40岁	106	37.59	59	28.92
40岁以上	53	18.79	30	14.71
合　计	282	100.00	204	100.00

资料来源：信托公司年报，用益信托工作室整理、制作。

从表163可以看出，2012年度华润信托员工学历中硕士占比最大，其次是本科学历，可见华润信托的员工素质有所提升。

2012年度华润信托的信托业务人员占比62.77%。

2012年度华润信托应付员工薪酬为3.04亿元，排名第5位，员工平均薪

表163　华润信托员工学历分布

单位：人，%

项　目	2012年		2011年	
	人数	比例	人数	比例
博　士	8	2.83	8	3.93
硕　士	153	54.26	102	50.00
本　科	95	33.69	69	33.82
专　科	20	7.09	20	9.80
其　他	6	2.13	5	2.45
合　计	282	100.00	204	100.00

资料来源：信托公司年报，用益信托工作室整理、制作。

酬为107.8万元。

2012年末华润信托的负债合计17.74亿元，资产负债率为14.87%。不良资产合计3473.03万元，不良资产率为0.92%。

按照银监会《信托公司净资本管理办法》第十五条及第十六条的净资本管理指标规定，华润信托基本达标。

表164　华润信托各项风险控制指标

单位：%，万元

项目	2012年	2011年
资产负债率	14.87	13.36
不良资产率	0.92	0.90
风险准备金	157708.00	115240.00
净资产	1015545.85	879961.64
净资本	855830.00	583197.00

资料来源：信托公司年报，用益信托工作室整理、制作。

二十六　华鑫信托

1. 资产状况

根据年报显示，2012年末，华鑫信托注册资本为22亿元，较上年增加了10亿元，增幅为83.33%；自营资产规模为29.32亿元，较2011年增长113.17%；信托资产规模总量为855.73亿元，较上一年度增长297.83亿元。

2. 业务状况

（1）信托业务

截至2012年末，华鑫信托新增集合类项目64款，单一类项目206款，财产管理类项目2款，合计项目数为272款。

另外，华鑫信托共计实现信托业务收入5.18亿元，较上一年度增长97.03%。

华鑫信托信托的信托资产运用方式如表165所示，贷款及应收款的资金占比最大，为42.81%。资产分布领域中，工商企业规模占比最高，达45.47%。

表165 华鑫信托信托资产运用方式及投向

单位：万元，%

资产运用	金额	占比	资产分布	金额	占比
货币资产	418045.86	4.89	基础产业	1136377.03	13.28
贷款及应收款	3663570.70	42.81	房地产	674960.65	7.89
交易性金融资产	168742.57	1.97	证券市场	384984.67	4.50
可供出售金融资产	156180.00	1.83	工商企业	3890729.72	45.47
持有至到期投资	2721461.20	31.80	金融机构	836637.37	9.78
长期股权投资	533242.73	6.23	其他	1633594.66	19.09
其他	896041.04	10.47			
信托资产总计	8557284.10	100.00	信托资产总计	8557284.10	100.00

资料来源：信托公司年报，用益信托工作室整理、制作。

（2）自营业务

华鑫信托自营资产运用方式及投向如表166所示，资产运用方式中，可供出售金融资产资金规模占比最大，达47.08%。资产分布领域中，证券市场为华鑫信托自营资产的主要投资领域，资金规模占比达47.04%。

表166 华鑫信托自营资产运用方式及投向

单位：万元，%

资产运用	金额	占比	资产分布	金额	占比
货币资产	874.02	0.30	基础产业	60000.00	20.46
贷款及应收款	108300.51	36.93	房地产	15006.71	5.12
可供出售金融资产	138048.14	47.08	证券市场	137932.98	47.04
持有至到期投资	43975.80	15.00	工商企业	35000.00	11.94
其他	2035.24	0.69	金融机构	45294.02	15.45
资产总计	293233.71	100.00	资产总计	293233.71	100.00

资料来源：信托公司年报，用益信托工作室整理、制作。

3. 盈利状况

华鑫信托 2012 年度共计实现营业收入 7.34 亿元，较上一年度增长 106.97%；营业支出为 2.03 亿元，较上一年度增长 53.93%；净利润为 3.87 亿元，较上一年度增长 97.39%。2012 年度华鑫信托的净利润低于行业均值。

华鑫信托 2012 年度人均净利润为 368.37 万元，排名第 31 位；资本利润率为 20.22%，排名第 26 位；信托报酬率为 0.61%，排名第 45 位。华鑫信托的信托报酬率低于行业平均水平。

4. 理财状况

华鑫信托 2012 年度共计实现信托项目收入 58.31 亿元，较上一年度增长 412.05%；信托项目营业支出 9.20 亿元，较上一年度增长 238.49%；信托项目净利润为 49.11 亿元，较上一年度增长 466.50%。华鑫信托 2012 年度净利润低于行业平均水平。

华鑫信托 2012 年度已清算的集合类信托项目的平均收益率为 5.81%，已清算的单一类信托项目的平均收益率为 7.53%。2012 年度所有项目的平均收益率为 7.20%。

表 167　华鑫信托各类信托项目收益率

单位：款，万元，%

项目类型	项目数		项目金额		收益率	
	2012 年	2011 年	2012 年	2011 年	2012 年	2011 年
集合类	33	4	745040.00	38247.00	5.81	1.35
单一类	51	9	3084269.25	730632.40	7.53	5.51
财产管理类	0	0	0.00	58000.00	0.00	0.00
合　计	84	13	3829309.25	768879.40	7.20	5.17

资料来源：信托公司年报，用益信托工作室整理、制作。

华鑫信托 2012 年度新增主动管理型项目为 248 款，被动管理型项目为 24 款，合计 272 款。

5. 管理状况

2012 年度华鑫信托的第一大股东中国华电集团公司，持股比例达 51%。

从表168可以看出，2012年度华鑫信托30～40岁的人员占比提升较大，且在整个年龄层级中占比最大。

表168　华鑫信托员工年龄分布

单位：人，%

项　目	2012年		2011年	
	人数	比例	人数	比例
30岁以下	35	29.66	30	34.49
30～40岁	67	56.78	47	54.02
40岁以上	16	13.56	10	11.49
合　计	118	100.00	87	100.00

资料来源：信托公司年报，用益信托工作室整理、制作。

从表169可以看出，2012年度华鑫信托员工学历中硕士占比最大，超过一半以上，其次是本科。由此看来，华鑫信托员工的整体素质较高。

表169　华鑫信托员工学历分布

单位：人，%

项　目	2012年		2011年	
	人数	比例	人数	比例
博　士	3	2.54	3	3.45
硕　士	69	58.47	53	60.92
本　科	42	35.59	27	31.03
专　科	4	3.39	4	4.60
合　计	118	100.00	87	100.00

资料来源：信托公司年报，用益信托工作室整理、制作。

2012年度华鑫信托的信托业务人员占比43.22%。

2012年末华鑫信托的负债合计3.38亿元，资产负债率为11.52%。

按照银监会《信托公司净资本管理办法》第十五条及第十六条的净资本管理指标规定，华鑫信托基本达标。

表 170 华鑫信托各项风险控制指标

单位：%，万元

项目	2012 年	2011 年
资产负债率	11.52	10.51
不良资产率	0.00	0.00
风险准备金	12737	621
净资产	259458.20	123105.97
净资本	223384	62611

资料来源：信托公司年报，用益信托工作室整理、制作。

二十七 华信信托

1. 资产状况

根据年报显示，2012 年末，华信信托注册资本为 30 亿元，较上年的 20.57 亿元增长了 45.84%；华信信托自营资产规模为 56.89 亿元，较 2011 年增长 53.08%；信托资产规模总量为 564.39 亿元，较上一年度增长 135.86 亿元。

2. 业务状况

（1）信托业务

截至 2012 年末，华信信托新增集合类项目 135 款，金额为 154.80 亿元，排名第 28 位；单一类项目 258 款，金额为 207.24 亿元，排名第 42 位；合计项目数为 393 款，金额为 362.04 亿元。

表 171 华信信托信托资产运用方式及投向

单位：万元，%

资产运用	金额	占比	资产分布	金额	占比
货币资产	166019.44	2.94	基础产业	1986506.00	35.20
贷款	2661676.00	47.16	房地产	868952.00	15.40
交易性金融资产	238285.71	4.22	证券市场	293571.61	5.20
持有至到期投资	2423325.00	42.94	工商企业	1468447.50	26.02
长期股权投资	109269.50	1.94	金融机构	41289.00	0.73
其他	4793.72	0.08	其他	985173.67	17.46
信托资产总计	5643939.78	100.00	信托资产总计	5643939.78	100.00

资料来源：信托公司年报，用益信托工作室整理、制作。

另外，华信信托共计实现信托业务收入7.82亿元，较上一年度增长51.32%。

华信信托信托资产总计564.39亿元。信托资产运用方式如表171所示，贷款资金占比最大，为47.16%。资产分布领域中，基础产业规模占比最高，达35.20%，说明华信信托的信托资金主要投向基础产业。

（2）自营业务

华信信托自营资产运用方式及投向如表172所示，资产运用方式中，可供出售金融资产资金规模占比最大，达47.66%。资产分布领域中，证券市场为华信信托自营资产的主要投资领域，资金规模占比高达60.76%。

表172　华信信托自营资产运用方式及投向

单位：万元，%

资产运用	金额	占比	资产分布	金额	占比
货币资产	11251.93	1.98	基础产业		
贷款及应收款	46231.30	8.13	证券市场	345697.97	60.76
可供出售金融资产	271187.23	47.66	金融机构	170400.42	29.95
长期股权投资	159148.49	27.79	其他	52896.14	9.30
其他	81175.58	14.27			
资产总计	568994.53	100.00	资产总计	568994.53	100.00

资料来源：信托公司年报，用益信托工作室整理、制作。

3. 盈利状况

华信信托2012年度共计实现营业收入11.79亿元，较上一年度增长62.58%；营业支出为1.60亿元，较上一年度增长36.71%；净利润为7.88亿元，较上一年度增长67.51%。2012年度华信信托的净利润高于行业平均水平。

华信信托2012年度人均净利润为574.83万元，在所有的信托公司中排名第9位；资本利润率为20.40%，排名第25位；信托报酬率为1.88%，排名第8位。

4. 理财状况

华信信托2012年度共计实现信托项目收入54.88亿元，较上一年度增长24.10%；信托项目营业支出10.13亿元；信托项目净利润为42.77亿元。华信信托 2012 年度净利润低于行业均值。

华信信托 2012 年度已清算的集合类信托项目的平均收益率为 6. 93% ，已清算的单一类信托项目的平均收益率为 6. 68% 。2012 年度所有项目的平均收益率为 6. 74% 。

表 173　华信信托各类信托项目收益率

单位：款，万元，%

项目类型	项目数		项目金额		收益率	
	2012 年	2011 年	2012 年	2011 年	2012 年	2011 年
集合类	73	19	702595. 00	221253. 00	6. 93	7. 28
单一类	140	115	1782094. 5	1354697. 14	6. 68	5. 49
财产管理类	1	1	50000. 00	30000. 00	6. 01	6. 15
合　计	214	135	2534689. 50	1605950. 14	6. 74	5. 75

资料来源：信托公司年报，用益信托工作室整理、制作。

华信信托 2012 年度新增主动管理型项目为 393 款，资金规模占比为 100% 。

表 174　华信信托主动管理型项目占比

单位：款，万元，%

项目类型	项目		金额		金额占比	
	2012 年	2011 年	2012 年	2011 年	2012 年	2011 年
主动管理型	393	230	3620455. 38	2169309. 78	100. 00	100. 00
被动管理型	0	0	0	0	0	0
合　计	390	230	3620455. 38	2169309. 78	100. 00	100. 00

资料来源：信托公司年报，用益信托工作室整理、制作。

5. 管理状况

2012 年度华信信托第一大股东为华信汇通集团有限公司，持股比例达 56% 。

从表 175 可以看出，2012 年度华信信托 30 ~ 40 岁的人员占比提升较大，而 30 岁以下的人员占比下降较多。

表 175　华信信托员工年龄分布

单位：人，%

项　目	2012 年		2011 年	
	人数	比例	人数	比例
30 岁以下	69	45.39	66	53.66
30 ~ 40 岁	61	40.13	38	30.89
40 岁以上	22	14.47	19	15.45
合　计	152	100.00	123	100.00

资料来源：信托公司年报，用益信托工作室整理、制作。

从表 176 可以看出，2012 年度华信信托员工学历中硕士比例提升较大。由此看来，华信信托员工的整体素质较高。

表 176　华信信托员工学历分布

单位：人，%

项　目	2012 年		2011 年	
	人数	比例	人数	比例
博　士	0	0.00	0	0.00
硕　士	89	58.55	66	53.66
本　科	59	38.82	53	43.09
专　科	4	2.63	4	3.25
其　他	0	0.00	0	0.00
合　计	152	100.00	123	100.00

资料来源：信托公司年报，用益信托工作室整理、制作。

2012 年度华信信托的信托业务人员占比 63.82%。

2012 年度华信信托应付员工薪酬为 3162.99 万元，排名第 49 位，员工平均薪酬为 20.81 万元。

2012 年末华信信托的负债合计 2.16 亿元，资产负债率为 3.80%。

按照银监会《信托公司净资本管理办法》第十五条及第十六条的净资本管理指标规定，华信信托基本达标。

表 177　华信信托各项风险控制指标

单位：%，万元

项目	2012 年	2011 年
资产负债率	3.80	2.88
不良资产率	0.00	0.00
风险准备金	54206.00	37458.00
净资产	547358.95	360981.96
净资本	498067.00	271812.00

资料来源：信托公司年报，用益信托工作室整理、制作。

二十八　吉林信托

1. 资产状况

根据年报显示，2012 年末，吉林信托注册资本为 15.96 亿元，较上年没有变化。自营资产规模为 50.41 亿元，较 2011 年的 27.58 亿元，增长 82.8%；信托资产规模总量为 449.86 亿元，较上一年度减少 180 亿元。

2. 业务状况

（1）信托业务

截至 2012 年末，吉林信托新增集合类项目 28 款，金额为 61 亿元，排名第 56 位；单一类项目 38 款，金额为 113.79 亿元，排名第 52 位；财产管理类项目数为 1 款，金额为 7.90 亿元，排名第 37 位；合计项目数为 67 款，金额为 182.69 亿元。

表 178　吉林信托信托资产运用方式及投向

单位：万元，%

资产运用	金额	占比	资产分布	金额	占比
货币资产	25243.64	0.56	基础产业		
贷款及应收款	886017.49	19.70	房地产		
交易性金融资产	4939.37	0.11	证券市场		
持有至到期投资	2380745.00	52.92	工商企业		
长期股权投资	772758.25	17.18	金融机构		
其他	373465.00	8.30	其他		
信托资产总计	4498578.75	100.00	信托资产总计	4498578.75	100.00

资料来源：信托公司年报，用益信托工作室整理、制作。

另外，吉林信托共计实现信托业务收入5.26亿元，较上一年度减少了7.92%。

吉林信托信托资产总计449.86亿元。信托资产运用方式如表178所示，其中持有至到期投资资金占比最大，为52.92%。

（2）自营业务

吉林信托自营资产运用方式及投向如表179所示，资产运用方式中，可供出售金融资产的资金规模占比最大，达31.17%。

表179　吉林信托自营资产运用方式及投向

单位：万元，%

资产运用	金额	占比	资产分布	金额	占比
货币资产	127666.19	25.32	基础产业		
贷款及应收款	33850.60	6.71	房地产		
交易性金融资产	11146.36	2.21	证券市场		
可供出售金融资产	157149.27	31.17	工商企业		
长期股权投资	74039.64	14.69	金融机构		
资产总计	504114.32	100.00	资产总计	504114.32	100.00

资料来源：信托公司年报，用益信托工作室整理、制作。

3. 盈利状况

吉林信托2012年度共计实现营业收入8.86亿元，较上一年度增长25.45%；营业支出为6.18亿元；净利润为2.66亿元。2012年度吉林信托的净利润较行业均值少2.94亿元。

吉林信托2012年度人均净利润为66.57万元，在所有的信托公司中排名第64位；资本利润率为8.98%，排名第62位；信托报酬率为2.88%，排名第2位。

4. 理财状况

吉林信托2012年度共计实现信托项目收入60.74亿元，较上一年度增长42.99%；信托项目营业支出9.48亿元，较上一年度增长6.97%；信托项目净利润为51.27亿元，较上一年度增长52.48%。吉林信托2012年度净利润低于行业整体平均水平。

吉林信托2012年度已清算的集合类信托项目的平均收益率为8.39%，已清算的单一类信托项的平均收益率为8.25%。

表180　吉林信托各类信托项目收益率

单位：款，万元，%

项目类型	项目数		项目金额		收益率	
	2012年	2011年	2012年	2011年	2012年	2011年
集合类	93	22	1422369	413412	8.39	7.19
单一类	68	144	2094598	3733706	8.25	5.52
财产管理类	3	—	15903	—	7.12	0.00
合　计	164	166	3532870.00	250664.20	8.30	5.69

资料来源：信托公司年报，用益信托工作室整理、制作。

吉林信托2012年度新增主动管理型项目为62款，项目金额为165.74亿元，资金规模占比为90.72%。与2011年相比，主动管理型项日人幅下降。在信托公司中这种现象并不多见，可能是由于2012年吉林信托内部进行了一些调整。

表181　吉林信托主动管理型项目占比

单位：款，万元，%

项目类型	项目		金额		金额占比	
	2012年	2011年	2012年	2011年	2012年	2011年
主动管理型	62	267	1657360	5723233	90.72	100.00
被动管理型	5	0	169520	0.00	9.28	0.00
合　计	67	267	1826880	5723233	100.00	100.00

资料来源：信托公司年报，用益信托工作室整理、制作。

5. 管理状况

2012年度吉林信托的第一大股东为吉林省财政厅，持股比例达97.50%。

从表182可以看出，2012年度吉林信托30岁以下人员占比最大。与2011年相比，吉林信托人员年龄分布整体波动不大，处于较平稳状态。

表 182　吉林信托员工年龄分布

单位：人，%

项　目	2012 年		2011 年	
	人数	比例	人数	比例
30 岁以下	73	44.51	81	43.55
30～40 岁	37	22.56	51	27.42
40 岁以上	54	32.93	54	29.03
合　计	164	100.00	186	100.00

资料来源：信托公司年报，用益信托工作室整理、制作。

从表 183 可以看出，2012 年度吉林信托员工学历以本科为主，硕士比例有所下降，其他学历分布变化不大。与行业整体硕士比例提升相比，吉林信托员工素质有待提高。

表 183　吉林信托员工学历分布

单位：人，%

项　目	2012 年		2011 年	
	人数	比例	人数	比例
博　士	13	7.93	16	8.60
硕　士	30	18.29	39	20.97
本　科	100	60.98	110	59.14
专　科	14	8.54	14	7.53
其　他	7	4.27	7	3.76
合　计	164	100.00	186	100.00

资料来源：信托公司年报，用益信托工作室整理、制作。

2012 年度吉林信托的信托业务人员占比 48.17%。

2012 年度吉林信托应付员工薪酬为 3320.86 万元，排名第 46 位，员工平均薪酬为 20.25 万元。

2012 年末吉林信托的负债合计 13.61 亿元，资产负债率为 29.18%。风险准备金之和为 43593 万元，与上年相比，增长了 44.74%。

按照银监会《信托公司净资本管理办法》第十五条及第十六条的净资本管理指标规定，吉林信托基本达标。

表184　吉林信托各项风险控制指标

单位：%，万元

项目	2012年	2011年
资产负债率	29.18	9.86
不良资产率	0.00	0.00
风险准备金	43593	30118
净资产	330313.42	255852.80
净资本	234951	199394

资料来源：信托公司年报，用益信托工作室整理、制作。

二十九　建信信托

1. 资产状况

根据年报显示，2012年末，建信信托注册资本为15.27亿元；自营资产规模为54.89亿元，较2011年的49.52亿元，同比增长10.8%；信托资产规模总量为3507.78亿元，较上一年度增长1600.51亿元，增幅达83.92%。

2. 业务状况

（1）信托业务

截至2012年末，建信信托新增集合类项目28款，金额为91.71亿元，排名第44位；单一类项目24款，金额为120.70亿元，排名第50位；财产管理类项目数为0；合计项目数为52款，金额为212.41亿元。

另外，建信信托共计实现信托业务收入5.43亿元，较上一年度增长118.27%。

建信信托信托资产总计3507.78亿元。信托资产运用方式如表185所示，其中持有至到期投资的资金占比最大，为43.37%。资产分布领域中，金融机构规模占比最高，达46.44%，占比近半。

表 185　建信信托信托资产运用方式及投向

单位：万元，%

资产运用	金额	占比	资产分布	金额	占比
货币资产	14815864.43	42.24	基础产业	564534.00	1.61
贷款及应收款	1894847.91	5.40	房地产	1390320.00	3.96
交易性金融资产	580812.34	1.66	证券市场	14754405.76	42.06
可供出售金融资产	250304.32	0.71	工商企业	454273.08	1.30
持有至到期投资	15213891.88	43.37	金融机构	16289536.07	46.44
长期股权投资	324979.09	0.93	其他	1624608.34	4.63
其他	1996977.28	5.69			
信托资产总计	35077677.25	100.00	信托资产总计	35077677.25	100.00

资料来源：信托公司年报，用益信托工作室整理、制作。

（2）自营业务

建信信托自营资产运用方式及投向如表 186 所示，资产运用方式中，可供出售金融资产的资金规模占比最大，达 45.73%。资产分布领域中，建信信托的自营资产主要分布在金融机构、其他和证券市场三个领域。

表 186　建信信托自营资产运用方式及投向

单位：万元，%

资产运用	金额	占比	资产分布	金额	占比
货币资产	23287.20	4.24	基础产业	0.00	0.00
贷款及应收款	142509.81	25.97	房地产	0.00	0.00
交易性金融资产	45265.27	8.25	证券市场	57003.52	10.39
可供出售金融资产	250987.61	45.73	工商企业	0.00	0.00
持有至到期投资	0.00	0.00	金融机构	265417.75	48.36
长期股权投资	66798.99	12.17	其他	226431.26	41.26
其他	20003.65	3.64			
自营资产总计	548852.53	100.00	自营资产总计	548852.53	100.00

资料来源：信托公司年报，用益信托工作室整理、制作。

3. 盈利状况

建信信托 2012 年度共计实现营业收入 10.88 亿元，较上一年度增长

81.05%；营业支出为 3.08 亿元；净利润为 5.87 亿元。2012 年度建信信托的净利润略高于行业均值。

建信信托 2012 年度人均净利润为 428.34 万元，排名第 20 位，较上一年度增长 44.88%；资本利润率为 11.71%，排名第 52 位；信托报酬率为 0.22%，排名第 62 位。综上可以看出，建信信托资本利润率增长，运用资本效益提高，而信托报酬率下降，且远低于行业平均水平。

4. 理财状况

建信信托 2012 年度共计实现信托项目收入 132.47 亿元，较上一年度增长 216.66%；信托项目营业支出 8.9 亿元；信托项目净利润为 123.54 亿元。建信信托 2012 年度信托项目净利润高于行业均值，两者相差 63.96 亿元。

建信信托 2012 年度已清算的集合类信托项目的平均收益率为 8.23%，已清算的单一类信托项目的平均收益率为 6.68%。2012 年度所有清算项目的平均收益率为 7.09%。

表 187　建信信托各类信托项目收益率

单位：款，万元，%

项目类型	项目数		项目金额		收益率	
	2012 年	2011 年	2012 年	2011 年	2012 年	2011 年
集合类	15	13	597429.50	161500	8.23	5.36
单一类	50	61	1677413	1220187	6.68	4.98
财产管理类	0	2	0	4791.10	0.00	6.49
合　计	65	76	2274842	1386478	7.09	5.03

资料来源：信托公司年报，用益信托工作室整理、制作。

建信信托 2012 年度新增主动管理型项目为 49 款，占比为 94.23%。2012 年建信信托新增信托项目较上一年度有所减少，但从业务结构来看，新增主动管理项目规模占比较上一年大幅增加。顺应监管层要求，建信信托也在逐渐提高主动管理型业务开展能力。

表 188　建信信托主动管理型项目占比

单位：款，万元，%

项目类型	项目		金额		金额占比	
	2012 年	2011 年	2012 年	2011 年	2012 年	2011 年
主动管理型	49	100	1816910.47	4061312.30	85.54	28.60
被动管理型	3	12	307102.62	10141466.91	14.46	71.40
合　计	52	112	2124013.09	14202779.21	100.00	100.00

资料来源：信托公司年报，用益信托工作室整理、制作。

5. 管理状况

2012 年度建信信托的第一大股东为中国建设银行股份有限公司，持股比例为 67.00%。

从表 189 可以看出，2012 年度建信信托的员工人数中 30～40 岁的员工最多，公司队伍以中坚力量为主。

表 189　建信信托员工年龄分布

单位：人，%

项　目	2012 年		2011 年	
	人数	比例	人数	比例
30 岁以下	34	22.82	30	23.62
30～40 岁	60	40.27	50	39.37
40 岁以上	55	36.91	47	37.01
合　计	149	100.00	127	100.00

资料来源：信托公司年报，用益信托工作室整理、制作。

从表 190 可以看出，2012 年度建信信托的员工学历分布中，以本科和硕士学历为主。

2012 年度建信信托的信托业务人员占比 40.27%。

2012 年度建信信托应付员工薪酬为 9664.01 万元，在所有信托公司中排名第 18 位，较上一年度增长 44.38%，员工平均薪酬为 64.86 万元。

2012 年末建信信托资产总计 54.89 亿元，负债合计 1.98 亿元，资产负债率为 3.61%。2012 年末建信信托无不良资产，风险控制较好。

表 190　建信信托员工学历分布

单位：人，%

项　目	2012 年		2011 年	
	人数	比例	人数	比例
博　士	6	4.03	6	4.72
硕　士	53	35.57	36	28.35
本　科	77	51.68	72	56.69
专　科	13	8.72	9	7.09
其　他	0	0.00	4	3.15
合　计	149	100.00	127	100.00

资料来源：信托公司年报，用益信托工作室整理、制作。

按照银监会《信托公司净资本管理办法》第十五条及第十六条的净资本管理指标规定，建信信托已全部达标。

表 191　建信信托各项风险控制指标

单位：%，万元

项目	2012 年	2011 年
资产负债率	3.61	5.15
不良资产率	0.00	0.00
风险准备金	27929	16860
净资产	529041	469724
净资本	407924	341944

资料来源：信托公司年报，用益信托工作室整理、制作。

三十　江苏信托

1. 资产状况

根据年报显示，2012 年末，江苏信托注册资本为 24.84 亿元，与 2011 年相同，没有新的资金注入；自营资产规模为 64.58 亿元，较 2011 年增长 22.53%，排名第 6 位；信托资产规模总量为 761.62 亿元，较上一年度增长 243.69 亿元，增幅达 47.05%。

2. 业务状况

（1）信托业务

截至 2012 年末，江苏信托新增集合类项目 14 款，金额为 47.09 亿元，排名第60位；单一类项目74款，金额为279.3亿元，排名第36位；财产管理类项目数为0；合计项目数为88款，金额为326.39亿元。

另外，江苏信托共计实现信托业务收入4.43亿元，较上一年度增长36.96%。

江苏信托信托资产总计761.62亿元。信托资产运用方式如表192所示，其中货币资产形式的资金占比最大，为39.62%。资产分布领域中，金融机构规模占比最高，达38.73%。

表192　江苏信托信托资产运用方式及投向

单位：万元，%

资产运用	金额	占比	资产分布	金额	占比
货币资产	3017532.21	39.62	基础产业	903096.39	11.86
贷款及应收款	2215251.60	29.09	房地产	1497626.97	19.66
交易性金融资产	914852.53	12.01	证券市场	959861.93	12.60
持有至到期投资	1180959.44	15.51	工商企业	990582.77	13.01
长期股权投资	227705.33	2.99	金融机构	2949749.75	38.73
其他	59928.84	0.79	其他	315312.14	4.14
信托资产总计	7616229.95	100.00	信托资产总计	7616229.95	100.00

资料来源：信托公司年报，用益信托工作室整理、制作。

（2）自营业务

江苏信托自营资产运用方式及投向如表193所示，资产运用方式中，长期股权投资的资金规模占比最大，达73.65%。资产分布领域中，江苏信托的自营资产主要分布在金融机构、证券市场、其他和基础产业四个领域。

表193　江苏信托自营资产运用方式及投向

单位：万元，%

资产运用	金额	占比	资产分布	金额	占比
货币资产	45307.50	7.02	基础产业	3259.26	0.50
贷款及应收款	3259.26	0.50	房地产	0.00	0.00
可供出售金融资产	36168.31	5.60	证券市场	98546.31	15.26
持有至到期投资	62378.00	9.66	金融机构	483932.40	74.94
长期股权投资	475592.53	73.65	其他	60032.73	9.30
其他	23065.10	3.57			
自营资产总计	645770.70	100.00	自营资产总计	645770.70	100.00

资料来源：信托公司年报，用益信托工作室整理、制作。

3. 盈利状况

江苏信托 2012 年度共计实现营业收入 12.71 亿元，较上一年度增长 24.06%；营业支出为 9435.92 万元；净利润为 10.76 亿元。2012 年度江苏信托的净利润远高于行业均值，公司经营业绩良好。

江苏信托 2012 年度人均净利润为 1559.15 万元，在所有的信托公司中排名第 1 位；资本利润率为 19.03%，排名第 29 位；信托报酬率为 0.7%，排名第 44 位。

4. 理财状况

江苏信托 2012 年度共计实现信托项目收入 45.33 亿元，较上一年度增长 329.01%；信托项目营业支出 6.25 亿元；信托项目净利润为 10.76 亿元。江苏信托 2012 年度信托项目净利润大大低于行业均值，两者相差 48.82 亿元。

江苏信托 2012 年度已清算的集合类信托项目的平均收益率为 8.42%，已清算的单一类信托项目的平均收益率为 6.09%。2012 年度所有清算项目的平均收益率为 6.70%。

表 194　江苏信托各类信托项目收益率

单位：款，万元，%

项目类型	项目数		项目金额		收益率	
	2012 年	2011 年	2012 年	2011 年	2012 年	2011 年
集合类	17	10	477700	168100	8.42	7.75
单一类	130	89	1336086	2701955	6.09	4.61
财产管理类	0	0	0	0	0.00	0.00
合　计	147	99	1813786	2870055	6.70	4.79

资料来源：信托公司年报，用益信托工作室整理、制作。

江苏信托 2012 年度新增主动管理型项目为 86 款，占比为 97.73%；项目金额为 323.42 亿元，资金规模占比为 99.09%。从表 195 可以看出，2012 年江苏信托新增信托项目较上一年度有所减少，从业务结构来看，新增了被动管理型业务。

表 195　江苏信托主动管理型项目占比

单位：款，万元，%

项目类型	项目		金额		金额占比	
	2012 年	2011 年	2012 年	2011 年	2012 年	2011 年
主动管理型	86	103	3234181.62	8571634.00	99.09	100.00
被动管理型	2	0	29600.00	0	0.91	0.00
合　计	88	103	3263781.62	8571634.00	100.00	100.00

资料来源：信托公司年报，用益信托工作室整理、制作。

5. 管理状况

2012 年度江苏信托的第一大股东是江苏省国信资产管理集团有限公司，持股比例为 80%。

从表 196 可以看出，2012 年度江苏信托的员工人数较上一年度增加 4 人，年龄分布基本与上一年度一致，主要以 30 岁以上的员工为主。公司队伍仍以中坚力量为主。

表 196　江苏信托员工年龄分布

单位：人，%

项　目	2012 年		2011 年	
	人数	比例	人数	比例
30 岁以下	16	22.54	15	22.39
30 ~ 40 岁	24	33.80	20	29.85
40 岁以上	31	43.66	32	47.76
合　计	71	100.00	67	100.00

资料来源：信托公司年报，用益信托工作室整理、制作。

从表 197 可以看出，2012 年度江苏信托的员工学历分布中，以本科和硕士学历为主，员工的整体素质有所提高。

2012 年度江苏信托的信托业务人员占比 46.48%。

2012 年度江苏信托应付员工薪酬为 534.33 万元，排名第 60 位，较上一年度增长 2.66%，员工平均薪酬为 7.53 万元。

表 197　江苏信托员工学历分布

单位：人，%

项　目	2012 年		2011 年	
	人数	比例	人数	比例
博　士	2	2. 82	2	2. 99
硕　士	22	30. 99	20	29. 85
本　科	40	56. 34	37	55. 22
专　科	6	8. 45	7	10. 45
其　他	1	1. 41	1	1. 49
合　计	71	100. 00	67	100. 00

资料来源：信托公司年报，用益信托工作室整理、制作。

2012 年末江苏信托资产总计 64. 58 亿元，负债合计 2. 65 亿元，资产负债率为 4. 10%，不良资产规模为 100 万元，不良资产率为 0. 20%。

按照银监会《信托公司净资本管理办法》第十五条及第十六条的净资本管理指标规定，江苏信托已全部达标。

表 198　江苏信托各项风险控制指标

单位：%，万元

项目	2012 年	2011 年
资产负债率	4. 10	2. 99
不良资产率	0. 20	0. 35
风险准备金	135191	93609
净资产	619291	511417
净资本	520420	374890

资料来源：信托公司年报，用益信托工作室整理、制作。

三十一　交银信托

1. 资产状况

根据年报显示，2012 年末，交银信托注册资本为 20 亿元，与 2011 年相同，没有新的资金注入；自营资产规模为 28. 30 亿元，较 2011 年增长

16.17%；信托资产规模总量为1579.50亿元，较上一年度增长831.83亿元，增幅达111.26%。

2. 业务状况

（1）信托业务

截至2012年末，交银信托新增集合类项目32款，金额为83.49亿元，排名第46位；单一类项目317款，金额为1125.75亿元，排名第9位；财产管理类项目1款；合计项目350款，金额为1219.24亿元。

另外，交银信托共计实现信托业务收入6亿元，较上一年度增长97.49%。

交银信托信托资产总计1579.50亿元。信托资产运用方式如表199所示，其中贷款及应收款的资金占比最大，为49.43%，占比近半。资产分布领域中，交银信托的资金分布较为分散。其中，基础产业、工商企业和证券市场等领域的占比较大。

表199　交银信托信托资产运用方式及投向

单位：万元，%

资产运用	金额	占比	资产分布	金额	占比
货币资产	1608021.07	10.18	基础产业	3580391.04	22.67
贷款及应收款	7806980.00	49.43	房地产	1206300.00	7.64
交易性金融资产	1934514.82	12.25	证券市场	1929514.81	12.22
可供出售金融资产	832684.00	5.27	工商企业	3252399.00	20.59
长期股权投资	364376.67	2.31	金融机构	318496.67	2.02
其他	3248461.76	20.57	其他	5507936.80	34.87
信托资产总计	15795038.32	100.00	信托资产总计	15795038.32	100.00

资料来源：信托公司年报，用益信托工作室整理、制作。

（2）自营业务

交银信托自营资产运用方式及投向如200所示，资产运用方式中，货币资产的资金规模占比最大，达39.62%。资产分布领域中，交银信托的自营资产主要分布在房地产、证券市场和金融机构等领域。

表200　交银信托自营资产运用方式及投向

单位：万元，%

资产运用	金额	占比	资产分布	金额	占比
货币资产	112121.01	39.62	基础产业	0.00	0.00
贷款及应收款	71600.00	25.30	房地产	50000.00	17.67
交易性金融资产	40549.43	14.33	证券市场	48449.21	17.12
可供出售金融资产	8003.15	2.83	工商企业	0.00	0.00
长期股权投资	32000.00	11.31	金融机构	32000.00	11.31
其他	18684.27	6.60	其他	152508.65	53.90
自营资产总计	282957.86	100.00	自营资产总计	282957.86	100.00

资料来源：信托公司年报，用益信托工作室整理、制作。

3. 盈利状况

交银信托2012年度共计实现营业收入7.11亿元，较上一年度增长91.90%；营业支出为2.57亿元；净利润为3.38亿元。2012年度交银信托的净利润低于行业均值，公司经营业绩低于行业平均水平。

交银信托2012年度人均净利润为264.33万元，在所有的66家信托公司中排名第42位；资本利润率为13.58%，排名第48位；信托报酬率为0.44%，排名第56位。可以看出，交银信托资本利润率增长，说明交银信托运用资本效益提高；信托报酬率增长，但仍低于行业平均水平，说明交银信托业务开始向高报酬发展。

4. 理财状况

交银信托2012年度共计实现信托项目收入86.11亿元，较上一年度增长157.57%；信托项目营业支出11.37亿元；信托项目净利润为7.47亿元。交银信托2012年度信托项目净利润高于行业均值，两者相差15.57亿元，增速高于行业平均增速。

交银信托2012年度已清算的集合类信托项目的平均收益率为8.94%；已清算的单一类信托项目的平均收益率为6.18%。2012年度交银信托所有清算项目的平均收益率为6.64%。

交银信托2012年度新增主动管理型项目为92款，占比为26.29%。从业务结构来看，交银信托新增项目仍以被动管理型业务为主，但占比有所下降。

表 201　交银信托各类信托项目收益率

单位：款，万元，%

项目类型	项目数		项目金额		收益率	
	2012 年	2011 年	2012 年	2011 年	2012 年	2011 年
集合类	29	14	768739	186655	8.94	8.39
单一类	138	96	3800131	2728101	6.18	4.94
财产管理类	0	0	0	0	0.00	0
合　计	167	110	4568870	2914756	6.64	5.16

资料来源：信托公司年报，用益信托工作室整理、制作。

表 202　交银信托主动管理型项目占比

单位：款，万元，%

项目类型	项目		金额		金额占比	
	2012 年	2011 年	2012 年	2011 年	2012 年	2011 年
主动管理型	92	33	3344133.00	1106640.00	27.43	24.16
被动管理型	258	127	8848233.81	3473305.00	72.57	75.84
合　计	350	160	12192366.81	4579945.00	100.00	100.00

资料来源：信托公司年报，用益信托工作室整理、制作。

5. 管理状况

2012 年度交银信托的两大股东分别是交通银行股份有限公司和湖北省财政厅，持股比例分别为 85% 和 15%。

从表 203 可以看出，2012 年度交银信托的员工人数较上一年度增 21 人，年龄分布基本与上一年度一致。

表 203　交银信托员工年龄分布

项　目	2012 年		2011 年	
	人数	比例	人数	比例
30 岁以下	55	42.97	42	39.25
30~40 岁	53	41.41	44	41.12
40 岁以上	20	15.63	21	19.63
合　计	128	100.00	107	100.00

资料来源：信托公司年报，用益信托工作室整理、制作。

从表204可以看出，2012年度交银信托的员工学历分布中，以硕士和本科学历为主。其中，硕士占比超过一半，占比最大。

表204　交银信托员工学历分布

单位：人，%

项　目	2012年		2011年	
	人数	比例	人数	比例
博　士	1	0.78	2	1.87
硕　士	66	51.56	48	44.86
本　科	56	43.75	51	47.66
专　科	3	2.34	4	3.74
其　他	2	1.56	2	1.87
合　计	128	100.00	107	100.00

资料来源：信托公司年报，用益信托工作室整理、制作。

2012年度交银信托的信托业务人员占比67.97%。

2012年度交银信托应付员工薪酬为8397.58万元，排名第21位，较上一年度增长50.28%，员工平均薪酬为65.61万元。

2012年末交银信托的负债合计1.69亿元，资产负债率为5.99%。2012年末交银信托无不良资产。

按照银监会《信托公司净资本管理办法》第十五条及第十六条的净资本管理指标规定，交银信托已全部达标。

表205　交银信托各项风险控制指标

单位：%，万元

项目	2012年	2011年
资产负债率	5.99	4.72
不良资产率	0.00	0.00
风险准备金	18820	5867
净资产	266011	232067
净资本	249132	196888

资料来源：信托公司年报，用益信托工作室整理、制作。

三十二　金谷信托

1. 资产状况

根据年报显示，2012 年末，金谷信托注册资本为 12 亿元，注册资本排名第 36 位；自营资产规模为 23.86 亿元，较 2011 年增长 35.57%，排名第 39 位；信托资产规模总量为 1018.35 亿元，较上一年度增长 294.29 亿元，增幅达 40.64%。

2. 业务状况

(1) 信托业务

截至 2012 年末，金谷信托新增集合类项目 56 款，金额为 170.66 亿元，排名第 27 位；单一类项目 119 款，金额为 666.43 亿元，排名第 21 位；财产管理类项目 7 款；合计项目为 182 款，金额为 861.79 亿元。

另外，金谷信托共计实现信托业务收入 6.02 亿元，较上一年度增长 121.05%。

金谷信托信托资产总计 1018.35 亿元。信托资产运用方式如表 206 所示，其中贷款及应收款的资金占比最大，为 67.67%。资产分布领域中，金谷信托的资金分布主要集中在基础产业、工商企业、金融机构和房地产等领域。

表 206　金谷信托信托资产运用方式及投向

单位：万元，%

资产运用	金额	占比	资产分布	金额	占比
货币资产	34458.44	0.34	基础产业	4161928.05	40.87
贷款及应收款	6891200.00	67.67	房地产	1627249.13	15.98
可供出售金融资产	1879802.49	18.46	工商企业	2190556.72	21.51
长期股权投资	819400.00	8.05	金融机构	67180.81	0.66
其他	558592.52	5.49	其他	2136538.74	20.98
信托资产总计	10183453.45	100.00	信托资产总计	10183453.45	100.00

资料来源：信托公司年报，用益信托工作室整理、制作。

（2）自营业务

金谷信托自营资产运用方式及投向如表207所示，资产运用方式中，货币资产的资金规模占比最大，达31.79%。资产分布领域中，金谷信托的自营资产主要分布在金融机构、房地产和工商企业等领域。

表207　金谷信托自营资产运用方式及投向

单位：万元，%

资产运用	金额	占比	资产分布	金额	占比
货币资产	75849.60	31.79	基础产业	0.00	0.00
贷款及应收款	69597.43	29.17	房地产	55741.83	23.36
交易性金融资产	20000.00	8.38	证券市场	0.00	0.00
可供出售金融资产	61586.28	25.81	工商企业	38000.00	15.92
长期股权投资	5000.00	2.10	金融机构	128849.60	54.00
其他	6586.25	2.76	其他	16028.13	6.72
自营资产总计	238619.56	100.00	自营资产总计	238619.56	100.00

资料来源：信托公司年报，用益信托工作室整理、制作。

3. 盈利状况

金谷信托2012年度共计实现营业收入9.45亿元，较上一年度增长114.66%；营业支出为2.6亿元；净利润为5.13亿元。2012年度金谷信托的净利润低于行业均值，公司经营业绩低于行业平均水平，增幅高于行业平均增幅。

表208　金谷信托公司营业利润情况

单位：万元，%

项目	2012年	2011年	增幅
营业收入	94536.55	44040.75	114.66
营业支出	25995.62	12201.38	113.05
净利润	51259.18	24283.87	111.08
行业均值净利润	55976.95	38448.14	45.59

资料来源：信托公司年报，用益信托工作室整理、制作。

金谷信托2012年度人均净利润为457.67万元，排名第15位；资本利润率为29.11%，排名第14位；信托报酬率为0.81%，排名第39位。

4. 理财状况

金谷信托2012年度共计实现信托项目收入80.57亿元，较上一年度增长468.31%；信托项目营业支出13.93亿元；信托项目净利润为66.64亿元。金谷信托2012年度信托项目净利润高于行业均值，两者相差7.06亿元，增速远高于行业平均增速，信托业务发展快速。

表209　金谷信托信托利润情况

单位：万元，%

项目	2012年	2011年	增幅
营业收入	805748.72	141778.69	468.31
营业支出	139345.55	25414.39	448.29
净利润	666403.17	116364.3	472.69
行业均值净利润	595763.97	245467.96	142.71

资料来源：信托公司年报，用益信托工作室整理、制作。

金谷信托2012年度已清算的集合类信托项目的平均收益率为6.40%，已清算的单一类信托项目的平均收益率为6.70%。2012年度金谷信托所有清算项目的平均收益率为6.73%。

表210　金谷信托各类信托项目收益率

单位：款，万元，%

项目类型	项目数		项目金额		收益率	
	2012年	2011年	2012年	2011年	2012年	2011年
集合类	48	8	603261	72330	6.40	7.93
单一类	96	21	5332467	953125	6.70	4.8
财产管理类	2	1	46400	5100	14.94	
合　计	146	30	5982128	1030555	6.73	5.00

资料来源：信托公司年报，用益信托工作室整理、制作。

金谷信托 2012 年度新增主动管理型项目为 132 款，占比为 72.53%。

表 211　金谷信托主动管理型项目占比

单位：款，万元，%

项目类型	项目		金额		金额占比	
	2012 年	2011 年	2012 年	2011 年	2012 年	2011 年
主动管理型	132	97	5568960.00	3010225.62	64.62	42.41
被动管理型	50	89	3048921.62	4087561.26	35.38	57.59
合　计	182	186	8617881.62	7097786.88	100.00	100.00

资料来源：信托公司年报，用益信托工作室整理、制作。

5. 管理状况

2012 年度金谷信托第一大股东是中国信达资产管理股份有限公司，持股比例为 92.29%。

从表 212 可以看出，2012 年度金谷信托的员工人数较上一年度增加 42 人。公司以 40 岁以下的员工为主。

表 212　金谷信托员工年龄分布

单位：人，%

项　目	2012 年		2011 年	
	人数	比例	人数	比例
30 岁以下	55	41.35	33	36.26
30～40 岁	44	33.08	29	31.87
40 岁以上	34	25.56	29	31.87
合　计	133	100.00	91	100.00

资料来源：信托公司年报，用益信托工作室整理、制作。

从表 213 可以看出，2012 年度金谷信托的员工学历分布中，以硕士和本科学历为主。公司员工整体素质较高。

2012 年度金谷信托的信托业务人员占比 47.37%。

2012 年度金谷信托应付员工薪酬为 1.17 亿元，在所有信托公司中排名第 13 位，较上一年度增长 203.47%，员工平均薪酬为 87.97 万元。

表 213　金谷信托员工学历分布

单位：人，%

项　目	2012 年		2011 年	
	人数	比例	人数	比例
博　士	13	9.77	11	12.09
硕　士	72	54.14	43	47.25
本　科	39	29.32	28	30.77
专　科	9	6.77	9	9.89
合　计	133	100.00	91	100.00

资料来源：信托公司年报，用益信托工作室整理、制作。

2012 年末金谷信托的负债合计为 3.63 亿元，资产负债率为 15.20%。2012 年末金谷信托无不良资产。

按照银监会《信托公司净资本管理办法》第十五条及第十六条的净资本管理指标规定，金谷信托已全部达标。

表 214　金谷信托各项风险控制指标

单位：%，万元

项目	2012 年	2011 年
资产负债率	15.20	14.87
不良资产率	0.00	0.00
风险准备金	16693	3713
净资产	202358	149843
净资本	169061	118686

资料来源：信托公司年报，用益信托工作室整理、制作。

三十三　昆仑信托

1. 资产状况

根据年报显示，2012 年末，昆仑信托注册资本为 30 亿元；自营资产规模为 52.56 亿元，较 2011 年的 48.31 亿元增长 8.8%；信托资产规模总量为

937.98亿元，较上一年度增加292.92亿元，增幅达45.41%。

2. 业务状况

（1）信托业务

截至2012年末，昆仑信托新增集合类项目43款，金额为236.66亿元，排名第18位；单一类项目46款，金额为305.26亿元，排名第35位；财产管理类项目为0；合计新增项目为89款，金额为541.92亿元。

另外，昆仑信托共计实现信托业务收入6.87亿元，较上一年度增长31.98%。

昆仑信托信托资产总计937.98亿元。信托资产运用方式如表215所示，其中持有至到期投资的资金占比最大，为48.78%。资产分布领域中，昆仑信托的资金分布较为分散，其中投向工商企业领域的资金规模略占优势，资金规模占比为28.58%。

表215　昆仑信托信托资产运用方式及投向

单位：万元，%

资产运用	金额	占比	资产分布	金额	占比
货币资产	138216.88	1.47	基础产业	1766778.00	18.84
贷款及应收款	2755272.00	29.37	房地产	1880642.00	20.05
交易性金融资产	147007.05	1.57	证券市场	137927.06	1.47
可供出售金融资产	0.00	0.00	工商企业	2680567.44	28.58
持有至到期投资	4575364.10	48.78	金融机构	689200.95	7.35
长期股权投资	1763890.18	18.81	其他	2224634.76	23.72
信托资产总计	9379750.21	100.00	信托资产总计	9379750.21	100.00

资料来源：信托公司年报，用益信托工作室整理、制作。

（2）自营业务

昆仑信托自营资产运用方式及投向如表216所示，资产运用方式中，可供出售金融资产的资金规模占比最大，高达69.59%，占比近七成。资产分布领域中，昆仑信托的自营资产主要分布在房地产、基础产业、工商企业和其他领域。其中，房地产领域资金规模占比最高，达39.74%，占比近四成。

表 216　昆仑信托自营资产运用方式及投向

单位：万元，%

资产运用	金额	占比	资产分布	金额	占比
货币资产	22009.68	4.19	基础产业	128900.00	24.52
贷款及应收款	79845.10	15.19	房地产	208900.00	39.74
交易性金融资产	0.00	0.00	证券市场	0.00	0.00
可供出售金融资产	365770.00	69.59	工商企业	101042.00	19.22
长期股权投资	42960.91	8.17	金融机构	247.50	0.05
其他	15015.41	2.86	其他	86511.60	16.46
自营资产总计	525601.10	100.00	自营资产总计	525601.10	100.00

资料来源：信托公司年报，用益信托工作室整理、制作。

3. 盈利状况

昆仑信托2012年度共计实现营业收入12.13亿元，较上一年度增长46.31%；营业支出为2.58亿元，较上一年度增长43.05%；净利润为7.4亿元，较上一年度增长41.11%。2012年度昆仑信托的净利润高于行业均值，公司经营业绩高于行业平均水平，但净利润增幅略低于行业平均增幅。

昆仑信托2012年度人均净利润为343.47万元，排名第33位；资本利润率为15.31%，排名第43位；信托报酬率为0.79%，排名第41位。可以看出，昆仑信托资本利润率增长，说明运用资本效益提高；信托报酬率下降，且低于行业平均水平。

4. 理财状况

年报数据显示，昆仑信托2012年度共计实现信托项目收入57.45亿元，较上一年度增长118.92%；信托项目营业支出9.21亿元；信托项目净利润为48.25亿元。昆仑信托2012年度信托项目净利润低于行业均值，两者相差11.33亿元。

昆仑信托2012年度已清算的集合类信托项目的平均收益率为6.11%，已清算的单一类信托项目的平均收益率为4.9%。2012年度昆仑信托所有清算项目的平均收益率为5.17%。

表 217　昆仑信托各类信托项目收益率

单位：款，万元，%

项目类型	项目数		项目金额		收益率	
	2012 年	2011 年	2012 年	2011 年	2012 年	2011 年
集合类	32	9	1255595	159210	6.11	-2.93
单一类	34	28	4466571	1775132	4.9	4.98
财产管理类	0	1	0	5000	0	8.36
合　计	66	38	5722166	1939342	5.17	4.34

资料来源：信托公司年报，用益信托工作室整理、制作。

昆仑信托2012 年度新增的89 款项目均为主动管理型项目，金额为541.92 亿元，延续了上一年度主动管理型业务独霸的风格。

表 218　昆仑信托主动管理型项目占比

单位：款，万元，%

项目类型	项目		金额		金额占比	
	2012 年	2011 年	2012 年	2011 年	2012 年	2011 年
主动管理型	89	64	5419220	2286994.35	100.00	100.00
被动管理型	0	0	0	0	0.00	0.00
合　计	89	64	5419220	2286994.35	100.00	100.00

资料来源：信托公司年报，用益信托工作室整理、制作。

5. 管理状况

2012 年度昆仑信托的第一大股东是中油资产管理有限公司，持股比例为82.18%。

从表 219 可以看出，2012 年度昆仑信托的员工人数较上一年度增加 9 人，

表 219　昆仑信托员工年龄分布

单位：人，%

项　目	2012 年		2011 年	
	人数	比例	人数	比例
30 岁以下	83	38.43	95	45.89
30 ~ 40 岁	88	40.74	69	33.33
40 岁以上	45	20.83	43	20.77
合　计	216	100.00	207	100.00

资料来源：信托公司年报，用益信托工作室整理、制作。

年龄分布主要以40岁以下的员工为主。

从表220可以看出，2012年度昆仑信托的员工学历分布中，以硕士和本科学历为主，博士、硕士和本科高素质人员占比达96.30%，公司员工整体素质较高。

表220　昆仑信托员工学历分布

单位：人，%

项　目	2012年		2011年	
	人数	比例	人数	比例
博　士	7	3.24	5	2.42
硕　士	112	51.85	101	48.79
本　科	89	41.20	91	43.96
专　科	8	3.70	10	4.83
合　计	216	100.00	207	100.00

资料来源：信托公司年报，用益信托工作室整理、制作。

2012年度昆仑信托员的信托业务人员占比64.81%。

2012年度昆仑信托应付员工薪酬为200.18万元，排名第62位，较上一年度增长27.99%，员工平均薪酬为9267.59元，远远低于行业平均薪酬水平。

2012年末昆仑信托的负债合计1.95亿元，资产负债率为3.71%，不良资产规模为2430万元，不良资产率为1.95%。

按照银监会《信托公司净资本管理办法》第十五条及第十六条的净资本管理指标规定，昆仑信托已全部达标。

表221　昆仑信托各项风险控制指标

单位：%，万元

项目	2012年	2011年
资产负债率	3.71	4.61
不良资产率	1.95	1.61
风险准备金	34028	22925
净资产	506122	460802
净资本	470165	435050

资料来源：信托公司年报，用益信托工作室整理、制作。

三十四　陆家嘴信托

1. 资产状况

根据年报显示，2012 年末，陆家嘴信托注册资本为 10. 68 亿元。陆家嘴信托注册资本排名由 2011 年的第 62 位跃升至第 43 位；自营资产规模为 12. 35 亿元，较 2011 年增长 327. 37%；信托资产规模总量为 277. 28 亿元，上一年度未开展信托业务，排名第 58 位。

2. 业务状况

（1）信托业务

截至 2012 年末，陆家嘴信托新增集合类项目 52 款，金额为 130. 65 亿元，排名第 36 位；单一类项目 41 款，金额 149. 37 亿元，排名第 44 位；无财产管理类项目；合计新增项目为 93 款，金额为 280. 02 亿元。

另外，陆家嘴信托共计实现信托业务收入 2. 65 亿元。

陆家嘴信托信托资产总计 277. 28 亿元。信托资产运用方式如表 222 所示，其中贷款及应收款的资金占比最大，为 40. 69%。资产分布领域中，陆家嘴信托的资金分布主要集中在基础产业、工商企业和房地产等领域，其中投向基础产业领域的资金规模最大，占比为 69. 31%。

表 222　陆家嘴信托信托资产运用方式及投向

单位：万元，%

资产运用	金额	占比	资产分布	金额	占比
货币资产	18077. 31	0. 65	基础产业	1921905. 20	69. 31
贷款及应收款	1128179. 20	40. 69	房地产	235364. 00	8. 49
可供出售金融资产	995155. 14	35. 89	证券市场	101838. 61	3. 67
长期股权投资	95980. 00	3. 46	工商企业	423886. 54	15. 29
其他	535378. 78	19. 31	其他	89776. 08	3. 24
信托资产总计	2772770. 43	100. 00	信托资产总计	2772770. 43	100. 00

资料来源：信托公司年报，用益信托工作室整理、制作。

（2）自营业务

陆家嘴信托自营资产运用方式及投向如表223所示，资产运用方式中，货币资产的资金规模占比最大，达53.59%，占比超五成。资产分布领域中，陆家嘴信托的自营资产主要分布在证券市场和金融机构领域。其中，证券市场资金规模占比最高，达76.41%。

表223　陆家嘴信托自营资产运用方式及投向

单位：万元，%

资产运用	金额	占比	资产分布	金额	占比
货币资产	66208.00	53.59	基础产业	0.00	0.00
贷款及应收款	878.00	0.71	房地产	0.00	0.00
交易性金融资产	34584.00	27.99	证券市场	94399.00	76.41
可供出售金融资产	16456.00	13.32	工商企业	0.00	0.00
持有至到期投资	4000.00	3.24	金融机构	27196.00	22.01
其他	1415.00	1.15	其他	1946.00	1.58
自营资产总计	123541.00	100.00	自营资产总计	123541.00	100.00

资料来源：信托公司年报，用益信托工作室整理、制作。

3. 盈利状况

陆家嘴信托2012年度共计实现营业收入2.79亿元；营业支出为1.16亿元，而上一年度由于收回重组前信贷资产，营业支出为-1.5亿元；净利润为1.78亿元。2012年度陆家嘴信托的净利润低于行业均值，公司经营业绩大大低于行业平均水平，但净利润增幅略高于行业平均增幅。

陆家嘴信托2012年度人均净利润为136.72万元，排名第57位；资本利润率为30.87%，排名第10位；信托报酬率为0.43%，排名第57位。陆家嘴信托资本利润率虽然较上一年度有所下降，但鉴于上一年度为公司重组后重新挂牌营业，资本利润率相对较高。

4. 理财状况

陆家嘴信托2012年度共计实现信托项目收入9.82亿元，信托项目营业支出4.97亿元，信托项目净利润为4.85亿元，低于行业均值，两者相差54.73亿元。2012年是陆家嘴信托在上一年度完成重组后正式开展信托业务的第一个信托年度，处于发展起步阶段，要达到行业平均发展水平还需要一定的时间。

陆家嘴信托 2012 年度已清算的集合类信托项目和财产管理类项目均为 0；已清算的单一类信托项目有 6 款，项目金额为 4.29 亿元，平均收益率为 5.76%，低于行业清算的单一类信托项目 6.86% 的收益水平。

陆家嘴信托 2012 年度新增主动管理型项目 73 款，占比为 78.49%；项目金额为 182.52 亿元，资金规模占比为 65.18%；上一年度未开展信托业务。

5. 管理状况

2012 年度陆家嘴信托的两大股东分别是上海陆家嘴金融开发有限公司和青岛国信发展（集团）有限责任公司，持股比例分别为 71.61% 和 28.39%。

从表 224 可以看出，2012 年度陆家嘴信托的员工人数较上一年度增加 51 人，年龄分布以 30 岁以上的员工为主。

表 224　陆家嘴信托员工年龄分布

单位：人，%

项　目	2012 年		2011 年	
	人数	比例	人数	比例
30 岁以下	16	15.38	10	18.87
30 ~ 40 岁	56	53.85	24	45.28
40 岁以上	32	30.77	19	35.85
合　计	104	100.00	53	100.00

资料来源：信托公司年报，用益信托工作室整理、制作。

从表 225 可以看出，2012 年度陆家嘴信托的员工学历分布中，以硕士和本科学历为主。

表 225　陆家嘴信托员工学历分布

单位：人，%

项　目	2012 年		2011 年	
	人数	比例	人数	比例
博　士	2	1.92	1	1.89
硕　士	46	44.23	26	49.06
本　科	43	41.35	16	30.19
专　科	9	8.65	9	16.98
其　他	4	3.85	1	1.89
合　计	104	100.00	53	100.00

资料来源：信托公司年报，用益信托工作室整理、制作。

2012 年度陆家嘴信托有信托业务人员 44 人，占比为 42.31%。

2012 年度陆家嘴信托应付员工薪酬为 4894.96 万元，在所有信托公司中排名第 34 位，较上一年度增长 1066.99%，员工平均薪酬为 47.07 万元，低于行业平均薪酬水平。

2012 年末陆家嘴信托的负债合计 8.91 亿元，资产负债率为 7.21%，不良资产规模为 3 万元，不良资产率为 0.003%，风险控制能力较好。

按照银监会《信托公司净资本管理办法》第十五条及第十六条的净资本管理指标规定，陆家嘴信托已全部达标。

表 226 陆家嘴信托各项风险控制指标

单位：%，万元

项目	2012 年	2011 年
资产负债率	7.21	6.10
不良资产率	0.003	0.00
风险准备金	2489	—
净资产	114634	27144
净资本	95977	26991

资料来源：信托公司年报，用益信托工作室整理、制作。

三十五 平安信托

1. 资产状况

根据年报显示，2012 年末，平安信托注册资本为 69.88 亿元，与 2011 年相同，无新资金注入，但仍然高居行业注册资本之首。平安信托自营资产规模为 160.72 亿元，较 2011 年的 153.87 亿元增长 4.45%，居行业首位，比排名第二位的华润信托多 40 亿元。平安信托信托资产规模总量为 2120.25 亿元，较上一年度增加 158.08 亿元，增幅为 8.06%，信托资产规模排名从 2011 年的第 4 位降至第 9 位，这主要是由于长安信托、兴业信托、中融信托、建信信托等公司实现了赶超。

2. 业务状况

（1）信托业务

年报显示，截至2012年末，平安信托新增集合类项目金额为611.25亿元，在所有信托公司中排名第3位；单一类项目金额为830.95亿元，排第17位；合计新增项目数为328款，金额为1442.2亿元。

另外，平安信托共计实现信托业务收入27.55亿元，较上一年度增长52.94%。

信托资产运用方式如表227所示，其中贷款及应收款的资金占比最大，为50.12%，占比过半。资产分布领域中，平安信托的资金分布较为分散，其中投向工商企业领域的资金规模略占优势，规模占比为27.23%。

表227　平安信托信托资产运用方式及投向

单位：万元，%

资产运用	金额	占比	资产分布	金额	占比
货币资产	1251240.88	5.90	基础产业	4764212.88	22.47
贷款及应收款	10625787.36	50.12	房地产	5360873.90	25.28
交易性金融资产	1431643.49	6.75	证券市场	1604589.39	7.57
可供出售金融资产	1704130.91	8.04	工商企业	5772622.83	27.23
持有至到期投资	0.00	0.00	金融机构	2503863.53	11.81
长期股权投资	3542657.79	16.71	其他	1196310.23	5.64
买入返售资产	1127506.45	5.32			
其他	1519505.88	7.17			
信托资产总计	21202472.76	100.00	信托资产总计	21202472.76	100.00

资料来源：信托公司年报，用益信托工作室整理、制作。

（2）自营业务

平安信托自营资产运用方式及投向从表228中可以看出，资产运用方式中，长期股权投资的资金规模占比最大，为38.36%。资产分布领域中，平安信托的自营资产主要分布在金融机构、工商企业和房地产等领域，其中金融机构领域的资金规模占比最高，达48.64%。

表 228　平安信托自营资产运用方式及投向

单位：万元，%

资产运用	金额	占比	资产分布	金额	占比
货币资产	212477.96	13.22	基础产业	0.00	0.00
贷款及应收款	7525.26	0.47	房地产	161958.00	10.08
交易性金融资产	0.00	0.00	证券市场	50745.00	3.16
可供出售金融资产	393955.47	24.51	工商企业	472454.41	29.40
持有至到期投资	0.00	0.00	金融机构	781817.86	48.64
长期股权投资	616501.90	38.36	其他	140260.74	8.73
其他	376775.42	23.44			
自营资产总计	1607236.01	100.00	自营资产总计	1607236.01	100.00

资料来源：信托公司年报，用益信托工作室整理、制作。

3. 盈利状况

据年报数据显示，平安信托 2012 年度共计实现营业收入 151.41 亿元，营业支出为 18.12 亿元，净利润为 29.29 亿元。2012 年度平安信托的净利润大大高于行业均值，公司经营业绩高于行业平均水平，但由于体量庞大，净利润增幅低于行业平均增幅。

平安信托 2012 年度人均净利润为 370.2 万元，排名第 29 位，较上一年度增长 198.24%；资本利润率为 10.98%，排名第 55 位；信托报酬率为 1.91%，排名第 6 位。综上可以看出，平安信托资本利润率增长，说明运用资本效益提高；信托报酬率处于行业上游水平，高于行业平均水平，说明公司总体以高报酬业务为主；而净利润增加，表明公司仍处于快速发展通道。

4. 理财状况

年报数据显示，平安信托 2012 年度共计实现信托项目收入 209.56 亿元，信托项目营业支出 35.64 亿元，信托项目净利润为 172.04 亿元。平安信托 2012 年度信托项目净利润高出行业均值 112.46 亿元，但增速低于行业平均增速。

平安信托 2012 年度已清算的集合类信托项目有 80 款，已清算的单一类信托项目有 97 款。总体来讲，2012 年度所有清算项目的平均收益率为 5.75%，略高于上年度的 5.72%。

平安信托 2012 年度新增的 328 款项目均为主动管理型项目。由此来看，平安信托加大了主动管理型业务占比，由复合型业务转变为全主动管理型业务。这说明平安信托贯彻了监管层的业务导向，加强了主动管理能力，并作为行业领头企业为行业发展指引方向。

表 229　平安信托各类信托项目收益率

单位：款，万元，%

项目类型	项目数		项目金额		收益率	
	2012 年	2011 年	2012 年	2011 年	2012 年	2011 年
集合类	80	52	3127916	1600726	5.48	6.96
单一类	97	57	8839755	5219318	5.85	5.34
财产管理类	0	0	0	0	0.00	0
合　计	177	109	11967671	6820044	5.75	5.72

资料来源：信托公司年报，用益信托工作室整理、制作。

表 230　平安信托主动管理型项目占比

单位：款，万元，%

项目类型	项目		金额		金额占比	
	2012 年	2011 年	2012 年	2011 年	2012 年	2011 年
主动管理型	328	266	14422029.45	7531205.47	100.00	68.62
被动管理型	0	46	0	3444092	0.00	31.38
合　计	328	312	14422029.45	10975297.47	100.00	100.00

资料来源：信托公司年报，用益信托工作室整理、制作。

5. 管理状况

年报显示，2012 年度平安信托的最大股东是中国平安保险（集团）股份有限公司，持股比例为 99.88%。

2012 年度平安信托的员工人数较上一年度增加 98 人。其中，30～40 岁的员工最多，占总人数的 50.95%，公司队伍较为年轻。

从表 232 可以看出，2012 年度平安信托的员工学历分布中，以硕士和本科学历为主，其中本科人数占比最大，为 47.26%。

2012 年度平安信托的信托业务人员占比 68.97%。

表 231　平安信托员工年龄分布

单位：人，%

项　目	2012 年		2011 年	
	人数	比例	人数	比例
30 岁以下	349	41.65	353	47.70
30～40 岁	427	50.95	334	45.14
40 岁以上	62	7.40	53	7.16
合　计	838	100.00	740	100.00

资料来源：信托公司年报，用益信托工作室整理、制作。

表 232　平安信托员工学历分布

单位：人，%

项　目	2012 年		2011 年	
	人数	比例	人数	比例
博　士	19	2.27	17	2.30
硕　士	356	42.48	320	43.24
本　科	396	47.26	329	44.46
专　科	61	7.28	68	9.19
其　他	6	0.72	6	0.81
合　计	838	100.00	740	100.00

资料来源：信托公司年报，用益信托工作室整理、制作。

2012 年度平安信托应付员工薪酬为 2.18 亿元，在所有信托公司中排名第 8 位，员工平均薪酬为 26 万元，低于行业平均薪酬水平。

2012 年末平安信托的负债合计 9.26 亿元，资产负债率为 5.76%。不良资产规模为 2528.74 万元。

根据银监会《信托公司净资本管理办法》第十五条及第十六条的净资本管理指标规定，平安信托基本达标。

表 233　平安信托各项风险控制指标

单位：%，万元

项目	2012 年	2011 年
资产负债率	5.76	11.29
不良资产率	0.21	0.42
风险准备金	144056	109513
净资产	1514666	1364990
净资本	1241162	1005764

资料来源：信托公司年报，用益信托工作室整理、制作。

三十六　山东信托

1. 资产状况

根据年报显示，2012 年末，山东信托注册资本为 12.8 亿元，注册资本排名第 30 位。山东信托自营资产规模为 27.65 亿元，较 2011 年的 30.17 亿元，下降 8.4%，在 66 家信托公司中排名第 33 位。山东信托信托资产规模总量为 1897 亿元，较上一年度增幅达 66.37%，信托资产规模排名从 2011 年的第 13 位上升到第 11 位。

2. 业务状况

（1）信托业务

年报显示，截至 2012 年末，山东信托新增集合类项目金额为 352.36 亿元，排名第 12 位；单一类项目金额为 1738.31 亿元，排名第 4 位；财产管理类项目金额为 22.78 亿元，排名第 29 位；合计新增项目数为 630 款，金额为 2113.45 亿元。

另外，山东信托共计实现信托业务收入 6.89 亿元，较上一年度增长 66.36%。

信托资产运用方式如表 234 所示，其中贷款及应收款的资金占比最大，为

表 234　山东信托信托资产运用方式及投向

单位：万元，%

资产运用	金额	占比	资产分布	金额	占比
货币资产	2183979.64	11.51	基础产业	4686851.00	24.71
贷款及应收款	10290808.88	54.25	房地产	470414.00	2.48
交易性金融资产	851208.50	4.49	证券市场	910360.00	4.80
可供出售金融资产	0.00	0.00	工商企业	9776811.00	51.54
持有至到期投资	2962289.29	15.62	金融机构	100304.00	0.53
长期股权投资	1842547.50	9.71	其他	3025301.52	15.95
其他	839207.71	4.42			
信托资产总计	18970041.52	100.00	信托资产总计	18970041.52	100.00

资料来源：信托公司年报，用益信托工作室整理、制作。

54.25%，占比过半。资产分布领域中，山东信托的资金分布主要集中在工商企业、基础产业和其他领域，其中投向工商企业领域的资金规模超过五成，占比为51.54%。

（2）自营业务

山东信托自营资产运用方式及投向如表235所示，自营资产运用方式多样，其中交易性金融资产的资金规模占比最大，为32.56%。资产分布领域中，证券市场领域资金规模占比最高，达42.09%。

表235 山东信托自营资产运用方式及投向

单位：万元，%

资产运用	金额	占比	资产分布	金额	占比
货币资产	46391.50	16.78	基础产业	0.00	0.00
贷款及应收款	8545.04	3.09	房地产	0.00	0.00
交易性金融资产	90043.09	32.56	证券市场	116392.20	42.09
可供出售金融资产	26349.11	9.53	工商企业	0.00	0.00
持有至到期投资	50268.39	18.18	金融机构	101474.39	36.70
长期股权投资	51206.00	18.52	其他	58653.71	21.21
其他	3717.17	1.34			
自营资产总计	276520.30	100.00	自营资产总计	276520.30	100.00

资料来源：信托公司年报，用益信托工作室整理、制作。

3. 盈利状况

山东信托2012年度共计实现营业收入12.19亿元，较上一年度增长126.29%；营业支出较上一年度增长37.25%；净利润较上一年度增长196.01%。2012年度山东信托的净利润高于行业均值，公司经营业绩高于行业平均水平，且净利润增幅远高于行业平均增幅。

山东信托2012年度人均净利润为605.29万元，排名第8位，较上一年度增长146.85%；资本利润率为32.67%，排名第8位；信托报酬率为0.48%，排名第54位。可以看出，山东信托资本利润率大幅增长，说明运用资本效益大幅提高。

4. 理财状况

年报数据显示，山东信托2012年度共计实现信托项目收入113.66亿元，较上一年度增长 105.01%；信托项目营业支出较上一年度增长 91.7%；信托项目净利润较上一年度增长 108.09%。山东信托 2012 年度信托项目净利润高于行业均值，两者相差 35.27 亿元，而增速低于行业平均增速。

山东信托 2012 年度已清算的 139 个集合类信托项目的平均收益率为 8.41%；已清算的 272 款单一类信托项目的平均收益率为 6.49%；已清算的财产管理类项目 6 款，平均收益率为 7.79%。总体来讲，2012 年度山东信托所有清算项目的平均收益率为 6.88%，较上年度 5.26% 的收益率上升 1.62 个百分点。

表 236　山东信托各类信托项目收益率

单位：款，万元，%

项目类型	项目数		项目金额		收益率	
	2012 年	2011 年	2012 年	2011 年	2012 年	2011 年
集合类	139	61	1634430	457086	8.41	5.67
单一类	272	265	6491761	3702307	6.49	5.19
财产管理类	6	2	69604	704	7.79	82.67
合　计	417	328	8195795	4160097	6.88	5.26

资料来源：信托公司年报，用益信托工作室整理、制作。

山东信托 2012 年度新增主动管理型项目 249 款，占比为 39.52%。从业务结构来看，山东信托近两年新增的业务结构以被动管理型业务为主。在监管层鼓励行业转型的环境下，山东信托的业务结构有待优化。

表 237　山东信托主动管理型项目占比

单位：款，万元，%

项目类型	项目		金额		金额占比	
	2012 年	2011 年	2012 年	2011 年	2012 年	2011 年
主动管理型	249	182	3624728	2245701	17.15	19.42
被动管理型	381	300	17509842	9320256	82.85	80.58
合　计	630	482	21134570	11565957	100.00	100.00

资料来源：信托公司年报，用益信托工作室整理、制作。

5. 管理状况

从表 238 可以看出，2012 年度山东信托的员工人数较上年增加 36 人。

在学历分布中，以硕士和本科学历为主，其中硕士占比超过一半，占比最大。

表 238　山东信托员工学历分布

单位：人，%

项　目	2012 年		2011 年	
	人数	比例	人数	比例
博　士	5	3.52	3	2.83
硕　士	72	50.70	42	39.62
本　科	52	36.62	49	46.23
专　科	10	7.04	12	11.32
其　他	3	2.11	0	0.00
合　计	142	100.00	106	100.00

资料来源：信托公司年报，用益信托工作室整理、制作。

2012 年度山东信托应付员工薪酬为 1267.71 万元，排名第 56 位，员工平均薪酬为 8.93 万元，远远低于行业平均薪酬水平。

2012 年末山东信托的负债合计 1.85 亿元，资产负债率为 6.69%，不良资产规模为 7122.45 万元，不良资产率为 2.46%，风险控制能力有所提高。

根据银监会《信托公司净资本管理办法》第十五条及第十六条的净资本管理指标规定，山东信托基本达标。

表 239　山东信托各项风险控制指标

单位：%，万元

项目	2012 年	2011 年
资产负债率	6.69	37.51
不良资产率	2.46	5.49
风险准备金	42401	26704
净资产	258022	188551
净资本	235633	145298

资料来源：信托公司年报，用益信托工作室整理、制作。

三十七　山西信托

1. 资产状况

据年报数据显示，2012年末，山西信托注册资本为10亿元。山西信托自营资产规模为16.87亿元，较2011年的15.03亿元，增长12%。山西信托信托资产规模总量为478.51亿元，较上一年度增长204.32亿元。

2. 业务状况

（1）信托业务

截至2012年末，山西信托新增集合类项目金额为96.18亿元，排名第43位；单一类项目数为78款，金额为263.01亿元，排名第38位；3款财产管理类项目金额为15.79亿元，排名第32位；合计项目数为165款，金额为374.98亿元。

另外，山西信托共计实现信托业务收入3.02亿元，较上一年度增长39.43%。

信托资产运用方式如表240所示，其中贷款的资金占比最大，为52.25%。资产分布领域中，工商企业规模占比最高，达47.90%。

表240　山西信托信托资产运用方式及投向

单位：万元，%

资产运用	金额	占比	资产分布	金额	占比
货币资产	113200.03	2.37	基础产业	1263854.92	26.41
贷款	2500285.50	52.25	房地产	575289.52	12.02
交易性金融资产	167735.05	3.51	证券市场	337327.70	7.05
可供出售金融资产	113665.85	2.38	工商企业	2291997.96	47.90
持有至到期投资	1571197.50	32.84	金融机构	4900.02	0.10
长期股权投资	299337.33	6.26	其他	311693.25	6.51
信托资产总计	4785063.37	100.00	信托资产总计	4785063.37	100.00

资料来源：信托公司年报，用益信托工作室整理、制作。

（2）自营业务

山西信托自营资产运用方式及投向如表241所示，资产运用方式中，货币资产的资金规模占比最大，达43.71%。资产分布领域中，其他投向为山西信托自营资产的主要投资领域，资金规模占比达53.04%。

表241　山西信托自营资产运用方式及投向

单位：万元，%

资产运用	金额	占比	资产分布	金额	占比
货币资产	73747.78	43.71	基础产业	0.00	0.00
交易性金融资产	1744.35	1.03	房地产	0.00	0.00
贷款及应收款	15599.14	9.25	证券市场	33571.44	19.90
可供出售金融资产	36827.08	21.83	工商企业	0.00	0.00
持有至到期投资	0.00	0.00	金融机构	45660.03	27.07
长期股权投资	32437.62	19.23	其他	89472.79	53.04
其他	8348.29	4.95			
资产总计	168704.26	100.00	资产总计	168704.26	100.00

资料来源：信托公司年报，用益信托工作室整理、制作。

3. 盈利状况

据年报数据显示，山西信托2012年度共计实现营业收入4.14亿元，较上一年度增长25.25%；营业支出为2.26亿元，较上一年度增长4.33%；净利润为1.33亿元，较上一年度增长51.72%。2012年度山西信托的净利润较行业均值少4.27亿元。

山西信托2012年度人均净利润为77.11万元，排名第63位，较上一年度增长53.48%；资本利润率为8.99%，排名第61位；信托报酬率为0.85%，排名第37位。综合以上看出，虽然市场竞争日益激烈，但山西信托公司的利润仍在上升。

4. 理财状况

年报数据显示，山西信托2012年度共计实现信托项目收入较上一年度增长137.69%；信托项目营业支出较上一年度增长133.68%；信托项目净利润为较上一年度增长138.52%。山西信托2012年度净利润较行业均值相差32.54亿元。

山西信托2012年度已清算的47款集合类信托项目的平均收益率为

6.47%，已清算的单一类信托项目的平均收益率为7.50%。总体来讲，2012年度所有项目的平均收益率为5.72%，较上年度3.70%的收益率大幅增加。

表242 山西信托各类信托项目收益率

单位：款，万元，%

项目类型	项目数		项目金额		收益率	
	2012年	2011年	2012年	2011年	2012年	2011年
集合类	47	30	333595.31	195362.75	6.47	-0.75
单一类	58	22	962025.01	862381.59	7.50	4.71
财产管理类	1	0	343552.38	0	0.00	0.00
合　计	106	52	1639172.70	1057744.34	5.72	3.70

资料来源：信托公司年报，用益信托工作室整理、制作。

山西信托2012年度新增主动管理型项目为99款，占比为60%。在信托业整体提升主动管理型项目的前提条件下，山西信托正朝着这个方向发展。

表243 山西信托主动管理型项目占比

单位：款，万元，%

项目类型	项目		金额		金额占比	
	2012年	2011年	2012年	2011年	2012年	2011年
主动管理型	99	62	1051524.5	978802.33	28.04	61.49
被动管理型	66	39	2698314	613120.31	71.96	38.51
合　计	165	101	3749838.5	1591922.64	100.00	100.00

资料来源：信托公司年报，用益信托工作室整理、制作。

5. 管理状况

年报显示，2012年度山西信托的主要股东是山西省国信投资（集团）公司，持股比例达90.70%。

从表244可以看出，2012年度山西信托在各年龄段人员比例变动不是特别大，而40岁以上的人员人数一直占有较大的比重。

2012年度山西信托的学历分布比例变化并不是特别大。在所有员工学历占比中，本科比重最大，其次是硕士。

员工中信托业务人员有76人，占比44%。

表 244　山西信托员工年龄分布

单位：人，%

项　目	2012 年		2011 年	
	人数	比例	人数	比例
30 岁以下	33	19.19	38	21.84
30～40 岁	35	20.35	33	18.97
40 岁以上	104	60.47	103	59.20
合　计	172	100.00	174	100.00

资料来源：信托公司年报，用益信托工作室整理、制作。

表 245　山西信托员工学历分布

单位：人，%

项　目	2012 年		2011 年	
	人数	比例	人数	比例
博　士	0	0.00	0	0.00
硕　士	39	22.67	37	21.26
本　科	98	56.98	100	57.47
专　科	16	9.30	16	9.20
其　他	19	11.05	21	12.07
合　计	172	100.00	174	100.00

资料来源：信托公司年报，用益信托工作室整理、制作。

2012 年度山西信托应付员工薪酬为 2073.11 万元，在所有信托公司中排名第 51 位，员工平均薪酬为 12.05 万元。

2012 年末山西信托的负债合计 13814.98 万元，资产负债率为 8.19%。2012 年末山西信托不良资产合计 3998.93 万元，与上一年相同。

表 246　山西信托各项风险控制指标

单位：%，万元

项目	2012 年	2011 年
资产负债率	8.19	6.77
不良资产率	4.15	4.27
风险准备金	23930	19951
净资产	154889	140127
净资本	141800	127963

资料来源：信托公司年报，用益信托工作室整理、制作。

根据银监会《信托公司净资本管理办法》第十五条及第十六条的净资本管理指标规定，山西信托基本达标。

三十八　陕西国投

1. 资产状况

根据年报显示，2012 年末，陕西国投注册资本为 3.58 亿元。陕西国投自营资产规模为 35.61 亿元，较 2011 年有 194% 的增长，增幅排名第 3 位。陕西国投信托资产规模总量为 1011.16 亿元，增长幅度排名第 21 位，为 100.29%。

2. 业务状况

(1) 信托业务

年报显示，截至 2012 年末，陕西国投新增集合类项目金额为 70.27 亿元，排名第 53 位；单一类项目金额为 620.48 亿元，排名第 23 位；合计项目数为 149 款，金额为 690.75 亿元。

另外，陕西国投共计实现信托业务收入 3.77 亿元，较上一年度增长 101.53%。

信托资产运用方式如表 247 所示，其中持有到期投资的资金占比最大，为 37.35%。资产分布领域中，金融机构规模占比最高，达 34.20%。

表 247　陕西国投信托资产运用方式及投向

单位：万元，%

资产运用	金额	占比	资产分布	金额	占比
货币资产	410764.71	4.06	基础产业	1890908.19	18.70
贷款	2411217.30	23.85	房地产	373236.00	3.69
交易性金融资产	2094512.75	20.71	证券市场	2418631.13	23.92
可供出售金融资产	411896.23	4.07	工商企业	1674529.00	16.56
持有至到期投资	3776809.00	37.35	金融机构	3458491.69	34.20
长期股权投资	704797.00	6.97	其他	295802.95	2.93
信托资产总计	10111598.96	100.00	信托资产总计	10111598.96	100.00

资料来源：信托公司年报，用益信托工作室整理、制作。

（2）自营业务

年报数据显示，陕西国投自营资产运用方式及投向如表248所示，可以看出，资产运用方式中，持有至到期投资的资金规模占比最大，达36.14%。

表248　陕西国投自营资产运用方式及投向

单位：万元，%

资产运用	金额	占比	资产分布	金额	占比
货币资产	80831.24	22.70	基础产业	—	—
交易性金融资产	1054.11	0.30	房地产	—	—
贷款及应收款	101300.00	28.45	证券市场	—	—
可供出售金融资产	19263.95	5.41	工商企业	—	—
持有至到期投资	128689.00	36.14	金融机构	—	—
长期股权投资	9400.00	2.64	其他	—	—
资产总计	356088.66	100.00	资产总计	356088.66	100.00

资料来源：信托公司年报，用益信托工作室整理、制作。

3. 盈利状况

陕西国投2012年度共计实现营业收入5.76亿元，较上一年度增长89.31%；营业支出较上一年度增长109.49%；净利润较上一年度增长58.24%。2012年度陕西国投的净利润较行业均值少2.99亿元。

陕西国投2012年度人均净利润为150.65万元，排名第53位，较上一年度增幅为28.97%；资本利润率为10.83%，排名第58位；信托报酬率为0.55%，排名第52位。

4. 理财状况

陕西国投2012年度共计实现信托项目收入49.33亿元，较上一年度增长844.38%；信托项目营业支出9.46亿元，较上一年度增长159.23%；信托项目净利润为39.87亿元，较上一年度增长2433.48%。陕西国投2012年度净利润较行业均值相差19.71亿元。

陕西国投2012年度已清算的37款集合类信托项目的平均收益率为0.50%，已清算的62款单一类信托项目的平均收益率为7.04%。总体来讲，2012年度陕西国投所有项目的平均收益率为5.90%，较上年度3.60%的收益率大幅增加。

表 249　陕西国投各类信托项目收益率

单位：款，万元，%

项目类型	项目数		项目金额		收益率	
	2012 年	2011 年	2012 年	2011 年	2012 年	2011 年
集合类	37	15	348740.06	126084.00	0.50	-3.76
单一类	62	35	1656731.24	1453964.20	7.04	4.23
财产管理类	0	1	0	4528.00	0.00	7.73
合　计	99	51	2005471.30	1584576.20	5.90	3.60

资料来源：信托公司年报，用益信托工作室整理、制作。

陕西国投 2012 年度新增主动管理型项目为 147 款，资金规模占比为 97.68%。

表 250　陕西国投主动管理型项目占比

单位：款，万元，%

项目类型	项目		金额		金额占比	
	2012 年	2011 年	2012 年	2011 年	2012 年	2011 年
主动管理型	147	155.00	6747424.30	4168221.62	97.68	100.00
被动管理型	2	0	160000.00	0	2.32	0.00
合　计	149	155.00	6907424.30	4168221.62	100.00	100.00

资料来源：信托公司年报，用益信托工作室整理、制作。

5. 管理状况

年报显示，2012 年度陕西国投的主要股东是陕西省煤业化工集团，持股比例达 34.58%，但公司实际控制人仍为陕西省国资委。

2012 年度陕西国投的博士、硕士比例均有不同程度的增加。可以看出，陕西国投员工整体素质进一步提高。

2012 年度陕西国投员工中信托业务人员占比最大。

2012 年度陕西国投应付员工薪酬为 10835.76 万元，排名第 55 位，员工平均薪酬为 62.63 万元。

2012 年末陕西国投的负债合计 29806.08 万元，不良资产合计 1745.25 万元。

表 251　陕西国投员工学历分布

单位：人，%

项　目	2012 年		2011 年	
	人数	比例	人数	比例
博　士	9	5. 20	3	1. 84
硕　士	64	36. 99	46	28. 22
本　科	90	52. 02	84	51. 53
专　科	10	5. 78	30	18. 40
合　计	173	100. 00	163	100. 00

资料来源：信托公司年报，用益信托工作室整理、制作。

根据银监会《信托公司净资本管理办法》第十五条及第十六条的净资本管理指标规定，陕西国投基本达标。

表 252　陕西国投各项风险控制指标

单位：%，万元

项目	2012 年	2011 年
资产负债率	8. 37	29. 91
不良资产率	0. 94	3. 23
风险准备金	16054	8203
净资产	326283	84956
净资本	236392	72210

资料来源：信托公司年报，用益信托工作室整理、制作。

三十九　上海信托

1. 资产状况

根据年报显示，2012 年末，上海信托注册资本为 25 亿元。上海信托自营资产规模为 63. 15 亿元，较 2011 年增长 12%。上海信托信托资产规模总量为 1202. 86 亿元，增长幅度排名第 23 位，为 55. 52%。

2. 业务状况

（1）信托业务

年报显示，截至 2012 年末，上海信托新增集合类项目金额在所有信托公司中排名第 9 位；单一类项目金额排名第 24 位；财产管理类项目金额排名第 31 位；合计新增项目 334 款，金额为 971.58 亿元。

另外，上海信托共计实现信托业务收入 7.66 亿元，较上一年度增长 35.10%。资产运用方式如表 371 所示，其中贷款的资金占比最大，为 42.69%。资产分布领域中，基础产业规模占比达 31.17%。

表 253　上海信托信托资产运用方式及投向

单位：万元，%

资产运用	金额	占比	资产分布	金额	占比
货币资产	636522.72	5.29	基础产业	3748931.50	31.17
贷款	5134774.50	42.69	房地产	592666.25	4.93
交易性金融资产	2606301.45	21.67	证券市场	2380844.50	19.79
可供出售金融资产	3059122.20	25.43	工商企业	1499208.50	12.46
持有至到期投资	80000.00	0.67	金融机构	266350.00	2.21
长期股权投资	158421.49	1.32	其他	3540614.75	29.43
信托资产总计	12028615.50	100.00	信托资产总计	12028615.50	100.00

资料来源：信托公司年报，用益信托工作室整理、制作。

（2）自营业务

上海信托自营资产运用方式及投向如表 254 所示，资产运用方式中，长期股权投资的资金规模占比最大，达 38.37%。资产分布领域中，金融机构投向为信托自营资产的主要投资领域，其资金规模占比达 66.81%。

表 254　上海信托自营资产运用方式及投向

单位：万元，%

资产运用	金额	占比	资产分布	金额	占比
货币资产	35505.04	5.62	基础产业	0	0.00
交易性金融资产	125988.07	19.95	证券市场	166200.31	26.32
可供出售金融资产	160405.94	25.40	金融机构	421912.12	66.81
长期股权投资	242299.08	38.37	其他	43382.92	6.87
其他	67297.22	10.66			
资产总计	631495.35	100.00	资产总计	631495.35	100.00

资料来源：信托公司年报，用益信托工作室整理、制作。

3. 盈利状况

据年报数据显示，上海信托2012年度共计实现营业收入21.81亿元，较上一年度增长24.18%；营业支出增长9.77%；净利润增长24.78%。2012年度上海信托的净利润较行业均值少5.17亿元。

上海信托2012年度人均净利润为538.64万元，排名第11位，较上一年度增长23.88%；资本利润率为16.37%，排名第40位；信托报酬率为0.90%，排名第32位。

4. 理财状况

上海信托2012年度共计实现信托项目收入67.38亿元，较上一年度增长131.88%；信托项目营业支出增长40.95%；信托项目净利润增长165.17%。上海信托2012年度净利润较行业均值少3.19亿元。

上海信托2012年度已清算的集合类信托项目有91款，平均收益率为6.08%；已清算的单一类信托项目有80款，平均收益率为6.01%；财产管理类2012年度清算项目有1款，收益率为-1.00%。2012年度所有项目的平均收益率为6.02%。

表255　上海信托各类信托项目收益率

单位：款，万元，%

项目类型	项目数		项目金额		收益率	
	2012年	2011年	2012年	2011年	2012年	2011年
集合类	91	63	1352528.83	816590.16	6.08	5.71
单一类	80	52	2581459.99	1620863.36	6.01	4.66
财产管理类	1	2	8125.00	13813.00	-1.00	176.88
合　计	172	117.00	3942113.82	2451266.52	6.02	5.98

资料来源：信托公司年报，用益信托工作室整理、制作。

表256　上海信托主动管理型项目占比

单位：款，万元，%

项目类型	项目		金额		金额占比	
	2012年	2011年	2012年	2011年	2012年	2011年
主动管理型	242	128	6179049.12	1897375.77	63.60	48.48
被动管理型	92	67	3536705.61	2016323.52	36.40	51.52
合　计	334	195	9715754.73	3913699.29	100.00	100.00

资料来源：信托公司年报，用益信托工作室整理、制作。

上海信托2012年度新增主动管理型项目为242款，占比为72.46%；资金规模占比为63.60%。上海信托也在朝着整体提升主动管理型项目的方向发展。

5. 管理状况

从表257可以看出，2012年度上海信托30岁以下人员占比提升明显，其也是整个年龄层级中占比最大的。

表257　上海信托员工年龄分布

单位：人，%

项　目	2012 年		2011 年	
	人数	比例	人数	比例
30 岁以下	80	41.67	53	30.64
30～40 岁	63	32.81	62	35.84
40 岁以上	49	25.52	58	33.53
合　计	192	100.00	173	100.00

资料来源：信托公司年报，用益信托工作室整理、制作。

从表258可以看出，2012年度上海信托的硕士比例有所提升，其也是所有学历中占比最大的。

表258　上海信托员工学历分布

单位：人，%

项　目	2012 年		2011 年	
	人数	比例	人数	比例
博　士	8	4.17	8	4.62
硕　士	100	52.08	82	47.40
本　科	66	34.38	60	34.68
专　科	13	6.77	16	9.25
其　他	5	2.60	7	4.05
合　计	192	100.00	173	100.00

资料来源：信托公司年报，用益信托工作室整理、制作。

2012年度上海信托的员工中信托业务人员占比68.23%。

2012年度上海信托应付员工薪酬为12003.88万元，排名第12位，员工平均薪酬为62.52万元。

2012年末上海信托的负债合计4.90亿元，资产负债率为7.76%，无不良资产。

根据银监会《信托公司净资本管理办法》第十五条及第十六条的净资本管理指标规定，上海信托基本达标。

表259　上海信托各项风险控制指标

单位：%，万元

项目	2012年	2011年
资产负债率	7.76	6.88
不良资产率	0.00	0.00
风险准备金	155870	127520
净资产	582473	522909
净资本	450000	398719

资料来源：信托公司年报，用益信托工作室整理、制作。

四十　苏州信托

1. 资产状况

根据年报显示，2012年末，苏州信托注册资本为12亿元，较上年的5.9亿元，增长103.39%。公司股东持股比例保持不变。苏州信托自营资产规模为22.00亿元，较2011年增长92%，在所有信托公司中增长幅度排名第6位，主要是因为注册资本金增加。苏州信托信托资产规模总量为311.99亿元，增长幅度为43.82%，排名第53位。

2. 业务状况

（1）信托业务

截至2012年末，苏州信托新增集合类项目金额在所有信托公司中排名第34位；单一类项目金额排名第55位；合计项目数为94款，金额为217.23亿元。

另外，苏州信托共计实现信托业务收入4.31亿元，较上一年度增长74.51%。

信托资产运用方式如表260所示，其中持有至到期投资的资金占比最大，为42.32%。资产分布领域中，基础产业规模占比最高，达51.39%。

（2）自营业务

苏州信托自营资产运用方式及投向如表261所示，资产运用方式中，可供出售金融资产的资金规模占比最大，达39.11%。资产分布领域中，金融机构为苏州信托自营资产的主要投资领域，资金规模占比达36.34%。

表260　苏州信托信托资产运用方式及投向

单位：万元，%

资产运用	金额	占比	资产分布	金额	占比
货币资产	37000.00	1.19	基础产业	1603189.00	51.39
贷款	789826.00	25.32	房地产	428929.00	13.75
交易性金融资产	1602.00	0.05	证券市场	1602.00	0.05
可供出售金融资产	0	0.00	工商企业	420318.00	13.47
持有至到期投资	1320344.00	42.32	金融机构	57900.00	1.86
信托资产总计	3119891.00	100.00	信托资产总计	3119891.00	100.00

资料来源：信托公司年报，用益信托工作室整理、制作。

表261　苏州信托自营资产运用方式及投向

单位：万元，%

资产运用	金额	占比	资产分布	金额	占比
货币资产	22150.00	10.07	基础产业	0	0.00
交易性金融资产	2449.00	1.11	房地产	20650.00	9.39
贷款及应收款	48419.00	22.01	证券市场	62363.00	28.35
可供出售金融资产	86014.00	39.11	工商企业	28550.00	12.98
长期股权投资	34535.00	15.70	金融机构	79935.00	36.34
其他	26384.00	12.00	其他	28453.00	12.94
资产总计	219951.00	100.00	资产总计	219951.00	100.00

资料来源：信托公司年报，用益信托工作室整理、制作。

3. 盈利状况

苏州信托2012年度共计实现营业收入5.21亿元，较上一年度增长81.76%；营业支出为1.55亿元，增长107.11%；净利润为2.79亿元，增长75.11%。2012年度苏州信托的净利润较行业均值少2.81亿元。

苏州信托2012年度人均净利润为382.52万元，排名第27位，较上一年度增长57.11%；资本利润率为16.78%，排名第38位；信托报酬率为1.75%。

4. 理财状况

苏州信托2012年度共计实现信托项目收入25.16亿元，较上一年度增长45.19%；信托项目营业支出增长63.45%；信托项目净利润增长41.97%。苏州信托2012年度净利润较行业均值少40.67亿元。

苏州信托2012年度58个已清算的集合类信托项目的平均收益率为7.75%；已清算的单一类信托项目有15款，平均收益率为8.05%。总体来讲，2012年度所有项目的平均收益率为7.81%。

表262 苏州信托各类信托项目收益率

单位：款，万元，%

项目类型	项目数		项目金额		收益率	
	2012年	2011年	2012年	2011年	2012年	2011年
集合类	58	33	864174.52	502706.15	7.75	7.33
单一类	15	16	221463.20	171132.00	8.05	7.03
财产管理类	0	0	0	0	0.00	0.00
合　计	73	49	1085637.72	673838.15	7.81	7.25

资料来源：信托公司年报，用益信托工作室整理、制作。

苏州信托2012年度新增主动管理型项目为94款，项目金额为217.23亿元，与2011年相同，无新增被动管理型项目。

表263 苏州信托主动管理型项目占比

单位：款，万元，%

项目类型	项目		金额		金额占比	
	2012年	2011年	2012年	2011年	2012年	2011年
主动管理型	94	65	2172291	1204333.72	100.00	100.00
被动管理型	0	0	0	0	0.00	0.00
合　计	94	65	2172291	1204333.72	100.00	100.00

资料来源：信托公司年报，用益信托工作室整理、制作。

5. 管理状况

从表264可以看出，2012年度苏州信托30岁以下的人员占比提升较大，其也是整个年龄层级中占比最大的。

表 264　苏州信托员工年龄分布

单位：人，%

项　目	2012 年		2011 年	
	人数	比例	人数	比例
30 岁以下	28	35.90	18	27.27
30～40 岁	27	34.62	30	45.45
40 岁以上	23	29.49	18	27.27
合　计	78	100.00	66	100.00

资料来源：信托公司年报，用益信托工作室整理、制作。

2012 年度苏州信托的员工学历中硕士比例有所提升，而本科和专科比例相应减少。

表 265　苏州信托员工学历分布

单位：人，%

项　目	2012 年		2011 年	
	人数	比例	人数	比例
博　士	1	1.28	1	1.52
硕　士	30	38.46	24	36.36
本　科	39	50.00	34	51.52
专　科	4	5.13	5	7.58
其　他	4	5.13	2	3.03
合　计	78	100.00	66	100.00

资料来源：信托公司年报，用益信托工作室整理、制作。

2012 年度苏州信托的员工中信托业务人员最多，占比 46%。

2012 年度苏州信托应付员工薪酬为 5666.92 万元，排名第 31 位，员工平均薪酬为 72.65 万元。

2012 年末苏州信托的负债合计 20993.81 万元，资产负债率为 9.55%，无不良资产。

根据银监会《信托公司净资本管理办法》第十五条及第十六条的净资本管理指标规定，苏州信托基本达标。

表 266　苏州信托各项风险控制指标

单位：%，万元

项目	2012 年	2011 年
资产负债率	9.55	3.68
不良资产率	0.00	0.00
风险准备金	35452	12659
净资产	198772	110245
净资本	139109	82521

资料来源：信托公司年报，用益信托工作室整理、制作。

四十一　四川信托

1. 资产状况

根据年报显示，2012 年末，四川信托注册资本为 13 亿元。四川信托自营资产规模为 24.20 亿元，较 2011 年增长 25%。四川信托信托资产规模总量为 1367.81 亿元，较上一年增长 93.73%。

2. 业务状况

（1）信托业务

截至 2012 年末，四川信托新增集合类项目金额排名第 11 位；单一类项目金额为 745.13 亿元，排名第 19 位；财产管理类项目金额为 34.39 亿元，排名第 21 位。合计项目数为 339 款，金额为 1144.70 亿元。

另外，四川信托共计实现信托业务收入 15.00 亿元，较上一年度增长 150.39%。

货币资产运用方式如表 267 所示，其中可供出售金融资产的资金占比最大，为 49.21%。资产分布领域中，工商企业规模占比最高，达 62.16%。

（2）自营业务

年报数据显示，四川信托自营资产运用方式及投向如表 268 所示，货币资产的资金规模占比最大，达 31.03%。资产分布领域中，其他投向为四川信托自营资产的主要投资领域，规模占比达 38.74%。

表 267　四川信托信托资产运用方式及投向

单位：万元，%

资产运用	金额	占比	资产分布	金额	占比
货币资产	176399. 10	1. 29	基础产业	2156142. 55	15. 76
贷款	5129043. 00	37. 50	房地产	1441763. 67	10. 54
交易性金融资产	12035. 25	0. 09	证券市场	265337. 15	1. 94
可供出售金融资产	6731538. 83	49. 21	工商企业	8502302. 67	62. 16
持有至到期投资	0	0. 00	金融机构	189382. 36	1. 38
长期股权投资	1103345. 90	8. 07	其他	1123182. 57	8. 21
信托资产总计	13678110. 97	100. 00	信托资产总计	13678110. 97	100. 00

资料来源：信托公司年报，用益信托工作室整理、制作。

表 268　四川信托自营资产运用方式及投向

单位：万元，%

资产运用	金额	占比	资产分布	金额	占比
货币资产	75103. 34	31. 03	房地产	42048. 49	17. 37
交易性金融资产	33411. 87	13. 80	证券市场	33411. 87	13. 80
贷款及应收款	15290. 38	6. 32	工商企业	4512. 20	1. 86
长期股权投资	52815. 43	21. 82	金融机构	68303. 23	28. 22
其他	21345. 43	8. 82	其他	93753. 59	38. 74
资产总计	242029. 38	100. 00	资产总计	242029. 38	100. 00

资料来源：信托公司年报，用益信托工作室整理、制作。

3. 盈利状况

据年报数据显示，四川信托 2012 年度共计实现营业收入 17. 86 亿元，较上一年度增长 88. 14%；营业支出增长 48. 85%；净利润增长 116. 61%。2012 年度四川信托的净利润较行业均值多 3. 19 亿元。

四川信托 2012 年度人均净利润 289. 15 万元，排名第 39 位，较上一年度增长 52. 52%；资本利润率为 43. 74%，排名第 2 位；信托报酬率为 1. 28%，排名第 21 位。

4. 理财状况

四川信托 2012 年度共计实现信托项目收入 91. 71 亿元，较上一年度增长 70. 48%；信托项目营业支出增长 125. 07%；信托项目净利润增长 59. 56%。

四川信托2012年度净利润较行业均值多11.95亿元。

四川信托2012年度已清算的38款集合类信托项目的平均收益率为9.37%；已清算的119款单一类信托项目的平均收益率为7.69%。总体来讲，2012年度四川信托所有项目的平均收益率为8.04%，较上年度大幅增加。

表269　四川信托各类信托项目收益率

单位：款，万元，%

项目类型	项目数		项目金额		收益率	
	2012年	2011年	2012年	2011年	2012年	2011年
集合类	38	3	1015989.67	53170.00	9.37	6.84
单一类	119	102	3793860.20	6153327.90	7.69	5.76
财产管理类	0	0	0	0	0.00	0.00
合　计	157	105	4809849.87	6206497.90	8.04	5.77

资料来源：信托公司年报，用益信托工作室整理、制作。

表270　四川信托主动管理型项目占比

单位：款，万元，%

项目类型	项目		金额		金额占比	
	2012年	2011年	2012年	2011年	2012年	2011年
主动管理型	95	53	3025791.1	1322497	26.43	11.06
被动管理型	244	268	8421164.03	10631826.84	73.57	88.94
合　计	339	321	11446955.13	11954323.84	100.00	100.00

资料来源：信托公司年报，用益信托工作室整理、制作。

四川信托2012年度新增主动管理型项目为95款，占比为28.02%。

5. 管理状况

从表271可以看出，2012年度四川信托30岁以下和30~40岁的人员比例均有不同程度的提升，相应地，40岁以上的人员比例有所下降。

2012年度四川信托员工学历中硕士的比例提升明显，在所有员工学历中硕士的占比仅次于本科。

2012年度四川信托的员工中信托业务人员占比51%。

2012年度四川信托应付员工薪酬为4740.21万元，排名第35位，较上一年度减少 22.73%，员工平均薪酬为 14.23 万元。

2012 年末四川信托的负债合计 2.35 亿元，资产负债率为 9.71%。2012 年末四川信托无不良资产。

表 271　四川信托员工年龄分布

单位：人，%

项　目	2012 年		2011 年	
	人数	比例	人数	比例
30 岁以下	134	40.24	86	37.72
30～40 岁	125	37.54	76	33.33
40 岁以上	74	22.22	66	28.95
合　计	333	100.00	228	100.00

资料来源：信托公司年报，用益信托工作室整理、制作。

表 272　四川信托员工学历分布

单位：人，%

项　目	2012 年		2011 年	
	人数	比例	人数	比例
博　士	4	1.20	3	1.32
硕　士	128	38.44	67	29.39
本　科	153	45.95	104	45.61
专　科	39	11.71	31	13.60
其　他	9	2.70	23	10.09
合　计	333	100.00	228	100.00

资料来源：信托公司年报，用益信托工作室整理、制作。

表 273　四川信托各项风险控制指标

单位：%，万元

项目	2012 年	2011 年
资产负债率	9.71	16.46
不良资产率	0.00	0.00
风险准备金	24078	6440
净资产	218530	162253
净资本	191800	126044

资料来源：信托公司年报，用益信托工作室整理、制作。

根据银监会《信托公司净资本管理办法》第十五条及第十六条的净资本管理指标规定，四川信托基本达标。

四十二　天津信托

1. 资产状况

根据年报显示，2012 年末，天津信托注册资本为 15 亿元。天津信托自营资产规模为 22.04 亿元，较 2011 年增长 11%。天津信托信托资产规模总量为 688.40 亿元，较上一年度增长 76.90%。

2. 业务状况

（1）信托业务

截至 2012 年末，天津信托新增集合类项目金额排名第 17 位；107 个单一类项目金额排名第 46 位；12 个财产管理类项目金额排名第 7 位；合计项目数为 247 款，金额为 496.68 亿元。

另外，天津信托共计实现信托业务收入 5.78 亿元，较上一年度增长 60.51%。

天津信托信托资产总计 688.40 亿元。信托资产运用方式如表 274 所示，其中贷款的资金占比最大，为 34.19%。资产分布领域中，工商企业规模占比最高，达 43.81%。

表 274　天津信托信托资产运用方式及投向

单位：万元，%

资产运用	金额	占比	资产分布	金额	占比
货币资产	181049.00	2.63	基础产业	1877736.00	27.28
贷款	2353433.00	34.19	房地产	528899.00	7.68
交易性金融资产	388300.00	5.64	证券市场	388300.00	5.64
可供出售金融资产	0	0.00	工商企业	3015694.00	43.81
持有至到期投资	351450.00	5.11	金融机构	520992.00	7.57
长期股权投资	873865.00	12.69	其他	552388.00	8.02
信托资产总计	6884009.00	100.00	信托资产总计	6884009.00	100.00

资料来源：信托公司年报，用益信托工作室整理、制作。

（2）自营业务

天津信托自营资产运用方式及投向如表 275 所示，资产运用方式中，贷款及应收款的资金规模占比最大，达 27.66%。资产分布领域中，证券市场为自营资产的主要投资领域，占比达 27.49%。

表 275　天津信托自营资产运用方式及投向

单位：万元，%

资产运用	金额	占比	资产分布	金额	占比
货币资产	33871.00	15.37	基础产业	10000.00	4.54
交易性金融资产	37.00	0.02	房地产	0	0.00
贷款及应收款	60950.00	27.66	证券市场	60574.00	27.49
可供出售金融资产	60537.00	27.47	工商企业	48342.00	21.94
持有至到期投资	28623.00	12.99	金融机构	44878.00	20.37
长期股权投资	11007.00	4.99	其他	56568.00	25.67
其他	25337.00	11.50			
资产总计	220362.00	100.00	资产总计	220362.00	100.00

资料来源：信托公司年报，用益信托工作室整理、制作。

3. 盈利状况

天津信托 2012 年度共计实现营业收入 6.40 亿元，较上一年度增长 44.62%；营业支出增长 77.67%；净利润增长 19.65%，2012 年度天津信托的净利润较行业均值少 3.11 亿元。

天津信托 2012 年度人均净利润为 178.85 万元，排名第 49 位，较上一年度增长 18.78%；资本利润率率为 12.68%，排名第 49 位，较上一年度增加 1.65%；信托报酬率为 1.11%，排名第 26 位。

4. 理财状况

天津信托 2012 年度共计实现信托项目收入 44.44 亿元，较上一年度增长 59.01%；信托项目营业支出增长 95.34%；信托项目净利润增长 53.10%。2012 年度净利润较行业均值少 22.65 亿元。

天津信托 2012 年度已清算的集合类信托项目的平均收益率为 7.44%，已清算的 85 款单一类信托项目的平均收益率为 6.93%，财产管理类 2012 年度清算项目有 1 款。2012 年度天津信托所有项目的平均收益率为 6.93%，较上年度进一步增加。

表 276 天津信托各类信托项目收益率

单位：款，万元，%

项目类型	项目数		项目金额		收益率	
	2012 年	2011 年	2012 年	2011 年	2012 年	2011 年
集合类	72	47	802548. 34	496391. 00	7. 44	7. 75
单一类	85	128	1072982. 90	1780468. 00	6. 93	5. 98
财产管理类	1	1	59339. 43	3450. 00	—	7. 40
合　计	158	176	1934870. 67	2280309. 00	6. 93	6. 37

资料来源：信托公司年报，用益信托工作室整理、制作。

天津信托2012 年度新增主动管理型项目为160 款，占比为64. 78%；项目金额为285. 31 亿元，资金规模占比为57. 44%。

表 277 天津信托主动管理型项目占比

单位：款，万元，%

项目类型	项目		金额		金额占比	
	2012 年	2011 年	2012 年	2011 年	2012 年	2011 年
主动管理型	160	100	2853110. 11	2337144. 4	57. 44	72. 11
被动管理型	87	70	2113697. 57	903806. 73	42. 56	27. 89
合　计	247	170	4966807. 68	3240951. 13	100. 00	100. 00

资料来源：信托公司年报，用益信托工作室整理、制作。

5. 管理状况

年报显示，2012 年7 月，天津信托原股东天津环球磁卡股份有限公司将持有的7895000 元股权转让给天津海泰控股集团有限公司。转让后天津海泰控股集团有限公司持有51. 58%的股权。

从表278 可以看出，2012 年度天津信托40 岁以上的人员比例超过半数，是整个年龄层级中占比最大的。

与2011 年相比，2012 年度天津信托的员工学历分布变动不大，硕士比例有所提升的同时，本科比例稍有下降。

表 278　天津信托员工年龄分布

单位：人，%

项　目	2012 年		2011 年	
	人数	比例	人数	比例
30 岁以下	19	13.67	73	52.90
30～40 岁	46	33.09	53	38.41
40 岁以上	74	53.24	65	47.10
合　计	139	100.00	138	100.00

资料来源：信托公司年报，用益信托工作室整理、制作。

表 279　天津信托员工学历分布

单位：人，%

项　目	2012 年		2011 年	
	人数	比例	人数	比例
博　士	3	2.16	3	2.17
硕　士	55	39.57	52	37.68
本　科	56	40.29	58	42.03
专　科	24	17.27	24	17.39
其　他	1	0.72	1	0.72
合　计	139	100.00	138	100.00

资料来源：信托公司年报，用益信托工作室整理、制作。

2012 年度天津信托的员工中信托业务人员占比 50%。

2012 年度天津信托应付员工薪酬为 5189.19 万元，排名第 32 位，较上一年度增长 36.37%，员工平均薪酬为 37.33 万元。

2012 年末天津信托的负债合计 1.36 亿元，资产负债率为 6.16%。

表 280　天津信托各项风险控制指标

单位：%，万元

项目	2012 年	2011 年
资产负债率	6.16	6.42
不良资产率	0.32	1.07
风险准备金	23645	19913
净资产	206785	185275
净资本	161400	148259

资料来源：信托公司年报，用益信托工作室整理、制作。

2012 年末天津信托不良资产合计 304.57 万元。

根据银监会《信托公司净资本管理办法》第十五条及第十六条的净资本管理指标规定，天津信托基本达标。

四十三　外贸信托

1. 资产状况

根据年报显示，2012 年末，外贸信托注册资本为 22 亿元。外贸信托自营资产规模为 54.68 亿元，较 2011 年的 42.56 亿元，增长 28%。外贸信托信托资产规模总量为 2151.86 亿元，较上一年度减少 235.89 亿元。

2. 业务状况

（1）信托业务

年报显示，截至 2012 年末，外贸信托新增 1096 款集合类项目，金额排名第 1 位；单一类项目数为 136 款，金额排名第 16 位；财产管理类项目数为 6 款，金额排名第 30 位；合计项目数为 1238 款，金额为 2077.24 亿元。

另外，外贸信托共计实现信托业务收入 10.06 亿元，较上一年度增长 40.29%。

信托资产运用方式如表 281 所示，其中贷款的资金占比最大，为 30.52%。资产分布领域中，证券市场的规模占比最高，达 42.76%。

表 281　外贸信托信托资产运用方式及投向

单位：万元，%

资产运用	金额(万元)	占比	资产分布	金额	占比
货币资产	914947.69	4.25	基础产业	1801704.99	8.37
贷款	6567343.30	30.52	房地产	1690725.51	7.86
交易性金融资产	4970587.52	23.10	证券市场	9200293.34	42.76
可供出售金融资产	2832275.31	13.16	工商企业	5231575.66	24.31
持有至到期投资	1806587.39	8.40	金融机构	1013956.42	4.71
长期股权投资	3033879.75	14.10	其他	2580361.84	11.99
信托资产总计	21518617.76	100.00	信托资产总计	21518617.76	100.00

资料来源：信托公司年报，用益信托工作室整理、制作。

（2）自营业务

外贸信托自营资产运用方式及投向如表 282 所示，资产运用方式中，可供出售金融资产的资金规模占比最大，达 32.82%。资产分布领域中，证券市场为自营资产的主要投资领域，资金规模占比达 52.10%。

表 282　外贸信托自营资产运用方式及投向

单位：万元，%

资产运用	金额	占比	资产分布	金额	占比
货币资产	103637.03	18.95	基础产业	18887.99	3.45
交易性金融资产	105005.59	19.20	房地产	42958.01	7.86
贷款及应收款	16970.95	3.10	证券市场	284875.58	52.10
可供出售金融资产	179429.53	32.82	工商企业	0	0.00
持有至到期投资	87782.09	16.05	金融机构	46702.09	8.54
长期股权投资	49510.09	9.06	其他	153345.04	28.05
其他	4433.43	0.81			
资产总计	546768.71	100.00	资产总计	546768.71	100.00

资料来源：信托公司年报，用益信托工作室整理、制作。

3. 盈利状况

据年报数据显示，外贸信托 2012 年度共计实现营业收入 16.49 亿元，较上一年度增长 34.90%；营业支出为 2.65 亿元，增长 30.60%；净利润为 10.57 亿元，增长 34.72%。2012 年度外贸信托的净利润较行业均值多 4.98 亿元。

外贸信托 2012 年度人均净利润 655.55 万元，排名第 7 位，较上年增长 1.02%；资本利润率为 0.23%，排名第 65 位；信托报酬率为 0.57%，排名第 51 位。

4. 理财状况

年报数据显示，外贸信托 2012 年度共计实现信托项目收入 131.88 亿元，较上一年度增长 125.84%；信托项目营业支出 29.01 亿元，增长 74.52%；信托项目净利润为 102.35 亿元，增长 147.46%。外贸信托 2012 年度净利润较行业均值多 42.78 亿元。

外贸信托2012年度已清算的集合类信托项目有1815款，平均收益率为5.95%；已清算的单一类信托项目的平均收益率为6.11%；财产管理类2012年度清算项目有3款。2012年度外贸信托所有项目的平均收益率为5.99%，较上年度的收益率有所上升。

表283 外贸信托各类信托项目收益率

单位：款，万元，%

项目类型	项目数		项目金额		收益率	
	2012年	2011年	2012年	2011年	2012年	2011年
集合类	1815	473	15011011.15	5321852.51	5.95	3.95
单一类	163	66	2924072.71	2351587.65	6.11	4.83
财产管理类	3	3	684325.00	35198.85	6.37	6.39
合　计	1981	542	18619408.86	7708639.01	5.99	4.23

资料来源：信托公司年报，用益信托工作室整理、制作。

外贸信托2012年度新增主动管理型项目数占比为96.77%，项目金额占比为73.27%。

表284 外贸信托主动管理型项目占比

单位：款，万元，%

项目类型	项目		金额		金额占比	
	2012年	2011年	2012年	2011年	2012年	2011年
主动管理型	1198	1642	15220471.38	18953905.84	73.27	62.28
被动管理型	40	42	5551914.22	11479132.04	26.73	37.72
合　计	1238	1684	20772385.6	30433037.88	100.00	100.00

资料来源：信托公司年报，用益信托工作室整理、制作。

5. 管理状况

从表285可以看出，2012年度外贸信托30岁以下的人员占比明显下降，但其仍然是整个年龄层级中占比最大的。

2012年度外贸信托员工学历中博士和硕士的比例均有不同程度的提高，而本科学历的人员比例相应下降。

表 285　外贸信托员工年龄分布

单位：人，%

项　目	2012 年		2011 年	
	人数	比例	人数	比例
30 岁以下	116	49.36	116	63.39
30～40 岁	85	36.17	43	23.50
40 岁以上	34	14.47	24	13.11
合　计	235	100.00	183	100.00

资料来源：信托公司年报，用益信托工作室整理、制作。

表 286　外贸信托员工学历分布

单位：人，%

项　目	2012 年		2011 年	
	人数	比例	人数	比例
博　士	5	2.13	3	1.64
硕　士	136	57.87	102	55.74
本　科	86	36.60	72	39.34
专　科	8	3.40	6	3.28
合　计	235	100.00	183	100.00

资料来源：信托公司年报，用益信托工作室整理、制作。

表 287　外贸信托各项风险控制指标

单位：%，万元

项目	2012 年	2011 年
资产负债率	5.70	6.95
不良资产率	0.00	0.00
风险准备金	81858	55724
净资产	515596	396023
净资本	485931	331728

资料来源：信托公司年报，用益信托工作室整理、制作。

2012 年度外贸信托的员工中信托业务人员占比 70.21%。

2012 年度外贸信托应付员工薪酬为 4950.19 万元，排名第 33 位，较上一年度增长 31.51%，员工平均薪酬为 21.06 万元。

2012 年末外贸信托的负债合计 3.12 亿元，资产负债率为 5.70%。2012 年末外贸信托无不良资产。

根据银监会《信托公司净资本管理办法》第十五条及第十六条的净资本管理指标规定，外贸信托基本达标。

四十四　五矿信托

1. 资产状况

根据年报显示，2012 年末，五矿信托注册资本为 12 亿元。五矿信托自营资产规模为 21.29 亿元，较 2011 年的 14.07 亿元，增长 51%，增长幅度排名第 14 位。五矿信托的信托资产规模总量为 1200.16 亿元，较上一年度增长 830.89 亿元，增长幅度排名第 9 位，为 225.01%。

2. 业务状况

（1）信托业务

年报显示，截至 2012 年末，五矿信托新增集合类项目 110 款，金额为 473.26 亿元，排名第 4 位；单一类项目 181 款，金额为 518.77 亿元，排名第 27 位；财产管理类项目 16 款，金额为 62.20 亿元，排名第 12 位；合计项目数为 307 款，金额为 1054.23 亿元。

另外，五矿信托共计实现信托业务收入 6.72 亿元，较上一年度增长 204.32%。

信托资产运用方式如表 288 所示，其中可供出售金融资产资金占比最大，为 66.07%。资产分布领域中，工商企业规模占比最高，达 45.42%。

表 288　五矿信托信托资产运用方式及投向

单位：万元，%

资产运用	金额	占比	资产分布	金额	占比
货币资产	210295.80	1.75	基础产业	3761277.40	31.34
贷款	3301552.40	27.51	房地产	1096119.00	9.13
交易性金融资产	148611.40	1.24	证券市场	836115.91	6.97
可供出售金融资产	7929044.10	66.07	工商企业	5451512.93	45.42
持有至到期投资	0	0.00	金融机构	143159.55	1.19
长期股权投资	301034.00	2.51	其他	713429.70	5.94
信托资产总计	12001614.50	100.00	信托资产总计	12001614.50	100.00

资料来源：信托公司年报，用益信托工作室整理、制作。

（2）自营业务

年报数据显示，五矿信托自营资产运用方式及投向从表 289 可以看出，资产运用方式中，货币资产的资金规模占比最大，达 67.35%。资产分布领域中，金融机构为自营资产的主要投资领域，占比达 67.35%。

表 289　五矿信托自营资产运用方式及投向

单位：万元，%

资产运用	金额	占比	资产分布	金额	占比
货币资产	143409.61	67.35	基础产业	20000.00	9.39
交易性金融资产	16074.11	7.55	房地产	234.00	0.11
贷款及应收款	20971.31	9.85	证券市场	45179.57	21.22
可供出售金融资产	29105.46	13.67	工商企业	0	0.00
持有至到期投资	0	0.00	金融机构	143409.61	67.35
长期股权投资	0	0.00	其他	4106.21	1.93
其他	3368.90	1.58			
资产总计	212929.39	100.00	资产总计	212929.39	100.00

资料来源：信托公司年报，用益信托工作室整理、制作。

3. 盈利状况

据年报数据显示，五矿信托 2012 年度共计实现营业收入 8.84 亿元，较上一年度增长 186.57%；营业支出为 2.87 亿元，增长 155.58%；净利润为 6.33 亿元，增长 202.59%。2012 年度五矿信托的净利润较行业均值多 7.37 亿元。

五矿信托 2012 年度人均净利润为 355.87 万元，排名第 32 位，较上一年度增长 148.18%；资本利润率为 38.39%，排名第 5 位；信托报酬率为 1.03%，排名第 28 位。

4. 理财状况

年报数据显示，五矿信托 2012 年度共计实现信托项目收入 73.41 亿元，较上一年度增长 341.32%；信托项目营业支出较上一年度增长 241.51%；信托项目净利润较上一年度增长 378.17%。五矿信托 2012 年度净利润较行业均值少 1.27 亿元。

五矿信托2012年度已清算的集合类信托项目的平均收益率为9.20%，已清算的单一类信托项目的平均收益率为8.34%，财产管理类2012年度清算项目有2款。总体来讲，2012年度五矿信托所有项目的平均收益率为8.70%，较上年度4.60%的收益率大幅提升。

表290　五矿信托各类信托项目收益率

单位：款，万元，%

项目类型	项目数		项目金额		收益率	
	2012年	2011年	2012年	2011年	2012年	2011年
集合类	61	0	968098.00	0	9.20	0.00
单一类	54	36	1253424.87	838512.20	8.34	4.60
财产管理类	2	0	11000.00	0	6.37	0.00
合　计	117	36	2232522.87	838512.20	8.70	4.60

资料来源：信托公司年报，用益信托工作室整理、制作。

五矿信托2012年度新增主动管理型项目为307款，无新增被动管理型项目。

表291　五矿信托主动管理型项目占比

单位：款，万元，%

项目类型	项目		金额		金额占比	
	2012年	2011年	2012年	2011年	2012年	2011年
主动管理型	307	99	10542300	2776190.77	100.00	100.00
被动管理型	0	0	0	0	0.00	0.00
合　计	307	99	10542300	2776190.77	100.00	100.00

资料来源：信托公司年报，用益信托工作室整理、制作。

5. 管理状况

2012年度五矿信托30岁以下的人员占比有所下降，但其仍然是整个年龄层级中占比最大的；30～40岁的人员占比紧随其后。

从表293可以看出，2012年度五矿信托的硕士人数明显增长，但比例稍有下降。在所有员工学历占比中，本科占比最大。

表 292　五矿信托员工年龄分布

单位：人，%

项　目	2012 年		2011 年	
	人数	比例	人数	比例
30 岁以下	103	49.52	74	51.39
30 ~ 40 岁	88	42.31	64	44.44
40 岁以上	17	8.17	6	4.17
合　计	208	100.00	144	100.00

资料来源：信托公司年报，用益信托工作室整理、制作。

表 293　五矿信托员工学历分布

单位：人，%

项　目	2012 年		2011 年	
	人数	比例	人数	比例
博　士	4	1.92	3	2.08
硕　士	83	39.90	61	42.36
本　科	110	52.88	70	48.61
专　科	11	5.29	10	6.94
合　计	208	100.00	144	100.00

资料来源：信托公司年报，用益信托工作室整理、制作。

2012 年度五矿信托的员工中信托业务人员占比 70.67%。

2012 年度五矿信托应付员工薪酬为 2026.89 万元，排名第 52 位，较上一年度减少 3.42%，员工平均薪酬为 9.74 万元。

表 294　五矿信托各项风险控制指标

单位：%，万元

项目	2012 年	2011 年
资产负债率	9.04	3.11
不良资产率	0.00	0.00
风险准备金	19348	4757
净资产	193690	136334
净资本	185678	132877

资料来源：信托公司年报，用益信托工作室整理、制作。

2012 年末五矿信托的负债合计 1.92 亿元，资产负债率为 9.04%。2012 年末五矿信托无不良资产。

根据银监会《信托公司净资本管理办法》第十五条及第十六条的净资本管理指标规定，五矿信托基本达标。

四十五 兴业信托

1. 资产状况

2012 年年报数据显示，兴业国际信托有限公司注册资本金为 25.76 亿元，与 2011 年相比增加了 13.76 亿元。兴业信托自营资产总规模为 41.32 亿元，比 2011 年末增长了 23.08%。2012 年末，兴业信托信托资产规模总量为 3360.49 亿元，较上一年增长了 1852.72 亿元，增长幅度在所有 66 家信托公司中仅次于中信信托，排名第 2 位。

2. 业务状况

（1）信托业务

年报显示，截至 2012 年末，兴业信托新增集合类项目金额在所有信托公司中排名第 35 位；新增单一类项目金额为 2658.22 亿元，排名第 2 位；新增财产管理类项目金额为 55.23 亿元；合计共新增项目 946 款，合计总金额 2852.7 亿元。

另外，兴业信托 2012 年共实现信托业务收入 10.9 亿元，比上一年度增长了 6.66 亿元，增幅 157%。

如表 295 所示，从信托资产运用方式来看，贷款及应收账款项占比最大，达 75.25%。在信托资产分布领域中，基础产业和工商企业两个领域占比较大，分别为 32.39% 和 32.44%。

（2）自营业务

兴业信托自营资产在运用方式中，可供出售金融资产规模为 19.73 亿元，占比最大，为整个自营资产规模的 47.76%。从自营资产分布领域看，金融机构是兴业信托自营资产的主要投向领域，资金规模占比达 53.71%。

表 295　兴业信托信托资产运用方式及投向

单位：万元，%

资产运用	金额	占比	资产分布	金额	占比
货币资产	545604. 23	1. 62	基础产业	10883661. 38	32. 39
贷款及应收款	25288199. 00	75. 25	房地产	3171130. 24	9. 44
交易性金融资产	1799434. 16	5. 35	证券市场	2233405. 87	6. 65
可供出售金融资产	5346639. 10	15. 91	工商企业	10902857. 86	32. 44
持有至到期投资	80000. 00	0. 24	金融机构	2158166. 20	6. 42
长期股权投资	349200. 00	1. 04	其他	4255712. 13	12. 66
其他	195857. 19	0. 58			
信托资产总计	33604933. 68	100. 00	信托资产总计	33604933. 68	100. 00

资料来源：信托公司年报，用益信托工作室整理、制作。

表 296　兴业信托自营资产运用方式及投向

单位：万元，%

资产运用	金额	占比	资产分布	金额	占比
货币资产	27716. 92	6. 71	基础产业	5014. 32	1. 21
交易性金融资产	0. 00	0. 00	房地产	48337. 93	11. 70
贷款及应收款	133054. 74	32. 20	证券市场	26739. 01	6. 47
可供出售金融资产	197332. 07	47. 76	工商企业	105503. 30	25. 53
长期股权投资	31888. 35	7. 72	金融机构	221926. 81	53. 71
其他	7949. 70	1. 92	其他	5676. 96	1. 37
资产总计	413198. 33	100. 00	资产总计	413198. 33	100. 00

资料来源：信托公司年报，用益信托工作室整理、制作。

3. 盈利状况

兴业信托 2012 年度共计实现营业收入 14. 45 亿元，较上一年度增长 194. 68%；营业支出较上一年度增长 92. 7%；净利润较上一年度增长 278. 4%。2012 年度兴业信托的净利润比行业均值多 2. 19 亿元。

兴业信托 2012 年度人均净利润为 376. 69 万元，排第 28 位，较上一年度增长 181. 49%；资本利润率为 21. 65%，排第 21 位；信托报酬率为 0. 55%，排第 25 位。

4. 理财状况

年报数据显示，兴业信托2012年度共实现信托项目收入176.8亿元，较上一年度增长了2267.86%；信托项目营业支出30.35亿元，较上一年度增长了210.98%；实现信托项目净利润146.45亿元，一举扭亏为盈。兴业信托2012年度信托业务净利润远超行业均值两倍多，达86.87亿元。

兴业信托2012年度已清算的111款集合类信托项目的平均收益率为8%；已清算的单一类信托项目的平均收益率为7.67%；已清算财产管理类项目1款，收益率为8%。总体来讲，2012年度兴业信托所有项目的平均收益率为7.73%，与上一年度4.81%的收益率相比有较大幅度的上升。

兴业信托2012年度新增主动管理型项目为717款，占比为75.8%。

表297　兴业信托各类信托项目收益率

单位：款，万元，%

项目类型	项目数		项目金额		收益率	
	2012年	2011年	2012年	2011年	2012年	2011年
集合类	111	21	1730761.00	352205.00	8.00	1.29
单一类	269	77	8189453.00	1718217.00	7.67	5.53
财产管理类	1	3	18000.00	1404.00	8.00	0.00
合　计	381	101	9938214.00	2071826.00	7.73	4.81

资料来源：信托公司年报，用益信托工作室整理、制作。

表298　兴业信托新增主动管理型项目占比

单位：款，万元，%

项目类型	项目		金额		金额占比	
	2012年	2011年	2012年	2011年	2012年	2011年
主动管理型	717	409	18686046.00	11823894.00	65.5	81.2
被动管理型	229	62	9840935.00	2738125.00	34.5	18.8
合　计	946	471	28526981.00	14562019.00	100.00	100.00

资料来源：信托公司年报，用益信托工作室整理、制作。

5. 管理状况

从表299可以看出，2012年度兴业信托在公司人员方面有较大的增长。

人员结构上，30 岁以下人员增加了 25 人，40 岁以上人员增加了 18 人，30 ~ 40 岁的人员增加了 14 人。

2012 年度兴业信托员工中高学历人数快速增长，博士和硕士的人数和比例均大幅上升，而未接受过高等教育的人员基本被淘汰。

表 299　兴业信托员工年龄分布

单位：人，%

项　目	2012 年		2011 年	
	人数	比例	人数	比例
30 岁以下	107	45. 53	79	45. 14
30 ~ 40 岁	88	37. 45	74	42. 29
40 岁以上	40	17. 02	22	12. 57
合　计	235	100. 00	175	100. 00

资料来源：信托公司年报，用益信托工作室整理、制作。

表 300　兴业信托员工学历分布

单位：人，%

项　目	2012 年		2011 年	
	人数	比例	人数	比例
博　士	9	3. 83	4	2. 29
硕　士	101	42. 98	67	38. 29
本　科	111	47. 23	86	49. 14
专　科	12	5. 11	11	6. 29
其　他	2	0. 85	7	4
合　计	235	100. 00	175	100. 00

资料来源：信托公司年报，用益信托工作室整理、制作。

2012 年度兴业信托的员工中信托业务人员占比近半。

2012 年度兴业信托应付员工薪酬为 10073. 40 万元，排名第 17 位，较上一年度增长 86. 52%，员工平均薪酬为 42. 87 万元。

2012 年末兴业信托的负债合计 2. 17 亿元，资产负债率为 5. 24%。2012 年末兴业信托不良资产仍然保持为0。

根据银监会《信托公司净资本管理办法》第十五条及第十六条的净资本管理指标规定，兴业信托基本达标。

表301　兴业信托各项风险控制指标

单位：%，万元

项目	2012年	2011年
资产负债率	5.24	4.14
不良资产率	0.00	0.00
风险准备金	25284	8767
净资产	391542.66	321817.68
净资本	347800	302226

资料来源：信托公司年报，用益信托工作室整理、制作。

四十六　西部信托

1. 资产状况

2012年年报数据显示，西部信托有限公司注册资本金仍然为6.2亿元。西部信托自营资产总规模为15.67亿元，比2011年末增长了9.58%。西部信托信托资产规模总量为311.55亿元，较上一年增长了73.26亿元。

2. 业务状况

（1）信托业务

年报显示，截至2012年末，西部信托新增集合类项目金额为57.66亿元，排名第58位；新增单一类项目金额为235.24亿元，排名第39位；合计共新增项目73款，合计总金额292.9亿元。

另外，西部信托2012年共实现信托业务收入1.62亿元，比上一年度增长了0.79亿元。

如表302所示，从信托资产运用方式来看，长期股权投资占比最大，达48.45%。在信托资产分布领域中，工商企业规模占比最高，达58.71%。

表 302　西部信托信托资产运用方式及投向

单位：万元，%

资产运用	金额	占比	资产分布	金额	占比
货币资产	75756.00	2.43	基础产业	649374.00	20.84
贷款	1441377.00	46.26	房地产	460411.00	14.78
交易性金融资产	24502.00	0.79	证券市场	24502.00	0.79
持有至到期投资	63206.00	2.03	工商企业	1828975.00	58.71
长期股权投资	1509520.00	48.45	金融机构	18881.00	0.61
其他	1123.00	0.04	其他	133341.00	4.28
信托资产总计	3115484.00	100.00	信托资产总计	3115484.00	100.00

资料来源：信托公司年报，用益信托工作室整理、制作。

（2）自营业务

2012 年年报数据显示，西部信托自营资产在运用方式中，可供出售金融资产规模为 5.33 亿元，占比最大，为 33.98%。从自营资产分布领域看，证券市场是西部信托自营资产的主要投向领域，占比达 33.98%。

表 303　西部信托自营资产运用方式及投向

单位：万元，%

资产运用	金额	占比	资产分布	金额	占比
货币资产	29814.00	19.02	基础产业	0.00	0.00
交易性金融资产	0.00	0.00	房地产	13000.00	8.29
贷款及应收款	18185.00	11.60	证券市场	53256.00	33.98
可供出售金融资产	53256.00	33.98	工商企业	24256.00	15.48
持有至到期投资	19256.00	12.29	金融机构	32754.00	20.90
长期股权投资	32754.00	20.90	其他	33467.00	21.35
其他	3468.00	2.21			
资产总计	156733.00	100.00	资产总计	156733.00	100.00

资料来源：信托公司年报，用益信托工作室整理、制作。

3. 盈利状况

西部信托 2012 年度共计实现营业收入 3.04 亿元，较上一年度增长 129.17%；营业支出增长 54.50%；净利润增长 197.26%。2012 年度西部信托的净利润较行业均值少 3.45 亿元。

西部信托2012年度人均净利润为149.13万元，排名第54位，较上一年度增长62%；资本利润率为14.02%，排名第46位；信托报酬率为1.12%，排名第25位。

4. 理财状况

西部信托2012年度共计实现信托项目收入23.09亿元，较上一年度增长142.54%；信托项目营业支出为3.65亿元，增长176.58%；信托项目净利润为19.44亿元，增长234.61%。西部信托2012年度净利润较行业均值差距较大，相差35.03亿元。

西部信托2012年度已清算的16款集合类信托项目的平均收益率为7.72%，已清算的49款单一类信托项目的平均收益率为6.72%。总体来讲，2012年度西部信托所有项目的平均收益率为6.85%，较上年度6.32%的收益率小幅增加。

西部信托2012年度新增主动管理型项目为70款，占比为95.89%。

表304　西部信托各类信托项目收益率

单位：款，万元，%

项目类型	项目数		项目金额		收益率	
	2012年	2011年	2012年	2011年	2012年	2011年
集合类	16	11	279520.00	68603.00	7.72	11.24
单一类	49	29	1919960.96	349202.00	6.72	5.35
财产管理类	0	0	0.00	0.00	0.00	0.00
合　计	65	40	2199480.96	417805.00	6.85	6.32

资料来源：信托公司年报，用益信托工作室整理、制作。

表305　西部信托新增主动管理型项目占比

单位：款，万元，%

项目类型	项目		金额		金额占比	
	2012年	2011年	2012年	2011年	2012年	2011年
主动管理型	70	77	2693477.00	2141409.96	91.6	100
被动管理型	3	0	235460.00	0.00	8.4	0
合　计	73	77	2928937.00	2141409.96	100.00	100.00

资料来源：信托公司年报，用益信托工作室整理、制作。

5. 管理状况

从表 306 可以看出，2012 年度西部信托在人事方面没有太大变动，员工平均年龄呈整体上升趋势。

表 306　西部信托员工年龄分布

单位：人，%

项　目	2012 年		2011 年	
	人数	比例	人数	比例
30 岁以下	20	19.05	24	23.08
30 ~ 40 岁	27	25.71	28	26.92
40 岁以上	58	55.24	52	50.00
合　计	105	100.00	104	100.00

资料来源：信托公司年报，用益信托工作室整理、制作。

从表 307 可以看出，2012 年度西部信托员工在博士学历上取得了突破，说明西部信托有重视、培养高学历人才的愿望。

表 307　西部信托员工学历分布

单位：人，%

项　目	2012 年		2011 年	
	人数	比例	人数	比例
博　士	1	0.95	0	0
硕　士	28	26.67	28	26.92
本　科	47	44.76	45	43.27
专　科	24	22.86	26	25
其　他	5	4.76	5	4.81
合　计	105	100.00	104	100.00

资料来源：信托公司年报，用益信托工作室整理、制作。

2012 年度西部信托的员工中信托业务人员占比近半。

2012 年度西部信托应付员工薪酬为 4403.77 万元，在所有信托公司中排名第 39 位，较上一年度增长 96.69%，员工平均薪酬为 41.94 万元。

2012 年末西部信托的负债合计 2.2 亿元，资产负债率为 14.07%。2012 年末西部信托不良资产总额 4656 万元，不良资产率为 20.55%。西部信托仍然是除中泰信托外，不良资产率最高的信托公司。

根据银监会《信托公司净资本管理办法》第十五条及第十六条的净资本管理指标规定，西部信托基本达标。

表 308　西部信托各项风险控制指标

单位：%，万元

项目	2012 年	2011 年
资产负债率	14.07	15.65
不良资产率	20.55	26.37
风险准备金	13652	8669
净资产	134684	120592
净资本	115542	103044

资料来源：信托公司年报，用益信托工作室整理、制作。

四十七　西藏信托

1. 资产状况

2012 年年报数据显示，西藏信托有限公司注册资本金仍然是 3 亿元。西藏信托自营资产总规模为 7.3 亿元，比 2011 年末增长了 71.42%。西藏信托信托资产规模总量为 585.1 亿元，较上一年增长了 402.15 亿元。

2. 业务状况

(1) 信托业务

截至 2012 年末，西藏信托新增集合类项目金额为 57.5 亿元，排名第 59 位；新增单一类项目金额为 430.8 亿元，排名第 30 位；合计共新增项目 160 款，合计总金额 488.3 亿元。

另外，西藏信托 2012 年共实现信托业务收入 1.6 亿元，比上一年度增长了 1.1 亿元。

如表 309 所示，从信托资产运用方式来看，西藏信托主要涉及三方面：贷款及应收款、交易性金融资产、长期股权投资，资金规模占比分别为 59.11%、24.98% 和 13.74%。在信托资产分布领域中，未明确列出的领域合计占比最高，为 28.75%。

表309 西藏信托信托资产运用方式及投向

单位：万元，%

资产运用	金额	占比	资产分布	金额	占比
货币资产	14625.73	0.25	基础产业	1595704.09	27.27
贷款及应收款	3458676.73	59.11	房地产	588334.33	10.06
交易性金融资产	1461484.62	24.98	证券市场	17954.10	0.31
可供出售金融资产	0.00	0.00	工商企业	1655065.10	28.29
长期股权投资	803762.93	13.74	金融机构	311689.47	5.33
其他	112400.00	1.92	其他	1682202.92	28.75
信托资产总计	5850950.01	100.00	信托资产总计	5850950.01	100.00

资料来源：信托公司年报，用益信托工作室整理、制作。

（2）自营业务

2012年年报数据显示，西藏信托自营资产在运用方式中，货币资产的规模为3.27亿元，占比最大，为整个自营资产规模的44.85%。从自营资产分布领域看，金融机构是西藏信托自营资产的主要投向领域，资金规模占比高达60.90%。

表310 西藏信托自营资产运用方式及投向

单位：万元，%

资产运用	金额	占比	资产分布	金额	占比
货币资产	32731.92	44.85	证券市场	11097.61	15.21
交易性金融资产	11097.61	15.21	金融机构	44438.92	60.90
持有至到期投资	16536.27	22.66	其他	17437.62	23.90
其他	12608.35	17.28			
资产总计	72974.15	100.00	资产总计	72974.15	100.00

资料来源：信托公司年报，用益信托工作室整理、制作。

3. 盈利状况

据年报数据显示，西藏信托2012年度共计实现营业收入1.68亿元，较上一年度增长303.25%；营业支出为0.66亿元，增长338.4%；净利润为0.86亿元，增长326.29%。2012年度西藏信托的净利润较行业均值少4.68亿元。

西藏信托2012年度人均净利润为389.19万元，在所有的信托公司中排名第26位，较上一年度增长471.58%；资本利润率为17.01%，排名第37位；

信托报酬率为0.37%，排名第59位。

4. 理财状况

西藏信托2012年度共计实现信托项目收入31.8亿元，较上一年度增长了近10倍；信托项目营业支出4.42亿元，较上一年度增长了18倍；信托项目净利润为27.38亿元，较上一年度增长9倍。虽然西藏信托2012年度净利润取得了骄人成绩，但较行业均值59.58亿元还是存在相当大的差距。

5. 管理状况

从表311可以看出，2012年度西藏信托在人事方面没有太大变动，人员数基本保持稳定。

表311　西藏信托员工年龄分布

单位：人，%

项　目	2012年		2011年	
	人数	比例	人数	比例
30岁以下	10	32.26	11	34.37
30～40岁	6	19.35	13	40.63
40岁以上	15	48.39	8	25.00
合　计	31	100.00	32	100.00

资料来源：信托公司年报，用益信托工作室整理、制作。

从表312可以看出，2012年度西藏信托员工中拥有硕士学位的人数增长较快，说明西藏信托有重视、培养高学历人才的愿望。

表312　西藏信托员工学历分布

单位：人，%

项　目	2012年		2011年	
	人数	比例	人数	比例
博　士	1	3.23	1	3.13
硕　士	5	16.13	2	6.25
本　科	11	35.48	15	46.88
专　科	11	35.48	12	37.50
其　他	3	9.68	2	6.25
合　计	31	100.00	32	100.00

资料来源：信托公司年报，用益信托工作室整理、制作。

2012 年度西藏信托应付员工薪酬为 1220.28 万元，排名第 57 位，员工平均薪酬为 39.36 万元。

2012 年末西藏信托的负债合计 1.34 亿元，资产负债率为 18.31%。2012 年末西藏信托不良资产总额为 0。

根据银监会《信托公司净资本管理办法》第十五条及第十六条的净资本管理指标规定：①信托公司净资本不得低于人民币 2 亿元；②净资本不得低于各项风险资本之和的 100%；③净资本不得低于净资产的 40%。按照此项管理指标，西藏信托的净资本与风险资本之比只有 81.54%，未能达标。

表 313　西藏信托各项风险控制指标

单位：%，万元

项目	2012 年	2011 年
资产负债率	18.31	3.57
不良资产率	0.00	0.00
风险准备金	14662	8727
净资产	59613.44	124670.00
净资本	58746	39382

资料来源：信托公司年报，用益信托工作室整理、制作。

四十八　厦门信托

1. 资产状况

2012 年年报数据显示，厦门国际信托有限公司注册资本金仍然为 10 亿元。厦门信托自营资产总规模为 18.15 亿元，比 2011 年末增长了 16.42%。厦门信托信托资产规模总量为 1129.07 亿元，较上一年增长了 411.81 亿元。

2. 业务状况

（1）信托业务

年报显示，截至 2012 年末，厦门信托新增集合类项目 40 款，金额为 58.69 亿元，在所有信托公司中排名第 57 位；新增单一类项目金额为 919.14 亿元，在所有信托公司中排名第 15 位；新增财产管理类项目 1 款，金额为

4.85亿元，排名第43位；合计共新增项目293款，合计总金额982.68亿元。

另外，厦门信托2012年共实现信托业务收入5.54亿元，比上一年度增长了2.44亿元，增幅79%。

如表314所示，从信托资产运用方式来看，贷款及应收款占比最大，达47.74%。在信托资产分布领域中，工商企业规模占比最高，达48.74%。

表314　厦门信托信托资产运用方式及投向

单位：万元，%

资产运用	金额	占比	资产分布	金额	占比
货币资产	153706.00	1.36	基础产业	1055848.00	9.35
贷款及应收款	5390107.00	47.74	房地产	1857833.00	16.45
交易性金融资产	308823.00	2.74	证券市场	471459.00	4.18
可供出售金融资产	2965292.00	26.26	工商企业	5503141.00	48.74
持有至到期投资	122070.00	1.08	金融机构	442223.00	3.92
长期股权投资	638672.00	5.66	其他	1960222.00	17.36
其他	1712056.00	15.16			
信托资产总计	11290726.00	100.00	信托资产总计	11290726.00	100.00

资料来源：信托公司年报，用益信托工作室整理、制作。

（2）自营业务

2012年年报数据显示，厦门信托自营资产在运用方式中，长期股权投资规模为6.73亿元，占比最大，为整个自营资产规模的37.09%。从自营资产分布领域看，没有单项列出的其他投资领域合计占比最大，达55.22%。

表315　厦门信托自营资产运用方式及投向

单位：万元，%

资产运用	金额	占比	资产分布	金额	占比
货币资产	38559.00	21.24	基础产业	37502.00	20.66
交易性金融资产	1546.00	0.85	房地产	8900.00	4.90
贷款及应收款	39900.00	21.98	证券市场	2158.00	1.19
可供出售金融资产	612.00	0.34	工商企业	2900.00	1.60
持有至到期投资	23999.00	13.22	金融机构	29825.00	16.43
长期股权投资	67327.00	37.09	其他	100226.00	55.22
其他	9568.00	5.27			
资产总计	181511.00	100.00	资产总计	181511.00	100.00

资料来源：信托公司年报，用益信托工作室整理、制作。

3. 盈利状况

据年报数据显示，厦门信托 2012 年度共计实现营业收入 6.99 亿元，较上一年度增长 60.73%；营业支出为 1.46 亿元，增长 0.41%；净利润为 4.27 亿元，增长 83.44%，但 2012 年度的净利润较行业均值仍少 1.26 亿元。

厦门信托 2012 年度人均净利润为 399 万元，在信托公司中排名第 25 位，较上一年度增长 62.86%；资本利润率为 29.26%，排名第 13 位；信托报酬率为 0.61%，排名第 46 位。

4. 理财状况

年报数据显示，厦门信托 2012 年度共计实现信托项目收入 74.53 亿元，较上一年度增长 266.34%；信托项目营业支出为 12.46 亿元，增长 109.09%；信托项目净利润为 62.07 亿元，增长 331.44%。厦门信托 2012 年度净利润超过行业净利润均值 2.5 亿元。

表 316 厦门信托各类信托项目收益率

单位：款，万元，%

项目类型	项目数		项目金额		收益率	
	2012 年	2011 年	2012 年	2011 年	2012 年	2011 年
集合类	44	18	711529.00	244375.00	7.55	5.66
单一类	156	53	4281308.00	1231340.00	7.71	5.34
财产管理类	1	1	30000.00	5000.00	6.91	5.73
合　计	201	72	5022837.00	1480715.00	7.68	5.39

资料来源：信托公司年报，用益信托工作室整理、制作。

表 317 厦门信托新增主动管理型项目占比

单位：款，万元，%

项目类型	项目		金额		金额占比	
	2012 年	2011 年	2012 年	2011 年	2012 年	2011 年
主动管理型	118	217	3158878.00	6816071.00	32.16	100
被动管理型	175	0	6667955.00	0.00	67.84	0
合　计	293	217	9826833.00	6816071.00	100.00	100.00

资料来源：信托公司年报，用益信托工作室整理、制作。

厦门信托 2012 年度已清算的 44 款集合类信托项目的平均收益率为 7.55%，已清算的单一类信托项目的平均收益率为 7.71%，已清算财产管理类信托项目的平均收益率 6.91%。2012 年度厦门信托所有项目的平均收益率为 7.68%。

厦门信托 2012 年度新增主动管理型项目为 118 款，占比为 40.27%。

5. 管理状况

年报显示，2012 年度厦门信托的最大股东是厦门市金财投资有限公司，持股比例为 80%。

从表 318 可以看出，2012 年度厦门信托在员工人数方面有小幅度的上升。人员结构上，30 岁以下人员增加了 13 人，30 ~ 40 岁的人员增加了 4 人，而 40 岁以上人员基本没有变化。

2012 年度厦门信托新增员工主要是硕士和本科生。

表 318　厦门信托员工年龄分布

单位：人，%

项　目	2012 年		2011 年	
	人数	比例	人数	比例
30 岁以下	32	27.82	19	19.19
30 ~ 40 岁	26	22.61	22	22.22
40 岁以上	57	49.57	58	58.59
合　计	115	100.00	99	100.00

资料来源：信托公司年报，用益信托工作室整理、制作。

表 319　厦门信托员工学历分布

单位：人，%

项　目	2012 年		2011 年	
	人数	比例	人数	比例
博　士	1	0.87	1	1.01
硕　士	33	28.70	22	22.22
本　科	54	46.96	47	47.47
专　科	18	15.65	19	19.19
其　他	9	7.83	10	10.10
合　计	115	100.00	99	100.00

资料来源：信托公司年报，用益信托工作室整理、制作。

2012 年度厦门信托应付员工薪酬为 7552.00 万元，排名第 27 位，较上一年度减少 3.19%，员工平均薪酬为 65.67 万元。

2012 年末厦门信托的负债合计 1.41 亿元，资产负债率为 7.77%。2012 年年末厦门信托不良资产仍然保持为 0。

根据银监会《信托公司净资本管理办法》第十五条及第十六条的净资本管理指标规定：（1）信托公司净资本不得低于人民币 2 亿元；（2）净资本不得低于各项风险资本之和的 100%；（3）净资本不得低于净资产的 40%。按照此项管理指标，厦门信托的净资本与风险资本之比只有 89.64%，未能达标。

表 320 厦门信托各项风险控制指标

单位：%，万元

项目	2012 年	2011 年
资产负债率	7.77	20.03
不良资产率	0	0
风险准备金	27887	20353
净资产	167413	188551
净资本	125889	84722

资料来源：信托公司年报，用益信托工作室整理、制作。

四十九　新华信托

1. 资产状况

2012 年年报数据显示，新华信托股份有限公司注册资本金为 12 亿元，比 2011 年增加 5.79 亿元。新华信托自营资产总规模为 30.26 亿元，比 2011 年末增长了 33.39%。新华信托信托资产规模总量为 943.08 亿元，较上一年增长了 249.08 亿元。

2. 业务状况

（1）信托业务

截至 2012 年末，新华信托新增集合类项目 90 款，金额为 295.71 亿元，排名第 13 位；新增单一类项目金额为 324.62 亿元，排名第 34 位；新增财产管理类项目5款，金额为26.81亿元，排名第24位；合计全年新增项目178款，合计总金额647.14亿元。

另外，新华信托2012年共实现信托业务收入13.46亿元，比上一年度增长了2012万元，增幅1.52%。

如表321所示，从信托资产运用方式来看，持有至到期投资占比最大，达33.55%。在信托资产分布领域中，基础产业规模占比最高，达36.58%，说明新华信托的信托资金主要投向基础产业。

表321　新华信托信托资产运用方式及投向

单位：万元，%

资产运用	金额	占比	资产分布	金额	占比
货币资产	120363.63	1.28	基础产业	3449390.24	36.58
贷款及应收款	2593165.44	27.50	房地产	1738208.06	18.43
交易性金融资产	133373.80	1.41	证券市场	155314.84	1.65
持有至到期投资	3164480.08	33.55	工商企业	2573098.07	27.28
长期股权投资	2525815.23	26.78	金融机构	48000.50	0.51
其他	893615.10	9.48	其他	1466801.57	15.55
信托资产总计	9430813.28	100.00	信托资产总计	9430813.28	100.00

资料来源：信托公司年报，用益信托工作室整理、制作。

表322　新华信托自营资产运用方式及投向

单位：万元，%

资产运用	金额	占比	资产分布	金额	占比
货币资产	108855.81	35.98	基础产业	11800.00	3.90
贷款及应收款	27956.55	9.24	房地产	38991.00	12.89
交易性金融资产	14001.02	4.63	证券市场	71359.57	23.58
可供出售金融资产	16058.55	5.31	工商企业	10324.48	3.41
持有至到期投资	51804.80	17.12	金融机构	17940.57	5.93
长期股权投资	17940.57	5.93	其他	152165.53	50.29
其他	24663.85	8.15			
资产总计	302581.15	100.00	资产总计	302581.15	100.00

资料来源：信托公司年报，用益信托工作室整理、制作。

（2）自营业务

2012 年年报数据显示，新华信托自营资产在运用方式中，货币资产的规模为 10.89 亿元，占比最大，为整个自营资产规模的 35.98%。从自营资产分布领域看，没有详细列出的资金投向比例约为整个新华信托自营资产投向的一半。

3. 盈利状况

据年报数据显示，新华信托 2012 年度共计实现营业收入 14.41 亿元，较上一年度增长 5.84%；营业支出为 5.44 亿元，增长 9.41%；净利润为 5.09 亿元，增长 2.5%。2012 年度新华信托净利润与行业净利润均值相比少 4442 万元。

新华信托 2012 年度人均净利润为 138.27 万元，在所有的信托公司中排名第 56 位，较上一年度减少 17.86%；资本利润率为 27.46%，排名第 15 位，较上一年度下降了 7.67%；信托报酬率为 2%，排名第 5 位，较上一年度提升了一倍。

4. 理财状况

新华信托 2012 年度共计实现信托项目营业收入 76.86 亿元，较上一年度增长 51.15%；信托项目营业支出 17.5 亿元，增长 42.72%；信托项目净利润为 59.36 亿元，增长 33.13%。新华信托 2012 年度信托项目净利润较行业均值相差 2154 万元。

新华信托 2012 年度已清算的集合类信托项目有 82 款，平均收益率为 9.34%；已清算的单一类信托项目的平均收益率为 6.31%；已清算的财产管理类信托项目 4 款。2012 年度所有信托项目的平均收益率为 7.86%。

表 323　新华信托各类信托项目收益率

单位：款，万元，%

项目类型	项目数		项目金额		收益率	
	2012 年	2011 年	2012 年	2011 年	2012 年	2011 年
集合类	82	38	1943314.13	686038.00	9.34	8.09
单一类	35	55	1736458.00	1550901.46	6.31	7.30
财产管理类	4	4	22100.00	276900.00	0.00	3.94
合　计	121	97	3701872.13	2513839.46	7.86	7.15

资料来源：信托公司年报，用益信托工作室整理、制作。

新华信托2012年度新增主动管理型项目为170款，占比为95.51%；项目金额为632.15亿元，资金规模占比为97.68%。

表324　新华信托新增主动管理型项目占比

单位：款，万元，%

项目类型	项目		金额		金额占比	
	2012年	2011年	2012年	2011年	2012年	2011年
主动管理型	170	131	6321534.61	3544464.81	97.68	100
被动管理型	8	0	149885.00	0.00	2.32	0
合　计	178	131	6471419.61	3544464.81	100.00	100.00

资料来源：信托公司年报，用益信托工作室整理、制作。

5. 管理状况

年报显示，2012年度新华信托的最大股东是新产业投资股份有限公司，持股比例为71.92%。

从表325可以看出，2012年度新华信托在人事方面有比较大的变动，整个人员数由357人增加至578人。人员结构上，30岁以下和40岁以上人员的占比均小幅下降，而30~40岁的人员数增长了1.45倍。

表325　新华信托员工年龄分布

单位：人，%

项　目	2012年		2011年	
	人数	比例	人数	比例
30岁以下	271	46.88	189	52.94
30~40岁	208	35.99	95	26.61
40岁以上	99	17.13	73	20.45
合　计	578	100.00	357	100.00

资料来源：信托公司年报，用益信托工作室整理、制作。

2012年度新华信托新增员工主要集中在拥有硕士学位和本科学历的层级。这个层级的人员约占全公司人员的86%，构成了公司的主体。

表 326　新华信托员工学历分布

单位：人，%

项　目	2012 年		2011 年	
	人数	比例	人数	比例
博　士	9	1.56	10	2.80
硕　士	171	29.58	101	28.29
本　科	325	56.23	193	54.06
专　科	58	10.03	42	11.76
其　他	15	2.60	11	3.08
合　计	578	100.00	357	100.00

资料来源：信托公司年报，用益信托工作室整理、制作。

新华信托员工中信托业务人员有 408 人，占到整个员工比例的 2/3 以上。

2012 年度新华信托应付员工薪酬为 2.3 亿元，排名第 6 位，较上一年度增长 11.33%，员工平均薪酬为 39.8 万元。

2012 年末新华信托的负债合计 9.52 亿元，资产负债率为 31.47%。2012 年末新华信托不良资产仍然保持为 0。

根据银监会《信托公司净资本管理办法》第十五条及第十六条的净资本管理指标规定，新华信托基本达标。

表 327　新华信托各项风险控制指标

单位：%，万元

项目	2012 年	2011 年
资产负债率	31.47	28.07
不良资产率	0.00	0.00
风险准备金	26945	17657
净资产	207372	163152
净资本	171515	147470

资料来源：信托公司年报，用益信托工作室整理、制作。

五十　新时代信托

1. 资产状况

2012 年年报数据显示，新时代信托股份有限公司注册资本金为 8 亿元，与2011年相比增加了3亿元，排名第51位。新时代信托自营资产总规模为17.54亿元，比2011年末增长了76.15%。新时代信托信托资产规模总量为1265.4亿元，较上一年增长了702.66亿元。

2. 业务状况

（1）信托业务

年报显示，截至2012年末，新时代信托新增集合类项目288款，金额203.15亿元，排名第21位；新增单一类项目192款，金额789.98亿元，排名第18位；合计共新增项目480款，合计总金额993.13亿元。

另外，新时代信托2012年共实现信托业务收入4.04亿元。

如表328所示，从信托资产运用方式来看，持有至到期投资占比最大，达56.71%。在信托资产分布领域中，工商企业规模占比最高，达84.54%。

表328 新时代信托信托资产运用方式及投向

单位：万元，%

资产运用	金额	占比	资产分布	金额	占比
货币资产	48420.84	0.38	基础产业	370000.00	2.92
贷款及应收款	4680302.64	36.99	房地产	637649.00	5.04
交易性金融资产	459532.33	3.63	证券市场	228747.99	1.81
持有至到期投资	7176160.00	56.71	工商企业	10697086.66	84.54
长期股权投资	209905.00	1.66	金融机构	390391.00	3.09
其他	79662.73	0.63	其他	330108.88	2.61
信托资产总计	12653983.53	100.00	信托资产总计	12653983.53	100.00

资料来源：信托公司年报，用益信托工作室整理、制作。

（2）自营业务

新时代信托自营资产在运用方式中，可供出售金融资产规模为9.16亿元，占比最大，为整个自营资产规模的52.23%。从自营资产分布领域看，金融机构是新时代信托自营资产的主要投向领域，资金规模占比达64.50%。

表 329　新时代信托自营资产运用方式及投向

单位：万元，%

资产运用	金额	占比	资产分布	金额	占比
货币资产	21519.68	12.27	基础产业	0.00	0.00
贷款及应收款	8357.61	4.76	房地产	0.00	0.00
交易性金融资产	4944.83	2.82	证券市场	48212.70	27.48
可供出售金融资产	91640.00	52.23	工商企业	5000.00	2.85
长期股权投资	43267.87	24.66	金融机构	113159.68	64.50
其他	5709.56	3.25	其他	9067.17	5.17
资产总计	175439.55	100.00	资产总计	175439.55	100.00

资料来源：信托公司年报，用益信托工作室整理、制作。

3. 盈利状况

据年报数据显示，新时代信托 2012 年度共计实现营业收入 5.05 亿元，较上一年度增长 62.29%；营业支出为 2.03 亿元，增长 39.93%；净利润为 2 亿元，增长 98.08%。2012 年度新时代信托的净利润较行业均值少 3.53 亿元。

新时代信托 2012 年度人均净利润为 98.25 万元，排名第 62 位，较上一年度增长 28.38%；资本利润率为 0.13%，排名第 66 位；信托报酬率为 0.01%，排名最后一位。

4. 理财状况

年报数据显示，新时代信托 2012 年度共计实现信托项目营业收入 84.44 亿元，较上一年度增长 198.14%；信托项目营业支出 0.17 亿元，较上一年度减少 79.27%；信托项目净利润为 74.14 亿元，较上一年度增长 232.81%。新时代信托 2012 年度信托项目净利润比行业均值多 14.56 亿元。

新时代信托 2012 年度已清算的集合类信托项目有 138 款，平均收益率为 8.45%；已清算的单一类信托项目有 94 款，平均收益率为 9.08%。2012 年度新时代信托所有项目的平均收益率为 8.91%。

新时代信托 2012 年度新增主动管理型项目为 383 款，占比为 79.8%。

表 330　新时代信托各类信托项目收益率

单位：款，万元，%

项目类型	项目数		项目金额		收益率	
	2012 年	2011 年	2012 年	2011 年	2012 年	2011 年
集合类	138	33	927266. 50	291240. 00	8. 45	7. 37
单一类	94	68	2485345. 35	1258155. 70	9. 08	7. 12
财产管理类	0	0	0. 00	0. 00	0. 00	0. 00
合　计	232	101	3412611. 85	1549395. 70	8. 91	7. 17

资料来源：信托公司年报，用益信托工作室整理、制作。

表 331　新时代信托新增主动管理型项目占比

单位：款，万元，%

项目类型	项目		金额		金额占比	
	2012 年	2011 年	2012 年	2011 年	2012 年	2011 年
主动管理型	383	267	4106476. 74	4212273. 32	41. 35	100
被动管理型	97	0	5824836. 70	0. 00	58. 65	0
合　计	480	267	9931313. 44	4212273. 32	100. 00	100. 00

资料来源：信托公司年报，用益信托工作室整理、制作。

5. 管理状况

从表 332 可以看出，2012 年度新时代信托新增员工 65 人。其中，30 岁以下人员增加 58 人，占比由 29. 50% 上升至 48. 53%。

表 332　新时代信托员工年龄分布

单位：人，%

项　目	2012 年		2011 年	
	人数	比例	人数	比例
30 岁以下	99	48. 53	41	29. 50
30 ~ 40 岁	68	33. 33	65	46. 76
40 岁以上	37	18. 14	33	23. 74
合　计	204	100. 00	139	100. 00

资料来源：信托公司年报，用益信托工作室整理、制作。

2012 年度新时代信托员工中拥有硕士学位的人员比例增长最快，而拥有本科学历的人员比例依然最高。2012 年度新时代信托的员工中信托业务人员有 112 人，在员工总人数中占比过半。

表 333　新时代信托员工学历分布

单位：人，%

项　目	2012 年		2011 年	
	人数	比例	人数	比例
博　士	2	0.98	2	1.44
硕　士	69	33.92	37	26.62
本　科	101	49.51	66	47.48
专　科	23	11.27	29	20.86
其　他	9	4.41	5	3.60
合　计	204	100.00	139	100.00

资料来源：信托公司年报，用益信托工作室整理、制作。

2012 年度新时代信托应付员工薪酬为 3444.33 万元，排名第 44 位，较上一年度增长 39.59%，员工平均薪酬为 16.88 万元。

2012 年末新时代信托的负债合计 0.57 亿元，资产负债率为 3.24%。2012 年末新时代信托不良资产总额 668.75 万元，比 2011 年增加 174.61 万元。

根据银监会《信托公司净资本管理办法》第十五条及第十六条的净资本管理指标规定，新时代信托全部达标。

表 334　新时代信托各项风险控制指标

单位：%，万元

项目	2012 年	2011 年
资产负债率	3.24	5.90
不良资产率	16.75	13.95
风险准备金	14250	9186
净资产	169757	94232
净资本	151167	77028

资料来源：信托公司年报，用益信托工作室整理、制作。

五十一　英大信托

1. 资产状况

2012 年年报数据显示，英大国际信托有限责任公司注册资本金为 18.22 亿元，比 2011 年增加 3.22 亿元。英大信托自营资产总规模为 36.33 亿元，比 2011 年末增长了 45.69%。英大信托信托资产规模总量为 2022.85 亿元，较上一年增长了 110.67 亿元。

2. 业务状况

（1）信托业务

年报显示，截至 2012 年末，英大信托新增集合类项目 9 款，金额为 11.73 亿元，在所有信托公司中排名第 64 位；新增单一类项目 51 款，金额为 114.38 亿元，排名第 51 位；新增财产管理类项目 40 款，金额为 142 亿元，排名第 5 位；合计共新增项目 100 款，合计总金额 268.11 亿元。

另外，英大信托 2012 年共实现信托业务收入 7.95 亿元，比上一年度增长了 1.47 亿元。

英大信托信托资产总计 2022.85 亿元。如表 335 所示，从信托资产运用方式来看，贷款及应收款是英大信托最主要的资产形式，占比高达 80.98%。在信托资产分布领域中，基础产业规模占比最高，达 82.40%。

表 335　英大信托信托资产运用方式及投向

单位：万元，%

资产运用	金额	占比	资产分布	金额	占比
货币资产	5125.80	0.03	基础产业	16669011.66	82.40
贷款及应收款	16380148.25	80.98	房地产	129000.00	0.64
持有至到期投资	466055.00	2.30	金融机构	74000.00	0.37
长期股权投资	341818.99	1.69	其他	3356448.84	16.59
其他	3035312.46	15.01			
信托资产总计	20228460.50	100.00	信托资产总计	20228460.50	100.00

资料来源：信托公司年报，用益信托工作室整理、制作。

（2）自营业务

2012年年报数据显示，英大信托自营资产在运用方式中，贷款及应收款规模为12.97亿元，占比最大，为整个自营资产规模的35.7%；货币资产占比排第二位，为28.44%。从自营资产分布领域看，基础产业是英大信托自营资产的主要投向，其资金规模占比达35.65%。

表336　英大信托自营资产运用方式及投向

单位：万元，%

资产运用	金额	占比	资产分布	金额	占比
货币资产	103315.44	28.44	基础产业	129535.63	35.65
贷款及应收款	129684.05	35.70	房地产	13000.00	8.29
可供出售金融资产	36053.34	9.92	证券市场	55553.34	15.29
持有至到期投资	43000.00	11.84	工商企业	756.20	0.21
长期股权投资	41057.11	11.30	金融机构	61800.91	17.01
其他	10197.00	2.81	其他	115660.87	31.84
资产总计	363306.95	100.00	资产总计	363306.95	100.00

资料来源：信托公司年报，用益信托工作室整理、制作。

3. 盈利状况

据年报数据显示，英大信托2012年度共计实现营业收入9.25亿元，较上一年度增长27.02%；营业支出为2.19亿元，增长27.04%；净利润为4.92亿元，增长15.57%。2012年度英大信托的净利润较行业均值少0.61亿元。

英大信托2012年度人均净利润为406.61万元，名列第23，较上一年度增长2.2%；资本利润率为17.02%，名列第36；信托报酬率为0.31%，名列第61。

4. 理财状况

年报数据显示，英大信托2012年度共计实现信托项目收入123.69亿元，较上一年度增长39.6%；信托项目营业支出较上一年度增长34.21%；信托项目净利润增长40.98%。英大信托2012年度信托项目净利润超出全行业均值50.73亿元。

英大信托2012年度已清算的集合类信托项目的平均收益率为8.73%，已清算的单一类信托项目的平均收益率为6.15%，已清算的财产管理类项目有22款。2012年度英大信托所有项目的平均收益率为6.3%。

表337 英大信托各类信托项目收益率

单位：款，万元，%

项目类型	项目数		项目金额		收益率	
	2012年	2011年	2012年	2011年	2012年	2011年
集合类	4	1	55495.00	247.50	8.73	144.92
单一类	78	73	2048728.60	6432807.80	6.15	4.94
财产管理类	22	14	335384.90	181828.25	6.78	5.69
合 计	104	88	2439608.50	6614883.55	6.30	4.97

资料来源：信托公司年报，用益信托工作室整理、制作。

英大信托2012年度新增主动管理型项目个数占比为31%，资金规模占比为26.28%，较2011年度有较大幅度的上升。

表338 英大信托新增主动管理型项目占比

单位：款，万元，%

项目类型	项目		金额		金额占比	
	2012年	2011年	2012年	2011年	2012年	2011年
主动管理型	31	26	704529.75	1210171.63	26.28	10.24
被动管理型	69	98	1976584.42	10606652.69	73.72	89.76
合 计	100	124	2681114.17	11816824.32	100.00	100.00

资料来源：信托公司年报，用益信托工作室整理、制作。

5. 管理状况

2012年度英大信托的最大股东是国网英大国际控股集团有限公司，持股比例为83.94%。

从表339可以看出，2012年度英大信托在人事方面没有太大变动，员工总人数由118人增加到126人。

2012年度英大信托员工中变动较大的是拥有硕士学位的人员，占比较上一年增长4.93个百分点。

2012年度英大信托员工岗位分布中，信托业务人员占比近半。

表 339　英大信托员工年龄分布

单位：人，%

项　目	2012 年		2011 年	
	人数	比例	人数	比例
30 岁以下	30	23.81	28	23.73
30～40 岁	42	33.33	39	33.05
40 岁以上	54	42.86	51	43.22
合　计	126	100.00	118	100.00

资料来源：信托公司年报，用益信托工作室整理、制作。

表 340　英大信托员工学历分布

单位：人，%

项　目	2012 年		2011 年	
	人数	比例	人数	比例
博　士	6	4.76	6	5.08
硕　士	50	39.68	41	34.75
本　科	46	36.51	44	37.29
专　科	15	11.90	16	13.56
其　他	9	7.14	11	9.32
合　计	126	100.00	118	100.00

资料来源：信托公司年报，用益信托工作室整理、制作。

2012 年度英大信托应付员工薪酬为 421 万元，排名第 63 位，较上一年度增长 36.34%，员工平均薪酬为 3.34 万元。

表 341　英大信托各项风险控制指标

单位：%，万元

项目	2012 年	2011 年
资产负债率	7.47	4.66
不良资产率	0.72	1.04
风险准备金	30828	19830
净资产	336151	237745
净资本	298900	183719

资料来源：信托公司年报，用益信托工作室整理、制作。

2012 年末英大信托的负债合计 2.72 亿元，资产负债率为 7.47%。2012 年末英大信托不良资产总额为 2604 万元。

根据银监会《信托公司净资本管理办法》第十五条及第十六条的净资本管理指标规定，英大信托完全达标。

五十二　粤财信托

1. 资产状况

根据年报数据显示，2012 年末，粤财信托注册资本为 15 亿元。粤财信托注册资本在 66 家信托公司中排名第 25 位，较上一年度下降 4 个位次。粤财信托自营资产规模为 27.76 亿元，增长 16%。信托资产规模总量为 1655.02 亿元，较上年的 1776.14 亿元下降了 6.82%。

2. 业务状况

（1）信托业务

根据年报数据显示，截至 2012 年末，粤财信托新增集合类项目 175 款，金额为 413.09 亿元，排名第 8 位；新增单一类项目 489 款，金额为 2399.64 亿元，排名第 3 位；新增财产管理类项目 12 款，金额为 12.38 亿元，排名第 34 位；合计新增项目数量为 676 款，金额为 2825.11 亿元。

表 342　粤财信托信托资产运用方式及投向

单位：万元，%

资产运用	金额	占比	资产分布	金额	占比
货币资产	2359761.99	14.26	基础产业	2925019.00	17.67
贷款	5031859.47	30.40	房地产	824862.34	4.98
交易性金融资产	357311.01	2.16	证券市场	753073.93	4.55
可供出售金融资产	452187.74	2.73	工商企业	4365454.15	32.03
持有至到期投资	1529904.54	9.24	金融机构	5300396.61	26.38
长期股权投资	2435857.34	14.72	其他	2381351.36	14.39
其他	4383275.31	26.38			
信托资产总计	16550157.40	100.00	信托资产总计	16550157.40	100.00

资料来源：信托公司年报，用益信托工作室整理、制作。

此外，粤财信托共计实现信托业务收入 4.08 亿元，较上一年增长 4.80%。

根据年报数据显示，粤财信托信托资产总计 1655.02 亿元，其中贷款的资金占比最大，为30.40%。资金分布领域中，粤财信托的信托资金主要投向工商企业，总额为436.55亿元，规模占比为32.03%。

（2）自营业务

年报数据显示，粤财信托自营资产总计27.76亿元。从表343中可以看出，资产运用方式中，货币资产的资金规模占比最大，达48.75%。资金分布领域中，金融机构为粤财信托自营资产的主要投资领域，资金规模占比达到了94.97%。

表343　粤财信托自营资产运用方式及投向

单位：万元，%

资产运用	金额	占比	资产分布	金额	占比
货币资产	135360.34	48.75	证券市场	3847.09	1.39
贷款及应收款	4878.52	1.76	工商企业	4300.00	1.55
可供出售金融资产	16464.80	5.93	金融机构	263697.57	94.97
长期股权投资	115404.20	41.57	其他	5802.28	2.09
其他	5539.08	2.00			
资产总计	277646.94	100.00	资产总计	277646.94	100.00

资料来源：信托公司年报，用益信托工作室整理、制作。

3. 盈利状况

粤财信托2012年度共计实现营业收入5.86亿元，较上一年度增长20.37%；营业支出为9658.41万元，增长1.53%；净利润为3.96亿元，增长18.15%。2012年度粤财信托的净利润低于行业均值1.64亿元。

粤财信托2012年度人均净利润为495.21万元，排名第14位，较上一年度增长7.07%；资本利润率为15.74%，排名第41位；信托报酬率为0.14%，排名第64位。

4. 理财状况

粤财信托2012年度共计实现信托项目收入121.65亿元，较上一年度增长88.60%；信托项目营业支出11.18亿元，增长57.20%；信托项目净利润为110.47亿元，增长92.94%。粤财信托2012年度净利润超出行业均值50.89亿元。

粤财信托2012年度已清算的集合类信托项目有234款，平均收益率为

6.61%；已清算的单一类信托项目有818款，平均收益率为7.74%；财产管理类2012年度项目有2款。2012年度粤财信托所有项目的平均收益率为7.47%。

表344　粤财信托各类信托项目收益率

单位：款，万元，%

项目类型	项目数		项目金额		收益率	
	2012年	2011年	2012年	2011年	2012年	2011年
集合类	234	159	2920808.63	2389372.40	6.61	5.39
单一类	818	546	11017380.30	5092775.45	7.74	5.34
财产管理类	2	33	60000.00	433750.00	0.00	5.00
合　计	1054	12	13998188.93	250664.20	7.47	5.17

资料来源：信托公司年报，用益信托工作室整理、制作。

粤财信托2012年度新增主动管理型项目为198款，占新增项目总量比例为29.29%。

表345　粤财信托主动管理型项目占比

单位：款，万元，%

项目类型	项目		金额		金额占比	
	2012年	2011年	2012年	2011年	2012年	2011年
主动管理型	198	345	11367076.87	9785342.16	40.24	44.29
被动管理型	478	919	16884066.15	12309399.65	59.76	55.71
合　计	676	1264	28251143.02	22094741.81	100.00	100.00

资料来源：信托公司年报，用益信托工作室整理、制作。

5. 管理状况

从表346可以看出，2012年度粤财信托30～40岁的人员占比提升较大，其也是整个年龄层级中占比最大的。

2012年度粤财信托的学工学历分布情况变化不大，本科和硕士人数均有所上升，本科占总人数的比例最大，为46.43%。

2012年度粤财信托员工岗位分布中，信托业务人员占员工总人数的64.29%。

表 346　粤财信托员工年龄分布

单位：人，%

项　目	2012 年		2011 年	
	人数	比例	人数	比例
30 岁以下	28	33. 33	30	38. 96
30 ~ 40 岁	36	42. 86	26	33. 77
40 岁以上	20	23. 81	21	27. 27
合　计	84	100. 00	77	100. 00

资料来源：信托公司年报，用益信托工作室整理、制作。

表 347　粤财信托员工学历分布

单位：人，%

项　目	2012 年		2011 年	
	人数	比例	人数	比例
博　士	3	3. 57	3	3. 90
硕　士	37	44. 05	36	46. 75
本　科	39	46. 43	33	42. 86
专　科	5	5. 95	5	6. 49
其　他	0	0	0	0
合　计	84	100. 00	77	100. 00

资料来源：信托公司年报，用益信托工作室整理、制作。

2012 年度粤财信托应付员工薪酬为 4289. 89 万元，较上一年度增长 45. 67%，排名第 41 位，员工平均薪酬为 51. 07 万元。

2012 年末粤财信托的负债合计 6910. 11 万元，资产负债率为 2. 49%。2012 年末粤财信托不良资产合计 96. 98 万元。

表 348　粤财信托各项风险控制指标

单位：%，万元

项目	2012 年	2011 年
资产负债率	2. 49	2. 70
不良资产率	0. 07	0. 09
风险准备金	37814	29235
净资产	270737	232678
净资本	229267	190921

资料来源：信托公司年报，用益信托工作室整理、制作。

根据银监会《信托公司净资本管理办法》第十五条及第十六条的净资本管理指标规定，粤财信托全部达标。

五十三　云南信托

1. 资产状况

根据年报显示，2012 年末，云南信托注册资本为 4 亿元，排名第 61 位，较上一年度下降 1 个位次。云南信托自营资产规模为 12.76 亿元，排名第 55 位。云南信托信托资产规模总量为 780.16 亿元，排名第 38 位。

2. 业务状况

（1）信托业务

截至 2012 年末，云南信托新增集合类项目 92 款，金额为 101.59 亿元，排名第 41 位；单一类项目 137 款，金额为 585.95 亿元，排名第 65 位；财产管理类项目 24 款，金额为 130.16 亿元，排名第 6 位；合计项目数为 253 款，金额为 817.70 亿元。

另外，云南信托共计实现信托业务收入 2.62 亿元，较上一年度增长 31.32%。

资产运用方式中，贷款的资金占比最大，为 59.11%。资金分布领域如表 349 所示，工商企业规模占比最高，接近一半，达 47.29%。

表 349　云南信托信托资产运用方式及投向

单位：万元，%

资产运用	金额	占比	资产分布	金额	占比
货币资产	181410.80	2.33	基础产业	1274543.00	16.34
贷款	4611665.00	59.11	房地产业	93700.00	1.20
交易性金融资产	468567.94	6.01	证券市场	504787.63	6.47
长期投资	265115.94	3.40	金融机构	880378.00	11.28
买入返售资产	123241.51	1.58	工商企业	3689331.00	47.29
其他	2151550.25	27.57	其他	1358810.89	17.42
信托资产总计	7801550.52	100.00	信托资产总计	7801550.52	100.00

资料来源：信托公司年报，用益信托工作室整理、制作。

（2）自营业务

年报数据显示，云南信托自营资产总计12.76亿元。资产运用方式中，货币资金规模占比最大，达69.57%。资金分布领域中，其他投向为云南信托自营资产的主要投资领域，资金规模占比达99.46%。

表350　云南信托自营资产运用方式及投向

单位：万元，%

资产运用	金额	占比	资产分布	金额	占比
货币资产	88760.00	69.57	基础产业	0.00	0.00
短期投资	694.00	0.54	证券市场	694.00	0.54
其他	38138.00	29.89	其他	126898.00	99.46
资产总计	127592.00	100.00	资产总计	127592.00	100.00

资料来源：信托公司年报，用益信托工作室整理、制作。

3. 盈利状况

云南信托2012年度共计实现营业收入3.09亿元，较上一年度增长34.33%；营业支出为1.01亿元，增长56.77%；净利润为1.55亿元，增长29.32%。2012年度云南信托的净利润低于行业均值4.04亿元。

云南信托2012年度人均净利润194.37万元，排名第47位，较上一年度增长35.92%；资本利润率为14.35%，排名第44位；信托报酬率为1.31%，排名第20位，信托报酬率增长排名第64位，下滑较为明显。

4. 理财状况

云南信托2012年度共计实现信托项目收入20.15亿元；信托项目营业支出4.92亿元，较上一年度增长105.99%；信托项目净利润为15.22亿元，增长-669.14%。云南信托2012年度净利润较行业均值差距较大，相差44.36亿元。

云南信托2012年度已清算的集合类信托项目的平均收益率为5.64%，2012年度已清算的单一类信托项目的平均收益率为6.84%，财产管理类2012年度已清算项目有1款。2012年度云南信托所有项目的平均收益率为6.30%。

云南信托2012年度新增主动管理型项目数占比为39.13%。2011年度云南信托没有新增被动管理型信托项目，而 2012 年被动管理型信托项目数达 154 款。

表 351　云南信托各类信托项目收益率

单位：款，万元，%

项目类型	项目数		项目金额		收益率	
	2012 年	2011 年	2012 年	2011 年	2012 年	2011 年
集合类	75	0	500144. 90	0. 00	5. 64	0. 00
单一类	29	11	662719. 13	161513. 00	6. 84	4. 78
财产管理类	1	0	20000. 00	0. 00	4. 97	0. 00
合　计	105	11	1182864. 03	161513. 00	6. 30	4. 78

资料来源：信托公司年报，用益信托工作室整理、制作。

表 352　云南信托主动管理型项目占比

单位：款，万元，%

项目类型	项目		金额		金额占比	
	2012 年	2011 年	2012 年	2011 年	2012 年	2011 年
主动管理型	99	48	1149135. 37	1531565. 00	14. 05	100. 00
被动管理型	154	0	7027847. 00	0. 00	85. 95	0. 00
合　计	253	48	8176982. 37	1531565. 00	100. 00	100. 00

资料来源：信托公司年报，用益信托工作室整理、制作。

5. 管理状况

从表 353 可以看出，2012 年度云南信托的员工学历中本科的占比最大，达 57. 32%；硕士生人数也较上年有所增加，占比排第二位，为 23. 17%。

表 353　云南信托员工学历分布

单位：人，%

项　目	2012 年		2011 年	
	人数	比例	人数	比例
博　士	1	1. 22	1	1. 30
硕　士	19	23. 17	16	20. 78
本　科	47	57. 32	43	55. 84
专　科	8	9. 76	10	12. 99
其　他	7	8. 54	7	9. 09
合　计	82	100. 00	77	100. 00

资料来源：信托公司年报，用益信托工作室整理、制作。

2012 年末云南信托的负债合计 1.15 亿元，资产负债率为 9.01%。2012 年末云南信托无不良资产。

根据银监会《信托公司净资本管理办法》第十五条及第十六条的净资本管理指标规定，云南信托全部达标。

表 354　云南信托各项风险控制指标

单位：%，万元

项目	2012 年	2011 年
资产负债率	9.01	9.50
不良资产率	0.00	0.00
风险准备金	16026	12891
净资产	116099	100549
净资本	105839	92078

资料来源：信托公司年报，用益信托工作室整理、制作。

五十四　浙金信托

1. 资产状况

根据年报显示，2012 年末，浙金信托注册资本为 5 亿元，排名第 58 位，较上一年度下降 1 个位次。浙金信托自营资产规模为 6.01 亿元，排名第 65 位。浙金信托信托资产规模总量为 103.73 亿元，排名第 64 位。

2. 业务状况

（1）信托业务

截至 2012 年末，浙金信托新增集合类项目金额排名第 48 位；单一类项目金额排名第 62 位；财产管理类项目金额排名第 36 位；合计项目数为 36 款，金额为 1149963.00 万元。

另外，浙金信托共计实现信托业务收入 8582.29 万元，较上一年度增长 4447.39%。

信托资产运用方式如表 355 所示，其中贷款的资金规模最大，为 52.14 亿元，其占比超过一半。资金分布领域中，基础产业规模占比最高，为 32.46%；其次是证券市场，占比为 26.19%。

表 355　浙金信托信托资产运用方式及投向

单位：万元，%

资产运用	金额	占比	资产分布	金额	占比
货币资产	3805.92	0.37	基础产业	336690.00	32.46
贷款	521385.00	50.27	房地产	139985.00	13.50
交易性金融资产	248730.18	23.98	证券市场	271706.52	26.19
可供出售金融资产	106976.33	10.31	实业	143200.00	13.80
持有至到期投资	68300.00	6.58	金融机构	3805.92	0.37
其他	88072.31	8.49	其他	141882.30	13.68
信托资产总计	1037269.74	100.00	信托资产总计	1037269.74	100.00

资料来源：信托公司年报，用益信托工作室整理、制作。

（2）自营业务

浙金信托自营资产总计6.01亿元，运用方式及投向从表356可以看出，资产运用方式中，交易性金融资产的资金规模占比最大，达46.66%。资金分布领域中，证券市场为浙金信托自营资产的主要投资领域，资金规模占比达47.49%。

表 356　浙金信托自营资产运用方式及投向

单位：万元，%

资产运用	金额	占比	资产分布	金额	占比
货币资产	15813.59	26.32	基础产业	—	—
贷款及应收款	2149.88	3.58	房地产业	—	—
交易性金融资产	28028.30	46.66	证券市场	28527.95	47.49
可供出售金融资产	5073.50	8.45	金融机构	21537.81	35.85
持有至到期投资	650.72	1.08	其他	10009.62	16.66
其他	8359.39	13.91			
资产总计	60075.38	100.00	资产总计	60075.38	100.00

资料来源：信托公司年报，用益信托工作室整理、制作。

3. 盈利状况

浙金信托2012年度共计实现营业收入1.11亿元，较上一年度增长450.57%；营业支出为8078.83万元，增长355.93%；净利润为3882.34万元，增长2035.03%。2012年度浙金信托的净利润虽然较上年有大幅上升，但是与行业均值的差距依然较大，为 5.21 亿元。

浙金信托 2012 年度人均净利润为 56.27 万元，排第 66 位；资本利润率为 7.40%，排名第 63 位；信托报酬率为 1.63%，排名第 12 位。

4. 理财状况

根据年报数据显示，浙金信托 2012 年度共计实现信托项目收入 3.54 亿元，较上一年度增长 1665.98%；信托项目营业支出较上一年度增长 1267.12%；信托项目净利润增长 1849.69%。浙金信托 2012 年度净利润与行业均值差距较大，相差 56.59 亿元。

浙金信托 2012 年度已清算的集合类信托项目的平均收益率为 8.54%，已清算的单一类信托项目的平均收益率为 7.90%。2012 年度浙金信托所有项目的平均收益率为 7.94%。

表 357 浙金信托各类信托项目收益率

单位：款，万元，%

项目类型	项目数		项目金额		收益率	
	2012 年	2011 年	2012 年	2011 年	2012 年	2011 年
集合类	1	0	5500.00	0.00	8.54	0.00
单一类	5	0	92930.00	0.00	7.90	0.00
财产管理类	0	0	0.00	0.00	0.00	0.00
合 计	6	0	98430.00	0.00	7.94	0.00

资料来源：信托公司年报，用益信托工作室整理、制作。

浙金信托 2012 年度新增主动管理型项目为 32 款，项目数占比为 88.89%；资金规模占比为 92.70%。

表 358 浙金信托主动管理型项目占比

单位：款，万元，%

项目类型	项目		金额		金额占比	
	2012 年	2011 年	2012 年	2011 年	2012 年	2011 年
主动管理型	32	0	1065963.00	0.00	92.70	0.00
被动管理型	4	0	84000.00	0.00	7.30	0.00
合 计	36	0	1149963.00	0.00	100.00	0.00

资料来源：信托公司年报，用益信托工作室整理、制作。

5. 管理状况

从表359可以看出，2012年度浙金信托的硕士比例提升较大，在所有员工学历中其占比和本科一样，均为47.83%；本科以下学历者仅有一名，占比1.45%。

表359　浙金信托员工学历分布

单位：人，%

项　目	2012年		2011年	
	人数	比例	人数	比例
博　士	2	2.90	3	7.50
硕　士	33	47.83	16	40.00
本　科	33	47.83	20	50.00
专　科	1	1.45	1	2.50
合　计	69	100.00	40	100.00

资料来源：信托公司年报，用益信托工作室整理、制作。

2012年末浙金信托的负债合计5621.56万元，资产负债率为9.36%。2012年末浙金信托无不良资产。

根据银监会《信托公司净资本管理办法》第十五条及第十六条的净资本管理指标规定，浙金信托全部达标。

表360　浙金信托各项风险控制指标

单位：%，万元

项目	2012年	2011年
资产负债率	9.36	1.15
不良资产率	0.00	0.00
风险准备金	854	77
净资产	54454	50516
净资本	52121	

资料来源：信托公司年报，用益信托工作室整理、制作。

五十五　中诚信托

1. 资产状况

根据年报显示，2012 年末，中诚信托注册资本为 24.57 亿元，排第 10 名，较上一年度下降了 3 个位次。2012 年末，中诚信托自营资产规模为 116.01 亿元，排名第 4 位，较上一年度下降了 2 个位次；规模较 2011 年增长 14%，增幅排名第 48 位。2012 年末，中诚信托信托资产规模总量为 2713.67 亿元，排名第 5 位，规模较上一年度增长 33.14%。

2. 业务状况

（1）信托业务

截至 2012 年末，中诚信托新增集合类项目 36 款，金额为 197.09 亿元，排名第 23 位；单一类项目 251 款，金额为 1082.69 亿元，排名第 11 位；财产管理类项目数为 23 款，金额为 86.38 亿元，排名第 8 位；合计项目数为 310 款，金额为 1366.16 亿元。

另外，中诚信托共计实现信托业务收入 12.76 亿元，较上一年度增长 21.72%。

表 361　中诚信托信托资产运用方式及投向

单位：万元，%

资产运用	金额	占比	资产分布	金额	占比
货币资产	1012373.55	3.73	基础产业	5037571.13	18.56
贷款	8667905.86	31.94	房地产业	2507079.50	9.24
交易性金融资产	9830047.34	36.22	证券市场	9466115.91	34.88
可供出售金融资产	600308.67	2.21	实业	5313674.33	19.58
长期股权投资	3593154.55	13.24	金融机构	3427038.54	12.63
应收账款	3432713.76	12.65	其他	1385267.14	5.11
其他	242.82	0.01			
信托资产总计	27136746.55	100.00	信托资产总计	27136746.55	100.00

资料来源：信托公司年报，用益信托工作室整理、制作。

在资产运用方式中，交易性金融资产的资金占比最大，为 36.22%；紧随其后的是贷款，资金规模占比为 31.94%。资金分布领域中，证券市场规模占比最高，达 34.88%。

（2）自营业务

中诚信托自营资产总计 116.01 亿元。自营资产运用方式及投向如表 362 所示，资产运用方式中，贷款及应收款的资金规模占比最大，达 53.14%。资金分布领域中，金融机构为中诚信托自营资产的主要投资领域，资金规模占比达 34.17%。

表 362　中诚信托自营资产运用方式及投向

单位：万元，%

资产运用	金额	占比	资产分布	金额	占比
货币资产	194229.93	16.74	基础产业	97169.80	8.38
贷款及应收款	616441.55	53.14	房地产业	348042.42	30.00
交易性金融资产	64551.22	5.56	证券市场	85325.24	7.36
可供出售金融资产	15676.33	1.35	实业	77534.92	6.68
长期股权投资	246617.95	21.26	金融机构	396454.65	34.17
其他	22608.20	1.95	其他	155598.15	13.41
资产总计	1160125.18	100.00	资产总计	1160125.18	100.00

资料来源：信托公司年报，用益信托工作室整理、制作。

3. 盈利状况

据年报数据显示，中诚信托 2012 年度共计实现营业收入 26.93 亿元，较上一年度增长 11.58%；营业支出较上一年度增长 5.68%；净利润增长 11.32%。2012 年度中诚信托的净利润大大超越行业均值 10.48 亿元。

中诚信托 2012 年度人均净利润为 926.46 万元，排名第 3 位，较上一年度增长 5.21%；资本利润率为 17.18%，排名第 35 位；信托报酬率为 0.93%，排名第 30 位。

4. 理财状况

中诚信托 2012 年度共计实现信托项目收入 174.21 亿元，较上一年度增长 30.49%；信托项目营业支出较上一年度增长 23.98%；信托项目净利润增长 31.62%。中诚信托 2012 年度净利润超出行业均值较多，为 91.09

亿元。

中诚信托 2012 年度已清算的集合类信托项目的平均收益率为 6.36%，已清算的单一类信托项目的平均收益率为 6.79%，财产管理类已清算的信托项目数只有 1 款。2012 年度中诚信托所有项目的平均收益率为 6.60%。

表 363　中诚信托各类信托项目收益率

单位：款，万元，%

项目类型	项目数		项目金额		收益率	
	2012 年	2011 年	2012 年	2011 年	2012 年	2011 年
集合类	68	40	3936400.00	1327767.36	6.36	6.10
单一类	133	154	5510279.43	7372727.75	6.79	4.14
财产管理类	1	11	14985.00	738909.00	—	10.59
合　计	202	205	9461664.43	9439404.11	6.60	4.92

资料来源：信托公司年报，用益信托工作室整理、制作。

中诚信托 2012 年度新增主动管理型项目为 236 款，项目数占比为 76.13%；资金规模占比为 75.38%。

表 364　中诚信托主动管理型项目占比

单位：款，万元，%

项目类型	项目		金额		金额占比	
	2012 年	2011 年	2012 年	2011 年	2012 年	2011 年
主动管理型	236	199	10298674.98	9311635.83	75.38	44.04
被动管理型	74	45	3362932.85	11831754.15	24.62	55.96
合　计	310	244	13661607.83	21143389.98	100.00	100.00

资料来源：信托公司年报，用益信托工作室整理、制作。

5. 管理状况

从表 365 可以看出，2012 年度中诚信托 30 岁以下的人员比例有所降低，而 30 ~ 40 岁和 40 岁以上这两个年龄阶层的人数均有所提升。

2012 年度中诚信托的硕士和本科人数均有所上升，而专科人数有所下降。

表 365　中诚信托员工年龄分布

单位：人，%

项　目	2012 年		2011 年	
	人数	比例	人数	比例
30 岁以下	44	24.72	49	28.00
30～40 岁	97	54.49	92	52.57
40 岁以上	37	20.79	34	19.43
合　计	178	100.00	175	100.00

资料来源：信托公司年报，用益信托工作室整理、制作。

2012 年度中诚信托员工岗位分布中，信托业务人员有 96 人，占比 53.93%。

2012 年度中诚信托应付员工薪酬为 7.44 亿元，较上一年度增长 32.17%，排名第 2 位，员工平均薪酬为 418 万元。

表 366　中诚信托员工学历分布

单位：人，%

项　目	2012 年		2011 年	
	人数	比例	人数	比例
博　士	7	3.93	7	4.00
硕　士	104	58.43	101	57.71
本　科	63	35.39	61	34.86
专　科	4	2.25	5	2.86
其　他	0	0.00	1	0.57
合　计	178	100.00	175	100.00

资料来源：信托公司年报，用益信托工作室整理、制作。

2012 年末中诚信托的负债合计 15.55 亿元，资产负债率为 13.40%。2012 年末中诚信托无不良资产。

根据银监会《信托公司净资本管理办法》第十五条及第十六条的净资本管理指标规定，中诚信托全部达标。

表 367　中诚信托各项风险控制指标

单位：%，万元

项目	2012 年	2011 年
资产负债率	13.40	13.59
不良资产率	0.00	0.00
风险准备金	116131	92022
净资产	1004629	878449
净资本	720200	634991

资料来源：信托公司年报，用益信托工作室整理、制作。

五十六　中海信托

1. 资产状况

根据年报显示，公司注册资本为 25 亿元，排名第 8 位，较上一年度下降了 3 个位次。2012 年末，中海信托自营资产规模为 40.00 亿元，排名第 16 位，较上一年度下降了 6 个位次；规模较 2011 年下降 12%。2012 年末，中海信托信托资产规模总量为 1258.47 亿元，排名第 21 位。

2. 业务状况

（1）信托业务

截至 2012 年末，中海信托新增集合类项目金额排名第 20 位；单一类项目金额排名第 49 位；财产管理类项目金额排名第 22 位；合计项目数为 103 款，金额为 375.56 亿元。

另外，中海信托共计实现信托业务收入 12.76 亿元，较上一年度增长 21.72%。

资产运用方式如表 368 所示，其中贷款的资金占比最大，为 38.65%。资金分布领域中，基础产业规模占比最高，达 41.22%。

（2）自营业务

中海信托自营资产总计 40.00 亿元。自营资产运用方式及投向如表 369 所示。可以看出，资产运用方式中，贷款及应收款的资金规模占比最大，达

32.50%；长期股权投资资金规模排名次席，为22.88%。资金分布领域中，除其他外，实业为中海信托自营资产的主要投资领域，规模占比达32.50%。

表368　中海信托信托资产运用方式及投向

单位：万元，%

资产运用	金额	占比	资产分布	金额	占比
货币资产	243043.00	1.93	基础产业	5186940.00	41.22
贷款	4863757.00	38.65	房地产业	310000.00	2.46
交易性金融资产	4812025.00	38.24	实业	627321.00	4.98
可供出售金融资产	1547128.00	12.29	证券市场	3366629.00	26.75
长期股权投资	948465.00	7.54	金融机构	1359000.00	10.80
其他	170280.00	1.35	其他	1734808.00	13.79
信托资产总计	12584698.00	100.00	信托资产总计	12584698.00	100.00

资料来源：信托公司年报，用益信托工作室整理、制作。

表369　中海信托自营资产运用方式及投向

单位：万元，%

资产运用	金额	占比	资产分布	金额	占比
货币资产	77943.91	19.49	基础产业	—	—
贷款及应收款	130000.00	32.50	证券市场	28705.56	7.18
可供出售金融资产	89703.81	22.43	实业	130000.00	32.50
长期股权投资	91515.94	22.88	金融机构	91515.94	22.88
其他	10845.12	2.70	其他	149787.28	37.44
资产总计	400008.78	100.00	资产总计	400008.78	100.00

资料来源：信托公司年报，用益信托工作室整理、制作。

3. 盈利状况

中海信托2012年度共计实现营业收入11.08亿元，较上一年度增长7.87%；营业支出较上一年度减少了20.64%；净利润增长22.12%。2012年度中海信托的净利润较行业均值多2.48亿元。

中海信托2012年度人均净利润为733.89万元，排名第5位；资本利润率为19.97%，排名第27位；信托报酬率为1.61%。

4. 理财状况

中海信托2012年度共计实现信托项目收入90.60亿元，较上一年度增长

2.72%；信托项目营业支出19.12亿元，降低27.18%；信托项目净利润为71.48亿元，增长15.39%。中海信托2012年度净利润超过行业均值11.91亿元。

中海信托2012年度已清算的集合类信托项目有42款；已清算的单一类信托项目有207款；整体信托项目数量较上年度大幅上升，但项目金额规模有所下降。中海信托未公布其已清算项目的平均收益率。

表370　中海信托各类信托项目收益率

单位：款，万元，%

项目类型	项目数		项目金额		收益率	
	2012年	2011年	2012年	2011年	2012年	2011年
集合类	42	19	2182639.93	524326.45	—	—
单一类	207	98	4009117.05	9236818.40	—	—
财产管理类	—	—	—	—	—	—
合　计	249	117	6191756.98	9761144.85	—	—

资料来源：信托公司年报，用益信托工作室整理、制作。

中海信托2012年度新增主动管理型项目数占比为81.55%，资金规模占比为92.29%。

表371　中海信托主动管理型项目占比

单位：款，万元，%

项目类型	项目		金额		金额占比	
	2012年	2011年	2012年	2011年	2012年	2011年
主动管理型	84	262	3466050.64	4554842.85	92.29	54.68
被动管理型	19	24	289528.34	3775258.00	7.71	45.32
合　计	103	286	3755578.98	8330100.85	100.00	100.00

资料来源：信托公司年报，用益信托工作室整理、制作。

5. 管理状况

年报显示，2012年度中海信托的主要股东仍是中国海洋石油总公司，持股比例达95%。

从表372可以看出，2012年度中海信托30岁以下的人员比例提升较大；30~40岁的员工人数也有所上升，其依然是整个年龄层级中占比最大的。

表 372　中海信托员工年龄分布

单位：人，%

项　目	2012 年		2011 年	
	人数	比例	人数	比例
30 岁以下	44	38.93	36	35.64
30～40 岁	55	48.67	50	49.50
40 岁以上	14	12.39	15	14.85
合　计	113	100.00	101	100.00

资料来源：信托公司年报，用益信托工作室整理、制作。

2012 年度中海信托的硕士和本科人数均提升较大。其中，硕士占比达 63.72%。

表 373　中海信托员工学历分布

单位：人，%

项　目	2012 年		2011 年	
	人数	比例	人数	比例
博　士	3	2.65	3	2.97
硕　士	72	63.72	65	64.36
本　科	31	27.43	26	25.74
专　科	7	6.19	7	6.93
合　计	113	100.00	101	100.00

资料来源：信托公司年报，用益信托工作室整理、制作。

2012 年度中海信托员工岗位分布中，信托业务人员占全体员工的比例为 52.21%。

2012 年度中海信托应付员工薪酬为 9076.40 万元，较上一年度增长 25.69%，员工平均薪酬为 80.32 万元。

2012 年末中海信托的负债合计 1.20 亿元，资产负债率为 5.00%。2012 年末中海信托无不良资产合计。

根据银监会《信托公司净资本管理办法》第十五条及第十六条的净资本管理指标规定，中海信托全部达标。

表 374　中海信托各项风险控制指标

单位：%，万元

项目	2012 年	2011 年
资产负债率	5.00	5.44
不良资产率	0.00	0.00
风险准备金	211351	156009
净资产	380022	428349
净资本	312324	402130

资料来源：信托公司年报，用益信托工作室整理、制作。

五十七　中航信托

1. 资产状况

根据年报显示，2012 年末，中航信托注册资本为 15 亿元，排名第 23 位。中航信托自营资产规模为 27.49 亿元，排名第 34 位；规模较 2011 年增长 37%。信托资产规模总量为 1395.47 亿元，排名第 17 位，规模较上一年度增长 77.83%。

2. 业务状况

（1）信托业务

截至 2012 年末，中航信托新增集合类项目金额排名第 19 位；单一类项目金额排名第 10 位；财产管理类项目金额排名第 14 位；合计项目数为 289 款，金额为 1409.33 亿元。

另外，中航信托共计实现信托业务收入 10.98 亿元，较上一年度增长 79.14%。

信托资产运用方式如表 375 所示，贷款的资金占比最大，为 51.77%。资金分布领域中，实业规模占比最高，达 39.13%。

（2）自营业务

年报数据显示，中航信托自营资产总计 27.49 亿元。从表 376 中可以看出，资产运用方式中，可供出售金融资产的资金规模占比最大，达 58.93%。

资金分布领域中，其他类为中航信托自营资产的主要投资领域，资金规模占比达66.72%。

表375 中航信托信托资产运用方式及投向

单位：万元，%

资产运用	金额	占比	资产分布	金额	占比
货币资产	342705.92	2.46	基础产业	4223987.64	30.27
贷款	7224688.06	51.77	房地产业	1548183.98	11.09
可供出售金融资产	715270.26	5.13	证券市场	600417.48	4.30
持有至到期投资	759576.00	5.44	实业	5460012.15	39.13
长期股权投资	2298145.88	16.47	金融机构	—	—
其他	2614310.09	18.73	其他	2122094.96	15.21
信托资产总计	13954696.21	100.00	信托资产总计	13954696.21	100.00

资料来源：信托公司年报，用益信托工作室整理、制作。

表376 中航信托自营资产运用方式及投向

单位：万元，%

资产运用	金额	占比	资产分布	金额	占比
货币资产	36891.48	13.42	基础产业	9800.00	3.56
贷款及应收款	38342.32	13.95	房地产业	28625.00	10.41
交易性金融资产	—	—	证券市场	14700.00	5.35
可供出售金融资产	161993.24	58.93	实业	7332.00	2.67
长期股权投资	31042.00	11.29	金融机构	31042.00	11.29
其他	6638.45	2.41	其他	183408.49	66.72
资产总计	274907.49	100.00	资产总计	274907.49	100.00

资料来源：信托公司年报，用益信托工作室整理、制作。

3. 盈利状况

中航信托2012年度共计实现营业收入12.88亿元，较上一年度增长95.26%；营业支出为4.53亿元，增长60.69%；净利润为6.32亿元，增长121.43%。2012年度中航信托的净利润超过行业均值7175.65万元。

中航信托2012年度人均净利润为528.50万元，排名第12位，较上一年度增长71.35%；资本利润率为29.60%，排名第11位；信托报酬率为

1.21%，排名第23位。

4. 理财状况

年报数据显示，中航信托2012年度共计实现信托项目收入90.95亿元，较上一年度增长109.25%；信托项目营业支出较上一年度增长92.85%；信托项目净利润增长113.03%。中航信托2012年度净利润超过行业均值15.65亿元。

中航信托2012年度已清算的集合类信托项目的平均收益率为7.62%，已清算的单一类信托项目的平均收益率为7.00%，财产管理类2012年度已清算的信托项目有6款。总体来讲，2012年度中航信托所有项目的平均收益率为6.79%，较上年度5.43%的收益率大幅增加。

表 377　中航信托各类信托项目收益率

单位：款，万元，%

项目类型	项目数		项目金额		收益率	
	2012 年	2011 年	2012 年	2011 年	2012 年	2011 年
集合类	35	9	539199.00	80000.00	7.62	9.00
单一类	134	78	3799060.36	2041416.48	7.00	5.29
财产管理类	6	0	487690.00	0.00	4.23	0.00
合　计	175	87	4825949.36	2121416.48	6.79	5.43

资料来源：信托公司年报，用益信托工作室整理、制作。

中航信托2012年度新增主动管理型项目数占比为34.60%，资金规模占比为47.50%。

表 378　中航信托主动管理型项目占比

单位：款，万元，%

项目类型	项目		金额		金额占比	
	2012 年	2011 年	2012 年	2011 年	2012 年	2011 年
主动管理型	100	88	6694115.88	1928819.14	47.50	30.72
被动管理型	189	150	7399217.70	4349756.04	52.50	69.28
合　计	289	238	14093333.58	6278575.18	100.00	100.00

资料来源：信托公司年报，用益信托工作室整理、制作。

5. 管理状况

从表379可以看出，2012年度中航信托30岁以下的人员比例提升较大，其也是整个年龄层级中占比最大的。

表379　中航信托员工年龄分布

单位：人，%

项　目	2012年		2011年	
	人数	比例	人数	比例
30岁以下	86	46.24	61	45.19
30~40岁	65	34.95	46	34.07
40岁以上	35	18.82	28	20.74
合　计	186	100.00	135	100.00

资料来源：信托公司年报，用益信托工作室整理、制作。

2012年度中航信托的硕士比例提升较大，由上年的34.81%上升为40.32%。由此看来，中航信托员工学历开始向硕士及以上看齐，员工的整体素质明显提高。

表380　中航信托员工学历分布

单位：人，%

项　目	2012年		2011年	
	人数	比例	人数	比例
博　士	3	1.61	2	1.48
硕　士	75	40.32	47	34.81
本　科	81	43.55	57	42.22
专　科	21	11.29	22	16.30
其　他	6	3.23	7	5.19
合　计	186	100.00	135	100.00

资料来源：信托公司年报，用益信托工作室整理、制作。

2012年度中航信托员工岗位分布中，信托业务人员占比46.24%。

2012年度中航信托应付员工薪酬为1.35亿元，较上一年度增长87.53%，排名第10位，员工平均薪酬为73万元。

2012年末中航信托的负债合计3.00亿元，资产负债率为10.90%。2012

年末中航信托不良资产为 0。

根据银监会《信托公司净资本管理办法》第十五条及第十六条的净资本管理指标规定，中航信托全部达标。

表 381　中航信托各项风险控制指标

单位：%，万元

项目	2012 年	2011 年
资产负债率	10.90	9.12
不良资产率	0.00	0.00
风险准备金	18986	6355
净资产	244930	181778
净资本	214600	153906

资料来源：信托公司年报，用益信托工作室整理、制作。

五十八　中江信托

1. 资产状况

根据年报显示，2012 年末，中江信托注册资本为 10.37 亿元，排名第 44 位。自营资产规模为 34.97 亿元，排名第 23 位，较 2011 年增长 36%。信托资产规模总量为 1361.33 亿元，排名第 19 位，规模较上一年度增长 32.57%。

2. 业务状况

（1）信托业务

年报显示，截至 2012 年末，中江信托新增集合类项目金额排名第 32 位；单一类项目金额排名第 25 位；财产管理类项目金额排名第 27 位；合计项目数为 352 款，金额为 722.07 亿元。

另外，中江信托共计实现信托业务收入 9.79 亿元，较上一年度增长 76.65%。

信托资产运用方式表 382 所示，其中贷款的资金占比最大，为 55.13%。资金分布领域中，工商企业规模占比最高，达 40.76%。

表 382　中江信托信托资产运用方式及投向

单位：万元，%

资产运用	金额	占比	资产分布	金额	占比
货币资产	170581.31	1.25	基础产业	4813452.10	35.36
交易性金融资产	838702.46	6.16	房地产业	901155.11	6.62
贷款	7505241.58	55.13	证券市场	1014337.63	7.45
应收账款	1032598.77	7.59	金融机构	65854.97	0.48
可供出售金融资产	342594.00	2.52	工商企业	5549250.68	40.76
长期股权投资	2891089.64	21.24	其他	1269201.47	9.32
其他	832444.20	6.11			
信托资产总计	13613251.96	100.00	信托资产总计	13613251.96	100.00

资料来源：信托公司年报，用益信托工作室整理、制作。

（2）自营业务

中江信托自营资产总计 34.97 亿元。自营资产运用方式及投向如表 383 所示。资产运用方式中，长期股权投资的资金规模占比最大，达 62.58%。资金分布领域中，中江信托资产分布领域只有证券市场和其他，其中证券市场的规模占比较大，达 62.58%。

表 383　中江信托自营资产运用方式及投向

单位：万元，%

资产运用	金额	占比	资产分布	金额	占比
货币资产	117458.98	33.59	基础产业	—	—
其他流动资产	994.81	0.28	房地产业	—	—
可供出售金融资产	10339.28	2.96	证券市场	218868.43	62.58
长期股权投资	218878.43	62.58	其他	130864.95	37.42
其他	2061.88	0.59			
资产总计	349733.38	100.00	资产总计	349733.38	100.00

资料来源：信托公司年报，用益信托工作室整理、制作。

3. 盈利状况

据年报数据显示，中江信托 2012 年度共计实现营业收入 13.65 亿元，较上一年度增长 59.50%；营业支出较上一年度增长 44.79%；净利润增长 77.02%。2012 年度中江信托的净利润较行业均值少 597.32 万元。

中江信托 2012 年度人均净利润为 277.24 万元，排第 40 位，较上一年度增长88.44%；资本利润率为17.36%，排名第34位；信托报酬率为0.87%，排名第35位。

4. 理财状况

年报数据显示，中江信托2012年度共计实现信托项目收入80.15亿元，较上一年度增长95.17%；信托项目营业支出8.25亿元，增长30.55%；信托项目净利润为71.90亿元，增长106.92%。中江信托2012年度净利润超过行业均值较多，相差12.32亿元。

中江信托2012年度已清算的52个集合类信托项目的平均收益率为2.12%，已清算的184款单一类信托项目的平均收益率为6.79%，6款已清算财产管理类项目的平均收益率为7.89%。总体来讲，2012年度中江信托所有项目的平均收益率为6.32%。

表384　中江信托各类信托项目收益率

单位：款，万元，%

项目类型	项目数		项目金额		收益率	
	2012年	2011年	2012年	2011年	2012年	2011年
集合类	52	13	634623.48	414880.15	2.12	13.38
单一类	184	104	4034668.73	3632756.72	6.79	5.05
财产管理类	6	1	487690.00	3850.00	7.89	7.00
合　计	242	118	5156982.21	4051486.87	6.32	5.90

资料来源：信托公司年报，用益信托工作室整理、制作。

中江信托2012年度新增主动管理型项目数占比为36.08%；资金规模占比为33.34%，较2011年度有大幅下降。

表385　中江信托主动管理型项目占比

单位：款，万元，%

项目类型	项目		金额		金额占比	
	2012年	2011年	2012年	2011年	2012年	2011年
主动管理型	127	209	2407315.90	5064136.36	33.34	72.07
被动管理型	225	81	4813408.84	1946935.70	66.66	27.93
合　计	352	290	7220724.74	7011072.06	100.00	100.00

资料来源：信托公司年报，用益信托工作室整理、制作。

5. 管理状况

从表 386 可以看出，2012 年度中江信托员工年龄分布情况变化不大。30～40 岁和 40 岁以上这两个阶层的员工人数均没有变化；30 岁以下的人数增加，比例由 2011 年的 29.70% 上升为 30.95%。

表 386　中江信托员工年龄分布

单位：人，%

项　目	2012 年		2011 年	
	人数	比例	人数	比例
30 岁以下	52	30.95	49	29.70
30～40 岁	48	28.57	48	29.09
40 岁以上	68	40.48	68	41.24
合　计	168	100.00	165	100.00

资料来源：信托公司年报，用益信托工作室整理、制作。

2012 年度中江信托的人员学历分布中，除硕士人数有所提升外，其余分布领域均较上年没有变化。

表 387　中江信托员工学历分布

单位：人，%

项　目	2012 年		2011 年	
	人数	比例	人数	比例
博　士	2	1.19	2	1.21
硕　士	27	16.07	24	14.55
本　科	87	51.79	87	52.73
专　科	52	30.95	52	31.52
其　他	0	0.00	0	0.00
合　计	168	100.00	165	100.00

资料来源：信托公司年报，用益信托工作室整理、制作。

2012 年度中江信托的信托业务人员最多，占比 72.62%。

2012 年度中江信托应付员工薪酬为 1.25 亿元，较上一年度增长 152.14%，排名第 11 位，员工平均薪酬为 74.4 万元。

2012 年末中江信托的负债合计 6.47 亿元，资产负债率为 18.51%。2012

年末中江信托不良资产合计1467.56万元，较上一年增长4.62万元。

根据银监会《信托公司净资本管理办法》第十五条及第十六条的净资本管理指标规定，中江信托全部达标。

表388　中江信托各项风险控制指标

单位：%，万元

项目	2012年	2011年
资产负债率	18.51	5.25
不良资产率	0.42	0.58
风险准备金	12644	7434
净资产	284990	241873
净资本	261170	242285

资料来源：信托公司年报，用益信托工作室整理、制作。

五十九　中粮信托

1. 资产状况

根据年报显示，中粮注册资本为15亿元，排名第26位。自营资产规模为22.81亿元，排名第41位。信托资产规模总量为1239.97亿元，排名第22位。

2. 业务状况

（1）信托业务

截至2012年末，中粮信托新增集合类项目金额为75.46亿元，在所有信托公司中排名第49位；单一类项目金额为2788.35亿元，排名首位；财产管理类项目金额为24.62亿元，排名第26位；合计项目数为190款，金额为2888.43亿元。

另外，中粮信托共计实现信托业务收入2.23亿元，较上一年度增长57.52%。

信托资产运用方式如表389所示，货币资产的资金占比最大，为51.14%。资金分布领域中，金融机构规模占比最高，达52.27%。

表 389　中粮信托信托资产运用方式及投向

单位：万元，%

资产运用	金额	占比	资产分布	金额	占比
货币资产	6340900.03	51.14	基础产业	3054121.23	24.63
贷款	4734440.64	38.18	房地产业	105350.00	0.85
交易性金融资产	10148.82	0.08	证券市场	41327.66	0.33
可供出售金融资产	293518.19	2.37	实业	1728210.34	13.94
持有至到期投资	64695.00	0.52	金融机构	6481862.76	52.27
长期股权投资	579419.81	4.67	其他	988850.50	7.98
其他	376600.00	3.04			
信托资产总计	12399722.49	100.00	信托资产总计	12399722.49	100.00

资料来源：信托公司年报，用益信托工作室整理、制作。

（2）自营业务

年报数据显示，中粮信托自营资产总计22.81亿元。自营资产运用方式及投向如表390所示。资产运用方式中，货币资产的资金规模占比最大，达52.07%。资金分布领域中，其他类为中粮信托自营资产的主要投资领域，资金规模占比达52.50%。

表 390　中粮信托自营资产运用方式及投向

单位：万元，%

资产运用	金额	占比	资产分布	金额	占比
货币资产	118798.37	52.07	基础产业	9900.00	434
贷款及应收款	66900.00	29.32	房地产业	—	—
交易性金融资产	2545.00	1.12	证券市场	2545.00	1.12
可供出售金融资产	36412.76	15.96	实业	—	—
长期股权投资	2510.00	1.10	金融机构	95922.76	42.04
其他	977.30	0.43	其他	119775.67	52.50
资产总计	228143.43	100.00	资产总计	228143.43	100.00

资料来源：信托公司年报，用益信托工作室整理、制作。

年报数据显示，2012年度中粮信托收入合计3.68亿元，较上年增长71.93%。其中，利息收入为6264.29万元，是除去手续费及佣金收入之外比重最大的，占总收入的17.04%。

3. 盈利状况

中粮信托 2012 年度共计实现营业收入 3.59 亿元，较上一年度增长 62.82%；营业支出为 1.31 亿元，增长 419.09%；净利润为 1.71 亿元，增长 117.34%。2012 年度中粮信托的净利润较行业均值少 3.88 亿元。

中粮信托 2012 年度人均净利润 189.86 万元，排名第 48 位，较上一年度增长 42.76%；资本利润率为 11.27%，排名第 54 位，上升 88.15%；信托报酬率为 0.08%，排名第 65 位。

4. 理财状况

中粮信托 2012 年度共计实现信托项目收入 59.69 亿元，较上一年度增长 125.73%；信托项目营业支出较上一年度增长 69.37%；信托项目净利润增长 133.87%。中粮信托 2012 年度净利润较行业均值少 5.70 亿元。

中粮信托 2012 年度已清算的 51 款集合类信托项目的平均收益率为 7.43%；已清算的 188 款单一类信托项目的平均收益率为 6.83%；已清算的 7 款财产管理类项目金额为 23.08 亿元。2012 年度中粮信托所有项目的平均收益率为 6.58%。

表 391　中粮信托各类信托项目收益率

单位：款，万元，%

项目类型	项目数		项目金额		收益率	
	2012 年	2011 年	2012 年	2011 年	2012 年	2011 年
集合类	51	28	801480.00	370740.00	7.43	6.27
单一类	188	82	383311.62	5249803.75	6.83	5.30
财产管理类	7	8	230824.70	590591.33	—	4.90
合　计	246	118	4339761.19	6211135.08	6.58	5.32

资料来源：信托公司年报，用益信托工作室整理、制作。

表 392　中粮信托主动管理型项目占比

单位：款，万元，%

项目类型	项目		金额		金额占比	
	2012 年	2011 年	2012 年	2011 年	2012 年	2011 年
主动管理型	116	232	2859549.79	5282885.24	9.90	84.94
被动管理型	74	42	26024820.00	937005.31	90.10	15.06
合　计	190	274	28884369.79	6219890.55	100.00	100.00

资料来源：信托公司年报，用益信托工作室整理、制作。

中粮信托2012年度新增主动管理型项目数占比为61.05%，资金规模占比为9.90%，较2011年度出现大幅下降。

5. 管理状况

中粮2012年新增注册资本2.99亿元，变更后注册资本为14.99亿元。公司最大股东为中粮集团有限公司，持股比例为72.01%。

从表393可以看出，2012年度中粮信托每个年龄段的员工数量均有所提升，其中提升比例最大的为30岁以下员工。

表393 中粮信托员工年龄分布

单位：人，%

项目	2012年		2011年	
	人数	比例	人数	比例
30岁以下	45	43.69	18	27.69
30~40岁	45	43.69	36	55.38
40岁以上	13	12.62	11	16.92
合　计	103	100.00	65	100.00

资料来源：信托公司年报，用益信托工作室整理、制作。

2012年度中粮信托的员工学历中硕士比例提升较大，且在所有员工学历中占比最大，为62.14%。

表394 中粮信托员工学历分布

单位：人，%

项目	2012年		2011年	
	人数	比例	人数	比例
博　士	7	6.80	6	9.23
硕　士	64	62.14	40	61.54
本　科	27	26.21	16	24.62
专　科	4	3.88	2	3.08
其　他	1	0.97	1	1.54
合　计	103	100.00	65	100.00

资料来源：信托公司年报，用益信托工作室整理、制作。

在员工岗位分布中，信托业务人员占员工总数的56.31%。

2012年度中粮信托应付员工薪酬为4439.75万元，较上一年度增长

103. 17%，排名第 38 位，员工平均薪酬为 43. 10 万元。

2012 年末中粮信托的负债合计 6784. 65 万元，资产负债率为 2. 97%。2012 年末中粮信托无不良资产。

根据银监会《信托公司净资本管理办法》第十五条及第十六条的净资本管理指标规定，中粮信托全部达标。

表 395 中粮信托各项风险控制指标

单位：%，万元

项目	2012 年	2011 年
资产负债率	2. 97	3. 94
不良资产率	0. 00	0. 00
风险准备金	18960	9771
净资产	221359	132388
净资本	203507	113941

资料来源：信托公司年报，用益信托工作室整理、制作。

六十　中融信托

1. 资产状况

根据年报显示，2013 年 1 月 29 日，公司完成工商变更登记，注册资本增加至 16 亿元，较上年的 14. 75 亿元增长 8. 47%，注册资本排名第 19 位。自营资产规模为 62. 26 亿元，排名第 8 位，较 2011 年增长 48%。中融信托的信托资产规模总量为 2994. 86 亿元，排名第 4 位，规模较上一年度增长 71. 95%。

2. 业务状况

（1）信托业务

截至 2012 年末，中融信托新增集合类项目金额排名第 2 位；单一类项目金额排名第 29 位；财产管理类项目金额排名第 1 位；合计项目数为 627 款，金额为 2045. 76 亿元。

另外，中融信托共计实现信托业务收入 35. 33 亿元，较上一年度增长

22.62%。

资产运用方式如表396所示，除其他类以外，长期股权投资的资金占比最大，为22.32%。资金分布领域中，基础产业规模占比最高，为29.68%。

表396　中融信托信托资产运用方式及投向

单位：万元，%

资产运用	金额	占比	资产分布	金额	占比
货币资产	921309.32	3.08	基础产业	8888135.07	29.68
贷款	4759021.71	15.89	房地产业	3385210.33	11.30
交易性金融资产	2116076.50	7.07	证券市场	3491213.01	11.66
可供出售金融资产	2523345.07	8.43	实业	8649588.74	28.88
持有至到期投资	—	—	金融机构	2916862.34	9.74
长期股权投资	6684521.64	22.32	其他	2617622.70	8.74
其他	12944357.95	43.21			
信托资产总计	29948632.19	100.00	信托资产总计	29948632.19	100.00

资料来源：信托公司年报，用益信托工作室整理、制作。

（2）自营业务

中融信托自营资产总计62.26亿元。自营资产运用方式及投向如表397所示。资产运用方式中，货币资产的资金规模占比最大，达79.29%。资金分布领域中，其他类为中融信托自营资产的主要投资领域，资金规模占比达86.84%。

表397　中融信托自营资产运用方式及投向

单位：万元，%

资产运用	金额	占比	资产分布	金额	占比
货币资产	493700	79.29	基础产业	—	—
交易性金融资产	27667	4.44	证券市场	79096	12.70
可供出售金融资产	57085	9.17	实业	—	—
长期股权投资	4936	0.79	金融机构	2867	0.46
其他	39231	6.31	其他	540656	86.84
资产总计	622619	100.00	资产总计	622619	100.00

资料来源：信托公司年报，用益信托工作室整理、制作。

3. 盈利状况

中融信托 2012 年度共计实现营业收入 38.09 亿元，较上一年度增长 30.17%；营业支出为 17.82 亿元，增长 17.32%；净利润为 15.24 亿元，增长 43.38%。2012 年度中融信托的净利润超过行业均值 9.65 亿元。

中融信托 2012 年度人均净利润为 127.92 万元，排名第 59 位，较上一年度增长 20.48%；资本利润率为 37.34%，排名第 6 位；信托报酬率为 1.63%，排名第 13 位。

4. 理财状况

年报数据显示，中融信托 2012 年度共计实现信托项目收入 198.85 亿元，较上一年度增长 220.08%；信托项目营业支出 53.24 亿元，较上一年度增长 45.19%；信托项目净利润为 145.62 亿元，增长 471.90%。中融信托 2012 年度净利润大大高于行业均值，超出部分为 86.04 亿元。

表 398　中融信托各类信托项目收益率

单位：款，万元，%

项目类型	项目数		项目金额		收益率	
	2012 年	2011 年	2012 年	2011 年	2012 年	2011 年
集合类	262	197	5244711.25	3175651.55	5.40	4.90
单一类	79	213	2574981.50	5337780.26	5.00	4.65
财产管理类	20	3	353702.81	195000.00	10.67	5.13
合　计	361	413	8173395.56	8708431.81	5.50	4.77

资料来源：信托公司年报，用益信托工作室整理、制作。

表 399　中融信托主动管理型项目占比

单位：款，万元，%

项目类型	项目		金额		金额占比	
	2012 年	2011 年	2012 年	2011 年	2012 年	2011 年
主动管理型	623	390	20164344.84	8530294.62	98.57	96.55
被动管理型	4	6	293291.26	305003.08	1.43	3.45
合　计	627	22	20457636.10	555939.70	100.00	100.00

资料来源：信托公司年报，用益信托工作室整理、制作。

中融信托2012年度已清算的集合类信托项目有262款，平均收益率为5.40%；已清算的单一类信托项目有79款，平均收益率为5.00%；已清算的财产管理类信托项目有20款，平均收益率为10.67%。2012年度中融信托所有项目的平均收益率为5.50%。

中融信托2012年度新增主动管理型项目为623款，项目数占比为99.36%，资金规模占比也高达98.57%。

5. 管理状况

从表400可以看出，2012年度中融信托30岁以下人员比例提升较大，其也是整个年龄层级占比最大的；30岁以上的人员阶层占比均有所下降。

表400　中融信托员工年龄分布

单位：人，%

项　目	2012年		2011年	
	人数	比例	人数	比例
30岁以下	647	52.99	582	50.56
30~40岁	473	38.74	463	40.23
40岁以上	101	8.27	106	9.21
合　计	1221	100.00	1151	100.00

资料来源：信托公司年报，用益信托工作室整理、制作。

2012年度中融信托的员工学历中硕士比例提升较大，而其余学历人数占比均有所下降。由此看来，中融信托员工学历开始向硕士及以上看齐。

表401　中融信托员工学历分布

单位：人，%

项　目	2012年		2011年	
	人数	比例	人数	比例
博　士	6	0.49	6	0.52
硕　士	508	41.61	349	30.32
本　科	599	49.06	642	55.78
专　科	94	7.70	138	11.99
其　他	14	1.15	16	1.39
合　计	1221	100.00	1151	100.00

资料来源：信托公司年报，用益信托工作室整理、制作。

2012 年度中融信托员工中信托业务人员有 784 人，占比 64.21%。

2012 年度中融信托应付员工薪酬为 10.05 亿元，较上一年度增长 80.85%，排名首位，员工平均薪酬为 82 万元。

2012 年末中融信托的负债合计 13.79 亿元，资产负债率为 22.22%。2012 年末中融信托无不良资产。

根据银监会《信托公司净资本管理办法》第十五条及第十六条的净资本管理指标规定，中融信托全部达标。

表 402　中融信托各项风险控制指标

单位：%，万元

项目	2012 年	2011 年
资产负债率	22.22	21.13
不良资产率	0.00	0.00
风险准备金	71879	40898
净资产	482927	331597
净资本	434100	325505

资料来源：信托公司年报，用益信托工作室整理、制作。

六十一　中泰信托

1. 资产状况

根据年报显示，2012 年末，中泰信托注册资本为 5.17 亿元，排名第 55 位。自营资产规模为 20.71 亿元，排名第 46 位，规模较 2011 年增长 17%。中泰信托信托资产规模总量为 316.00 亿元，排名第 53 位，规模较上一年度增长 207.52 亿元。

2. 业务状况

（1）信托业务

年报显示，截至 2012 年末，中泰信托新增集合类项目金额为 184.67 亿元，排名第 25 位；单一类项目金额为 138.35 亿元，排名第 47 位；财产管理类项目金额为 6 亿元，排名第 40 位；合计项目数为 59 款，金额为 329.02 亿元。

另外，中泰信托共计实现信托业务收入1.24亿元，较上一年度增长0.67%。

资产运用方式如表403所示，其中贷款的资金占比最大，为46.22%。资金分布领域中，实业规模占比最高，为33.48%。

表403　中泰信托信托资产运用方式及投向

单位：万元，%

资产运用	金额	占比	资产分布	金额	占比
货币资产	71492.35	2.26	基础产业	801706.35	25.35
贷款	1461435.97	46.22	房地产业	206844.44	6.61
交易性金融资产	58058.55	1.84	证券市场	49838.55	1.58
可供出售金融资产	1166940.62	36.9	实业	1058607.66	33.48
持有至到期投资	6000	0.19	金融机构	—	—
长期股权投资	225862.48	7.14	其他	1043017.26	32.98
其他	172356.24	5.45			
信托资产总计	3162146.21	100.00	信托资产总计	3162146.21	100.00

资料来源：信托公司年报，用益信托工作室整理、制作。

（2）自营业务

中泰信托自营资产总计20.71亿元。自营资产运用方式及投向如表404所示。资产运用方式中，可供出售金融资产的资金规模占比最大，为29.19%。资金分布领域中，其他投向为中泰信托自营资产的主要投资领域，资金规模占比达59.94%。

表404　中泰信托自营资产运用方式及投向

单位：万元，%

资产运用	金额	占比	资产分布	金额	占比
货币资产	2356.03	1.14	基础产业	—	—
贷款及应收款	10884.88	5.26	房地产业	—	—
交易性金融资产	49658.85	23.98	证券市场	61661.11	29.77
可供出售金融资产	60451.04	29.19	实业	—	—
持有至到期投资	50974.55	24.61	金融机构	21306.14	10.29
长期股权投资	21306.14	10.29	其他	124130.68	59.94
其他	11466.44	5.54			
资产总计	207097.93	100.00	资产总计	207097.93	100.00

资料来源：信托公司年报，用益信托工作室整理、制作。

3. 盈利状况

中泰信托 2012 年度共计实现营业收入 11.57 亿元，较上一年度减少 21.27%；营业支出为 6.38 亿元，较上一年度减少 18.17%；净利润为 4.04 亿元，较上一年度减少 25.78%。2012 年度中泰信托的净利润较行业均值少 1.56 亿元。

中泰信托 2012 年度人均净利润为 110.68 万元，较上一年度下降 65.48%，排名第 61 位；资本利润率为 10.66%，排名第 59 位；信托报酬率为 0.73%，排名第 43 位。综上所述，中泰信托 2012 年的盈利情况整体下滑。

4. 理财状况

年报数据显示，中泰信托 2012 年度共计实现信托项目收入 14.93 亿元，较上一年度增长 23.47%；信托项目营业支出 3.12 亿元，较上一年度增长 36.43%；信托项目净利润为 11.81 亿元，较上一年度增长 20.47%。中泰信托 2012 年度净利润与行业均值差距较大，相差 47.77 亿元。

中泰信托 2012 年度已清算的集合类信托项目有 14 款，平均收益率为 7.37%；已清算的单一类信托项目有 21 款，平均收益率为 7.74%；财产管理类 2012 年度清算项目有 1 款。总体来讲，2012 年度中泰信托所有项目的平均收益率为 7.27%。

表 405　中泰信托各类信托项目收益率

单位：款，万元，%

项目类型	项目数		项目金额		收益率	
	2012 年	2011 年	2012 年	2011 年	2012 年	2011 年
集合类	14	10	247937.23	410087.00	7.37	7.69
单一类	21	51	383311.62	993547.00	7.74	5.91
财产管理类	1	1	28100.00	1296.70	—	—
合　计	36	62	659348.85	1404930.70	7.27	6.42

资料来源：信托公司年报，用益信托工作室整理、制作。

中泰信托 2012 年度新增主动管理型项目为 59 款，无新增被动管理型项目。

表 406　中泰信托主动管理型项目占比

单位：款，万元，%

项目类型	项目		金额		金额占比	
	2012 年	2011 年	2012 年	2011 年	2012 年	2011 年
主动管理型	59	53	3290199.00	822821.62	100.00	100.00
被动管理型	0	0	0.00	0.00	0.00	0.00
合　计	59	22	3290199.00	555939.70	100.00	100.00

资料来源：信托公司年报，用益信托工作室整理、制作。

5. 管理状况

从表 407 可以看出，2012 年度中泰信托 30 岁以下的人员比例提升较大，30 ~40 岁的人员占比也有所提升，而 40 岁以上的人员比例下降较多。

表 407　中泰信托员工年龄分布

单位：个，%

项　目	2012 年		2011 年	
	人数	比例	人数	比例
30 岁以下	33	33.33	19	26.39
30 ~40 岁	33	33.33	23	31.94
40 岁以上	33	33.33	30	41.67
合　计	99	100.00	72	100.00

资料来源：信托公司年报，用益信托工作室整理、制作。

表 408　中泰信托员工学历分布

单位：人，%

项　目	2012 年		2011 年	
	人数	比例	人数	比例
博　士	3	3.03	4	5.56
硕　士	35	35.35	22	30.56
本　科	38	38.38	25	34.72
专　科	15	15.15	13	18.06
其　他	8	8.08	8	11.11
合　计	99	100.00	72	100.00

资料来源：信托公司年报，用益信托工作室整理、制作。

2012 年度中泰信托的硕士比例提升较大，其在所有员工学历占比中仅次于本科，且比例较为接近。

2012 年度中泰信托员工中信托业务人员有 40 人，占比 40.40%。

2012 年度中泰信托应付员工薪酬为 3391.12 万元，较上一年度增长 2.37%，排名第 45 位，员工平均薪酬为 34.25 万元。

2012 年末中泰信托的负债合计 1.55 亿元，资产负债率为 7.48%。2012 年末中泰信托不良资产合计 3.54 亿元，较上一年减少 1883.94 万元；中泰信托的不良资产率为 80.29%，较上一年度下降 3.18 个百分点，但在所有信托公司中依然排名第一。

根据银监会《信托公司净资本管理办法》第十五条及第十六条的净资本管理指标规定，中泰信托全部达标。

表 409　中泰信托各项风险控制指标

单位：%，万元

项目	2012 年	2011 年
资产负债率	7.48	8.00
不良资产率	80.29	83.47
风险准备金	21922	17067
净资产	191607	163126
净资本	158570	127654

资料来源：信托公司年报，用益信托工作室整理、制作。

六十二　中铁信托

1. 资产状况

根据年报显示，2012 年末，中铁信托注册资本为 12 亿元，排名第 41 位，较上一年度下降了 3 个位次。自营资产规模为 39.20 亿元，排名第 17 位，规模较 2011 年的 29.77 亿元，增长 32%。信托资产规模总量为 1056.43 亿元，排名第 29 位；规模较上一年度增长 630.61 亿元，增长幅度为 148.09%。

2. 业务状况

（1）信托业务

截至2012年末，中铁信托新增集合类项目数为74款，金额排名第10位；单一类项目数为102款，金额排名第28位；财产管理类项目数为16款，金额排名第19位；合计项目数为192款，金额为892.20亿元。

另外，中铁信托共计实现信托业务收入9.98亿元，较上一年度增长32.39%。

中铁信托信托资产总计1056.43亿元。资产运用方式如表410所示，其中贷款的资金占比最大，为37.77%。资金分布领域中，其他类的规模占比最高，达38.66%。

表410 中铁信托信托资产运用方式及投向

单位：万元，%

资产运用	金额	占比	资产分布	金额	占比
贷款	3989651.00	37.77	基础产业	2257016.00	21.36
交易性金融资产	10381.00	0.10	房地产业	1230299.00	11.65
可供出售金融资产	1622369.00	15.36	证券市场(股票)	247.00	0.01
长期股权投资	814625.00	7.71	证券市场(债券)	153634.00	1.54
买入返售	—	—	金融机构	1024651.00	9.70
存放同业	689085.00	6.52	工业企业	1814581.00	17.18
其他	3438209.00	32.55	其他	4083892.00	38.66
信托资产总计	10564320.00	100.00	信托资产总计	10564320.00	100.00

资料来源：信托公司年报，用益信托工作室整理、制作。

（2）自营业务

年报数据显示，中铁信托自营资产总计39.20亿元。自营资产运用方式及投向如表411所示。资产运用方式中，其他类的资金规模占比最大，达62.28%。资金分布领域中，其他类为中铁信托自营资产的主要投资领域，资金规模占比达88.69%。

表 411　中铁信托自营资产运用方式及投向

单位：万元，%

资产运用	金额	占比	资产分布	金额	占比
货币资产	85658.83	21.85	基础产业	—	—
贷款及应收款	7904.12	2.02	房地产业	9729.06	2.48
交易性金融资产	10349.11	2.64	证券市场	10529.83	2.69
可供出售金融资产	23948.37	6.11	实业	4057.99	1.04
长期股权投资	20004.35	5.10	金融机构	20004.00	5.10
其他	244181.01	62.28	其他	347724.91	88.69
资产总计	392045.79	100.00	资产总计	392045.79	100.00

资料来源：信托公司年报，用益信托工作室整理、制作。

3. 盈利状况

据年报数据显示，中铁信托 2012 年度共计实现营业收入 13.33 亿元，较上一年度增长 33.61%；营业支出为 2.69 亿元，较上一年度增长 13.80%；净利润为 8.14 亿元，增长 39.79%。2012 年度中铁信托的净利润较行业均值多 2.54 亿元。

中铁信托 2012 年度人均净利润为 771.00 万元，排名第 4 位，较上一年度增长 36.11%；资本利润率为 64.26%，排名首位；信托报酬率为 0.58%，排名第 49 位。

4. 理财状况

年报数据显示，中铁信托 2012 年度共计实现信托项目收入 58.01 亿元，较上一年度增长 88.31%；信托项目营业支出 10.31 亿元，较上一年度减少了 23.30%；信托项目净利润为 47.70 亿元，较上一年度增长 174.71%。中铁信托 2012 年度净利润低于行业均值 11.88 亿元。

中铁信托 2012 年度已清算的集合类信托项目的平均收益率为 7.45%，已清算的单一类信托项目的平均收益率为 6.01%，财产管理类 2012 年度已清算项目有 5 款。2012 年度中铁信托所有项目的平均收益率为 6.65%。

中铁信托 2012 年度新增主动管理型项目数占比为 88.02%；资金规模占比为 87.09%，占比较 2011 年有所下降，但项目总额较 2011 年有大幅提升。

表 412　中铁信托各类信托项目收益率

单位：款，万元，%

项目类型	项目数		项目金额		收益率	
	2012 年	2011 年	2012 年	2011 年	2012 年	2011 年
集合类	115	67	1253945.00	650939.00	7.45	6.75
单一类	40	55	1008664.00	2611116.00	6.01	5.58
财产管理类	5	—	53740.00	—	—	—
合　计	160	122	2316349.00	3262055.00	6.65	5.81

资料来源：信托公司年报，用益信托工作室整理、制作。

表 413　中铁信托主动管理型项目占比

单位：款，万元，%

项目类型	项目		金额		金额占比	
	2012 年	2011 年	2012 年	2011 年	2012 年	2011 年
主动管理型	169	191	7770232.00	3259873.00	87.09	99.97
被动管理型	23	1	1151794.00	999.00	12.91	0.03
合　计	192	192	8922026.00	3260872.00	100.00	100.00

资料来源：信托公司年报，用益信托工作室整理、制作。

5. 管理状况

从表 414 可以看出，2012 年度中铁信托的员工学历中本科比例提升较大，其在所有员工学历占比中居首位，达 54.29%；其余学历员工占比则有不同程度的下滑。

表 414　中铁信托员工学历分布

单位：人，%

项　目	2012 年		2011 年	
	人数	比例	人数	比例
博　士	3	2.86	3	2.97
硕　士	33	31.43	37	36.63
本　科	57	54.29	46	45.54
专　科	11	10.48	14	13.86
其　他	1	0.95	1	0.99
合　计	105	100.00	101	100.00

资料来源：信托公司年报，用益信托工作室整理、制作。

2012 年末中铁信托的负债合计 11.21 亿元，资产负债率为 28.60%。2012 年末中铁信托不良资产合计 7156.00 万元。

根据银监会《信托公司净资本管理办法》第十五条及第十六条的净资本管理指标规定，中铁信托全部达标。

表 415　中铁信托各项风险控制指标

单位：%，万元

项目	2012 年	2011 年
资产负债率	28.60	31.26
不良资产率	1.83	2.52
风险准备金	45459	27214
净资产	279936	194945
净资本	234881	177109

资料来源：信托公司年报，用益信托工作室整理、制作。

六十三　中投信托

1. 资产状况

根据年报显示，2012 年末，中投信托注册资本为 15 亿元，排名第 27 位，较上一年度下降了 5 个位次。中投信托自营资产规模为 30.02 亿元，排名第 26 位；规模较 2011 年增长 19%。信托资产规模总量为 438.74 亿元，排名第 51 位；规模较上一年度增长 164.14 亿元，增长幅度为 59.77%。

2. 业务状况

（1）信托业务

截至 2012 年末，中投信托新增集合类项目金额为 119.99 亿元，排名第 39 位；单一类项目金额为 145.52 亿元，排名第 45 位；财产管理类项目金额为 69.91 亿元，排名第 10 位；合计项目数为 106 款，金额为 335.42 亿元。

另外，中投信托共计实现信托业务收入 3.02 亿元，较上一年度增长 22.54%。

年报数据显示，中投信托信托资产总计 438.74 亿元。资产运用方式如表

416 所示，其中贷款的资金占比最大，为 39.72%。资金分布领域中，其他类规模占比最高，达 49.01%。

表 416　中投信托信托资产运用方式及投向

单位：万元，%

资产运用	金额	占比	资产分布	金额	占比
货币资产	61197.30	1.39	基础产业	739640.00	16.86
贷款	1742282.20	39.72	房地产业	662990.00	15.11
交易性金融资产	2232.57	0.05	证券市场	76148.57	1.74
可供出售金融资产	1068086.98	24.34	实业	538706.20	12.28
持有至到期投资	854130.37	19.47	金融机构	219296.13	5.00
长期股权投资	118621.85	2.70	其他	2150605.67	49.01
其他	540835.30	12.33			
信托资产总计	4387386.57	100.00	信托资产总计	4387386.57	100.00

资料来源：信托公司年报，用益信托工作室整理、制作。

（2）自营业务

年报数据显示，中投信托自营资产总计 30.02 亿元。自营资产运用方式及投向如表 417 所示。资产运用方式中，贷款及应收款的资金规模占比最大，达 53.24%。资金分布领域中，金融机构为中投信托自营资产的主要投资领域，资金规模占比达 54.94%。

表 417　中投信托自营资产运用方式及投向

单位：万元，%

资产运用	金额	占比	资产分布	金额	占比
货币资产	34545.95	11.51	基础产业	14850.00	4.95
贷款及应收款	159835.33	53.24	房地产业	86354.26	28.77
交易性金融资产	2480.82	0.83	证券市场	26853.56	8.95
可供出售金融资产	92872.96	30.95	实业	—	—
持有至到期投资	—	—	金融机构	164934.18	54.94
长期股权投资	—	—	其他	7196.56	2.39
其他	10453.50	3.47			
资产总计	300188.56	100.00	资产总计	300188.56	100.00

资料来源：信托公司年报，用益信托工作室整理、制作。

3. 盈利状况

中投信托2012年度共计实现营业收入5.34亿元，较上一年度增长23.89%；营业支出为1.59亿元，增长44.09%；净利润为2.90亿元，下降4.42%。2012年度中投信托的净利润较行业均值少2.70亿元。

中投信托2012年度人均净利润为294.95万元，在所有的信托公司中排名第37位，较上一年度降低15.43%；资本利润率为11.34%，排名第53位；信托报酬率为0.90%，排名第33位。

4. 理财状况

年报数据显示，中投信托2012年度共计实现信托项目收入21.68亿元，较上一年度增长49.66%；信托项目营业支出4.27亿元，增长81.41%；信托项目净利润为16.89亿元，增长43.30%。中投信托2012年度净利润较行业均值差距较大，相差42.69亿元。

表418　中投信托各类信托项目收益率

单位：款，万元，%

项目类型	项目数		项目金额		收益率	
	2012年	2011年	2012年	2011年	2012年	2011年
集合类	21	20	438360.00	279087.00	9.10	7.90
单一类	29	71	1546246.00	1517222.44	5.66	5.08
财产管理类	2	4	46806.00	103118.56	—	3.76
合　计	52	95	2031412.00	1899428.00	6.27	5.42

资料来源：信托公司年报，用益信托工作室整理、制作。

表419　中投信托主动管理型项目占比

单位：款，万元，%

项目类型	项目		金额		金额占比	
	2012年	2011年	2012年	2011年	2012年	2011年
主动管理型	82	51	2201552.97	1262704.50	65.63	18.49
被动管理型	24	23	115723.50	5568031.00	34.37	81.51
合　计	106	74	3354276.47	6830735.50	100.00	100.00

资料来源：信托公司年报，用益信托工作室整理、制作。

中投信托2012年度已清算的集合类信托项目有21款，平均收益率为9.10%；已清算的单一类信托项目有29款，平均收益率为5.66%；财产管理类2012年度已清算项目有2款，金额为4.68亿元。2012年度中投信托所有项目的平均收益率为6.27%。

中投信托2012年度新增主动管理型项目数占比为77.36%。

5. 管理状况

年报显示，2012年度中投信托的股东是中国建银投资有限责任公司，持股比例为100%。

从表420可以看出，2012年度中投信托30岁以下的人员比例提升较大，而30~40岁和40岁以上的年龄层的员工占比均有所下降。

表420　中投信托员工年龄分布

单位：人，%

项　目	2012年		2011年	
	人数	比例	人数	比例
30岁以下	33	31.43	26	27.37
30~40岁	48	45.71	46	48.42
40岁以上	24	22.86	23	24.21
合　计	105	100.00	95	100.00

资料来源：信托公司年报，用益信托工作室整理、制作。

2012年度中投信托的本科比例提升较大，其在所有员工学历中占比也最高的，达51.43%。

表421　中投信托员工学历分布

单位：人，%

项　目	2012年		2011年	
	人数	比例	人数	比例
博　士	1	0.95	1	1.05
硕　士	46	43.81	43	45.26
本　科	54	51.43	46	48.42
专　科	2	1.90	3	3.16
其　他	2	1.90	2	2.11
合　计	105	100.00	95	100.00

资料来源：信托公司年报，用益信托工作室整理、制作。

2012 年度中投信托员工中信托业务人员占比 38.10%。

2012 年度中投信托应付员工薪酬为 5834.09 万元，较上一年度增长 75.51%，排名第 30 位，员工平均薪酬为 55.56 万元。

2012 年末中投信托的负债合计 2.82 亿元，资产负债率为 9.41%。2012 年末中投信托无不良资产。

根据银监会《信托公司净资本管理办法》第十五条及第十六条的净资本管理指标规定，中投信托全部达标。

表 422　中投信托各项风险控制指标

单位：%，万元

项目	2012 年	2011 年
资产负债率	9.41	4.72
不良资产率	0.00	0.00
风险准备金	28261	20880
净资产	271955	239552
净资本	195369	160108

资料来源：信托公司年报，用益信托工作室整理、制作。

六十四　中信信托

1. 资产状况

根据年报显示，2012 年末，中信信托注册资本为 12 亿元，排名第 42 位。中信信托自营资产规模为 118.21 亿元，排名第 3 位，规模较 2011 年增长 33%。信托资产规模总量为 5913.49 亿元，排名首位。

2. 业务状况

（1）信托业务

年报显示，截至 2012 年末，中信信托新增集合类项目 83 款，金额为 441.05 亿元，排名第 6 位；单一类项目 253 款，金额为 1434.92 亿元，排名第 6 位；财产管理类项目 48 款，金额为 450.32 亿元，排名第 2 位；合计项目数为 384 款，金额为 2326.29 亿元。

另外，中信信托共计实现信托业务收入31.41亿元，较上一年度增长28.36%。

中信信托信托资产总计5913.49亿元。资产运用方式及投向如表423所示，其中贷款的资金占比最大，为37.86%。资金分布领域中，除其他类外，基础产业规模占比最高，达33.49%。

表423　中信信托信托资产运用方式及投向

单位：万元，%

资产运用	金额	占比	资产分布	金额	占比
货币资产	15114895.83	25.56	基础产业	19805978.95	33.49
贷款	22390623.74	37.86	房地产业	6332874.71	10.71
交易性金融资产	6085834.73	10.29	证券市场	5752801.58	9.73
可供出售金融资产	2665349.55	4.51	实业	5309540.68	8.98
长期股权投资	6462813.09	10.93	金融机构	972312.11	1.64
其他	6415397.24	10.85	其他	20961406.15	35.45
信托资产总计	59134914.18	100.00	信托资产总计	59134914.18	100.00

资料来源：信托公司年报，用益信托工作室整理、制作。

（2）自营业务

中信信托自营资产总计118.21亿元。自营资产运用方式及投向如表424所示，资产运用方式中，货币资产的资金规模占比最大，达39.91%。资金分布领域中，其他类为中信信托自营资产的主要投资领域，资金规模占比达70.49%。

表424　中信信托自营资产运用方式及投向

单位：万元，%

资产运用	金额	占比	资产分布	金额	占比
货币资产	471824.11	39.91	基础产业	—	—
贷款及应收款	263239.44	22.27	房地产业	148989.47	12.60
交易性金融资产	9283.33	0.79	证券市场	59006.67	4.99
可供出售金融资产	119723.35	10.13	实业	14865.31	1.26
持有至到期投资	74000.00	6.26	金融机构	125989.49	10.66
长期股权投资	179759.56	15.21	其他	833246.63	70.49
其他	64267.78	5.43			
资产总计	1182097.57	100.00	资产总计	1182097.57	100.00

资料来源：信托公司年报，用益信托工作室整理、制作。

3. 盈利状况

据年报数据显示，中信信托 2012 年度共计实现营业收入 44.76 亿元，较上一年度增长 19.46%；营业支出较上一年度减少 26.72%；净利润增长 41.50%。2012 年度中信信托的净利润较行业均值多 21.57 亿元。

中信信托 2012 年度人均净利润为 675.86 万元，排名第 6 位，较上一年度增长 12.99%；资本利润率为 31.82%，排名第 9 位；信托报酬率为 1.35%，排名第 18 位。

4. 理财状况

年报数据显示，中信信托 2012 年度共计实现信托项目收入 308.13 亿元，较上一年度增长 174.83%；信托项目营业较上一年度增长 35.11%；信托项目净利润增长 241.20%。中信信托 2012 年度净利润超出行业均值较多，超出额为 199.39 亿元。

表 425　中信信托各类信托项目收益率

单位：款，万元，%

项目类型	项目数		项目金额		收益率	
	2012 年	2011 年	2012 年	2011 年	2012 年	2011 年
集合类	77	55	6415718.15	4708735.66	9.34	11.22
单一类	214	170	12246301.16	16245187.95	6.66	4.81
财产管理类	17	9	1388610.10	1244875.22	4.68	6.31
合　计	308	234	20050629.41	22198798.83	7.38	6.25

资料来源：信托公司年报，用益信托工作室整理、制作。

表 426　中信信托主动管理型项目占比

单位：款，万元，%

项目类型	项目		金额		金额占比	
	2012 年	2011 年	2012 年	2011 年	2012 年	2011 年
主动管理型	124	120	7484127.23	5874270.77	32.17	43.49
被动管理型	260	251	15778705.81	7631499.30	67.83	56.51
合　计	384	371	23262833.04	13505770.07	100.00	100.00

资料来源：信托公司年报，用益信托工作室整理、制作。

中信信托2012年度已清算的集合类信托项目有77款，平均收益率为9.34%；已清算的单一类信托项目有214款，平均收益率为6.66%；财产管理类2012年度已清算项目有17款，平均收益率为4.68%。总体来讲，2012年度中信信托所有项目的平均收益率为7.38%。

中信信托2012年度新增主动管理型项目数占比为32.29%，资金规模占比为32.17%，较2011年度有所降低。

5. 管理状况

从表427可以看出，2012年度中信信托30~40岁的人员比例提升较大，其也是整个年龄层级中占比最大的。

表427 中信信托员工年龄分布

单位：人，%

项 目	2012年		2011年	
	人数	比例	人数	比例
30岁以下	168	38.53	158	42.93
30~40岁	184	42.20	149	40.49
40岁以上	84	19.27	61	16.58
合 计	436	100.00	368	100.00

资料来源：信托公司年报，用益信托工作室整理、制作。

2012年度中信信托的员工学历中硕士比例提升较大，其在所有员工学历中占比最大，达56.65%。

表428 中信信托员工学历分布

单位：人，%

项 目	2012年		2011年	
	人数	比例	人数	比例
博 士	13	2.98	10	2.72
硕 士	247	56.65	200	54.35
本 科	157	36.01	139	37.77
专 科	19	4.36	19	5.16
合 计	436	100.00	368	100.00

资料来源：信托公司年报，用益信托工作室整理、制作。

2012年度中信信托有信托业务人员300人，占比68.81%。

2012年度中信信托应付员工薪酬为6.62亿元，较上一年度增长13.97%，排名第3位，员工平均薪酬为152万元。

2012年末中信信托的负债合计18.84亿元，资产负债率为15.94%。2012年末中信信托不良资产合计7.07亿元，较上一年减少了3.28亿元。

根据银监会《信托公司净资本管理办法》第十五条及第十六条的净资本管理指标规定，中信信托全部达标。

表429　中信信托各项风险控制指标

单位：%，万元

项目	2012年	2011年
资产负债率	15.94	19.66
不良资产率	7.77	16.30
风险准备金	194100	129361
净资产	993691	714143
净资本	625928	461994

资料来源：信托公司年报，用益信托工作室整理、制作。

六十五　中原信托

1. 资产状况

根据年报显示，2012年末，中原信托注册资本为15亿元，较上年的12.02亿元，增长24.79%。中原信托自营资产规模为21.21亿元，排名第45位，规模较2011年增长24%。信托资产规模总量为803.65亿元，排名第36位。

2. 业务状况

（1）信托业务

截至2012年末，中原信托新增集合类项目金额为130.39亿元，排名第37位；单一类项目金额为538.49亿元，排名第26位；财产管理类项目金额为6.04亿元，排名第38位；合计项目数为328款，金额为674.92亿元。

另外，中原信托共计实现信托业务收入5.26亿元，较上一年度增长

76.49%。

中原信托信托资产总计803.65亿元。资产运用方式如表430所示，其中贷款的资金占比最大，达68.28%。资金分布领域中，实业规模占比最高，达63.46%。

表430　中原信托信托资产运用方式及投向

单位：万元，%

资产运用	金额	占比	资产分布	金额	占比
货币资产	118482.06	1.47	基础产业	275821.00	3.43
贷款	5487339.30	68.28	房地产业	569250.00	7.08
交易性金融资产	15302.24	0.19	证券市场	15302.24	0.19
可供出售金融资产	—		实业	5099857.30	63.46
长期股权投资	283167.77	3.53	金融机构	107280.00	1.34
其他	2132162.29	26.53	其他	1968943.12	24.50
信托资产总计	8036453.66	100.00	信托资产总计	8036453.66	100.00

资料来源：信托公司年报，用益信托工作室整理、制作。

（2）自营业务

中原信托自营资产总计21.21亿元。自营资产运用方式及投向如表431所示，资产运用方式中，长期股权投资的资金规模占比最大，为37.23%。资金分布领域中，金融机构为中原信托自营资产的主要投资领域，资金规模占比达37.23%。

表431　中原信托自营资产运用方式及投向

单位：万元，%

资产运用	金额	占比	资产分布	金额	占比
货币资产	11469	5.40	基础产业	5528	2.61
贷款及应收款	71572	33.75	房地产业	26282	12.39
可供出售金融资产	34842	16.43	实业	23893	11.27
长期股权投资	78964	37.23	金融机构	78964	37.23
其他	15240	7.19	其他	77420	36.50
资产总计	212087	100.00	资产总计	212087	100.00

资料来源：信托公司年报，用益信托工作室整理、制作。

3. 盈利状况

中原信托 2012 年度共计实现营业收入 6.02 亿元，较上一年度增长 45.39%；营业支出为 1.74 亿元，较上一年度增长 51.89%；净利润为 3.23 亿元，较上一年度增长 37.71%。2012 年度中原信托的净利润较行业均值少 2.36 亿元。

中原信托 2012 年度人均净利润为 251.62 万元，在所有的信托公司中排名第 44 位，较上一年度增长 18.29%；资本利润率为 18.35%，排名第 31 位；信托报酬率为 0.82%，排名第 38 位。

4. 理财状况

中原信托 2012 年度共计实现信托项目收入 55.02 亿元，较上一年度增长 121.86%；信托项目营业支出 5.78 亿元，增长 119.92%；信托项目净利润为 49.24 亿元，增长 122.09%。中原信托 2012 年度净利润低于行业均值 10.33 亿元。

中原信托 2012 年度已清算的集合类信托项目有 48 款，平均收益率为 7.90%；已清算的单一类信托项目有 91 款，平均收益率为 6.15%；财产管理类 2012 年度已清算项目有 4 款，平均收益率为 10.45%。2012 年度中原信托所有项目的平均收益率为 6.48%。

中原信托 2012 年度新增主动管理型项目数占比为 76.22%，资金规模占比为 60.83%。

表 432　中原信托各类信托项目收益率

单位：款，万元，%

项目类型	项目数		项目金额		收益率	
	2012 年	2011 年	2012 年	2011 年	2012 年	2011 年
集合类	48	32	406888.00	195866.00	7.90	7.79
单一类	91	80	2071040.00	1913039.00	6.15	4.73
财产管理类	4	—	26700.00	—	10.45	—
合　计	143	112	2504628.00	2108905.00	6.48	5.01

资料来源：信托公司年报，用益信托工作室整理、制作。

表 433　中原信托主动管理型项目占比

单位：款，万元，%

项目类型	项目		金额		金额占比	
	2012 年	2011 年	2012 年	2011 年	2012 年	2011 年
主动管理型	250	167	4105355.00	4218366.00	60.83	100.00
被动管理型	78	—	2643821.00	—	39.17	—
合　计	328	167	6749176.00	4218366.00	100.00	100.00

资料来源：信托公司年报，用益信托工作室整理、制作。

5. 管理状况

从表 434 可以看出，2012 年度中原信托 30 岁以下的人员比例提升较大，但是 40 岁以上的人员比例依然是最高的。

表 434　中原信托员工年龄分布

单位：人，%

项　目	2012 年		2011 年	
	人数	比例	人数	比例
30 岁以下	35	26.12	27	21.43
30～40 岁	36	26.87	39	30.95
40 岁以上	63	47.01	60	47.62
合　计	134	100.00	126	100.00

资料来源：信托公司年报，用益信托工作室整理、制作。

2012 年度中原信托的员工学历中硕士比例提升较大，其在所有员工学历中的占比最高，达 42.65%。

表 435　中原信托员工学历分布

单位：人，%

项　目	2012 年		2011 年	
	人数	比例	人数	比例
博　士	4	2.99	5	3.97
硕　士	57	42.65	46	36.51
本　科	48	35.82	49	38.89
专　科	17	12.69	18	14.29
其　他	8	5.97	8	6.35
合　计	134	100.00	126	100.00

资料来源：信托公司年报，用益信托工作室整理、制作。

2012 年度中原信托员工中信托业务人员占比 55.22%。

2012 年度中原信托应付员工薪酬为 1878.30 万元，较上一年度增长 120.82%，排名第 54 位，员工平均薪酬为 14.02 万元。

2012 年末中原信托的负债合计 1.44 亿元，资产负债率为 6.77%。2012 年末中原信托无不良资产。

根据银监会《信托公司净资本管理办法》第十五条及第十六条的净资本管理指标规定，中原信托全部达标。

表 436　中原信托各项风险控制指标

单位：%，万元

项目	2012 年	2011 年
资产负债率	6.77	3.88
不良资产率	0.00	0.00
风险准备金	25223	18757
净资产	197736	164389
净资本	149800	129817

资料来源：信托公司年报，用益信托工作室整理、制作。

六十六　紫金信托

1. 资产状况

根据年报显示，2012 年末，紫金信托注册资本为 5 亿元，排名第 59 位。紫金信托自营资产规模为 7.22 亿元，排名第 64 位；规模较 2011 年的 5.55 亿元，增长 30%。信托资产规模总量为 229.85 亿元，排名第 60 位。

2. 业务状况

（1）信托业务

年报显示，截至 2012 年末，紫金信托新增集合类项目数为 21 款，金额为 100.44 亿元，排名第 42 位；单一类项目数为 38 款，金额为 83.92 亿元，排名第 54 位；财产管理类项目数为 16 款，金额为 45.38 亿元，排名第 18 位；合计项目数为 75 款，金额为 229.74 亿元。

另外，紫金信托共计实现信托业务收入 2.30 亿元，较上一年度增长

291.15%。

紫金信托信托资产总计229.85亿元。资产运用方式如表437所示，其中其他类的资金占比最大，达49.94%。资金分布领域中，基础产业规模占比最高，达39.56%。

表437　紫金信托信托资产运用方式及投向

单位：万元，%

资产运用	金额	占比	资产分布	金额	占比
货币资产	588301.77	25.60	基础产业	909405.00	39.56
贷款	462348.80	20.11	房地产业	154460.00	6.72
长期投资	100000.00	4.35	实业	482663.80	21.00
其他	1147888.63	49.94	其他	752010.40	32.72
信托资产总计	2298539.20	100.00	信托资产总计	2298539.20	100.00

资料来源：信托公司年报，用益信托工作室整理、制作。

（2）自营业务

年报数据显示，紫金信托自营资产总计7.22亿元。自营资产运用方式及投向如表438所示。可以看出，资产运用方式中，可供出售金融资产的资金规模占比最大，达44.95%。资金分布领域中，其他类为紫金信托自营资产的主要投资领域，占比达58.66%。

表438　紫金信托自营资产运用方式及投向

资产运用	金额	占比	资产分布	金额	占比
货币资产	14947.95	20.70	基础产业	—	—
贷款及应收款	6528.30	9.04	房地产业	—	—
交易性金融资产	8305.63	11.50	证券市场	8305.63	11.50
可供出售金融资产	32461.00	44.95	实业	6000.00	8.31
持有至到期投资	2130.00	2.95	金融机构	15544.95	21.53
长期股权投资	597.00	0.83	其他	42369.11	58.66
其他	7249.81	10.03			
资产总计	72219.69	100.00	资产总计	72219.69	100.00

资料来源：信托公司年报，用益信托工作室整理、制作。

3. 盈利状况

紫金信托2012年度共计实现营业收入2.64亿元，较上一年度增长218.18%；营业支出为9636.69万元，增长216.20%；净利润为1.23亿元，增长139.56%。2012年度紫金信托的净利润较行业均值少4.37亿元。

紫金信托2012年度人均净利润170.67万元，排名第50位，较上一年度增长83.00%；资本利润率为20.73%，排名第24位；信托报酬率为0.80%，排名第40位。

4. 理财状况

紫金信托2012年度共计实现信托项目收入13.60亿元，较上一年度增长155.00%；信托项目营业支出4.29亿元，增长267.18%；信托项目净利润为9.31亿元，增长123.53%。紫金信托2012年度净利润较行业均值差距较大，低于均值50.26亿元。

表439　紫金信托各类信托项目收益率

单位：款，万元，%

项目类型	项目数		项目金额		收益率	
	2012年	2011年	2012年	2011年	2012年	2011年
集合类	25	1	292324.00	12283.00	8.61	3.06
单一类	62	20	4058118.10	205616.40	5.83	5.78
财产管理类	—	—	—	—	—	—
合　计	87	21	4350442.10	217899.40	6.02	5.63

资料来源：信托公司年报，用益信托工作室整理、制作。

表440　紫金信托主动管理型项目占比

单位：款，万元，%

项目类型	项目		金额		金额占比	
	2012年	2011年	2012年	2011年	2012年	2011年
主动管理型	75	55	2297334.95	584017.24	100.00	45.36
被动管理型	0	19	0.00	703560.00	0.00	54.64
合　计	75	74	2297334.95	1287577.24	100.00	100.00

资料来源：信托公司年报，用益信托工作室整理、制作。

紫金信托2012年度已清算的集合类信托项目有25款，平均收益率为8.61%；已清算的单一类信托项目有62款，平均收益率为5.83%。2012年度紫金信托所有项目的平均收益率为6.02%。

紫金信托2012年度新增主动管理型项目为75款，无新增被动管理型项目。

5. 管理状况

从表441中可以看出，2012年度紫金信托30岁以下的人员占比提升较大，其也是整个年龄层级中占比最大的。

表441　紫金信托员工年龄分布

单位：人，%

项　目	2012年		2011年	
	人数	比例	人数	比例
30岁以下	37	43.53	22	36.07
30~40岁	32	37.65	26	42.62
40岁以上	16	18.82	13	21.31
合　计	85	100.00	61	100.00

资料来源：信托公司年报，用益信托工作室整理、制作。

2012年度紫金信托的硕士比例提升较大，其在所有员工学历中的占比仅次于本科，为38.82%。

表442　紫金信托员工学历分布

单位：人，%

项　目	2012年		2011年	
	人数	比例	人数	比例
博　士	1	1.18	0	0.00
硕　士	33	38.82	23	37.70
本　科	46	54.12	34	55.74
专　科	3	3.53	2	3.28
其　他	2	2.35	2	3.28
合　计	85	100.00	61	100.00

资料来源：信托公司年报，用益信托工作室整理、制作。

2012年度紫金信托员工中信托业务人员占比32.97%。

2012年度紫金信托应付员工薪酬为4473.50万元，较上一年度增长

909.64%，排名第 37 位，员工平均薪酬为 52.63 万元。

2012 年末紫金信托的负债合计 6799.56 万元，资产负债率为 9.42%。2012 年末紫金信托无不良资产。

根据银监会《信托公司净资本管理办法》第十五条及第十六条的净资本管理指标规定，紫金信托全部达标。

表 443　紫金信托各项风险控制指标

单位：%，万元

项目	2012 年	2011 年
资产负债率	9.42	4.35
不良资产率	0.00	0.00
风险准备金	2552	0
净资产	65420	53132
净资本	50021	39604

资料来源：信托公司年报，用益信托工作室整理、制作。

BIV 附　录

Appendix

B.9

用益 2012 年信托公司实力排行

表 1　2012 年 66 家信托公司综合实力排行

信托机构	分项得分										综合得分			
	资本实力		业务能力		盈利能力		信托理财能力		抗风险能力					
	得分	排名	得分	排名	得分	排名	得分	排名	得分	排名	得分	排名	上年排名	变化
平安信托	483	1	237	2	415	1	159	4	265	1	312	1	1	0
中信信托	254	4	342	1	303	2	247	1	243	2	278	2	2	0
中诚信托	281	3	228	3	192	4	156	5	179	7	207	3	3	0
华润信托	288	2	191	7	155	9	137	9	241	3	202	4	6	2
中融信托	147	12	218	4	200	3	160	3	134	13	172	5	5	0
江苏信托	189	6	136	12	186	5	66	59	193	4	154	6	9	3
外贸信托	161	10	194	6	128	18	124	11	150	8	151	7	7	0
上海信托	183	8	135	13	142	11	95	32	186	5	148	8	11	3
兴业信托	141	13	198	5	130	17	169	2	89	25	145	9	18	9
重庆信托	238	5	124	14	138	14	77	53	145	10	144	10	8	-2
华信信托	184	7	115	22	142	12	86	43	146	9	135	11	22	11
建信信托	149	11	155	9	90	31	150	6	99	21	129	12	14	2
长安信托	78	35	168	8	171	6	138	8	72	52	126	13	26	13
中海信托	136	14	86	32	136	15	78	51	180	6	123	14	4	-10
昆仑信托	175	9	102	24	102	25	91	38	139	12	122	15	10	-5
山东信托	84	31	149	10	140	13	118	14	88	28	116	16	33	17
华宝信托	124	15	87	31	108	22	116	15	141	11	115	17	13	-4
华能信托	116	17	138	11	103	24	140	7	79	37	115	18	15	-3
中铁信托	93	26	120	18	165	7	96	31	97	23	114	19	21	2
北京信托	102	22	98	26	125	20	123	12	121	14	114	20	20	0

续表

信托机构	分项得分										综合得分			
	资本实力		业务能力		盈利能力		信托理财能力		抗风险能力					
	得分	排名	得分	排名	得分	排名	得分	排名	得分	排名	得分	排名	上年排名	变化
华融信托	96	25	90	29	151	10	91	39	112	15	108	21	19	-2
四川信托	76	37	120	19	155	8	107	21	79	39	107	22	28	6
中航信托	87	30	118	20	133	16	106	22	72	51	103	23	24	1
五矿信托	69	45	117	21	127	19	113	18	81	35	101	24	39	15
粤财信托	91	28	124	15	70	43	126	10	88	27	100	25	17	-8
英大信托	113	19	84	34	77	40	119	13	100	19	99	26	12	-14
爱建信托	124	16	81	35	78	39	88	42	104	17	95	27	47	20
国元信托	107	20	95	27	69	44	100	30	102	18	94	28	32	4
北方信托	71	43	122	17	82	36	110	19	77	42	93	29	29	0
交银信托	101	24	102	25	65	46	106	23	80	36	91	30	31	1
吉林信托	114	18	62	46	74	42	102	27	97	22	90	31	23	-8
金谷信托	71	42	94	28	109	21	103	25	69	54	89	32	36	4
中江信托	88	29	85	33	93	28	102	26	73	50	88	33	27	-6
渤海信托	102	23	66	43	81	38	114	17	75	47	88	34	16	-18
华鑫信托	105	21	80	39	81	37	93	33	77	41	87	35	43	8
新华信托	76	38	77	40	98	27	105	24	77	44	86	36	25	-11
方正信托	56	47	80	38	105	23	109	20	65	59	83	37	50	13
中粮信托	74	41	123	16	37	62	93	34	85	30	83	38	49	11
陕西国投	81	32	111	23	49	58	88	41	81	34	82	39	59	20
百瑞信托	79	33	76	41	89	32	83	47	82	33	82	40	30	-10
厦门信托	58	46	81	37	91	29	100	28	65	58	79	41	41	0
苏州信托	70	44	62	45	84	34	81	49	89	26	77	42	48	6
中原信托	75	40	67	42	66	45	92	36	72	53	74	43	37	-6
国投信托	75	39	87	30	46	60	86	45	77	43	74	44	52	8
国联信托	78	34	48	54	62	47	82	48	100	20	74	45	35	-10
湖南信托	46	54	59	47	101	26	91	37	66	57	72	46	54	8
天津信托	77	36	65	44	57	50	86	44	78	40	72	47	38	-9
中投信托	92	27	58	48	57	48	66	60	85	31	72	48	34	-14
新时代信托	54	50	81	36	27	65	115	16	66	55	69	49	45	-4
杭州信托	33	57	32	62	90	30	100	29	75	48	66	50	46	-4
国民信托	55	49	43	58	83	35	42	66	104	16	65	51	60	9
中泰信托	54	51	51	53	57	49	72	56	76	46	62	52	44	-8
大业信托	20	65	44	56	86	33	90	40	57	62	59	53	62	9
甘肃信托	50	52	58	49	41	61	93	35	51	64	59	54	58	4
云南信托	34	56	55	52	53	53	60	63	87	29	58	55	40	-15
山西信托	56	48	44	57	37	64	72	57	79	38	57	56	53	-3
东莞信托	32	59	37	59	76	41	79	50	58	61	56	57	51	-6
西部信托	44	55	36	60	53	52	77	52	66	56	55	58	55	-3
陆家嘴信托	48	53	56	51	51	55	53	64	60	60	54	59	42	-17
华宸信托	32	58	21	65	53	54	86	46	76	45	54	60	56	-4
华澳信托	24	62	31	63	49	56	74	55	83	32	52	61	61	0
西藏信托	20	64	58	50	49	59	61	62	57	63	49	62	64	2
安信信托	25	61	44	55	55	51	74	54	45	66	49	63	57	-6
紫金信托	25	60	33	61	49	57	65	61	50	65	45	64	63	-1
浙金信托	23	63	23	64	37	63	66	58	74	49	44	65		
长城信托	13	66	11	66	11	66	49	65	94	24	36	66		

表 2　2012 年 66 家信托公司单项指标排行

单位：亿元（注册资本），万元（其他项目）

信托公司	注册资本	排名	总资产(母公司)	排名	净资产(母公司)	排名	信托资产(存量)	排名	集合信托(存量)	排名	单一信托(存量)	排名
爱建信托	30.00	2	284916.50	29	278734.55	25	2320716.61	59	1266404.98	49	684436.25	62
安信信托	4.54	60	95114.26	60	63057.35	62	4603602.00	49	1613553.56	37	2935932.09	47
百瑞信托	12.00	33	273765.57	35	238174.52	34	7315577.77	40	2499518.13	26	4727578.27	39
北方信托	10.00	45	253842.72	36	221887.19	36	16061876.56	15	1518746.70	42	13778671.91	8
北京信托	14.00	28	350257.07	22	328099.40	19	12363349.62	23	4822762.32	11	5701090.60	34
渤海信托	20.00	14	283310.97	30	274155.27	26	10035614.06	32	779466.00	60	8370325.00	26
大业信托	3.00	63	73473.40	62	57462.86	64	2991896.88	57	1544444.16	40	979273.46	58
东莞信托	5.00	56	108530.51	59	96001.11	58	3239928.05	52	1714306.20	34	1474248.98	55
方正信托	10.00	45	191784.05	47	148434.84	51	7315908.21	39	1860397.03	31	4583399.35	40
甘肃信托	10.18	44	138892.08	54	127194.96	54	7931526.66	36	346889.55	64	7394076.16	30
国联信托	12.30	32	243671.00	37	239505.00	33	3091361.00	56	1180689.00	52	1906055.00	53
国民信托	10.00	45	169968.60	50	149636.02	50	607934.53	65	141000.80	65	466933.73	63
国投信托	10.00	45	236120.95	40	227368.65	35	11829947.01	26	990102.97	56	10656908.00	17
国元信托	12.00	33	383702.21	18	368839.73	15	11409304.15	27	1604607.82	38	9628040.34	21
杭州信托	5.00	56	114963.00	58	97493.00	57	1483694.00	63	1224526.00	50	259168.00	65
湖南信托	7.00	52	165280.00	52	132627.00	53	5147230.00	47	1583376.00	39	3543333.00	44
华澳信托	3.00	63	92744.79	61	74811.43	60	1868742.00	61	1159995.00	53	708747.00	61
华宝信托	20.00	14	486405.40	13	338828.16	16	21253160.62	8	5067714.29	8	15899430.28	6
华宸信托	5.72	54	117776.67	57	84007.59	59	1650121.05	62	596066.68	62	1054054.37	57
华能信托	20.00	14	372807.46	19	325056.10	21	17363029.67	13	3368471.36	20	10725570.67	16
华融信托	15.18	22	309303.82	24	286476.99	22	7001024.96	41	4286691.00	16	1909360.15	52

续表

信托公司	注册资本	排名	总资产(母公司)	排名	净资产(母公司)	排名	信托资产(存量)	排名	集合信托(存量)	排名	单一信托(存量)	排名
华润信托	26.30	5	1192954.41	2	1015545.85	2	18651922.24	12	6110692.06	5	12430240.24	11
华鑫信托	22.00	12	293233.71	27	259458.20	30	8557284.09	34	1737934.02	33	5809350.05	33
华信信托	30.00	2	568994.50	9	547358.95	8	5631687.25	46	1940032.12	30	3407472.77	45
吉林信托	15.96	20	466420.61	14	330313.42	18	4498579.00	50	1446013.00	45	2679095.00	48
建信信托	15.27	21	548852.54	10	529040.96	9	35077677.25	2	3313960.62	21	31749169.32	2
江苏信托	24.84	9	645770.70	6	619290.68	6	7616229.95	38	805968.33	59	6790366.12	31
交银信托	20.00	14	282957.86	31	266011.20	29	15795038.32	16	1422386.40	46	14247804.05	7
金谷信托	12.00	33	238619.56	39	202357.69	42	10183453.45	30	2226873.48	27	7543676.87	29
昆仑信托	30.00	2	525601.10	12	506121.68	11	6375908.69	44	1807747.00	32	4568161.69	41
陆家嘴信托	10.68	42	123540.53	56	114634.28	56	2772770.43	58	1319868.48	48	1452901.95	56
平安信托	69.88	1	1607236.01	1	1514666.45	1	21202472.76	9	9595458.12	3	11578324.02	12
厦门信托	10.00	45	181511.00	48	167413.00	48	11290726.00	28	1381690.00	47	9019241.00	23
山东信托	12.80	30	276520.30	33	258022.08	31	18970041.52	11	4329583.22	15	13017837.93	10
山西信托	10.00	45	168704.26	51	154889.28	49	4785063.37	48	1478235.36	43	3143857.79	46
陕西国投	3.58	62	356088.66	21	326232.59	20	10111598.96	31	1708617.73	35	8310543.15	27
上海信托	25.00	7	631495.35	7	582472.71	7	12028615.50	24	4151955.15	17	7682719.54	28
四川信托	13.00	29	242029.38	38	218529.69	39	13678110.98	18	4509339.38	14	8824919.07	25
苏州信托	12.00	33	219765.78	43	198771.97	43	3119891.34	54	2225038.65	28	856293.86	59
天津信托	15.00	24	220361.99	42	206734.52	41	6884009.16	42	3158660.85	22	2572716.42	49
外贸信托	22.00	12	546768.71	11	515596.13	10	21518617.76	7	9474670.39	4	11067103.93	13
五矿信托	12.00	33	212929.39	44	193689.70	45	12001614.50	25	5577995.23	6	5694759.42	35
西部信托	6.20	53	156733.13	53	134684.10	52	3115484.46	55	872475.89	58	2241882.53	50

续表

信托公司	注册资本	排名	总资产(母公司)	排名	净资产(母公司)	排名	信托资产(存量)	排名	集合信托(存量)	排名	单一信托(存量)	排名
西藏信托	3. 00	63	72974. 15	63	59613. 44	63	5850950. 01	45	934997. 51	57	4915952. 50	38
新华信托	12. 00	33	302581. 15	25	207371. 55	40	9430813. 28	33	5389092. 52	7	3698835. 70	43
新时代信托	8. 00	51	175439. 55	49	169757. 11	47	12653983. 53	20	2526147. 52	25	10075877. 14	19
兴业信托	25. 76	6	413198. 32	15	391542. 66	13	33604934. 00	3	2844889. 00	24	29942127. 00	3
英大信托	18. 22	18	363306. 95	20	336150. 76	17	20228460. 50	10	505372. 28	63	17142467. 15	5
粤财信托	15. 00	24	277646. 94	32	270736. 83	28	16550157. 40	14	5017993. 18	10	10746446. 96	15
云南信托	4. 00	61	127592. 14	55	116098. 59	55	7801550. 52	37	1214583. 52	51	5305684. 78	36
长安信托	12. 59	31	285349. 14	28	220454. 06	38	21868194. 55	6	4673208. 46	12	13170650. 51	9
长城信托	3. 00	63	32464. 70	66	31236. 64	66	260294. 77	66	0. 00	66	260294. 77	64
浙金信托	5. 00	56	60075. 38	65	54453. 82	65	1037269. 74	64	762869. 69	61	190400. 02	66
中诚信托	24. 57	10	1160125. 18	4	1004628. 72	3	27136746. 55	5	4540849. 46	13	21106744. 42	4
中海信托	25. 00	7	400008. 78	16	380021. 89	14	12584698. 00	21	3436978. 00	19	8844071. 00	24
中航信托	15. 00	23	274907. 48	34	244930. 24	32	13954696. 21	17	3859153. 23	18	9792542. 49	20
中江信托	10. 37	43	349733. 38	23	284989. 96	23	13613251. 96	19	3099453. 81	23	10250722. 37	18
中粮信托	12. 00	33	228143. 43	41	221358. 78	37	12399722. 49	22	1007152. 00	55	11025390. 12	14
中融信托	16. 00	19	620860. 19	8	482927. 12	12	29948632. 19	4	12470795. 94	1	9025690. 95	22
中泰信托	5. 16	55	207097. 93	46	191607. 18	46	3162146. 21	53	1534294. 63	41	1525168. 11	54
中铁信托	12. 00	33	392045. 79	17	279936. 48	24	10564320. 00	29	5025417. 00	9	5129490. 00	37
中投信托	15. 00	24	300188. 56	26	271955. 44	27	4387386. 57	51	1458958. 17	44	1955284. 90	51
中信信托	12. 00	33	1182097. 57	3	993690. 53	4	59134914. 18	1	11378295. 39	2	42002145. 11	1
中原信托	15. 00	24	212087. 48	45	197735. 71	44	8036453. 66	35	1641427. 14	36	6217397. 67	32
重庆信托	24. 39	11	970878. 25	5	811757. 81	5	6376362. 19	43	2048420. 05	29	3748415. 05	42
紫金信托	5. 00	56	72219. 69	64	65420. 13	61	2298539. 20	60	1087997. 03	54	751789. 28	60
行业均值	14. 48		347496. 10		307699. 43		11267224. 55		2821564. 71		7710585. 72	

表3

单位：亿元（注册资本），万元（其他项目）

信托公司	信托资产（增量）	排名	集合信托（增量）	排名	单一信托（增量）	排名	总收入（母公司）	排名	信托业务收入	排名	净利润（合并）	排名	应付薪酬	排名	人均净利润	排名
爱建信托	1539539.76	59	834211.00	47	344450.00	60	42960.01	50	29640.05	51	22982.03	51	1442.10	55	249.80	45
安信信托	3415136.00	43	688191.00	54	2726945.00	37	48890.28	48	37433.50	46	10250.87	63	8727.49	20	158.36	51
百瑞信托	4849331.64	36	1525579.24	30	3263752.40	33	81351.28	31	61182.48	26	46772.96	29	447.00	61	334.09	34
北方信托	17746617.38	10	1763260.00	26	15280497.38	5	92877.66	27	73955.54	20	43272.23	30	14688.91	9	414.09	21
北京信托	5466689.15	32	2615639.30	15	2331049.85	40	136261.00	13	97673.00	15	72020.76	18	8029.22	23	409.00	22
渤海信托	6961752.30	27	236660.00	62	6264655.30	22	78511.91	32	60703.71	27	41540.44	32	1878.90	53	446.67	17
大业信托	3097600.00	48	1972600.00	22	656200.00	57	40083.43	54	36544.01	47	18795.32	53	7926.73	24	264.72	41
东莞信托	1941625.20	57	1218335.00	38	673290.20	56	45256.31	49	34598.22	48	24113.90	49	4554.49	36	252.50	43
方正信托	6265162.47	31	1537734.00	29	4071309.00	31	75460.01	33	67533.13	23	39619.01	35	7893.45	25	370.00	30
甘肃信托	7687153.44	25	657162.00	55	7029991.44	20	24347.67	63	22850.20	57	13554.52	59	225.64	64	145.64	55
国联信托	2265491.00	54	724287.00	50	1541204.00	43	35621.00	56	27927.00	52	23995.00	50	802.00	59	448.50	16
国民信托	252298.00	65	125798.00	63	126500.00	64	52895.05	44	11959.57	64	33341.07	40	1138.22	58	497.63	13
国投信托	10847120.29	18	865478.00	45	9826748.79	14	41314.76	53	24258.58	55	31552.84	42	3677.77	43	135.42	58
国元信托	12031322.36	16	1516782.06	31	10514529.30	12	66491.92	37	48704.30	38	40890.16	33	4297.99	40	314.54	35
杭州信托	934087.00	62	716140.00	51	217947.00	63	51682.00	46	43185.00	40	24192.00	48	2267.00	50	214.08	46
湖南信托	4441934.00	37	1152682.00	40	3289252.00	32	64133.00	38	60105.00	30	33929.00	38	6758.00	28	404.00	24
华澳信托	1148520.00	61	709020.00	52	439500.00	59	41594.00	51	15597.00	62	12598.74	61	7586.32	26	123.00	60
华宝信托	3256943.51	47	1926580.00	24	1048963.51	53	102141.64	24	62035.67	25	64233.78	20	6664.31	29	298.07	36
华宸信托	840643.28	63	282700.00	61	557943.28	58	34071.94	57	21830.39	59	16671.38	57	3193.20	48	155.00	52
华能信托	17955881.22	9	4508834.82	5	10325768.70	13	118160.65	19	87693.68	16	60218.73	23	22264.61	7	428.99	19
华融信托	4303513.56	38	2814885.00	14	1258516.20	48	167891.80	7	151250.95	5	65182.09	19	11245.71	14	446.45	18
华润信托	14177061.00	12	2546620.00	16	11630441.00	7	207341.99	5	116623.83	9	134781.42	5	30419.90	5	554.66	10

续表

信托公司	信托资产（增量）	排名	集合信托（增量）	排名	单一信托（增量）	排名	总收入（母公司）	排名	信托业务收入	排名	净利润（合并）	排名	应付薪酬	排名	人均净利润	排名
华鑫信托	1411. 88	66	140. 60	65	1170. 28	66	73498. 93	34	51795. 77	37	38679. 29	37	97. 11	66	368. 37	31
华信信托	3620455. 38	42	1548008. 00	28	2072447. 38	42	118117. 29	20	78244. 27	18	78751. 58	14	3162. 99	49	574. 83	9
吉林信托	1826880. 00	58	609995. 00	56	1137885. 00	52	85730. 20	30	52581. 86	36	26563. 25	45	3320. 86	46	66. 57	64
建信信托	2124013. 09	56	917056. 00	44	1206957. 09	50	105566. 26	23	54282. 35	34	58654. 27	24	9664. 01	18	428. 34	20
江苏信托	3263781. 62	46	470791. 00	60	2792990. 62	36	127118. 54	16	44268. 75	39	107581. 20	7	534. 33	60	1559. 15	1
交银信托	12192366. 81	15	834862. 77	46	11257504. 04	9	71176. 39	35	60041. 13	31	33837. 44	39	8397. 58	21	264. 33	42
金谷信托	8617881. 62	24	1706583. 00	27	6664348. 62	21	94560. 93	26	60201. 56	29	51259. 18	25	11689. 23	13	457. 67	15
昆仑信托	5419220. 00	33	2366576. 00	18	3052644. 00	35	126178. 37	17	68679. 71	22	74017. 51	16	200. 18	65	343. 47	33
陆家嘴信托	2800142. 73	50	1306474. 00	36	1493668. 73	44	27961. 00	61	26473. 00	53	17824. 75	55	4894. 96	34	136. 72	57
平安信托	14422029. 45	11	6112541. 36	3	8309488. 09	17	372988. 99	3	275543. 71	3	292879. 94	1	21769. 65	8	370. 20	29
厦门信托	9826833. 00	21	586904. 00	57	9191446. 00	15	69866. 00	36	55401. 00	33	42726. 00	31	7552. 00	27	399. 00	25
山东信托	21134570. 00	5	3523628. 00	12	17383130. 00	4	111225. 17	22	68891. 43	21	73232. 62	17	1267. 71	56	605. 29	8
山西信托	3749838. 50	40	961824. 50	43	2630084. 00	38	41419. 87	52	30155. 94	50	13263. 19	60	2073. 11	51	77. 11	63
陕西国投	6907424. 30	28	702664. 00	53	6204760. 30	23	57630. 88	42	37737. 81	45	26063. 00	46	10835. 76	16	150. 65	53
上海信托	9715754. 73	22	3736304. 62	9	5784441. 18	24	141021. 99	12	76614. 79	19	107638. 23	6	12003. 88	12	538. 64	11
四川信托	11446955. 13	17	3651834. 10	11	7451268. 50	19	154749. 38	9	149960. 68	6	87855. 68	11	4740. 21	35	289. 15	39
苏州信托	2172291. 00	55	1393691. 00	34	778600. 00	55	52118. 00	45	43140. 00	41	27924. 59	44	5666. 92	31	382. 52	27
天津信托	4966807. 68	34	2462547. 82	17	1393033. 33	46	64053. 80	39	57830. 71	32	24860. 16	47	5189. 19	32	178. 85	49
外贸信托	20772385. 60	6	12096844. 19	1	8463641. 41	16	164895. 45	8	100633. 33	12	105733. 00	8	4950. 19	33	655. 55	7
五矿信托	10542300. 00	19	4732600. 00	4	5187700. 00	27	88416. 51	29	67166. 54	24	63344. 57	21	2026. 89	52	355. 87	32
西部信托	2928937. 00	49	576552. 00	58	2352385. 00	39	30406. 32	60	16232. 66	60	17895. 26	54	4403. 77	39	149. 13	54
西藏信托	4882922. 76	35	574947. 25	59	4307975. 51	30	16753. 48	64	16010. 11	61	8562. 15	64	1220. 28	57	389. 19	26
新华信托	6471419. 61	30	2957126. 46	13	3246193. 15	34	144114. 11	11	134582. 95	7	50884. 10	26	23005. 34	6	138. 27	56
新时代信托	9931313. 44	20	2031500. 45	21	7899812. 99	18	50907. 54	47	40379. 77	44	20043. 51	52	3444. 33	44	98. 25	62

续表

信托公司	信托资产（增量）	排名	集合信托（增量）	排名	单一信托（增量）	排名	总收入（母公司）	排名	信托业务收入	排名	净利润（合并）	排名	应付薪酬	排名	人均净利润	排名
兴业信托	28526981.00	2	1392506.00	35	26582175.00	2	145350.00	10	108950.00	11	77221.58	15	10073.40	17	376.69	28
英大信托	2681114.17	51	117319.00	64	1143754.75	51	91936.96	28	79484.40	17	49199.28	28	421.05	63	406.61	23
粤财信托	28251143.02	3	4130867.00	8	23996434.02	3	58622.50	41	40758.15	43	39616.76	36	4289.89	41	495.21	14
云南信托	2323334.88	52	1015874.37	41	5859.51	55	30856.26	59	26196.62	54	15549.61	58	3814.76	42	194.37	47
长安信托	19784521.00	8	4135141.00	7	11550576.00	8	180225.28	6	173180.96	4	103374.75	9	34404.52	4	293.77	38
长城信托	259000.00	64	0.00	66	259000.00	51	4160.59	66	555.33	66	1236.64	66	444.98	62	61.83	65
浙金信托	1149963.00	60	812778.00	48	253185.00	62	15526.13	65	8582.29	65	3882.34	65	3315.58	47	56.27	66
中诚信托	13661607.83	14	1970926.00	23	10826904.85	11	280215.49	4	127594.73	8	160728.63	3	74419.12	2	926.46	3
中海信托	3755578.98	39	2222306.93	20	1229623.05	49	116117.32	21	60311.65	28	80728.05	13	9076.40	19	733.89	5
中航信托	14093333.58	13	2327358.28	19	11222633.30	10	129163.47	15	109812.79	10	63152.60	22	13539.73	10	528.50	12
中江信托	7220724.74	26	1474059.30	32	5506512.24	25	99379.29	25	97870.12	14	50379.63	27	12506.52	11	277.24	40
中粮信托	28884369.79	1	754623.09	49	27883548.00	1	36768.36	55	22324.11	58	17145.97	56	4439.75	38	189.86	48
中融信托	20457636.10	7	7351610.70	2	4762122.56	29	375549.18	2	353381.10	1	152431.19	4	100549.14	1	127.93	59
中泰信托	3290199.00	45	1846699.00	25	1383500.00	47	33080.02	58	12415.74	63	40398.64	34	3391.12	45	110.68	61
中铁信托	8922027.00	23	3690356.00	10	4830257.00	28	123796.00	18	99808.00	13	81400.49	12	8184.47	22	771.00	4
中投信托	3354276.47	44	1199925.01	39	1455229.70	45	54133.22	43	30243.17	49	29001.61	43	5834.09	30	294.95	37
中信信托	23262833.04	4	4410503.55	6	14349179.18	6	447451.94	1	314073.25	2	271697.44	2	66178.62	3	675.86	6
中原信托	6749176.00	29	1303901.00	37	5384898.00	26	60185.89	40	52600.88	35	32332.76	41	1878.30	54	251.62	44
重庆信托	3732526.31	41	1426397.60	33	2248128.71	41	132788.64	14	42768.44	42	88129.62	10	10995.68	15	1027.64	2
紫金信托	2297334.95	53	1004372.00	42	839182.95	54	26403.09	62	22959.74	56	12288.36	62	4473.50	37	170.67	50
行业均值	8088197.56		1960434.82		5596905.05		98204.91		70363.73		55976.95		10310.15		363.84	

注：①以上排名的基础数据全部来源于 2011～2012 年各信托公司披露的年报。②排名只代表信托公司在 2012 年的经营状况，不代表各公司未来的发展趋势。③本报告中的信息均来源于用益信托工作室认为可靠的公开可获得资料，但对这些资料或数据的准确性、完整性和正确性用益信托工作室不作任何保证。以上分析结果仅供机构及个人研究和学习等方面参考，不构成投资依据，据此使用，风险自负。④引用本工作室数据结果，须注明来源——用益信托工作室。如对本数据有疑问，欢迎咨询，电话：0791－88817299。

B.10

2012年度用益阳光私募评级报告

截至2012年12月31日，共有470只阳光私募基金产品参与用益评价体系2012年度评级。获得最高等级5星级的产品有23只，其他等级个数按顺序依次为4星级140只、3星级236只、2星级48只以及1星级23只。

表1　2012年度用益私募一年期评级结果详细情况

产品简称	投资顾问简称	最新净值	月平均收益(%)	标准差(%)	风险调整收益	排名
银帆3期	银帆投资	1.7685	3.77	4.29	2.8302	★★★★★
鼎锋2期	鼎锋资产	1.1214	1.66	3.47	1.3921	★★★★★
云腾1期	云腾投资	0.9886	3.98	10.92	1.1768	★★★★★
民森K号	民森投资	1.2603	1.40	3.41	1.1565	★★★★★
浦江之星28号	彤源投资	1.1545	2.08	5.57	1.1256	★★★★★
鼎锋8期	鼎锋资产	1.1527	2.24	6.11	1.1179	★★★★★
神农1期	神农投资	1.1126	1.56	4.03	1.1089	★★★★★
高恒1期		1.1144	1.95	5.33	1.0915	★★★★★
鼎锋11期	鼎锋资产	1.0121	1.25	3.13	1.0837	★★★★★
景富同1期	景富同投资	0.9910	1.12	2.76	1.0769	★★★★★
鼎锋成长组合		1.0812	1.37	3.55	1.0754	★★★★★
银帆2期	银帆投资	1.2457	1.58	4.38	1.0418	★★★★★
中国龙增长	云国投	1.4985	1.70	4.97	0.9961	★★★★★
中国龙精选2	云国投	1.3959	1.66	4.92	0.9808	★★★★★
中国龙精选	云国投	1.6845	1.66	4.97	0.9707	★★★★★
中国龙	云国投	4.2104	2.10	6.76	0.9379	★★★★★
源乐晟6期	源乐晟资产	1.1552	1.51	4.60	0.9351	★★★★★
景富同2期	景富同投资	0.8646	1.04	2.86	0.9313	★★★★★
尊嘉ALPHA	尊嘉	1.1261	0.61	1.26	0.9289	★★★★★
展博1期	展博投资	2.2150	1.10	3.14	0.9256	★★★★★
中国龙稳健4	云国投	1.1182	1.78	5.69	0.9222	★★★★★
鼎锋5期	鼎锋资产	0.8914	1.20	3.55	0.9122	★★★★★

续表

产品简称	投资顾问简称	最新净值	月平均收益(%)	标准差(%)	风险调整收益	排名
中国龙增长 2	云国投	1.0093	1.55	4.99	0.8908	★★★★★
明华新兴成长	明华信德投资	0.8100	1.25	3.85	0.8858	★★★★☆
中国龙稳健	云国投	1.3455	1.98	6.86	0.8629	★★★★☆
飞天 2 号(延期)	国投信托	1.0071	0.64	1.52	0.8613	★★★★☆
源乐晟 2 期	源乐晟资产	1.2096	1.39	4.65	0.8337	★★★★☆
金中和东升	金中和投资	1.0096	1.92	7.18	0.8000	★★★★☆
太和先机策略精选	太和先机资产	0.8519	2.20	8.39	0.7972	★★★★☆
证大 1 期	证大投资	0.9356	2.17	8.32	0.7926	★★★★☆
源乐晟 4 期	源乐晟资产	1.1768	1.33	4.63	0.7925	★★★★☆
汇利优选 9 期	汇利资产	0.8429	1.59	5.87	0.7795	★★★★☆
重阳 1 期	重阳投资	2.5300	1.59	5.94	0.7733	★★★★☆
国富精选 5 号	国富投资	0.9558	1.32	4.77	0.7673	★★★★☆
和聚 8 期	和聚投资	1.0525	1.28	4.64	0.7579	★★★★☆
源乐晟成长组合		1.0496	1.22	4.43	0.7462	★★★★☆
源乐晟 5 期(中信)	源乐晟资产	1.0975	1.24	4.53	0.7454	★★★★☆
泽里和 1 号	泽里和投资	0.9064	2.48	10.45	0.7338	★★★★☆
景林成长组合		1.0681	1.59	6.33	0.7230	★★★★☆
中国龙目标回报 1 期		1.0310	1.61	6.52	0.7134	★★★★☆
清水源 1 号		1.1587	1.99	8.37	0.7121	★★★★☆
源乐晟 9 期	源乐晟资产	0.9651	1.19	4.49	0.7084	★★★★☆
重阳 2 期	重阳投资	2.0013	1.46	5.88	0.7037	★★★★☆
源乐晟 3 期	源乐晟资产	1.1823	1.15	4.35	0.7031	★★★★☆
长金 11 号	长金投资	0.9496	1.69	7.10	0.6961	★★★★☆
柘弓 1 期	柘弓投资	1.0734	1.45	5.90	0.6926	★★★★☆
源乐晟 10 期	源乐晟资产	0.9897	1.18	4.58	0.6895	★★★★☆
重阳 6 期	重阳投资	1.1176	1.50	6.25	0.6826	★★★★☆
尚丰		1.1701	2.02	9.03	0.6736	★★★★☆
源乐晟 11 期	源乐晟资产	0.9836	1.13	4.51	0.6645	★★★★☆
长金 9 号	长金投资	0.9658	1.37	5.81	0.6584	★★★★☆
德源安战略成长 1 号	德源安资产	1.3688	2.32	10.87	0.6548	★★★★☆
浦江之星 6 号	彤源投资	1.0588	1.25	5.22	0.6508	★★★★☆
德源安 1 期	德源安资产	0.8696	2.63	12.58	0.6496	★★★★☆
重阳 8 期	重阳投资	0.9686	1.42	6.15	0.6496	★★★★☆
融裕 13 号利升 3 期	利升锐华投资	0.9280	1.33	5.82	0.6354	★★★★☆
和聚 9 期	和聚投资	0.9025	1.25	5.37	0.6306	★★★★☆
金中和 1 期(中信)	金中和投资	0.9158	1.52	6.93	0.6278	★★★★☆
平石尊悦	平石资产	0.8944	1.25	5.57	0.6130	★★★★☆
长青藤(A 类)	长青藤资产	0.9608	1.46	6.80	0.6065	★★★★☆

续表

产品简称	投资顾问简称	最新净值	月平均收益(%)	标准差(%)	风险调整收益	排名
和聚7期	和聚投资	0.8850	1.09	4.75	0.6021	★★★★☆
同威1期(平安)	同威投资	0.9422	1.75	8.59	0.6000	★★★★☆
和聚4期	和聚投资	0.9030	1.09	4.79	0.5925	★★★★☆
黄金优选12期1号		1.1014	1.01	4.34	0.5917	★★★★☆
毅扬1期	毅扬投资	1.0268	1.06	4.74	0.5823	★★★★☆
鼎诺秋实1期	鼎诺投资	1.2140	1.08	4.87	0.5798	★★★★☆
明达	明达投资	1.7253	1.68	8.58	0.5699	★★★★☆
重阳10期	重阳投资	1.0321	1.31	6.38	0.5682	★★★★☆
民森G号	民森投资	1.0371	1.06	4.84	0.5666	★★★★☆
泓湖1期	泓湖投资	2.3398	1.28	6.22	0.5646	★★★★☆
和聚2期	和聚投资	0.9255	1.07	4.98	0.5584	★★★★
黄金优选9期3号	长青藤资产	0.9786	1.28	6.33	0.5552	★★★★
恒德1期	恒德资产	1.0738	1.06	5.00	0.5516	★★★★
泓湖2期	泓湖投资	1.0810	1.25	6.20	0.5487	★★★★
和聚1期	和聚投资	1.3849	1.06	5.05	0.5442	★★★★
和聚3期	和聚投资	0.8841	1.01	4.73	0.5428	★★★★
和聚5期	和聚投资	0.9458	1.05	5.00	0.5401	★★★★
民森E号	民森投资	0.9159	1.08	5.26	0.5384	★★★★
民森F号	民森投资	1.0565	1.12	5.56	0.5323	★★★★
重阳目标回报1期	重阳投资	1.0308	1.21	6.21	0.5277	★★★★
开宝2期	开宝资产	0.9280	1.59	8.70	0.5266	★★★★
恒丰1期	恒丰投资	0.7822	0.98	4.84	0.5107	★★★★
久铭1期	久铭投资	1.2337	1.24	6.59	0.5096	★★★★
德源安战略成长3号	德源安资产	0.7866	1.94	11.43	0.5068	★★★★
升阳2期	杉杉升阳资产	1.0800	0.85	4.11	0.4889	★★★★
塔晶狮王	塔晶	0.5146	1.88	11.55	0.4847	★★★★
明达4期	明达资产	0.8397	1.45	8.44	0.4843	★★★★
展博3期	展博投资	1.0873	0.98	5.13	0.4804	★★★★
塔晶狮王2号	塔晶	0.4500	1.87	11.67	0.4764	★★★★
同威3期	同威投资	0.7290	1.23	7.05	0.4743	★★★★
升阳1期	杉杉升阳资产	1.0940	0.98	5.21	0.4733	★★★★
合德丰泰	合德丰泰	0.7265	0.80	3.93	0.4716	★★★★
慧安10期	慧安投资	0.8275	0.42	1.17	0.4619	★★★★
高信百诺1期	高信百诺	1.0003	0.94	5.29	0.4398	★★★★
万丰友方稳健成长3期	万丰友方	0.8659	0.59	2.64	0.4281	★★★★
量化投资1号		0.9843	0.62	2.95	0.4190	★★★★
瑞华卓越	瑞华投资	0.9641	0.63	3.07	0.4106	★★★★
中国龙进取	云国投	1.2680	0.86	5.17	0.3977	★★★★

续表

产品简称	投资顾问简称	最新净值	月平均收益(%)	标准差(%)	风险调整收益	排名
中鼎 1 号		0.9803	0.70	3.76	0.3945	★★★★
瑞华 2 期	瑞华投资	1.0821	0.61	3.09	0.3849	★★★★
富锦 6 号(金中和)	金中和投资	0.8875	1.25	8.93	0.3831	★★★★
博弘定向 6 期	上海数君	0.7826	1.40	10.46	0.3754	★★★★
博弘定向 19 期	上海数君	0.7806	1.40	10.46	0.3750	★★★★
毅扬 2 期	毅扬投资	1.0565	0.72	4.17	0.3728	★★★★
从容成长 1 期	从容投资	1.0861	0.81	5.03	0.3721	★★★★
新思哲 1 期	新思哲投资	1.0413	1.13	8.16	0.3653	★★★★
麦盛领航 3 期	麦盛投资	0.7391	0.45	1.76	0.3629	★★★★
中国龙价值 6	云国投	1.1476	0.77	4.80	0.3597	★★★★
平谷 1 号	瑞丰投资	0.9827	1.16	8.68	0.3569	★★★★
中国龙价值 5	云国投	1.1352	0.75	4.81	0.3507	★★★★
恒友 2 期		0.9402	0.86	5.92	0.3477	★★★★
华夏优选 1 号	东方远见资产	0.8969	0.34	0.73	0.3456	★★★★
鼎诺 7 期	鼎诺投资	1.0152	0.69	4.34	0.3410	★★★★
思考 1 号	瑞安思考投资	1.2763	0.58	3.22	0.3406	★★★★
菁英时代成长 2 号	菁英时代投资	0.7683	1.29	10.44	0.3405	★★★★
海洋之星 1 号	东方证券	1.5489	0.83	5.76	0.3373	★★★★
达仁通宝 2 期	达仁投资	0.8549	0.64	3.85	0.3371	★★★★
万丰友方稳健成长 2 期	万丰友方	0.9630	0.54	2.91	0.3255	★★★★
中国龙价值 7	云国投	1.1194	0.72	4.82	0.3235	★★★★
从容成长 2 期	从容投资	0.9779	0.74	5.03	0.3229	★★★★
博弘定向 26 期	上海数君	0.7430	1.23	10.55	0.3172	★★★★
中国龙价值 8	云国投	1.0529	0.70	4.82	0.3124	★★★★
从容成长 3 期	从容投资	1.0844	0.72	5.03	0.3104	★★★★
朱雀丁远指数		1.0551	0.44	1.93	0.3095	★★★★
中国龙价值 2	云国投	1.3409	0.69	4.77	0.3049	★★★★
混沌 1 号(聚发 11)	混沌道然资产	0.9191	0.84	6.56	0.3045	★★★★
博弘定向 27 期	上海数君	0.7757	1.18	10.44	0.3043	★★★★
中国龙价值	云国投	1.2229	0.69	4.78	0.3043	★★★★
通用汇锦 1 号	通用技术集团投资	0.9450	0.86	6.81	0.2999	★★★★
从容优势 2 期	从容投资	1.0835	0.71	5.10	0.2983	★★★★
朱雀 10 期	朱雀投资	1.0622	0.54	3.18	0.2962	★★★★
博弘定向 32 期	上海数君	1.0158	1.20	11.02	0.2945	★★★★
博弘定向 31 期	上海数君	0.8000	1.20	11.02	0.2944	★★★★
朱雀 14 期	朱雀投资	0.9955	0.49	2.63	0.2929	★★★★
兴泉新型结构化		0.9491	0.75	5.72	0.2896	★★★★
世诚扬子 3 号	世诚投资	1.0115	0.82	6.62	0.2882	★★★★

续表

产品简称	投资顾问简称	最新净值	月平均收益(%)	标准差(%)	风险调整收益	排名
博弘定向29期	上海数君	0.7446	1.15	10.64	0.2879	★★★★
睿策1期	睿策投资	1.0234	0.77	6.12	0.2863	★★★★
朱雀17期	朱雀投资	0.9012	0.43	2.02	0.2816	★★★★
博弘定向5期	上海数君	0.7708	1.13	10.67	0.2814	★★★★
博弘定向24期	上海数君	0.7583	1.13	10.67	0.2807	★★★★
银沙策略精选	银沙创业投资	0.8485	0.57	3.73	0.2803	★★★★
万丰友方稳健成长1期	万丰友方	0.8593	0.45	2.35	0.2765	★★★★
混沌价值增长	混沌道然资产	1.0761	0.90	7.93	0.2747	★★★★
喜马拉雅1期	喜马拉雅资产	1.1282	0.43	2.03	0.2715	★★★★
东方远见5期	东方远见资产	0.8635	0.32	0.67	0.2697	★★★★
兴天新型结构化		0.8909	0.75	6.25	0.2693	★★★★
乾阳1期	乾阳投资	1.0609	0.62	4.58	0.2680	★★★★
禾木1号	禾木资产	0.9610	0.55	3.78	0.2631	★★★★
朱雀19期	朱雀投资	0.9878	0.46	2.65	0.2532	★★★★
武当12期	武当资产	0.9505	0.70	5.96	0.2498	★★★★
东海盛世1号	东海证券	1.1395	0.52	3.49	0.2476	★★★★
泽熙4期	泽熙投资	1.3238	0.97	9.84	0.2464	★★★★
从容优势3期	从容投资	1.0935	0.63	5.12	0.2441	★★★★
武当5期	武当资产	1.1635	0.66	5.75	0.2386	★★★★
中宝1号		0.9654	0.63	5.44	0.2297	★★★★
名禹稳健增长	名禹资产	0.8389	0.68	6.22	0.2292	★★★★
合赢2期(中信)	合赢投资	0.9262	0.71	6.77	0.2290	★★★★
远策2期	远策投资	1.0365	0.50	3.66	0.2233	★★★★
融兴进取4号		0.9057	0.62	5.65	0.2140	★★★★
诺亚远征国泰基金定向	诺亚远征投资	0.9007	0.66	6.58	0.2082	★★★★
升阳3期	杉杉升阳资产	1.0389	0.41	2.34	0.2081	★★★★
和禄1号	理想投资	1.0922	0.34	1.26	0.1985	★★★★
远策5期	远策投资	0.9957	0.46	3.35	0.1974	★★★☆
菁英时代成长3号	菁英时代投资	0.6751	0.87	10.76	0.1934	★★★☆
武当成长组合		0.8389	0.60	6.02	0.1897	★★★☆
武当14期	武当资产	0.8293	0.57	5.73	0.1851	★★★☆
远策1期	远策投资	1.0717	0.44	3.38	0.1797	★★★☆
长安投资22号		0.8137	0.59	6.52	0.1731	★★★☆
瑞信稳健收益	瑞银证券	0.9219	0.40	2.76	0.1729	★★★☆
投资精英(从容A)	从容投资	0.7580	0.49	4.52	0.1712	★★★☆
东方远见6期	东方远见资产	0.7629	0.30	0.78	0.1678	★★★☆
新价值16号	新价值投资	0.7520	0.46	3.92	0.1678	★★★☆
远策4期	远策投资	0.9901	0.43	3.40	0.1678	★★★☆

续表

产品简称	投资顾问简称	最新净值	月平均收益(%)	标准差(%)	风险调整收益	排名
武当 11 期	武当资产	0.9678	0.53	5.68	0.1611	★★★☆
朱雀 8 期	朱雀发展投资	0.9925	0.39	2.66	0.1594	★★★☆
朱雀 9 期	朱雀投资	0.9542	0.41	3.26	0.1553	★★★☆
新价值 11 号	新价值投资	0.7524	0.44	3.89	0.1514	★★★☆
云程泰资本增值	云程泰投资	1.0583	0.67	9.20	0.1508	★★★☆
朱雀 20 期	朱雀投资	0.9914	0.38	2.57	0.1489	★★★☆
云程泰资本增值 2 期	云程泰投资	1.0978	0.66	9.15	0.1473	★★★☆
混沌 2 号(中海)		0.9279	0.57	7.32	0.1441	★★★☆
投资精英智德(A)	智德投资	0.9441	0.39	3.00	0.1438	★★★☆
精熙成长精选	精熙投资	1.0259	0.40	3.33	0.1434	★★★☆
金百镕 1 期	金百镕投资	0.9546	0.49	5.35	0.1427	★★★☆
飞天 1 号(延期)	国投信托	0.9203	0.39	3.08	0.1416	★★★☆
中国机会 3 期	淡水泉投资	0.7026	0.54	6.92	0.1370	★★★☆
奕金安 2 期	奕金安投资	0.9428	0.47	5.16	0.1341	★★★☆
淡水泉精选 1 期	淡水泉投资	1.0792	0.51	6.28	0.1337	★★★☆
淡水泉成长 7 期	淡水泉投资	1.0479	0.53	7.07	0.1296	★★★☆
玖逸 1 期	玖逸投资	0.9170	0.50	6.29	0.1267	★★★☆
盈融达 8 号	盈融达投资	0.9960	0.29	0.61	0.1200	★★★☆
睿信成长 1 期	睿信投资	1.1722	0.44	5.01	0.1192	★★★☆
远策 6 期	远策投资	0.9430	0.38	3.38	0.1141	★★★☆
金中和 6 期	金中和投资	0.9353	0.52	7.76	0.1138	★★★☆
武当 13 期	武当资产	0.9151	0.46	5.92	0.1134	★★★☆
淡水泉成长 5 期	淡水泉投资	1.0505	0.50	7.04	0.1123	★★★☆
淡水泉成长 10 期(I)	淡水泉投资	1.0146	0.50	7.30	0.1110	★★★☆
仙童 1 期	仙童投资	0.8657	0.41	4.54	0.1080	★★★☆
远策 3 期	远策投资	1.0314	0.36	3.19	0.1048	★★★☆
淡水泉成长 1 期	淡水泉投资	1.7572	0.47	7.06	0.1008	★★★☆
稳健增长(外贸)	尊嘉投资	0.7980	0.47	7.11	0.1008	★★★☆
远策 9 期	远策投资	0.9055	0.36	3.47	0.0932	★★★☆
东方远见 1 期(陕国投)	东方远见资产	0.7612	0.29	0.71	0.0900	★★★☆
双核动力 1 期 5 号	新价值朱雀投资	0.9615	0.35	3.14	0.0868	★★★☆
双核动力 1 期 1 号	新价值朱雀投资	0.9336	0.34	3.15	0.0796	★★★☆
化工量化双核心策略	外贸信托	0.8809	0.36	3.97	0.0782	★★★☆
淡水泉成长 9 期	淡水泉投资	0.9594	0.42	6.78	0.0773	★★★☆
黄金优选 1 期 11 号	淡水泉(北京)投资	0.8801	0.41	6.58	0.0771	★★★☆
朱雀 5 期	朱雀发展投资	1.2713	0.34	3.25	0.0751	★★★☆
中驰 1 号	中驰投资发展	0.9775	0.45	8.37	0.0740	★★★☆
双核动力 1 期 6 号	新价值朱雀投资	0.9548	0.33	3.16	0.0733	★★★☆

续表

产品简称	投资顾问简称	最新净值	月平均收益(%)	标准差(%)	风险调整收益	排名
黄金优选6期2号	智德投资	0.8275	0.33	2.79	0.0725	★★★☆
恒丰2号		0.7186	0.34	3.37	0.0719	★★★☆
淡水泉成长4期	淡水泉投资	1.2660	0.41	6.97	0.0711	★★★☆
双核动力1期7号	新价值朱雀投资	1.0059	0.33	3.16	0.0711	★★★☆
黄金优选1期3号	淡水泉(北京)投资	1.0114	0.40	6.59	0.0693	★★★☆
黄金优选1期2号		0.9428	0.40	6.59	0.0690	★★★☆
双核动力1期3号	新价值朱雀投资	0.9314	0.33	3.11	0.0687	★★★☆
黄金优选1期4号		1.0129	0.39	6.52	0.0677	★★★☆
黄金优选3期1号	武当资产	0.7812	0.41	7.21	0.0675	★★★☆
双核动力5期1号	朱雀、智德投资	0.8723	0.32	2.64	0.0639	★★★☆
博颐精选	博颐投资	1.6492	0.37	6.35	0.0567	★★★☆
博颐精选3期	博颐投资	1.1644	0.37	6.55	0.0556	★★★☆
弘酬1号	弘酬投资	0.9124	0.38	7.11	0.0528	★★★☆
黄金优选1期7号	淡水泉投资	0.8338	0.37	6.83	0.0521	★★★☆
博颐稳健1期	博颐投资	1.0313	0.36	6.54	0.0495	★★★☆
朱雀4期	朱雀发展投资	1.1751	0.31	3.22	0.0415	★★★☆
金牛1期	银信宝	0.7892	0.33	7.07	0.0328	★★★☆
鸿道3期	鸿道投资	0.8822	0.31	4.69	0.0319	★★★☆
弘酬3期	弘酬投资	0.8351	0.32	5.84	0.0294	★★★☆
聚益5号	聚益投资	0.8008	0.30	4.66	0.0261	★★★☆
兴业全球基金定向	诺亚远征	0.9399	0.31	5.52	0.0243	★★★☆
云程泰3期	云程泰投资	0.8378	0.32	8.97	0.0213	★★★☆
泓谷成长2期	泓谷投资	0.8254	0.29	5.65	0.0146	★★★☆
双核动力2期1号	智德、朱雀投资	0.9769	0.28	3.09	0.0118	★★★☆
聚益金典1号	聚益投资	0.9182	0.27	4.22	0.0057	★★★☆
同威增值4期	同威投资	0.7154	0.27	8.05	0.0008	★★★☆
黄金组合1期4号		0.9454	0.26	4.53	-0.0017	★★★☆
武当稳健增长	武当资产	0.7777	0.25	5.32	-0.0099	★★★☆
归富长乐1号	归富投资	0.9328	0.25	3.56	-0.0141	★★★☆
智德弘酬精选1期	智德投资	0.9482	0.25	2.54	-0.0219	★★★☆
黄金优选4期3号	朱雀投资	0.9202	0.24	3.22	-0.0239	★★★☆
德谷3期		0.7930	0.21	7.63	-0.0281	★★★☆
黄金优选4期1号		0.8848	0.24	3.17	-0.0287	★★★☆
智信创富1期	智信创富	0.9637	0.24	2.97	-0.0337	★★★☆
理成转子3号	理成资产	0.8743	0.20	5.12	-0.0457	★★★☆
黄金组合1期1号		0.9818	0.20	4.44	-0.0539	★★★☆
鼎力超级成长	鼎力投资	0.7661	0.13	8.04	-0.0609	★★★☆
智德精选3期	智德投资	0.8957	0.22	2.42	-0.0637	★★★☆

续表

产品简称	投资顾问简称	最新净值	月平均收益(%)	标准差(%)	风险调整收益	排名
合赢 2 期	合赢投资	0.7790	0.18	4.99	-0.0637	★★★☆
鹏远核心 1 期	鹏远咨询	0.5216	0.11	8.10	-0.0665	★★★☆
双核动力 2 期 2 号	朱雀、尚雅投资	0.8847	0.21	2.77	-0.0738	★★★☆
聚益 3 号	聚益投资	0.9056	0.16	5.02	-0.0759	★★★☆
武当 17 期	武当资产	0.8387	0.14	5.53	-0.0808	★★★☆
东方远见 7 期	东方远见资产	1.0196	0.25	0.65	-0.0900	★★★☆
东方港湾马拉松	东方港湾投资	1.1715	0.08	6.97	-0.0919	★★★☆
富锦 7 号(汇利)	汇利资产	0.7911	0.14	4.75	-0.0943	★★★☆
源乐晟 8 期	源乐晟资产	0.9199	0.12	5.27	-0.0957	★★★☆
恒盈 1 期	恒盈投资	0.7147	0.01	8.38	-0.1059	★★★☆
上善御富风险缓冲 1 期	上善御富资产	0.9504	0.07	6.14	-0.1104	★★★☆
上善远行 1 期	上善御富资产	0.9032	0.04	6.98	-0.1125	★★★☆
海昊 1 号	海昊投资	0.6171	-0.10	10.41	-0.1222	★★★☆
飞天财富宝	国投信托	0.8340	0.06	5.54	-0.1312	★★★☆
汇聚成长 1 期	国信证券	0.7475	0.07	5.16	-0.1315	★★★☆
呈瑞 1 期	呈瑞投资	1.2525	-0.30	14.72	-0.1327	★★★☆
星石 9 期	星石投资	1.2441	0.20	1.65	-0.1360	★★★☆
金源 1 号	自主管理(西安信托)	0.8227	0.06	5.28	-0.1366	★★★☆
金效 3 号		0.9044	-0.02	7.11	-0.1400	★★★☆
敦和 1 期(华宝)	敦和投资	0.9248	0.02	5.91	-0.1455	★★★☆
普邦恒升华金 1 期	普邦恒升投资	0.8183	0.03	5.04	-0.1598	★★★☆
鼎力价值成长 1 期	鼎力投资	0.7863	-0.13	8.26	-0.1682	★★★☆
银石 1 期		0.9200	0.02	4.99	-0.1682	★★★☆
中睿合银 8 期	中睿合银投资	0.9152	0.09	3.65	-0.1689	★★★☆
理成风景 1 号	理成资产	1.8063	-0.09	7.30	-0.1695	★★★☆
星石 21 期	星石投资	1.0222	0.18	1.71	-0.1720	★★★☆
招商精选	招商证券	0.7808	0.23	0.63	-0.1773	★★★☆
春天 1 号(上善御富)	合赢投资	0.9305	-0.13	7.33	-0.1898	★★★☆
投资精英(汇利 A)	汇利资产	0.8998	-0.04	5.53	-0.1903	★★★☆
上善御富 2 期	上善御富资产	0.8559	-0.14	7.29	-0.1957	★★★☆
上善御富 3 期	上善御富资产	0.9215	-0.15	7.29	-0.1977	★★★☆
海天 2 期	新海天投资	0.7404	-0.27	9.07	-0.2041	★★★☆
星石目标回报 1 期	星石投资	1.0146	0.16	1.74	-0.2046	★★★☆
彩瑞 3 期	彩瑞投资	0.9596	0.00	4.54	-0.2052	★★★☆
朱雀 18 期	朱雀投资	0.9873	0.14	2.15	-0.2058	★★★☆
远策 8 期	远策投资	0.8415	0.12	2.46	-0.2109	★★★☆
星石 17 期	星石投资	1.0736	0.18	1.40	-0.2129	★★★☆
盈捷 5 期	盈捷投资	0.7038	0.04	3.73	-0.2139	★★★☆

续表

产品简称	投资顾问简称	最新净值	月平均收益(%)	标准差(%)	风险调整收益	排名
盈捷九头鸟3期	盈捷投资	0.7113	0.06	3.21	-0.2253	★★★☆
恒盈复利增长1号	恒盈投资	0.6868	-0.25	7.95	-0.2254	★★★☆
呈瑞2期	呈瑞投资	0.8022	-0.05	4.67	-0.2317	★★★☆
朱雀7期	朱雀发展投资	1.2038	0.07	2.84	-0.2350	★★★☆
尚雅13期	尚雅投资	0.7208	-0.01	4.11	-0.2361	★★★☆
鑫增长1号	鑫增长	0.6604	-0.69	13.50	-0.2469	★★★☆
中睿合银3期	中睿合银投资	1.0635	0.01	3.61	-0.2473	★★★☆
理成转子2号	理成资产	1.2603	-0.26	7.33	-0.2477	★★★☆
理成转子4号		0.8940	-0.12	5.44	-0.2490	★★★☆
鼎润1期	鼎润投资	0.6678	-0.26	7.28	-0.2500	★★★☆
萃益1期	萃益投资	0.8728	-0.14	5.50	-0.2570	★★★☆
丰瑞世纪1期	丰瑞世纪投资	0.8825	-0.01	3.71	-0.2584	★★★☆
智德精选5期	智德投资	0.9123	0.07	2.61	-0.2665	★★★☆
黄金优选7期2号		0.7800	-0.14	5.34	-0.2669	★★★☆
星石14期	星石投资	1.1555	0.16	1.43	-0.2673	★★★☆
黄金优选7期3号	汇利资产	0.7998	-0.14	5.29	-0.2673	★★★☆
星石15期	星石投资	1.1067	0.16	1.43	-0.2681	★★★
尚雅12期	尚雅投资	0.7402	-0.01	3.53	-0.2704	★★★
泰九2期	泰瓴资产	0.7221	-0.07	4.27	-0.2734	★★★
中睿合银4期	中睿合银投资	1.1153	-0.03	3.64	-0.2791	★★★
星石12期	星石投资	1.1907	0.15	1.44	-0.2817	★★★
星石19期	星石投资	1.0967	0.15	1.41	-0.2826	★★★
星石18期	星石投资	1.0848	0.15	1.44	-0.2830	★★★
长安投资117号		0.9109	-0.20	5.66	-0.2878	★★★
远策11期	远策投资	0.9181	0.06	2.47	-0.2887	★★★
瀚信成长4期	瀚信资产	0.7896	-0.07	3.92	-0.2942	★★★
谦石1期	谦石投资	0.9782	-0.17	5.13	-0.2968	★★★
投资精英(星石A)	星石投资	1.0746	0.14	1.49	-0.3056	★★★
汇利3期	汇利资产	0.8242	-0.13	4.48	-0.3069	★★★
从容医疗精选	从容投资	0.8830	-0.05	3.44	-0.3146	★★★
泰瓴3期	泰瓴资产	0.8299	-0.13	4.34	-0.3171	★★★
金诚富利1期	同亿富利投资	0.5916	-0.42	7.26	-0.3270	★★★
朱雀15期	朱雀投资	0.9228	0.01	2.62	-0.3378	★★★
远策7期	远策投资	0.9064	-0.04	3.14	-0.3399	★★★
双核动力3期1号	汇利资产、智德投资	0.7571	-0.17	4.43	-0.3444	★★★
星石20期	星石投资	1.0336	0.12	1.51	-0.3450	★★★
瀚信稳健2期	瀚信资产	0.9271	0.07	1.85	-0.3745	★★★
智诚7期	智诚海威投资	0.7453	-0.43	6.41	-0.3753	★★★

续表

产品简称	投资顾问简称	最新净值	月平均收益(%)	标准差(%)	风险调整收益	排名
新价值 20 期	新价值投资	0.7412	-0.19	4.13	-0.3820	★★★
泰九 1 期	泰瓴资产	0.7813	-0.18	4.01	-0.3907	★★★
从容医疗 1 期	从容投资	1.0073	-0.28	4.56	-0.4159	★★★
汇势通 1 号	鸿逸投资	0.9558	-0.16	3.55	-0.4160	★★★
财富成长 2 期	财富成长投资	0.7323	-0.27	4.42	-0.4203	★★★
双赢 1 期(瀚信)	瀚信资产	0.8163	-0.20	3.86	-0.4211	★★★
宁聚申万	宁聚投资	0.8959	-0.16	3.41	-0.4298	★★★
丰煜如意 1 期	丰煜投资	0.7648	-0.33	4.80	-0.4311	★★★
从容成长 5 期	从容投资	0.7347	0.04	1.77	-0.4453	★★★
财富成长 3 期	财富成长投资	0.7215	-0.27	4.11	-0.4507	★★★
投资精英之尚雅(A)	尚雅投资	0.7209	-0.27	4.10	-0.4550	★★★
明渝霄阳 2 号	明渝霄阳投资	0.7846	-0.39	4.92	-0.4623	★★★
广发基金 3 号		0.9397	-0.33	4.45	-0.4658	★★★
广发基金 2 号		0.9397	-0.33	4.45	-0.4658	★★★
广发基金 5 号		0.9397	-0.33	4.45	-0.4658	★★★
广发基金 4 号		0.9397	-0.33	4.45	-0.4658	★★★
广发基金 1 号		0.9397	-0.33	4.45	-0.4658	★★★
励石 1 号	励石	1.0556	-0.17	3.20	-0.4692	★★★
财富成长 8 期	财富成长投资	0.7265	-0.29	4.12	-0.4701	★★★
六禾财富瓯越	六禾投资	0.7965	-0.26	3.75	-0.4850	★★★
景泰复利回报 1 期(国投)	景泰利丰投资	0.9154	-0.66	6.59	-0.4888	★★★
朱雀 13 期	朱雀发展投资	1.0350	-0.10	2.61	-0.4907	★★★
瀚信成长 2 期	瀚信资产	0.7727	0.07	1.37	-0.4923	★★★
景泰复利回报 1 期(中信)	景泰利丰投资	0.8929	-0.70	6.82	-0.4930	★★★
理成转子 5 号	理成资产	0.8862	-0.43	4.89	-0.4961	★★★
新价值精选 2 期	新价值投资	0.7342	0.02	1.69	-0.5053	★★★
黄金优选 5 期 18 号	智德投资	0.6754	-0.28	3.73	-0.5073	★★★
黄金优选 5 期 7 号	尚雅投资	0.6996	-0.28	3.72	-0.5080	★★★
黄金优选 5 期 17 号	尚雅投资	0.6568	-0.28	3.71	-0.5084	★★★
黄金优选 5 期 3 号	尚雅投资	0.6744	-0.28	3.70	-0.5090	★★★
证大金龟稳赢	证大投资	1.0099	-0.43	4.72	-0.5092	★★★
黄金优选 5 期 4 号	尚雅投资	0.6372	-0.28	3.71	-0.5099	★★★
黄金优选 5 期 16 号	尚雅投资	0.7001	-0.28	3.70	-0.5105	★★★
黄金优选 5 期 6 号	尚雅投资	0.6309	-0.28	3.70	-0.5110	★★★

续表

产品简称	投资顾问简称	最新净值	月平均收益(%)	标准差(%)	风险调整收益	排名
黄金优选5期12号	尚雅投资	0.7004	-0.28	3.70	-0.5115	★★★
盈融达1号	盈融达投资	0.9478	0.02	1.64	-0.5139	★★★
富锦8号(尚雅)	尚雅投资	0.6719	-0.42	4.56	-0.5218	★★★
汇利优选6期	汇利资产	0.7684	-0.76	6.78	-0.5245	★★★
丰瑞世纪2期	丰瑞世纪投资	1.0037	0.19	0.53	-0.5248	★★★
润晖稳健增值	润晖资产	0.8832	-0.18	2.90	-0.5279	★★★
鼎天聚富	鼎天聚富投资	0.8759	-0.39	4.31	-0.5302	★★★
鑫柏源1号		0.6751	-0.84	7.06	-0.5438	★★★
财富成长4期	财富成长投资	0.7205	-0.39	4.11	-0.5573	★★★
东澄2期		0.9700	-0.13	2.37	-0.5851	★★★
和聚鼎宝1期	和聚投资	0.8827	-0.44	4.20	-0.5852	★★★
朱雀16期	朱雀投资	0.9290	-0.07	2.01	-0.5877	★★★
瀚信成长5期	瀚信资产	0.7221	-0.04	1.80	-0.5941	★★★
海天1期	新海天投资	0.6884	-1.30	9.08	-0.5998	★★★
智诚3期	智诚海威投资	0.9906	-0.59	4.92	-0.6015	★★★
财富成长1期	财富成长投资	0.7826	-0.87	6.41	-0.6133	★★★
贝塔新经济1期	贝塔投资	0.6638	-0.70	5.39	-0.6248	★★★
京福1号	京福资产	1.1506	-0.76	5.67	-0.6272	★★★
友恒成长1期	友恒投资	0.8774	0.04	1.23	-0.6326	★★★
尊越	平安信托	0.9090	-0.36	3.41	-0.6372	★★★
尚雅16期	尚雅投资	0.6774	-0.28	2.96	-0.6454	★★★
景泰复利回报2期	景泰利丰投资	0.9504	-0.73	5.34	-0.6468	★★★
瀚信成长1期	瀚信资产	0.7229	-0.10	1.98	-0.6486	★★★
龙赢1号	龙赢富泽投资	0.7080	-0.50	4.04	-0.6586	★★★
朱雀2期A(平安)	朱雀投资	0.9159	-0.20	2.41	-0.6706	★★★
黄金优选4期6号	朱雀投资	0.9100	-0.20	2.40	-0.6724	★★★
黄金优选4期5号	朱雀投资	0.9081	-0.20	2.40	-0.6751	★★★
黄金优选4期11号	朱雀投资	0.8825	-0.20	2.39	-0.6755	★★★
明河价值1期	明河投资	0.8181	-0.97	6.32	-0.6759	★★★
隐形冠军1期	京富融源投资	0.7773	-1.02	6.60	-0.6759	★★★
瀚信成长3期	瀚信资产	0.7153	-0.09	1.81	-0.6804	★★★
从容成长8期	从容投资	0.7341	-0.87	5.72	-0.6912	★★★
金海财富成长1号		0.5769	-1.24	7.45	-0.6996	★★★
鸿逸1号	鸿逸投资	0.4913	-1.48	8.63	-0.7017	★★★
隐形冠军2期	京富融源投资	0.7678	-1.24	7.34	-0.7098	★★★
明河成长		0.8521	-0.84	5.36	-0.7147	★★★
京福2号	京福资产	0.6960	-0.88	5.53	-0.7189	★★★
金瀛2期	金瀛投资	0.7093	-0.22	2.36	-0.7190	★★

续表

产品简称	投资顾问简称	最新净值	月平均收益(%)	标准差(%)	风险调整收益	排名
龙鼎 3 号	龙鼎投资	0.7203	-0.39	3.14	-0.7220	★★
瀚信成长 6 期	瀚信资产	0.7553	-0.17	2.05	-0.7321	★★
从容内需医疗	从容投资	0.8774	-0.33	2.75	-0.7507	★★
德丰华 1 期	德丰华投资	0.7808	-0.43	3.13	-0.7737	★★
瀚信价值 2 期	瀚信资产	0.8231	-0.19	2.04	-0.7778	★★
瀚信经典 2 期	瀚信资产	0.7119	0.14	0.56	-0.7792	★★
景泰复利回报 4 期	景泰利丰投资	0.8069	-1.05	5.68	-0.8015	★★
理性成长紫石 3 期		0.9004	-0.02	1.24	-0.8104	★★
从容医疗 2 期	从容投资	0.7398	0.05	0.91	-0.8134	★★
宝晟 1 期		0.7863	-0.78	4.45	-0.8185	★★
世通嫦娥奔月	世通资产	0.5175	-1.18	6.12	-0.8208	★★
永达 1 期		0.9013	-0.67	3.91	-0.8265	★★
建源财富成长	建元天华投资	0.8623	-0.30	2.38	-0.8285	★★
翼虎成长 3 期	翼虎投资	0.8747	-0.56	3.43	-0.8368	★★
国投凯益	凯石投资	0.7071	-0.66	3.80	-0.8434	★★
融兴进取 2 号	金汇海投资	0.4401	-1.57	7.46	-0.8548	★★
证大稳健增长	证大投资	0.8005	-1.19	5.71	-0.8804	★★
风格 1 期		0.6889	-1.81	8.13	-0.8847	★★
盛世景 1 期	盛世景投资	0.7107	-0.81	4.21	-0.8860	★★
龙腾 3 期	龙腾资产	0.6287	-0.70	3.78	-0.8894	★★
西域创新	西域投资	0.7384	-0.68	3.69	-0.8899	★★
猎豹 1 期	猎豹投资	0.6035	-0.24	1.96	-0.8963	★★
博时 2 号		0.8684	-0.33	2.28	-0.9040	★★
中信华安		1.0083	0.06	0.79	-0.9118	★★
同瑞汇金 1 期	同瑞汇金投资	0.7858	-0.45	2.70	-0.9237	★★
世通 5 期	世通资产	0.5171	-1.20	5.42	-0.9382	★★
财富成长 6 期	财富成长投资	0.7226	-1.34	5.89	-0.9424	★★
铭远巴克莱	铭远巴克莱	1.0663	-0.21	1.73	-0.9491	★★
国弘 2 期	国弘资产	0.8537	-0.65	3.34	-0.9523	★★
从容 5 期	从容投资	0.7604	-0.36	2.25	-0.9641	★★
证大价值	证大投资	0.7079	-1.76	7.06	-0.9961	★★
龙腾 9 期	龙腾资产	0.6597	-1.20	5.08	-0.9978	★★
华信 1 号	徽金投资太平洋资产	0.6422	-1.09	4.50	-1.0453	★★
麦盛领航 1 期	麦盛投资	0.8658	-0.54	2.68	-1.0467	★★
富民 1 期	君创富民资产	0.7675	-0.93	3.90	-1.0618	★★
国弘 1 期	国弘资产	0.8923	-0.86	3.59	-1.0916	★★

续表

产品简称	投资顾问简称	最新净值	月平均收益(%)	标准差(%)	风险调整收益	排名
从容稳健2期	从容投资	0.9829	-1.08	4.25	-1.0976	★★
新价值19期	新价值投资	0.4470	-2.66	9.18	-1.1044	★★
瑞天3期	瑞天投资	0.6814	-0.78	3.23	-1.1229	★★
呈瑞6期		0.8719	-0.65	2.68	-1.1835	★★
瑞天5期	瑞天投资	0.6339	-0.91	3.32	-1.2234	★★
中睿合银12期		0.8826	-0.34	1.68	-1.2487	★★
中睿合银12期	中睿合银投资	0.8826	-0.34	1.68	-1.2487	★★
智德精选6期	智德投资	0.8365	-0.47	2.03	-1.2596	★★
泽融1期		0.8294	-0.29	1.44	-1.3364	★★
新价值10期	新价值投资	0.5021	-2.99	8.03	-1.4049	★★
呈瑞4期	呈瑞投资	0.7057	-0.80	2.61	-1.4204	★
铭远3期	铭远投资	0.7331	-0.27	1.30	-1.4366	★
新价值12号	新价值投资	0.6243	-1.97	5.29	-1.4662	★
盈融达3号	盈融达投资	0.9285	-0.05	0.75	-1.4870	★
呈瑞3期	呈瑞投资	0.7198	-0.82	2.50	-1.5022	★
尚雅9期	尚雅投资	0.7208	-0.29	1.29	-1.5095	★
兆信1期	兆信资产	0.7341	-0.82	2.37	-1.5896	★
方圆奥特1期	方圆奥特投资	0.7622	-0.43	1.51	-1.5912	★
黄金优选2期8号		0.3942	-3.77	8.70	-1.6073	★
黄金优选2期9号	新价值投资	0.3791	-3.74	8.64	-1.6077	★
黄金优选2期1号		0.4549	-3.79	8.73	-1.6109	★
黄金优选2期6号	新价值投资	0.4355	-3.77	8.68	-1.6124	★
黄金优选2期5号	新价值投资	0.4409	-3.78	8.69	-1.6126	★
中智合信1期		0.7789	-0.95	2.60	-1.6214	★
黄金优选2期3号		0.4705	-3.51	7.92	-1.6500	★
济海远航1期	济海投资	0.6482	-1.58	3.75	-1.7072	★
黄金优选2期2号	新价值投资	0.4643	-3.63	7.70	-1.7519	★
黑鹰1号	黑鹰投资	0.7506	-2.16	4.51	-1.8624	★
长安投资77号		0.8239	0.06	0.36	-1.9424	★
猎豹2期	猎豹投资	0.4811	-2.06	4.02	-2.0021	★
龙赢成长1号	龙赢富泽资产	0.7125	-0.05	0.51	-2.1142	★
长安投资76号	中原证券	0.8487	0.05	0.31	-2.4092	★
飞天4号	国投信托（自主管理）	0.6046	-0.66	1.30	-2.4728	★

资料来源：用益信托工作室。

用益阳光私募信托评级简介

本评价体系主要是为了让投资者对于近几年发展较快的私募证券投资基金有更为全面和理性的认识，并能为投资者提供一个相对合理的评判标准，同时能够持续推动中国的私募证券投资基金业的“阳光化”发展。

本评价体系的证券投资信托基金的成立时间为评价时点起至少已成立一年或一年以上的证券投资类信托产品，每月进行一次评价，对周频率公布净值的私募选取离上月底最近的净值公布日净值，对月频率公布的私募选取最新净值公布日净值。同时，剔除净值公布不规律或评级期间有净值缺失的产品。根据用益私募评级模型，采用风险调整收益指标，由用益评级系统计算出评级区间内月度风险调整收益。采用类似于评价企业信用等级的评价方式，设置7个级别，根据本评价体系指标得分给出证券投资类私募信托产品级别，得分排名越靠前，产品级别就越高。具体等级划分，如表2所示。

表2 用益私募评价等级划分

风险调整收益指标排名	等级	风险调整收益指标排名	等级
S≤5%	★★★★★	65%<S≤85%	★★★
5%<S≤15%	★★★★☆	85%<S≤95%	★★
15%<S≤35%	★★★★	95%<S	★
35%<S≤65%	★★★☆		

索引　2012 年中国 66 家信托公司

一　爱建信托 …… 197
二　安信信托 …… 201
三　百瑞信托 …… 205
四　北方信托 …… 209
五　北京信托 …… 214
六　渤海信托 …… 218
七　长安信托 …… 222
八　长城信托 …… 226
九　重庆信托 …… 229
十　东莞信托 …… 233
十一　大业信托 …… 237
十二　方正信托 …… 240
十三　甘肃信托 …… 244
十四　国联信托 …… 248
十五　国民信托 …… 252
十六　国投信托 …… 256
十七　国元信托 …… 260
十八　杭州信托 …… 264
十九　湖南信托 …… 268
二十　华澳信托 …… 272
二十一　华宝信托 …… 275
二十二　华宸信托 …… 279
二十三　华能信托 …… 283
二十四　华融信托 …… 287
二十五　华润信托 …… 291
二十六　华鑫信托 …… 295

二十七　华信信托 …… 299
二十八　吉林信托 …… 303
二十九　建信信托 …… 307
三十　江苏信托 …… 311
三十一　交银信托 …… 315
三十二　金谷信托 …… 320
三十三　昆仑信托 …… 324
三十四　陆家嘴信托 …… 329
三十五　平安信托 …… 332
三十六　山东信托 …… 337
三十七　山西信托 …… 341
三十八　陕西国投 …… 345
三十九　上海信托 …… 348
四十　苏州信托 …… 352
四十一　四川信托 …… 356
四十二　天津信托 …… 360
四十三　外贸信托 …… 364
四十四　五矿信托 …… 368
四十五　兴业信托 …… 372
四十六　西部信托 …… 376
四十七　西藏信托 …… 380
四十八　厦门信托 …… 383
四十九　新华信托 …… 387
五十　新时代信托 …… 391
五十一　英大信托 …… 396
五十二　粤财信托 …… 400
五十三　云南信托 …… 404
五十四　浙金信托 …… 407
五十五　中诚信托 …… 411
五十六　中海信托 …… 415
五十七　中航信托 …… 419

五十八　中江信托 …………………………………………………………………… 423
五十九　中粮信托 …………………………………………………………………… 427
六十　中融信托 ……………………………………………………………………… 431
六十一　中泰信托 …………………………………………………………………… 435
六十二　中铁信托 …………………………………………………………………… 439
六十三　中投信托 …………………………………………………………………… 443
六十四　中信信托 …………………………………………………………………… 447
六十五　中原信托 …………………………………………………………………… 451
六十六　紫金信托 …………………………………………………………………… 455

法律声明

BLUE BOOK